中国物流职业经理资格证书考试
全国高等教育自学考试物流管理专业
指定教材

运输管理（一）（二）

（2005年版）

（附：运输管理（一）（二）考试大纲）

全国高等教育自学考试指导委员会　　组编
中国交通运输协会

主　编　方　芳
副主编　刘　清

高等教育出版社

扫描微信二维码
关注自考教材服务

图书在版编目(CIP)数据

运输管理(一)(二):2005年版/全国高等教育自学考试指导委员会,中国交通运输协会组编:方芳主编. 北京:高等教育出版社,2005.10(2020.3重印)
ISBN 978-7-04-017581-3

Ⅰ.运… Ⅱ.①全…②中…③方… Ⅲ.交通运输管理 Ⅳ.F502

中国版本图书馆 CIP 数据核字(2005)第 086997 号

| 策划编辑 | 黄小齐 | 责任编辑 | 王小钢 雷旭波 | 责任绘图 | 朱 静 |
| 版式设计 | 王艳红 | 责任校对 | 康晓燕 | | 责任印制 | 尤 静 |

出版社	高等教育出版社	电话咨询	400-810-0598
社 址	北京市西城区德外大街4号	网 址	http://www.hep.edu.cn
邮政编码	100120		http://www.hep.com.cn
印 刷	北京市大天乐投资管理有限公司		
开 本	880×1230 1/32	版 次	2005年10月第1版
印 张	14.25	印 次	2020年3月第29次印刷
字 数	400 000	定 价	18.10元

本书如有缺页、倒页、脱页等质量问题,请与教材供应部门联系调换。
版权所有　侵权必究

中国物流职业经理资格证书考试
全国高等教育自学考试物流管理专业
系列教材编委会成员名单

编委会主任
  钱永昌 中国交通运输协会会长   教授

编委会副主任
  赵亮宏 教育部考试中心   主任
  王德荣 中国交通运输协会常务副会长   教授
  刘军谊 教育部考试中心   副主任
  李金轩 中国人民大学   教授
       全国考委经济管理类专业委员会 秘书长

编委会委员（以姓氏笔画为序）
  孔庆广 大连锦程国际物流集团股份有限公司 总经理
  王之泰 北京物资学院   教授
  王树生 天津大田集团有限公司   总经理
  王增东 北京中交协物流人力资源培训中心   总经理
  叶伟龙 中国远洋物流有限公司   总经理
  刘 武 广东宝供物流企业集团有限公司   总经理
  刘秉镰 天津南开大学物流研究中心主任   教授
  许海峰 中铁行邮快运有限公司   总经理
  张文杰 北京交通大学   教授
  张炳华 中国集装箱控股集团公司   董事长
  李 雄 中国邮政物流有限责任公司   总经理

杨东援	同济大学副校长	教授
杨　赞	大连海事大学校长助理	教授
洪水坤	中国物资储运总公司	董事长
索沪生	中国海运物流公司副总经理	教授
梁刚锐	香港物流与运输学会会长	教授
黄有方	上海海事大学副校长	教授

组编前言

随着世界经济一体化步伐的加快,国际经贸发展日益活跃,我国的物流行业得到迅速发展。为解决目前物流人才不足的矛盾,多渠道、多层次、多方面加快复合实用型人才的培养,使我国物流行业尽快与国际接轨,促进我国物流行业持续、健康发展,全国高等教育自学考试指导委员会与中国交通运输协会研究决定,在全国合作实施中国物流职业经理资格证书考试。

中国物流职业经理资格证书分为初级、中级、高级三种,对应各级证书考试规定了不同的考试课程。初级证书包含四门课程:"物流基础"、"物流信息技术"、"物流案例与实践(一)"以及在"库存管理(一)"、"采购与供应管理(一)"、"运输管理(一)"、"仓储管理(一)"四门中任选一门课程;中级证书包含四门课程:"物流案例与实践(二)"、"物流企业管理"以及在"库存管理(二)"、"采购与供应管理(二)"、"运输管理(二)"、"仓储管理(二)"四门中任选两门课程;高级证书包含四门课程:"物流企业管理"、"供应链管理"、"物流战略管理"、"业务考评"。参加高级证书考试的考生必须有五年以上的物流管理工作经验。考生通过规定课程的考试后,由全国高等教育自学考试指导委员会办公室和中国交通运输协会共同颁发"中国物流职业经理资格证书"(初级、中级、高级),该证书将与相应的国际证书接轨。取得中国物流职业经理资格证书单科合格证书,可以在全国高等教育自学考试物流管理专业(专科、独立本科段)中顶替相应课程的学分。

为便于考生系统学习课程知识,帮助考生自学成才,全国高等教育自学考试指导委员会与中国交通运输协会共同制订了各门课程的考试大纲并组织编写了配套的教材。本着"培养理论知识够用、职业技能实用的物流管理应用型人才"的培养目标,我们特聘请了一批既有教学经验,又有物流实践经验的学者作为本套考试大纲、教材的主编。为潜心打造该品牌,努力使考试大纲及课程内容与国际标准接轨,一批专家教授反复商讨、精心筹备,倾注了大量的精力和心血。在此谨向他们付出的辛勤劳动致以衷心的感谢。

由于时间仓促,书中难免有不足之处,欢迎读者提出意见和建议。

全国高等教育自学考试指导委员会
中国交通运输协会
二〇〇五年三月十五日

编者的话

运输是国民经济的先行官和基础,任何跨越空间的物资流动均可称为运输,在物流系统所有的功能中,运输是其核心功能。

本书以物流原理为基本指导思想,结合国内运输发展实际,吸收国内外先进的运输技术,从实用的角度出发,系统地阐述了运输管理的基本概念、理论和运作方法。

首先,全面、系统地综述了运输的基本理论和方法,然后介绍了运输组织和运输选择与决策的基本理论、方法和技能,并对运输成本、绩效分析和价格管理以及运输商务管理进行了阐述,最后介绍了我国现行的运输政策与法规。

全书共分七章,主要内容包括:运输概论,运输基础,运输作业管理,配送作业管理,运输成本、绩效和价格管理,运输商务管理以及运输政策与法规。

本书在编写过程中,力求基本概念清楚、全面,具有良好的可读性。为便于自学和加深学习效果,每章后面都列有参考习题。本书既可作为我国高等院校物流管理专业本科生、专科生的教材,又可供物流职业经理人资格培训之用,也便于物流管理人员自学以及行政管理人员熟悉物流运输业务。

本书在编写过程中,参考了大量的国内外有关物流运输的专著、文献和资料,吸取了当前物流界的理论与研究成果,均列于书后的参考文献之中,在此,谨向有关作者表示衷心的感谢。由于水平和掌握资料的不足,时间仓促,书中难免有错误与不妥之处,恳请读者批评指正,以臻完善。

编 者
2005 年 3 月

目 录

第1章 运输概论 …………………………………………… 1

第1节 运输概述 ………………………………………… 2
    一、运输的概念 ………………………………………… 2
    二、运输的特点 ………………………………………… 3
    三、现代运输手段四要素 ……………………………… 5
    四、运输的功能与原理 ………………………………… 6
    五、运输在物流中的作用 ……………………………… 8
    六、研究运输的意义* …………………………………… 9
    七、铁路货运企业发展案例 …………………………… 10

第2节 运输的发展趋势 ………………………………… 14
    一、运输的集约化 ……………………………………… 14
    二、运输的标准化 ……………………………………… 15
    三、运输的信息化 ……………………………………… 16
    四、运输的智能化* ……………………………………… 17
    五、运输的绿色化* ……………………………………… 18

第2章 运输基础 …………………………………………… 23

第1节 运输的基本方式 ………………………………… 24
    一、铁路运输方式 ……………………………………… 25
    二、道路运输方式 ……………………………………… 28
    三、水路运输方式 ……………………………………… 31
    四、航空运输方式 ……………………………………… 34
    五、管道运输方式* ……………………………………… 35

第 2 节	各种运输方式的技术经济特征	37
	一、铁路运输的技术经济特征	37
	二、道路运输的技术经济特征	38
	三、水路运输的技术经济特征	41
	四、航空运输的技术经济特征	42
	五、管道运输的技术经济特征*	43
第 3 节	集装箱运输与多式联运	45
	一、集装箱运输	45
	二、多式联运	48
第 4 节	运输节点的类型和功能	59
	一、运输线路与节点	59
	二、运输节点的作用和功能	59
	三、运输节点的种类和组成	60
第 5 节	运输合理化	64
	一、运输合理化的意义及其影响因素	64
	二、评价运输合理化的要素	65
	三、不合理运输的表现形式	66
	四、组织合理化运输的有效措施	69

第 3 章	运输作业管理	74
第 1 节	运输的基本业务流程	76
	一、货运系统分析	76
	二、货物运输生产过程及组织方式	81
第 2 节	运输计划与调度	86
	一、运输计划概述	86
	二、车辆运行调度	95
	三、运输路径的优化*	100
第 3 节	整车运输组织	107
	一、双班运输	107

	二、拖挂(定挂)运输	112
	三、甩挂运输	114
	四、运输车辆的选择	121
第4节	集装箱运输组织	126
	一、集装箱运输组织概述	126
	二、水路集装箱运输组织的基本程序	129
	三、铁路集装箱运输组织的基本程序	131
	四、国际标准集装箱铁路运输组织的有关规定	133
	五、公路集装箱运输组织	134
第5节	零担货物运输组织	136
	一、零担运输特点	136
	二、零担运输组织	137
第6节	长途货物运输组织	150
	一、长途汽车运输组织	150
	二、长途运输决策问题之一:委托运输与自行运输*	154
	三、长途运输决策问题之二:运输方式的选择*	157
	四、长途运输决策的实例*	160
第7节	特殊货物运输组织	175
	一、道路危险货物运输组织工作	175
	二、道路超限货物运输组织工作	182

第4章	配送作业管理	189
第1节	物流配送概述	190
	一、物流配送的基础知识	190
	二、配送系统的构成	196
第2节	配送业务管理	197
	一、配送的一般业务流程	197
	二、配送系统规划	200
	三、物流配送模式	212

		四、应时配送 ·································	214
		五、共同配送 ·································	218
		六、配送方案的设计 ························	221
第3节	配送中心业务管理 ·································		228
		一、配送中心概述 ····························	228
		二、配送中心的作业管理 ····················	235
		三、配送中心的规模确定* ····················	237
		四、配送中心的车辆调度* ····················	241
		五、配送中心的选址* ·························	248
第4节	国内外先进配送系统模式案例 ················		262
		一、戴尔成功诀窍——高效的物流配送	262
		二、沃尔玛的物流配送 ························	263

第5章 运输成本、绩效和价格管理 ················ 270

第1节	运输成本及控制 ·································		272
		一、运输成本的含义 ························	272
		二、运输成本的分类 ························	273
		三、影响运输成本的因素 ····················	274
		四、降低运输成本的途径 ····················	276
第2节	运输费用计算 ·································		280
		一、铁路运费 ·································	280
		二、道路运费 ·································	284
		三、海运运费 ·································	286
		四、航空运费 ·································	297
第3节	货物运输价格及管理 ·································		300
		一、货物运价概述 ····························	300
		二、运输企业定价方法 ························	304
		三、运输价格管理的方法和手段 ············	308
第4节	运输服务的绩效评价与分析 ················		313

　　　　一、运输服务的含义 …………………………………… 314
　　　　二、运输服务的绩效评价指标 ………………………… 314
　　　　三、运输绩效评价与分析 ……………………………… 317

第6章　运输商务管理 ……………………………………… 325
第1节　主要运输单证 ……………………………………… 327
　　　　一、铁路运输单证 ……………………………………… 327
　　　　二、道路运输单证 ……………………………………… 328
　　　　三、水路运输单证 ……………………………………… 329
　　　　四、航空运输单证 ……………………………………… 339
　　　　五、集装箱运输单证 …………………………………… 341
　　　　六、多式联运单证 ……………………………………… 344
第2节　运输合同及管理 …………………………………… 347
　　　　一、运输合同的含义及特征 …………………………… 347
　　　　二、运输合同的订立和履行 …………………………… 349
　　　　三、运输合同的变更和解除 …………………………… 351
　　　　四、运输纠纷及其处理 ………………………………… 351
　　　　五、运输合同管理 ……………………………………… 361
第3节　货物运输保险 ……………………………………… 361
　　　　一、保险的意义和作用 ………………………………… 362
　　　　二、与运输相关的保险 ………………………………… 362
　　　　三、海运货物保险保障的范围 ………………………… 363
　　　　四、我国海运货物保险的险别与保险条款 …………… 365
　　　　五、陆上运输货物保险条款 …………………………… 371
　　　　六、航空运输货物保险条款 …………………………… 372
第4节　货物运输代理 ……………………………………… 373
　　　　一、运输代理制 ………………………………………… 373
　　　　二、国际货运代理 ……………………………………… 377

第7章	运输政策与法规	384
第1节	运输政策	385
	一、制定运输政策的必要性	385
	二、运输政策的表现形式	389
第2节	运输规制	394
	一、交通运输法规的基本概念	394
	二、交通运输法规体系的构成	396
	三、交通运输法规的类型	398
	四、我国的交通运输法规	401
	五、外贸运输法规	402

参考文献 ………………………………………………… 418
后记 ……………………………………………………… 420
附录　运输管理（一）（二）考试大纲 ………………… 421

第1章 运 输 概 论

学习目标

1. 应了解、知道的内容
- 运输的概念
- 现代运输工具的四要素
- 运输标准化的概念
- 运输集约化的概念
- 智能运输系统的概念
- 运输绿色化的概念

2. 应理解、清楚的内容
- 运输与配送、搬运的异同
- 运输在物流中的作用
- 研究运输的意义
- 集约化与粗放型的区别
- 运输集约化的具体表现
- 运输标准化的意义
- 运输智能化的作用

3. 应掌握、会用的内容
- 运输的特点
- 充分认识运输的发展趋势

4. 应熟练掌握的内容
- 运输的原理

- 运输的功能
- 应用运输特点探讨运输的复杂性和发展趋势

自学时数

4学时。

老师导学

本章主要介绍有关运输的基本概念,通过本章的学习,可以掌握什么是运输,其原理和功能是什么,运输有哪些方式、有何特点以及运输的发展趋势等基本概念和内容。本章是学习其他各章的基础,对学习后面章节的内容将会有所帮助。

本章学习的重点是运输的特点、运输的原理和功能、研究运输的意义及运输的发展趋势。

第1节 运输概述

一、运输的概念

运输是指人或货物借助运输工具和运输基础设施在空间产生的位置移动。与传统运输不一样,本书所讲的运输是专指物流系统中的运输。在物流系统中,运输是其最重要的环节之一,它承担物流改变空间状态的主要任务。只有与包装、装卸搬运、储存保管、流通加工、配送和信息处理等功能有机结合,运输才能最终圆满完成改变物的空间状态、时间状态和形质状态,实现物品从供应地到接收地的流动转移任务。

运输包括生产领域的运输和流通领域的运输。生产领域的运输一般在企业内部进行,称之为企业内部物流。企业内部物流包括原材料、在制品、半成品和成品的运输,是直接为产品生产服务的,也称之为物料搬运。流通领域的运输则是在大范围内,将货物从生产领域向消费领域转移,或从生产领域向物流网点,或物流网点向消费所在地移动的活动。由此可见,流通领域的运输与搬运功能相近似,它们之间的区别仅仅在于空间范围的大小。流通领域的运输空间范围较大,可以跨城市、跨区域、跨国界,而搬运仅限于一个部门内部,如车站内、港口内、仓库内或车间内。因此,在物流运输中,将生产领域内的运输称之为"搬运",将小宗货物从物流网点到用户的短途、末端运输称之为"配送"。

二、运输的特点

人们的生活和生产活动均离不开交通运输。早在远古时期,人们就开始使用简单的工具进行运输。随着社会生产力的增长、社会分工的不断扩大和科学技术的发展,交通运输也随之逐步发展,并形成为一个独立的行业。因此,运输活动既包含企业内部运输,也包括社会化运输。

1. 运输具有生产的本质属性

工农业生产是以物质为劳动对象,通过生产过程改变劳动对象的物理、化学、生物属性,产生具有使用价值的新的物质产品。运输过程(货物或旅客的位移)与一般生产过程一样,是借助与活的劳动(运输者的劳动)和物化劳动(运输工具设备与燃料的消耗)的结合而实现的。但与工农业生产过程不同,运输业生产过程是在不改变劳动对象原有属性或形态的要求下,实现劳动对象的空间位移。

2. 运输服务的公共性

运输服务的公共性是指运输服务在全社会范围内与公众有利害关系的特性。主要表现在:

① 保证为社会物质在生产和流通过程中提供运输服务。由于社会物质包括生产过程中的原材料、半成品、成品以及流通过程中的商品、生活必需品等,涉及到企业的生产和人们的日常生活,因而运输服务的需求十分广泛。

② 保证为人们在生产和生活过程中的出行需要提供运输服务。由于在现代生活中,人们不可能在同一地点进行工作、学习和接受教育,因此出行是人们日常生活中所必需的活动,其运输服务需求也十分广泛。

总之,无论是物质的空间位移,还是人们的出行,都是全社会普遍发生的运输需求,因而运输服务对整个社会的经济发展和人们生活水平的提高,均有广泛的影响,从而体现了运输服务的公共性。

3. 运输产品是无形产品

运输业的劳动对象是货物或人,与一般生产过程中的劳动对象不一样,货物或人进入运输过程没有经过物理的或化学的变化取得新的使用价值形态,即运输不增加劳动对象的数量,而且也不会改变劳动对象所固有的属性,而是仅仅改变劳动对象的空间位置,从而改变了其使用价值的形态,为消费做好准备。因此,运输对象只发生空间位置和时间位置的变化,而本身没有产生实质性变化。运输生产是为社会提供效用而不是生产实物形态的产品,因此,运输生产属于服务性生产,其产品可称之为无形产品,具体表现为货物或人在空间位置上的变化。由于运输业的产品仅仅是运输对象空间位置的变化,所以,运输过程受自然环境影响很大,其设备、人员、地点流动分散,经营管理显然与其他工农业生产部门有较大差距。

4. 运输生产和运输消费同时进行

运输生产必须在用户需要时及时进行,并且只能在生产的同时即时消费。运输业创造的使用价值依附于它所运输的商品的使用价值已有的固定形态上,与运输过程同始同终。因此,运输产品的生产过程与消费过程是不可分割的,是合二为一的,在空间和时间上是结合在一起的。如果运输需求不足,则运输供给就应相应减少,否则就会造成浪费。

5. 运输产品具有非储存性

工农业产品的生产和消费,可以在时间上和空间上表现为两种完全分离的行为,任一时间生产的产品可以在任一时间消费,某个城市生产的产品可以在另一个城市消费。但是运输业的生产过程和消费过程不论在时间上还是空间上都是不可分离地结合在一起的,也就是说运输产品不可能被储存用来满足其他时间和空间发生的运输需求。因此,运输业没有产品过剩问题,只存在运输能力不足或过剩的问题。

运输产品的这一特征表明:运输产品既不能储存,也不能调拨。只能在运输生产能力上做一些储备,才能满足国民经济增长和人民生活改善对运输需求增加的需要。

6. 运输产品的同一性

工农业生产各部门产品种类繁多,并具有不同的效用。但对于运输业,各种运输方式的区分仅仅是使用不同的运输工具承载运输对象,具有不同的技术经济特征,在不同的运输线路上进行运输生产活动,它对社会具有相同的效用,即各种运输方式生产的是同一产品——运输对象的位移。运输产品的数量由统一的客货运量(人、吨)和客货运周转量(人·公里、吨·公里)来描述。运输产品的同一性使得各种运输方式之间可以相互补充、协调、替代,形成一个有效的综合运输系统。

三、现代运输手段四要素

要实现现代化运输必须具备以下四要素:

1. 运输工具和装卸设备

车、船等运输工具是装载货物并实现货物位移的主要手段,而装卸设备是实现运输高效化的重要保证。随着科技水平和管理水平的不断提高,运输工具日益先进、高效,主要体现在运输工具和装卸设备的大型化、高效化、专业化和自动化上。

2. 运输动力

运输工具的动力是实现快速运送和体现运输现代化的主要手段,节能、环保、高效是对运输动力的发展要求。

3. 运输线路

运输线路是运输工具借以运行的媒介,如河流、湖泊、海洋、铁路、公路、空间、管道等,与土地等资源的利用紧密相关。运输工具只有与运输线路相配合,才能发挥效用。

4. 通信设备

通信设备是运输现代化的主要手段,现代运输迫切需要通信设备进行数据交换、信息传递和消息公布,才能实现高效率、大范围的运输。运输工具只有与通信设备相互配合,才能充分有效地发挥其效率与功能。

四、运输的功能与原理

1. 运输的功能

运输是物流系统中最基本的功能之一,也是运输公司能方便、迅速地转化为物流公司的主要缘由。在相当程度上,运输费用是构成物流费用的主要部分,运输工具和运行线路的合理选择,都直接关系到货物送达的及时性和物流费用的高低。

运输具有两大功能:货物位移和货物临时储存。

(1) 货物位移

无论货物处于何种形态,是原材料、零部件、装配件、在制品,还是制成品;也不管是在制造过程中将被转移到哪个工序、哪个生产阶段,还是在流通过程中,运输都是必不可少的。运输的主要功能就是随着货物在价值链中的不断移动,随着运输时间的推移以及货物空间位置的转移,该货物的价值在不断得到提升。换言之,运输通过创造"空间效用"和"时间效用"来提高货物价值。

由于货物在位移中要占用产品的在途资金,货物位移所需的距离和时间越长,需要由此付出的在途资金就越多,因此,尽量缩短货物运输时间是运输环节努力追求的目标之一。

(2) 货物临时储存

利用运输工具对货物进行临时储存是一项权宜之计。运输工具具有动力,其基本功能是实现货物的位移。当然作为运输工具,也有存放货物的空间,它是为了实现货物的转移所必须设置的。如果将货物存放在运输工具上从一地运送到另一地称之为动态储存的话,则可将运输工具作为存放货物的场所静止不动的状况称之为静态储存。将运输工具作为静态储存设施,显然存在动力部分的巨大浪费现象。但如果货物在仓库卸下后,在较短时间内又重新装上运输工具,所需的费用则有可能超过将货物存放在运输工具上所应付的费用,此时必须全面考虑选择运输工具作为静态储存设施的利与弊。当然,此种情况极少发生。

在仓库库容有限时,由于货物无处可卸,也常会发生利用运输工具临时储存货物的迫不得已的现象,毕竟运输工具单位容积的造价大大高于仓库。

总之,尽管利用运输工具静态储存货物的代价是昂贵的,但有时受仓库储存能力等条件的限制,存在此种现象也属正常。

2. 运输的原理

运输管理和营运的两条基本原理是规模经济和距离经济。

(1) 规模经济

规模经济的特点表现为随运输工具装载规模的增长,每单位载重量运输成本下降。整车装运的每吨成本低于零担装运;水路或铁路等运输能力较大的运输工具,虽然造价很高,但其每单位重量的费用要低于汽车或飞机,其主要原因是固定费用的分摊。与货物运输有关的固定费用中包括接受运输订单的行政管理费用、开票以及与设备有关的费用等。这些费用之所以被认为是固定的,是因为它们不随装运的数量而变化。运输一票货物有关的固定费用可按整票货物的重量分摊,一票货物吨数越大,就越能"摊薄"固定成本。换言之,运输1吨货物所需的固定费用与运输1000吨货物一样多,由于所运货物吨数增多,每吨货所分摊的固定费用就越低。例如,管理一票货物装运的费用为10元。那么,装运1吨货物的每吨固定成本为10元,而装运1000吨货物的每吨固定成本则为1分,规模经济可由此体现。

(2) 距离经济

距离经济是指每单位运输距离的成本随着运输距离的增加而减少。例如,在完成相同吨公里运输的情况下,一次运输800公里的成本要低于两次运输400公里的成本。运输的距离经济亦指递远递减原理,即运费率随距离的增加而逐渐减少。距离经济的基本原理类似于规模经济,运输距离越长,不仅使固定费用分摊给更多的公里,而且货物装卸所发生的有关费用也必须分摊至每单位距离的费用上,从而使得每公里支付的运输费用更低。

在确定运输方案时,应该重点考虑运用运输的两个基本原理,即在满足客户服务需求的前提下,追求运输的规模和距离最大化。

五、运输在物流中的作用

1. 物流系统功能要素的核心是运输

运输功能创造了货物的空间效用,储存功能创造了货物的时间效用,流通加工功能则改变了货物的形质效用,物流系统中的其他功能均围绕该三大功能进行,这是物流系统运动中被公认的规律。随着经济的全球化、一体化的发展,通过运输实现货物的空间效用呈现出明显的强化态势,通过货物的储存保管实现其时间效用则呈现弱化趋势,而通过流通加工实现改变货物的形质效用则需借助运输或配送才能呈现出强化态势。其原因是在社会化大生产条件下,并不追求产品的生产和消费在空间位置上的一致性,且存在较大的地域位置上的差异,这种发展趋势造成的直接影响就是对运输的依赖性越来越大,无形中突出了运输功能的主导作用。

随着信息化程度、管理水平和生产技术的提高,生产企业、流通企业和消费企业的计划性就会更强。生产企业可做到柔性化和按订单生产,以此缩短产品生产与消费在时间上的差异;流通企业或消费企业可做到计划采购,以此缩小商品流通与消费者时间上的差异。通过强化运输和其他物流功能,降低储存功能的作用,使生产、流通、消费之间做到无缝连接,甚至可能使理想状态的"零库存"成为现实。

虽然流通加工能够满足用户的需求,从而可以促进销售,但仍然需要运输或配送的紧密配合才能使用户的消费得以最终实现。

综上所述,在物流系统三大效用功能要素中,运输功能的主导地位和要素核心作用日益显现,是物流系统最关键的核心功能要素。

2. 实现物流合理化的关键是运输

以尽可能低的成本为用户提供更好更多的服务是物流合理化的关键,它是以各物流子系统合理化为基础的。但是,物流合理化并不是各子系统局部最优的简单叠加,而是根据系统原理,各子系统合理并相互协调产生结构效用,才能使系统总体功能达到最优。

在当代社会,一切物质产品的生产和消费均离不开运输,这不仅是因为运输是物流系统中的大动脉,其合理与否直接影响其他物流子系统的构成,而且还因为运输在物流系统的整体功能中发挥着中心环节的作用。除此以外,运输费用在全部物流费用中占较大比重,是降低物流费用、提高物流经济效益和社会效益的关键。因此,物流合理化在很大程度上取决于运输合理化,只有运输合理化,才能使物流系统更加合理,总体功能更优。

3. 运输是"第三利润源泉"的主要源泉

在物流过程中所需支付的费用主要有运输费、仓储费、包装费、装卸搬运费、流通加工费和物流过程中的损耗等,其中运输费所占比重最高,是影响物流成本的重要因素。有关资料表明,我国运输费用占社会物流费用近50%的比例,甚至有些产品的运输费高于其生产成本,而且运输所需的时间长、距离长、消耗大。通过改革,采取合理化运输可大大降低运输的消耗、所需的时间和费用,因此在物流各环节中,组织合理运输,不断降低物流运输费用,对提高经济效益和社会效益均起着重要作用。所谓运输是物流"第三利润源泉"的主要源泉的意义也在于此。

六、研究运输的意义 *

与发达国家相比,目前我国物流服务质量、物流技术、物流成本还存在较大差距,显然,从社会物流全过程的角度出发,不断寻求和探索提高物流运输组织技术具有重要意义。具体表现在以下方面:

1. 提高运输服务水准

要求运输经营者根据自身实力和客户的服务需求,建立从最初的供应者到最终的消费者之间的物流网络体系,从而实现为客户提供从订货、购买、包装、装卸、仓储、运输、配送等各单项服务到连为一体的系统服务,以满足客户货物快运、准时运输等多项优质服务的需要。

2. 提高运输的现代化水平

要形成物流网络组织体系必须有现代化的技术作支持,而现代科技成果可以促进物流全过程中各个环节的自动化、信息化和机械化。现代化技术的应用将大大提高运输的管理水平和运输效率。

3. 降低物流全过程的总费用

从社会物流系统总体出发,提供运输及其他物流服务功能,可减少物流过程中的不必要环节,减少物流过程中的不衔接、不协调的现象,减少物流过程中不合理因素所造成的物流时间与自身价值损失,从而能够实现社会物流过程总费用的节约。

4. 实现物流过程的一体化管理

将物流过程的订货、包装、装卸、仓储、库存控制、物流加工、信息服务等环节,与运输、配送相互结合形成链条,并加强对其相应的计划、组织和控制,实现链式控制与管理。

5. 促进运输经营观念和组织方式等的变革

物流概念的引进,改变了运输与其他相关环节分离的现象。通过分工提高运输效率,改善物流的服务功能,现代市场经济国家中企业的实践已经充分说明了这是可行的。它可以促进运输经营观念、经营方式和组织结构的变革,为适应市场一体化、竞争国际化创造必要条件。

七、铁路货运企业发展案例

我国加入WTO后,国外运输企业陆续进入中国运输市场,给我国的物流企业、运输企业,尤其是铁路货运企业带来发展机遇,同时也带来巨大的竞争压力。回顾我国铁路货运企业的发展历程,能够从中得到一些启示。

铁路货运企业的发展是与国家对铁路管理的逐步放开紧密相连的,近10年来,尤其是自2000年后,铁路货运企业获得迅速发展。

由于铁路运输拥有其他运输方式(公路、航空、水路、管道运输)难以企及的优势,如:很少受天气因素的影响,能稳定运行,运输比较安全,对于中、长距离的货物运费低廉,单次运输批量大,运输速度相对较快,属于一种绿色节能的运输方式。正是由于这些优势,在国家尚未真正开放货运市场的初期立即被一些物流行业的有识之士充分地意识到了,因此,一些针对铁路运输市场进行开发的早期物流活动就迅速开展起来。

研究铁路货运企业首先就要清楚它的发展历程:

1. 替铁路行包做配送业务

铁路货运企业的早期创业者大多与铁路系统有一定的关系,通过这种关系,他们首先为铁路行包送货。铁路行包车间在最初发展之时,也只是简单地做"点到点"的运输服务,基本没有任何延伸服务。当最初的铁路货运创业者们提出开展延伸服务后,立即引起了强烈反响,由此行包的配送业务成为铁路货运企业进入铁路运输系统的第一步。

2. 垄断到达货物市场

通过初期的铁路货物配送,这些创业者已经不满足简单的货物配送事务,他们对这种配送货量时有时无,并且不能总是将货物垄断在自己手中的状况忧心忡忡。他们逐渐通过行政手段与铁路行包管理部门达成代理协议,将货物垄断在几个大的运输公司手中。例如在北京西站,将货物分成干、湿货物而分别各由一家货运企业垄断。通过这种方式,铁路货运企业迅速将货物垄断在手中。

3. 整合站点零散货代

在早期的铁路站点周边,经常有一些这样的人员,他们主要是为客户提供相应的咨询服务,带领客户尽快发送货物。这些零散货代人员对于铁路相关知识相当了解,并且熟悉各种行包车间人事关系,这部分人立即得到了早期铁路货运企业创业者的认可,有大批的相关人员被召进企业。

4. 迅速切入发运市场

经过一段时间的发展,铁路货运企业虽然已经进入铁路运输市场,但是利润越来越薄,而由于铁路资源的稀缺性,发运市场一直供不应求。这些创业者已经不满足仅从事配送工作,进入发运市场成为他们真正迈入运输市场的第一步。

5. 蓬勃发展的运输阶段

一旦进入铁路运输市场,这些运输企业的创业者立即发挥其灵活性以及对这个市场的充分适应性,同时利用与铁路行包车间的排他性关系获得了大幅度的发展,这个阶段可以说是铁路货运企业的第一个黄金阶段。

6. 运营合作网络建设全面铺开

铁路运输的前期只是一个"站到站"的运输,最多也只是"门到站"

运输,可是客户并不满足于这种服务,他们要求运输企业能够送货上门,因此建设全国性的运营网络已是势在必行。然而由于铁路货运企业前期的货物量并不足以支撑其自建分公司或营业部所需的相应费用,所以这些企业开始与当地的其他运输公司合作共同提供服务,由此,联合其他运输公司建设运营合作网络在全国迅速展开。

7. 铁路车皮承包的开端

随着国家对铁路的逐步放开以及铁路运输逐渐步入市场化,早期的铁路货运企业的优势逐渐消失,利润越来越少,而且由于早期市场的迅速扩大,一些大型的铁路运输企业手中已经拥有足够的货源,因此他们向铁道部提出一些新的业务要求,其中引起铁路运输市场巨大变化的当属铁路车皮的承包,尤其是行包专列(整列车全是货车)的开通,更被认为是铁路系统迈向市场化的标志。当初"富奎物流"是第一个铁路系统吃螃蟹的运输企业,曾被广为报道,随后"远成"、"中铁"、"大顺发"等企业陆续进入了这一行列,并且不断做大做强。

8. 自建运营网络

由于客户对服务要求的不断提高,比如在送达时效、服务态度、到付款、应收货款、签单原件返回等方面陆续提出要求,而运输企业对早期的合作公司的控制相对较弱,已不能满足这种要求,所以在此时期,多数运输企业逐渐结束了与合作伙伴的协作,自建网络成为铁路货运企业的重要任务。这些运输企业在2001年左右建成的网络已具相当规模。与此同时,国内大型铁路货运企业也基本排定座次,其中以远成物流集团、北京中铁快运有限公司、大顺发运输有限公司的规模较大,早期的老大哥"富奎物流"由于保守的原因逐渐落后于市场的发展。

9. 顺应物流市场的发展,大力向现代物流企业演变

由于物流概念的兴起,具有先天优势的铁路货运企业,顺应物流市场的发展,大力筹建信息网络、人才网络,为后期的发展奠定了一定的基础。一些运输公司纷纷更名或成立物流公司,例如,北京中铁快运有限公司成立了"中铁物流有限公司";京铁快送有限公司更名为"京铁物流有限公司";最早以铁路运输起家的"宝供"向物流市场转变完成

得更为彻底,现在已成为"宝供物流企业集团有限公司"。其业务从原来完全依靠铁路运输向公路运输、航空运输转变,逐渐形成以铁路为主,以公路、航空为辅的发展格局。

10. 跟随时代的脉搏不断提高服务

随着铁道部对列车准时、快速要求的不断提高以及大提速的逐步实施,铁路货运企业的服务水平也不断随之提高。

11. 参与到铁路运输的改革大潮中去

国家对铁路的发展提出了更高的要求和更新的理念,允许私有资本进入铁路,并且要求铁路改变现有的运输模式,鼓励铁路货运市场跨越式发展,这大大激发了民营铁路货运企业参与的积极性,例如"远成"、"北京中铁"、"宝供"、"华运通"等企业积极参与铁道部推出的行邮专列、特货专列、集装箱专列的开发以及站场、基地的建设就是典型的例子,这充分证明了铁路运输市场的巨大潜力。

从以上铁路货运企业的发展历程看,发展之路还远远没有终结。应该看到目前民营物流企业虽然有很多优势,其特点也相当鲜明,但是也存在诸多弊端:

其一,始终没有摆脱依附铁路主业的影响,缺乏长远规划,界限不清晰,行为不规范。比如"远成"是一个纯粹的铁路企业,其特点非常鲜明,虽拥有垄断性资源,但仍导致客户怨声不断。

其二,代理方式比较简单,绝大部分铁路货运企业仍然围着运输转,代理的思路比较狭窄,很难拓展生存空间和市场份额,然而其中有两个特例,一个是"宝供"、一个是"宅急送",应该说它们的转型还是比较成功的。

其三,规模较小,不能为货主提供迅速快捷、高效优势的"门到门"服务。现有中小规模的运输企业只是在有限的市场上开展经营活动,缺乏与国内外企业的融会沟通,难以形成规模优势。虽然国内不乏大型铁路货运企业,但是在整体上物流行业内的运输企业还是偏小,并且市场较为混乱。

就中国现有的铁路货运企业来看,在资金的雄厚性、管理的先进性、网络的完备性、服务的超前性等各个方面都还存在着很大的差距,如果不根据现代物流的理念发展壮大自己,将会给未来的发展带来非常大的困难。因此,铁路货运企业进行以下方面的改革,将是十分有益的。

① 实施行业内的横向联合,即整合横向企业,扩大行业整体实力,优化资源配置,形成规模经济,迎接国内铁路运输的新挑战。

② 扩大运输业态的选择,不能仅仅围绕铁路运输运作,而要不断开拓和发展公路运输、航空运输市场,从而彻底改变只靠一条腿走路的旧模式,促使铁路货运企业向物流企业转变,为中国的运输企业向物流企业转型提供有益的探索。

③ 需要加强软件和信息网络的建设,这些都是制约我国铁路货运企业发展的重要因素。人员的使用和选拔问题,更是成为制约企业发展的瓶颈,因此如何大力培养物流经营、管理、操作人才将成为铁路货运企业面临的紧迫难题。只有通过各种渠道培养、引进物流人才,真正做到人尽其才,才尽其用,才能为铁路运输事业更大的发展提供保证。

第2节 运输的发展趋势

明确未来交通运输发展趋势,对确定交通运输的发展目标、制定物流发展战略至关重要。

一、运输的集约化

运输发展到一定阶段,再要长足发展,主要取决于两方面的因素:一是投入生产的人力资源、自然资源和资本的数量和质量;二是综合运用这些资源进行生产所必需的科技水平、管理水平和经济体制。单纯依靠增加投入、铺新摊子、追求数量,通过数量扩张来实现运输经济增长,忽视科学技术和管理的作用,这是"粗放型"运输。而依靠提高科技水平、增加产品的科技含量、加强科学管理和建立合理的运输体制,通过提高运输效益来促进运输发展,则是"集约型"运输。

粗放型运输增长方式给我国经济的健康发展带来了十分严重的影响。由于运输能力的增长主要是一种数量型扩张,由此导致运输效益低下,产业结构失衡。所以,转变粗放型运输增长方式,尽快提高运输增长的质量和效益,进入优化增长的轨道,关系到我国运输企业能否面对国际竞争,从而也关系到未来几十年我国运输发展的前景。

集约化经营是生产社会化的必然要求。集约化经营的优势之一是规模效益,而规模适当的基本标志是能有效地发挥运输能力的运转效率和最大限度地提高劳动生产率。

"集约化运输"是现代运输的经营方式,它与"粗放型运输"的经营方式是相对而言的。所谓"集约化经营",就是一种"高投入,高产出、高效益"的经营方式。也就是说,"以较多的资金、科技或劳动的投入,获取较多的产出,并获取较高的社会效益,经济效益和环境效益"的一种经营模式。

建立有效的经营管理系统,是运输集约化经营的一项基本要求。有效的经营管理系统至少应该包括三个层次的含义:一是经营管理权限的完整性,能保证运输过程按照运输的要求进行;二是权限的有效性,保证企业各项管理权能落到实处;三是高效率管理,运输生产点多面广,需要及时决策处理,没有高效率的管理,很难做出正确的决策。集约化经营还要求企业有完整的规章制度等。总之,只有具备一定规模的经营组织、必要的经营管理权限和完整的经营管理规章制度,按照责权利相结合的原则有机结合起来,才能建立起集约化经营的运作体系。

二、运输的标准化

交通运输标准化是指以交通运输为一个大系统,制定系统内部设施、机械装备、包括专用工具等的技术标准,仓储、配送、装卸、运输等各类作业标准,以及作为交通运输突出特征的信息标准,并形成与物流其他环节以及和国际接轨的标准化体系。

随着信息技术和电子商务、电子数据、供应链的快速发展,交通运输行业已进入快速发展阶段,而运输的标准化和规范化已成为先进国家提高交通运输运作效率和效益,提高竞争力的必备手段。目前,许多国际组织都致力于标准化研究工作。到目前为止,国际标准化组织

ISO/IEC 已制定了 200 多项与交通运输设施、运作模式与管理、基础模数、数据信息交换相关的标准,许多发达国家在此基础上也相继制定了与国际标准相兼容的系列标准。

目前,我国运输行业已建立了一批标识标准体系,如《公路运输术语》;同时《道路车辆分类与代码》、《公路数据库编目编码规则》、《集装箱公路中转站站级划分及设备配备》等一些重要的国家标准已投入实施。这些标准的实施对于规范我国交通运输业发展中的基本概念、促进行业迅速发展并与国际接轨起到了重要作用。

从标准化的体系框架来看,交通运输标准化主要涉及四个方面,包括基础性标准、现场作业标准、信息化标准和物流服务规范。具体包括系统内部设施、机械设备、载运工具等各个分系统的技术标准;系统内各个分领域如配送、装卸、运输等方面的工作标准;以系统为出发点,各分系统与分领域中技术标准与工作标准的配合性,统一整个交通运输系统的管理标准等。

随着经济一体化进程的加快,我国交通运输标准化工作正在引起政府主管部门和企业的高度重视。我国的交通运输标准体系建设正处于起步阶段,有关部门也做了大量的工作,但由于标准化和规范化体系不健全,有关业务流程数据和规则的不统一,造成了货物流通和信息交换不畅、中间环节增多、物流速度减慢、运输费用增加,大大降低了交通运输物流系统的效率和效益,制约着物流体系的建立,严重影响了我国交通运输物流的快速发展。同时,这些标准还应当与国际标准接轨,进行推广。

三、运输的信息化

交通运输信息化就是充分运用先进的信息技术手段实现交通运输大系统的目标。交通部制定的《公路、水运交通信息化"九五"规划和 2010 年方针纪要》指出:"将在全国交通系统建立一个以计算机技术、通信技术和信息网络技术为基础的全方位的现代化信息网络,发展和应用各种信息业务信息系统,为各级交通主管部门决策,为交通企事业单位的经营管理提供准确及时的信息服务,以达到决策科学化、办公自动化和经营管理现代化,并为我国交通系统的智能化奠定信息化基础。"从中可以看出,我国的交通信息化建设应该集中于以下几个方面:

① 搞好交通行业各级政府办公业务系统的建设,形成系统规范、内容丰富、及时更新的各级政府办公业务资源网,在信息安全保密的前提下,实现各级政府间办公业务的网络化,信息资源共享化和公开化,最大限度地满足交通行业和社会需求。

② 建立客运、货源管理信息系统和信息服务系统,实现运输服务管理的现代化。

重点开发和完善售票、查询、交易、口岸管理、运输工具动态管理和调度、货源和运力信息等计算机管理信息系统,积极推进电子商务的应用,加快以信息技术改造传统运输企业的步伐。

③ 采用3S(地理信息系统GIS,全球定位系统GPS、遥感RS)技术开发交通事故紧急救援系统和安全运营保障技术,开发路况信息系统和车辆调度技术等,完善网络环境下的电子收费系统、路政运政管理信息系统和高速公路监控系统等。

④ 将3S技术应用于交通运输企业,推动传统交通运输企业向现代物流企业的转变。

⑤ 做好智能运输系统(ITS)的基础工作,并在完善基础设施(包括道路、港口、机场和通信等)的基础上,致力于关键技术的开发和示范工程的建设,从个别已经可以应用或有条件应用或者当前迫切需要解决的项目入手,选择适当的切入点,发展我国的ITS。

交通信息化是一个动态的、不断更新和进步的过程,公路、水路交通运输的发展必将越来越多地依靠信息技术的发展和科技进步。

四、运输的智能化 *

运输智能化就是将先进的信息技术、数据通信技术、电子控制技术以及计算机处理技术等有效地运用于整个运输管理体系,从而将道路使用者、交通管理者、汽车、道路及其相关的服务部门有机地联结起来,使交通运输的运行功能进入智能化阶段。

智能运输系统是运输智能化的具体体现。它是综合运用先进的信息通信、网络、自动控制、交通工程等技术,改善交通运输系统的运行情况,提高交通效率和安全性,减少交通事故,降低环境污染,从而建立起一个智能化的、安全、便捷、高效、舒适、环保的综合交通运输体系。

目前,我国城市的机动车保有量正以15%的增长率快速增长,而城市道路的增长率则仅为3%左右。经济的高速发展和城市化进程的加快,使我国的城市交通基础设施承受着巨大的压力。同时,低效率利用及管理技术落后并存的现象,又加剧了交通设施短缺造成的困难,在大中城市普遍存在着人车混行、运输效能低下的状况。

我国不可能等一切硬件设施都发展好了再来解决交通问题,解决交通问题的途径只能是两手一起抓:一方面要增加交通基础设施建设的投入;更重要的一方面是要采用以信息技术为主导的ITS技术。比如,在已有路网的基础上,交通智能化可以实现减少交通事故、提高路网通行能力和效率、降低环境负面影响的作用;而通过ITS的有效管理和调配,可以最大限度地使用已有道路,同时协调多种方式的运输渠道。

据统计,ITS技术的应用可以减少10%的废气排量、20%的交通延时、30%的停车次数。运输系统的智能化发展具有重大的社会效益和经济效益,这将是综合运输系统的智能化得以充分发展的内在动力。可以预料,运输智能化将成为21世纪现代化地面运输体系的基本模式和发展方向,它是交通运输进入信息时代的重要标志。

五、运输的绿色化 *

绿色运输指在运输过程中抑制运输对环境造成危害的同时,实现对运输环境的净化,使运输资源得到充分利用。它具有学科交叉性、多目标性、多层次性、时域性和地域性等特征。绿色运输战略不仅对环境保护和经济可持续发展具有重要意义,还会给企业带来巨大的经济效益。

与其他绿色化运动一样,"绿色运输"里的绿色是一个特定的形象用语,是泛指保护地球生态环境的活动、行为、计划、思想和观念在运输及其管理活动中的体现。下面从绿色运输的目标、行为主体、活动范围及其理论基础四个方面剖析绿色运输的内涵。

第一，绿色运输的最终目标是可持续性发展，实现该目标的准则是经济利益、社会利益和环境利益的统一。

一般的运输活动主要是为了实现企业的赢利，满足顾客需求，扩大市场占有率等，这些目标最终均是为了实现某一主体的经济利益。而绿色运输在上述经济利益的目标之外，还追求节约资源、保护环境这一既具经济属性，又具有社会属性的目标。尽管从宏观角度和长远的利益看，节约资源、保护环境与经济利益的目标是一致的，但对某一特定时期、某一特定的经济主体却是矛盾的。按照绿色运输的最终目标，企业无论在战略管理还是战术管理中，都必须从促进经济可持续发展这个基本原则出发，在创造商品的时间效益和空间效益，满足消费者需求的同时，注重按生态环境的要求，保持自然生态平衡和保护自然资源，为子孙后代留下生存和发展的权利。

第二，绿色运输的行为主体不仅包括专业的运输企业，还包括产品供应链上的制造企业和分销企业，同时还包括不同级别的政府和运输行政主管部门等。

在产品生命周期的每个阶段，都不同程度地存在着环境问题。专业运输企业对运输、包装、仓储等运输作业的绿色化负有责任和义务。作为供应链上的制造企业，既要设计绿色产品，还应该与供应链上其他企业协同起来，从节约资源、保护环境的目标出发，改变传统的运输体制，制定绿色运输战略和策略，因为绿色运输战略是连接绿色制造和绿色消费之间的纽带，也是使企业获得持续竞争优势的战略武器。另外，各级政府和运输行政主管部门在推广和实施绿色运输战略中具有不可替代的作用，因为运输具有跨地区和跨行业的特性，绿色运输的实施不是仅靠某个企业或在某个地区就能完成的，它需要政府的法规约束和政策支持。例如，制定统一的运输器具标准，限制运输工具的环境污染指标，规定产品报废后的回收处理责任等。

第三，从绿色运输的活动范围看，它包括运输作业环节和运输管理全过程的绿色化。

从运输作业环节来看,包括绿色运输、绿色包装、绿色流通加工等。从运输管理过程来看,主要是从环境保护和节约资源的目标出发,对现行运输体系进行改进。

第四,从绿色运输的理论基础看,包括可持续发展理论、生态经济学理论和生态伦理学理论。

首先,运输过程不可避免地要消耗资源和能源,污染环境。要实现持续的发展,就必须采取各种措施,形成运输与环境之间共生发展模式。其次,运输系统既是国民经济系统的一个子系统,又通过物料流动、能量流动建立起了与生态系统之间的联系和相互作用,绿色运输正是通过经济目标和环境目标之间的平衡,实现生态与经济的协调发展。另外,生态伦理学告诉我们,不能一味地追求眼前的经济利益而过度消耗地球资源,破坏子孙后代的生存环境,绿色运输及其管理战略将迫使人们对运输中的环境问题进行反思和控制。

实施绿色运输管理为企业创造的经济价值体现在三个方面:一是绿色运输有利于树立良好的企业形象,使企业更容易获得投资者的青睐;二是企业通过对资源的节约利用,对运输和仓储的科学规划和合理布局,将大大降低运输成本,降低运输过程的环境风险成本,从而为企业拓展利润空间;三是自然资源的回收、重用等逆向运输举措,可以降低企业的原料成本,提升客户服务价值,增强企业竞争优势。

绿色运输研究既具有多学科交叉的特点,同时又具有较强的实践性。研究绿色运输的最终目的在于引导和促进企业顺应21世纪经济可持续发展和运输发展的要求,实施环境友好的绿色运输战略。企业实施绿色运输战略,既具有明显的社会价值,又可带来巨大的经济价值。

自学指导

学习重点

本章学习重点:运输的基本概念及其特点、运输的原理和功能、运输在物流中的作用、研究运输的意义及其发展趋势。

学习难点

本章学习难点:充分理解运输企业生产的是无形产品;任何企业的生产均离不开运输;运输是生产领域的继续等基本概念。

复习题

一、单项选择题(在备选答案中选择1个最佳答案,并把它的标号写在题后的括号内)

1. 配送是指(　　)。
   A. 生产领域内的运输　　　　B. 城市间运输
   C. 国际间运输　　　　D. 从物流网点到用户的短途、末端运输
2. 运输与搬运功能相近似,它们之间的区别仅仅在(　　)。
   A. 服务范围不同　　　　B. 时间范围不同
   C. 空间范围不同　　　　D. 形质范围不同
3. 下列哪一项不属于运输业的特点?(　　)
   A. 运输产品是无形产品　　　　B. 运输不属于生产领域
   C. 运输产品的生产和消费同时进行　　D. 运输产品具有非储存性
4. 下列哪一项不是运输业的发展趋势?(　　)
   A. 运输集约化　　　　B. 运输绿色化
   C. 运输标准化　　　　D. 运输产业化
5. 企业内物流包括原材料、在制品、半成品和成品的运输,是直接为产品生产服务的,也称之为(　　)。
   A. 配送　　B. 运输　　C. 物料搬运　　D. 传送

二、多项选择题(在备选答案中有2~5个是正确的,将其全部选出并将它们的标号写在题后的括号内,错选或漏选均不给分)

1. 运输与配送的不同点主要表现在(　　)。
   A. 服务范围不同　　B. 活动范围不同　　C. 形质范围不同
   D. 功能有差异　　E. 时间范围不同
2. 下列哪些是现代运输手段四要素(　　)。
   A. 运输工具　　B. 运输动力　　C. 运输线路
   D. 运输人才　　E. 通信设备
3. 运输的两条基本原理分别是(　　)。

A. 规模经济　　　B. 时间经济　　　C. 数量经济
D. 距离经济　　　E. 功能经济
4. 下列哪些属于运输业的发展趋势？（　　）
A. 运输集约化　　B. 运输绿色化　　C. 运输标准化
D. 运输产业化　　E. 运输信息化
5. 运输具有下列哪些功能？（　　）
A. 货物装卸　　　B. 货物位移　　　C. 货物储存
D. 货物配送　　　E. 货物包装

三、名词解释

1. 运输；　2. 运输原理；　3. 运输功能；　4. 智能运输系统；
5. 现代运输手段四要素

四、简答题

1. 简述物流运输与搬运的区别。
2. 简述运输业的特点。
3. 简述运输的发展趋势。
4. 简述运输与配送的区别。
5. 研究运输的意义。*

五、论述题

1. 运用运输业的特点，探讨运输的发展趋势。
2. 论述运输在物流中的作用。

第 2 章 运输基础

学习目标

1. 应了解、知道的内容
- 运输方式的组成
- 各种运输方式的技术基础设施
- 集装箱运输的概念
- 多式联运的概念
- 多式联运经营人的概念
- 陆桥运输的组织形式
- 运输节点的概念
- 合理化运输的概念

2. 应理解、清楚的内容
- 各种运输方式的特点
- 集装箱运输的特点
- 多式联运的优点
- 多式联运应具备的条件
- 多式联运的组织形式
- 多式联运的作用
- 多式联运经营人的分类及条件
- 各种运输节点的种类及其设施
- 影响合理化运输的因素
- 不合理运输的表现形式

3. 应掌握、会用的内容
- 各种运输节点的作用
- 评价合理化运输的要素
- 多式联运的主要业务程序

4. 应熟练掌握的内容
- 各种运输方式的技术经济特征
- 运输节点的功能
- 组织合理化运输的措施

自学时数

7 学时。

老师导学

本章主要介绍运输的基本方式、各种运输方式的技术经济特征、集装箱运输、多式联运、运输节点和合理化运输等基本概念、基本知识，是学习后续章节的基础。

本章的重点是充分理解和掌握各种运输方式的特点及其技术经济特征，集装箱运输和多式联运的具体业务，运输节点的类型及其功能，合理化运输及其影响和评价因素等内容。本章的难点是如何在实际工作中充分利用各种运输方式的技术经济特征，组织合理运输。学习方法以理解、记忆为主。

第 1 节　运输的基本方式

运输是物流实现的基础，是物流活动的核心业务。根据客户的要求以及承运的货物种类，选择合理的运输方式，在预定时间内，高效率、低成本地将货物运送到目的地，既是运输组织与管理的基本内容，也是物流管理追求的目标。因此，了解各种运输方式及其特点，掌握运输方式选择的原则，对优化物流系统和组织合理运输具有十分重要的意义。

一、铁路运输方式

铁路运输是指在铁路上以车辆编组成列车载运货物、由机车牵引的一种运输方式。它主要承担长距离、大批量的货物运输,是我国现代最重要的货物运输方式之一,具有昼夜不间断、全天候作业的特点。铁路运输系统技术基础设施主要由线路、机车车辆、信号设备和车站四部分组成。

(一)铁路线路

铁路线路是列车运行的基础,承受列车重量,并且引导列车的行走方向。线路是由路基、桥隧建筑物和轨道三部分组成的一个整体工程结构。路基的作用主要是承受轨道、机车车辆及其载荷的压力;桥隧使铁路能够跨越河谷、穿过山岭;轨道的作用是直接承受车轮的压力和冲击力并将其传给路基,引导车轮的运行方向。轨道又由钢轨、轨枕、道岔、道床、联结零件和防爬设备等组成。

(二)机车车辆

机车车辆包括机车和车辆。

1. 机车

机车是铁路运输的动力源,牵引列车运行。机车的种类有蒸汽机车、内燃机车和电力机车。

蒸汽机车是以蒸汽驱动的机车,结构简单、制造成本低、驾驶与维修都简单,但热效率低,功率与速度都受到限制,正逐步被淘汰。

内燃机车以内燃机为原动力,其热效率比蒸汽机高,可达20%~30%,加足燃料后可长时间运行,但机车构造复杂,制造与维修困难,运营费用较高。

电力机车是从铁路沿线的接触网上获取电能产生牵引力的机车,热效率最高、功率大、运输能力大、启动快、速度高、爬坡能力好、污染小、噪音小,是最有发展前途的一种机车,但其供电系统的投资较大。

目前,我国铁路运输以电力机车为主。

2. 车辆

车辆主要用于承载货物和旅客,无动力,需由机车牵引。货运车的种类主要有棚车、敞车、平车、罐车和保温车等;客车的种类主要有座车、卧车、餐车、行李车和邮政车等。

3. 列车

按计划把若干节车辆编组在一起并挂上机车,便形成一列列车。铁路货物列车一般载重 3 000~5 000 吨,载重在 5 000 吨以上的称为重载列车。

(三) 信号设备

信号设备的作用是保证列车运行与调车安全和提高铁路的通过能力。它包括铁路信号、连锁设备和闭塞设备。

1. 铁路信号

铁路信号是对列车运行、停止和调车工作的命令,是保证列车行车安全和作业效率的重要手段。我国铁路规定用红色、黄色、绿色、蓝色和白色作为信号的基本颜色,红色表示停车,黄色表示注意或减速慢行,绿色表示按规定的速度运行,蓝色表示准许越过该信号机调车,白色表示不准许越过该信号机调车。铁路信号按信号形式可分为视觉信号和听觉信号;按设备形式可分为固定信号、移动信号和手信号。

2. 连锁设备

车站道岔区上道岔的不同开通方向构成多条作业进路。为了保证车站内行车和调车作业安全,必须实现进路、道岔及信号机三者的联系和制约,成为连锁。连锁设备的主要作用是保证站内列车运行和调车作业的安全,以及提高车站的通过能力。

随着计算机技术的高度应用和发展,铁路车站的电气集中连锁设备正在逐步向微机连锁方向发展。

3. 闭塞设备

闭塞设备是用来保证列车在区间内运行安全的区间信号设备。它能控制列车运行,保证在一个区间内同时只有一个列车占用。

(四) 车站

车站是铁路运输的基本单位,是铁路办理客货运输的基地,它集中了与运输有关的各项技术设备,并参与整个运输过程的各个环节。车站按技术作业性质可分为编组站、区段站和中间站;按业务性质可分为货运站、客运站和客货运站。

1. 编组站

编组站是铁路网上办理大量货物列车解体和编组作业,并设有比较完善的调车设备的车站。编组站的主要任务是解体和编组各类货物列车;组织和取送本地区车流;供应列车动力,整备检修机车;货车的日常技术保养。

2. 区段站

区段站大多设在中等城市和铁路网上牵引区段的分界处。其主要任务是办理货物列车的中转作业,进行机车的更换或机车乘务组的换班以及解体、编组区段列车和摘挂列车。

从区段站作业数量和性质以及设备的种类和规模来看,其特点是"小而全"。

3. 中间站

中间站是为提高铁路区段通过能力,保证行车安全和为沿线城乡人民生活和工农业生产服务而设的车站,主要办理列车的到发、会让和越行以及客货运业务。

中间站数量很多,设备规模较小,遍布全国铁路沿线中小城镇和农村。

铁路运输的计划性很强,为了提高线路的通过能力,组织安全运输和全路各部门的协调生产,生产过程实行集中统一指挥。由铁道部统一编制铁路列车运行图和编组计划。

铁路列车运行图是列车运行时刻表的图解表示格式。铁路列车运行图规定了各次客、货列车占用区间的次序,规定了列车由每个车站出发、通过和到达的时刻,规定了列车在区间的运行时间以及列车在站的停站时间标准等,从而也就同时规定了铁路技术设备如线路、站场、机车车辆等的运用。凡与列车运行有关的铁路部门均应按铁路列车运行图来安排部门的工作,铁路列车运行图是铁路运输工作的综合性计划。

铁路运输是以列车为基础运输旅客和货物的。由于旅客能自己上下车和换乘车,旅客列车的车辆可以固定连接在一起,不必拆散改编,因而旅客列车的组成比较容易。而铁路货物运输较旅客运输复杂,在数以千计的车站上如何将每天装出的几万辆重车组成列车运往目的站,到目的站后如何解体列车进行货物的装卸作业,卸空后的空车如何调配等问题的解决则是相当复杂的,往往要通过编组计划予以解决。货物列车编组计划是全路车站编解作业的合理分工和车流合理组织的方法,它确定了各个车站的作业任务和相互关系,是编制铁路列车运行图的基础资料。

铁路货物运输流程:一般是由货主向铁路车站申报运输计划,由车站汇总上报,铁路局经运力运量平衡后下达月度货运计划(月度货运计划是根据铁路列车运行图和货物列车编组计划编制出来的)。被批准运输的货物的货主将货物送往车站装车,然后经编组站编成列车运往目的站,运输过程即告完成。

铁路运输的优点是运量大,速度快,成本低,一般不受气候的影响,能够准确掌握货运时间;缺点是运输基建投资较大,运输范围受铁路线限制。

二、道路运输方式

道路运输又称公路运输,是指在公路上使用机动车辆或是人力车、畜力车等非机动车辆载货运输的一种方式,适用于近距离、小批量的货运,或是水运、铁路难以到达地区的长途、大批量货运。道路运输是现代交通运输的重要方式之一。

道路运输的优点是机动灵活,可实现"门到门"运输,不需要转运或反复搬运。即使采用其他运输形式,多数情况下也需要道路运输作为集疏运手段。道路运输的缺陷也十分突出,载重量小,不适宜装载重、大、长件货物,不适宜长途运输,能耗高、污染大,道路运输环境对车辆运行中的震动及货损会有影响,运输成本较水运和铁路运输都高。

道路运输系统技术设施主要由道路、车辆和汽车站三部分组成。

(一) 道路

道路是指通行各种车辆和行人的工程基础设施。根据其所处位置、交通性质、使用特色,可分为公路、城市道路、厂矿道路、乡镇道路及人行小路等,其基本组成部分包括行车道、人行道、防护工程、排水设施、信号标志等。

公路根据使用任务、功能和适应的交通量分为高速公路、一级公路、二级公路、三级公路、四级公路五个等级。

高速公路为专供汽车分向、分车道行驶并全部控制出入的干线公路。

其他公路为除高速公路以外的干线公路、集散公路和地方公路，共分四个等级：

一级公路为供汽车分向、分车道行驶的公路，一般能适应按各种汽车折合成小客车的远景设计年限，年平均昼夜交通量为15 000～30 000辆。

二级公路一般能适应按各种车辆折合成中型载重汽车的远景设计年限，年平均昼夜交通量为3 000～7 500辆。

三级公路一般能适应按各种车辆折合成中型载重汽车的远景设计年限，年平均昼夜交通量为1 000～4 000辆。

四级公路一般能适应按各种车辆折合成中型载重汽车的远景设计年限，年平均昼夜交通量为：双车道1 500辆以下，单车道200辆以下。

不同等级的公路，路面路基质量、路面宽度、曲线半径、交通控制和行车速度都有较大的差距，对道路运输的运输质量、运输成本影响很大。

（二）车辆

1．汽车的种类

（1）厢式货车

厢式货车本身带有载货车厢，有防雨、防丢失作用，货物安全性好。货厢有高有低，开门方式分为后开门、侧开门和顶开门。

从用途上厢式货车又分为汽车搬运车、饲料搬运车、油槽搬运车等。由于这些厢式货车只适用于装运特殊货物，往往只能单向运输，效率低。

（2）普通载货汽车

普通载货汽车是专门运送货物的通用车辆，根据其载货量的不同分为大型、中型和小型三类。大型货车，载重量在8吨以上；中型货车，载重量在2~8吨;轻型货车,载重量在2吨以下。

(3) 专用载货汽车

专用载货汽车是专门运送特定种类货物的汽车,如冷藏车等。

(4) 牵引车和挂车

牵引车是一种有动力而无装载空间的车辆,是专门用来牵引挂车的运输工具。挂车是无动力但有装载空间的车辆。二者结合在一起组成汽车列车进行货物运输。挂车还可分为全挂车和半挂车两种。

近几年,随着物流技术的发展,出现了一些自带装卸设备的汽车,如带吊车的货车、尾部带有自动降板的卡车、车厢分离式货车、翻卸式货车等。这些货车的优点是不需要专门的装卸车设备,在交通设施相对落后的企业或地区也能完成运输任务。

除了汽车以外,道路运输的交通工具还有拖拉机、摩托车、马车、三轮车、手推车等多种形式,多用于交通偏僻地区或市区内小区域内部的极短途小批量货物的运输。这些交通工具的运量小、速度慢、效率低,在物流运输中仅占非常次要的地位。

2. 汽车的使用性能

汽车的使用性能主要有以下几个方面:

(1) 容量

表示汽车能同时装载旅客或货物的数量,由容积和载重决定。

(2) 动力性

主要反映汽车的最高速度、最大爬坡度等方面的性能。

(3) 通过性

汽车通过恶劣路面和跨越障碍的能力,主要反映在转弯半径大小等方面。

(4) 安全性

汽车保证运行安全的能力,主要包括车辆的稳定性和制动。

(5) 经济性

汽车耗油方面的特性,主要是百车千米油耗的高低。

(三) 汽车站

汽车站的功能主要是对汽车运输活动进行组织管理和为运输车辆

提供后勤技术保障。根据运输对象的不同,汽车站分为客运站和货运站两种基本类型。

1. 客运站

客运站是完成旅客及行包运输的车站。客运站一般由客运服务区、停车场、维修厂、油库四部分组成。客运服务区一般包括售票处、候车室、行包房、检票口、站台等设施,其主要任务是办理客运业务、完成旅客候车和上下车组织工作;停车场是为保管和停放车辆而建立的设施;油库主要是为本站车辆提供燃油供应;维修厂的功能是为运输车辆提供维护、修理等技术服务。

道路旅客运输主要采取班车的形式,定线、定站、定时、定车型运行。由客运站向社会公布班车时刻表,旅客根据自己需要的时间、车次购票乘车,经检票进站、运行、检票出站等运输环节,即可完成运输过程。客运站在运输过程中主要负责客源组织、编排客车运行作业计划和签发路单(行车调度命令)。

2. 货运站

货运站是办理货物运输业务的车站,主要功能是为车辆提供后勤和技术服务、办理运输手续、对运输进行指挥调度。货运站一般由停车场、维修厂、油库和货运业务区四部分组成。与铁路货运站不同的是,汽车货运站内不进行货物的装卸作业,装卸作业都是在货主仓库内进行的,这是因汽车能实现"门到门"运输的特点所决定的。

道路运输企业规模小,作业环节少,能实现"门到门"运输,运输线路也是对社会开放的公用设施,因此其生产组织的计划性不强,生产过程的组织也较铁路简单灵活,在运力运量基本平衡的情况下能做到随到随运。道路货物运输首先由运输企业与货主签订运输合同,根据合同中规定的运输任务由货运站编排生产作业计划,签发路单(行车调度命令),派车到装车点装车,经运行后到目的地卸货交付,运输过程即告完成。

三、水路运输方式

水路运输是一种最古老的,也是现代化程度较高的,利用船舶和其他浮运工具在江河、湖泊、水库等天然或人工水道和海洋上运送旅客与货物的一种运输方式,一般主要承担大批量、远距离的运输。

水路运输按船舶航行区域可以划分为远洋运输、近洋运输、沿海运输和内河运输,可以使用数万吨乃至几十万吨的大型船舶进行跨洋运输,也可以使用万吨左右的中型船舶进行沿海或近洋运输,还可以使用几千或几百吨的中小型船舶在内河进行中短途运输。

由于水运航道多系天然形成,不像铁路、公路需要大量资金投资修建,又因船舶运量较大,所以无论在运输能力还是在运输成本上水路运输都处于优越地位。水路运输的缺点是速度慢,受港口、气候等因素影响大。

水路运输系统主要由船舶、港口和航道三部分组成。

(一) 船舶

1. 船舶的技术指标

船舶是水上运输的基本工具,其技术性能主要从以下几个方面进行评价:

(1) 航行性能

航行性能指船舶抗拒风浪、急流、险滩等恶劣情况的能力,包括浮性、稳性、抗沉性、快速性、适航性和操纵性。

(2) 重量性能

重量性能主要指船舶的排水量和载重量。排水量指船舶浮于水面时所排开水的重量,亦等于船的总重量,包括空船排水量和满载排水量两个指标;载重量包括总载重量和净载重量。

(3) 容积性能

船舶货舱是指实际能够装载货物的空间。货舱容积分为散装舱容和包装舱容两种。散装舱容指货舱内能够装载散货的货舱容积,而包装舱容则指货舱内能够装载件货的货舱容积。

2. 船舶的种类

船舶主要有杂货船、油船、集装箱船、滚装船、散货船、驳船及各种专用船舶。

(1) 杂货船

杂货船主要用于运送散装件杂货。在集装箱运输发达的今天,杂货船仍然不会被淘汰,毕竟有相当多的货物是难以装入集装箱的。

(2) 油船

油船主要运送原油、成品油,其中原油船吨位最大,可达几十万吨。

(3) 集装箱船

集装箱船适用于运输装入集装箱内的货物,装卸效率高。由于开展集装箱运输所需投入大、管理费用高,因此,运输成本较高。

(4) 滚装船

滚装船是将载货汽车开上船舶,到达目的港后再将载货汽车开下船舶的一种运输工具,其特点是装卸速度快,可实现道路与水路联运,但舱容利用率低。

(5) 散货船

散货船主要用于运送批量大、货物本身价值低的颗粒状货物,如煤炭、矿砂、谷物等散装货物。

(6) 驳船

驳船是内河运输货物的主要工具。驳船一般没有动力,它是依靠其他船舶拖带或顶推航行的船舶。近年来,驳船的发展具有标准化、系列化和专业化的特点。

此外,还有液化气船、散装水泥船、冷藏船、液化沥青船等专用的船只。

(二) 港口

港口是供船舶停靠、集散客货、为船舶提供各种服务,具有综合功能的场所。港口的主要功能有:

1. 装卸运输功能

港口最主要的作业是完成货物的装卸以及为船舶集散客货,同时,港口又是各种运输方式的衔接点,是交通运输的枢纽,为此,港口要有足够的作业场地、通道和仓储能力。

2. 服务功能

港口要为停靠船舶提供各种供应和技术服务,满足船舶在恶劣气象条件下停泊。

3. 工业功能

港口不仅能够通过水路运输为工业生产提供大量的原料和燃料,而且其产品也能很便利地运往国内外市场,因此,世界上大多数重要工业基地都建立在港口及其附近。

4. 贸易和商业功能

由于港口是船舶和铁路、公路、航空运输工具的连接点,货主可以很方便地将货物运往港口储存,并根据市场行情变化及时地抛售或购入货物。作为航运与贸易的辅助功能,如代理、保险、金融、通信、航运交易等也在不断发展。这些业务和功能的开发和发展加快了港口地区城市化的进程,对城市的繁荣起到了积极的作用。

(三) 航道

航道是供船舶安全航行的通道。航道一般分为自然航道和人工航道。为保证船舶的安全航行,航道应有足够的水深、宽度和适当的弯曲半径,并设有航标等导航设施。

水路运输的生产组织由港口和船舶两部分组成。港口生产组织是完成货物的装卸作业,因此,其重点是提高装卸机械的利用率和装卸作业效率,减少船舶在港停留时间,提高港口的通过能力。船舶运行组织工作的重点是规划航线与航线配船,组织好船舶的运输,努力提高船舶的营运率、航行率、载重量利用率、吨船产量,降低运输成本。

四、航空运输方式

航空运输是利用飞机或其他航空器在空中进行货物运输。其优点是速度极快;不受地形限制,在其他运输工具都达不到的地区仍然可以进行空运。飞机的振动较轻,空中货物也不可能被盗,因此航空运输是一种十分安全的运输形式,近些年发展很快。

由于航空运输的成本很高,所以需要空运的货物种类较少,一般是价值高、运费承担能力强的贵重货物,如电子设备、精密仪器;或者是时令货物,如生猛海鲜、时装、鲜花等;或者是应急物资,如急救药品器材、救灾物资、战时军需品等。

航空运输由航空港、航空线网和飞机三部分组成。

(一)航空港

航空港一般叫做机场,由飞行区、运输服务区和机务维修区三部分组成。飞行区包括跑道、滑行道、停机坪以及各种保证飞行安全的设施、通信系统,其作用主要是供飞机安全起落。运输服务区包括客机坪、候机楼、停车场以及货运站等,主要完成客货集散、候机、运输服务等项作业。机务维修区包括维修厂、维修机库、维修机坪以及储油库等,其作用主要是为飞机飞行提供技术服务和燃料供应。

(二)航空线网

航空线网由航线、航路组成。航线是飞机飞行的路线,民航从事运输飞行必须按照规定的线路进行。航路是根据地面导航系统建立的走廊式保护空域,供飞机作航线飞行之用。航路对空间宽度、高度层都做了规定,以维护空中交通秩序,保证飞行安全。

(三)飞机

飞机是航空运输的基本运输工具,依动力不同,分为螺旋桨式飞机、喷气式飞机、直升机。

民航飞机的飞行主要根据班期时刻表,按照规定的航线,定机型、定日期、定时刻飞行。

五、管道运输方式 *

管道运输是指由钢管、泵站和加压设备等组成的利用管道加压输送气体、液体、粉状固体的运输方式,一般由管线和管线上的各个站点组成。

(一)管线

管线一般使用钢质的管道焊接而成,能承受较大压力。根据运输的货物种类和运量不同,管径和管道压力有大有小,例如,原油管道的管径为 273~1 020 毫米,成品油管道的管径为 59~920 毫米。

(二)输油站

管道运输站点分为首站、中间站和末站。

1. 首站

首站位于管线的首端,其作用一般为汇集气体或液体,然后计量、加压送往中间站。除加压设备外,首站还应具备较强的储存能力和运输中的计量和预处理能力,它由油罐区、计量系统和输油泵房组成。

2. 中间站

中间站位于管线上首站和末站之间,长距离运输时中间站不止一个。中间站的主要作用是给管线加压,为管道内货物的流动提供能量。对于某些货物还需进行其他处理,例如运输易凝高粘原油,中间站还必须给原油加热以增加其流动性。

3. 末站

末站位于管线的末端,其作用是接收管道输送的货物,然后送往使用单位或转运至其他运输方式。有些货物在末站还需进行处理,如煤浆的脱水、成型,因此,管道的末站应具备较强的储存能力、转运能力以及必要的作业能力。主要设备有:油罐区,用于油品交接的较准确的计量系统,以及油品传输设备,如铁路装油栈桥、水运装油码头及与之配套的输油泵机组等。

管道运输过程比较典型的是原油的运输。原油运输管道首站一般设在油田附近。开采出来的原油汇集到首站,首站经计量、脱水、脱杂质,必要时给原油加热,然后送往管道加压输送往中间站。在运输过程中,管道内的压力逐渐降低,中间站给管道加压,恢复其流动所需能量,这样一站一站接力将货物运往末站。末站一般设在炼油厂或港口附近,末站用容器将原油收集,然后用管线或其他运输工具将原油转运出去。

管道运输的主要优点是运量大,运费低,能耗少,较安全可靠,一般受气候环境影响小,劳动生产率高。因为运输设备在运输过程中静止不动,不存在其他运输方式中普遍存在的运输设备随货物移动消耗动力所产生的无效运输。并且,管道是密封的,货物不会散失,也不会污染环境。

管道运输的缺点是通用性差,目前主要用于运送原油、天然气、煤浆等。

综上所述,物流货物运输包含铁路、公路、水路、航空和管道运输,各种运输方式均是物流货物运输系统的子系统。

第2节 各种运输方式的技术经济特征

五种运输方式在运输工具、线路设施、营运方式及技术经济特征等方面各不相同,各有优势与不足。客户对交通运输的总体要求是安全、迅速、经济、便利,各种运输方式的特点及其技术经济特征具体表述如下:

一、铁路运输的技术经济特征

(一)运输能力大

铁路运输能力远远超过公路运输,仅次于水运。一般铁路每列货车可装载 3 000 ~ 4 000 吨、重载列车可装载约 5 000 吨以上的货物;单线单向年最大货物运输能力达 1 800 万吨,复线达 5 500 万吨。

(二)运行速度快

铁路列车运行时速一般在 80 ~ 120 公里之间,高速铁路运行时速可达 210 ~ 350 公里。送达速度除运行时间外,还包括途中的停留时间和两端的作业时间。铁路列车在运输过程中需要编组、解体和中转改编等作业环节,在长途运输条件下,铁路的送达速度高于水路与公路运输,但在短途运输上则低于公路运输。

(三)运输成本低

一般来说,铁路运输的单位成本比公路运输、航空运输要低许多,有时甚至低于内河运输。

(四)运输经常性好

铁路运输不易受大雨、大雪、台风等气象和自然环境的影响,能保证客货的运送时间,且到发时间准确性较高。

(五)能耗低

铁路运输每千吨公里消耗标准燃料为汽车运输的 1/15 ~ 1/11,为民航运输的 1/174,但是高于沿海和内河运输。

(六)通用性好

铁路能运输各类不同的货物,并可实现背驮运输、集装箱等运输。

(七)机动性差

铁路运输只能在固定的线路上实现运输,较难实现"门到门"的运输;需要汽车等其他运输方式的配合和衔接。

(八)投资大,建设周期长

铁路线路、机车车辆、车站等技术设备需要投入大量的人力物力,投资额大、建设周期长。例如,单线铁路造价约为 100~300 万元/公里,复线造价在 400~500 万元/公里之间;一条铁路干线的建设时间一般需要 3~5 年。

(九)占地多

新建 1 公里复线铁路需占地 30~40 亩,随着人口的增长,将给社会增加更多的负担。

铁路运输适合于大宗低值货物的中、长距离运输,如散装货物(如煤炭、金属、矿石、谷物等)、罐装货物(如化工产品、石油产品等)的运输,也适合于大批量、时间性强、可靠性要求高的一般货物和特种货物的运输。

二、道路运输的技术经济特征

(一)机动灵活

机动灵活是道路运输的最大优点,具体表现为技术上的灵活性和经济上的灵活性。

1. 技术上的灵活性

道路运输技术上的灵活性,决定了其运输生产具有点多、面广、流动、分散的特点,具体表现为:

① 空间上的灵活性。容易实现"门到门"运输。

② 运营时间上的灵活性。通常可实现根据客户需求随时启运,即提供随到随运服务,能灵活制定运营时间表,运输服务的弹性大。

③ 载运量的灵活性。汽车的运载量可大可小,小的单车运输可载重 0.25 吨的货物,大的拖挂运输可载重几十吨的货物。可根据客户的实际需求,安排不同吨位车辆进行运输。

④ 运行条件的灵活性。汽车对到达地点的设施要求不高,能深入

工厂、矿山、车站、码头、农村、山区、城镇街道及居民区等地点。因此，公路运输服务范围不仅包括等级公路，还可延伸到等外级公路，甚至乡村便道，将货物从发货者门口直接运送到收货者门口，不需要转运或反复装卸搬运，而且对装卸设备、停靠场地要求不高。

⑤ 服务上的灵活性。能够根据客户需求提供个性化服务，最大限度地满足不同性质的货物运送。

⑥ 运输组织方式的灵活性。既可自成体系组织运输，又可作为其他运输方式的接运方式，或与铁路、水路联运，或为铁路、港口集散货物。

⑦ 公司规模的灵活性。汽车运输公司可以通过增减汽车数量的方法适应市场供求变化。

⑧ 汽车运输场站服务对象的灵活性。既可为众多运输企业服务，也可为经营个体使用。

2. 经济上的灵活性

道路运输经济上的灵活性，主要表现在以下两个方面：

① 投资少。从业者可根据市场上的运输需求和自身的条件，灵活选择车辆的配备及场站投资建设的方式。

② 资金周转快，原始投资回收期短。据国外有关资料介绍，一般每年资金可周转 1~2 次，而铁路运输 3~4 年才周转一次。我国有些公路企业的经验表明，如经营得好，1 年左右即可收回投资。

（二）驾驶人员容易培训

与其他运输工具相比，汽车驾驶技术简单，容易掌握。汽车驾驶员培训一般只需几个月的时间，而其他运输工具驾驶员培训则需要较长的时间。

（三）包装简单，货损少

因汽车载量小，所以货物受压状况较好，对包装要求不高。道路运输环境对车辆运行中的震动及货损会有影响，一般情况下，车辆运输无需中转装卸作业，因此，包装可以简单，货损少。

（四）运输成本高

道路运输成本分别是铁路运输成本的 11.1~17.5 倍，沿海运输成本的 27.7~43.6 倍,管道运输成本的 13.7~21.5 倍,但只有航空运输成本的 6.1%~9.6%。

（五）运输能力小

每辆普通载货汽车每次至多仅能运送 50 吨左右的货物,约为货物列车的 1/100;长途客车一般也只能运送 50 位左右旅客,仅相当于铁路普通列车的 1/30~1/36。此外,由于汽车体积小、载重量不高,运送大件货物较为困难,因此,在一般情况下不太适宜大件货物和长距离货物的运输。

（六）占地多

土地是国家赖以生存和发展的极其重要的宝贵资源。从世界各国实际看,道路建设均需要占用大量土地,1 公里双向四车道的高速公路占地约 60 亩。随着经济的发展、汽车的增长,道路运输占地多的矛盾将会日益突出。

（七）劳动生产率低

道路运输的劳动生产率只有铁路运输的 10.6%,沿海运输的 1.5%~7.5%,但比航空运输的劳动生产率高,约为航空运输的 3 倍。

（八）能耗高

道路运输能耗分别是铁路运输能耗的 10.6~15.1 倍,沿海运输能耗的 11.2~15.9 倍,内河运输能耗的 13.5~19.1 倍,管道运输能耗的 4.8~6.9 倍,但比航空运输能耗低,只有航空运输能耗的 6.0%~8.7%。

（九）环境污染严重

据美国环境保护机构对各种运输方式造成污染的研究分析,道路运输的汽车是造成环境污染的罪魁祸首,其中有机化合物污染占 81%,氮氧化物污染占 83%,一氧化碳污染占 94%。道路运输造成的污染是水路运输的 3.3 倍。

道路运输适于中短距离运输。但随着高速公路网的修建,道路运输将逐渐形成短、中、长途运输并举的格局。

三、水路运输的技术经济特征

水路运输主要是利用天然水道,进行大批量、长距离的运输。

(一)运输能力大

在五种运输方式中,水路运输能力最大。在长江干线,一支拖驳或顶推驳船队的载运能力达3.2万吨,国外最大的顶推驳船队的载运能力已达3~4万吨,世界上最大的油船曾达56.3万吨。

(二)能耗低

我国水路运输中,柴油机占发动机功率的95%,其中低速柴油机约占88%。低速柴油机热效率较高,一般可达40%~50%,而铁路内燃机热效率约为30%,因此,船舶单位能耗低于铁路,更低于公路。美国运输部统计资料数据表明,1加仑(1加仑=4.5461升)燃油,大型卡车可完成59吨英里,铁路可完成202吨英里,内河船舶可完成514吨英里。汽车的能源消耗约为内河船舶的10倍,铁路的能源消耗约为内河的2倍。

(三)运输成本低

沿海船舶吨位大,运输成本一般较铁路低。长江干线的运输成本为铁路的84%,沿海运输成本只有铁路的40%。德国内河运输成本为铁路的1/3、公路的1/5,而美国内河运输成本仅为铁路的1/4、公路的1/15。

(四)建设投资少

水路运输除需投资购造船舶、建设港口外,在一般情况下,是利用江河湖海等自然资源行船,沿海航道几乎不需投资建设,内河航道整治也仅仅只有铁路建设费用的1/5~1/3。

(五)土地占用少

与铁路、公路相比,水运占用土地少,基本不占用耕地。有些航道的整治和港口的建设可利用疏浚的泥沙回填,增加沿岸的可利用土地面积。

(六)劳动生产率高

沿海运输劳动生产率是铁路运输的6.4倍,长江干线运输的劳动生产率是铁路运输的1.26倍。

（七）平均运距长

水路运输平均运距分别是铁路运输的2.3倍,公路运输的59倍,管道运输的2.7倍,但只有航空运输的68%。

（八）运输速度慢

船舶运输平均航速较慢,在途中的时间长,不能快速将货物运达目的地,增加货主流动资金的占有量。

（九）受自然条件的影响大

水上运输易受台风或气候条件的影响,货物送到期限难以准确保证;内河航道枯洪水期水位变化大;北方内河航道和有些海港冬季结冰,不能实现全年通航。

（十）可达性差

水路运输只能在固定的水路航线上进行运输,常常需要其他运输方式与之配合和衔接,才能实现"门到门"运输。

水路运输适宜于运距长、运量大、对送达时间要求不高的大宗货物运输,也适合集装箱运输。

四、航空运输的技术经济特征

航空运输由于其航速高,因此,在交通运输系统中具有特殊的地位及较好的发展潜力。

（一）高速可达性

高速可达性是航空运输最突出的优点。飞机运行速度一般在800~1 000公里/时,在空中较少受自然地理条件的影响和限制,航空线路距离一般较其他运输方式长。运输距离越长,航空运输所能节约的时间越多,快速的特点也越显著。此外,在火车、汽车、船舶无法到达的地区,航空运输则有可能实现运输目的。

（二）安全性高

按单位货运周转量或单位飞行时间损失率统计,航空运输的安全性比其他任何运输方式都高。

（三）经济价值独特

尽管从运输成本来说,航空运输比其他任一种运输方式的运输成本都高,但是,如果考虑时间的价值,利用飞机运输鲜活产品、时令性产品和邮件却有其他运输方式所不具备的独特经济价值。

(四)包装要求低

因为飞机航行的平稳性和自动着陆系统的使用,可大大降低货损的比率,所以空运货物的包装要求通常比其他运输方式简单,有时,一张塑料薄膜裹住托盘货物就可以保证货物不受破损。

(五)载运量小

航空运输不能承运大型、大批量的货物,只能承运小批量、体积小的货物。

(六)投资大,成本高

飞机造价高,购置、维修费用高,能耗大,运输成本比其他运输方式要高许多。

(七)易受气候条件限制

因飞行条件要求高,航空运输在一定程度上受气候条件的限制,如遇雷雨、大雾、台风等恶劣天气,不能保证客货运送的准点性和正常性。

(八)机动性差

通常情况下,航空运输难以实现"门到门"运输,必须借助其他运输工具进行集疏运。

航空适宜运送价值高、体积小、送达时效要求高的特殊货物,如高级电子仪器设备、精密仪器设备、鲜活易腐货物、时令性产品、邮件等产品的运输。

五、管道运输的技术经济特征 *

现代管道运输始于 19 世纪中叶,最早开始用于石油原油的运输,20 世纪 60 年代开始用管道运输煤浆,近年来,管道运输被进一步研究用于解决散状物料、成件货物、集装物料的运输以及发展容器式管道运输系统。

(一)运输量大

根据油管线管径的大小,每年的输油量可达数百万吨到几千万吨,甚至超过亿吨。直径720毫米的输煤管道,年可输送煤炭2 000万吨,几乎相当于一条单线铁路的输送能力。

(二) 管道建设周期短、投资费用低

管道建设只需要铺设管线、修建泵站,土石方工程量等较修建铁路小。在相同运量条件下,其建设周期与铁路相比要短1/3以上。据有关资料统计,管道建设费用也比铁路低60%左右。

(三) 占地少

根据地面条件,管道可建在地面,也可埋在地下,管道埋藏于地下的部分约占管道总长度的95%左右,因而占用的土地少,分别仅为公路的3%、铁路的10%左右。

(四) 符合绿色运输要求

由于石油天然气易燃、易爆、易挥发、易泄露,故采用管道运输不仅安全可靠,减少损耗,又可避免对空气、水源、土壤的污染,能较好地满足运输对绿色环保的要求。

(五) 能耗小,成本低

由于管道运输采用密封设备,在运输过程中可避免散失、丢失等损失,也不存在其他运输设备在运输过程中消耗动力所形成的无效运输问题,几乎不存在空载,因此,在各种运输方式中,管道运输能耗最小,每吨公里的能耗不足铁路运输的1/7,在大批量运输时与水运接近。以石油运输为例,管道、水路、铁路运输成本之比约为1∶1∶1.7。

(六) 运输经常性好

由于管道密封且多埋藏于地下,不受气候的影响,可长期稳定地运行,输送货物的可靠性高。

(七) 灵活性差

管道运输功能单一,仅能运输石油、天然气及煤炭等固体料浆,且管线固定,因此,运输灵活性差。此外,当管道运输量明显不足时,运输成本会显著上升。

管道运输适合于单向、定点、量大的流体状且连续不断货物的运输。

第3节 集装箱运输与多式联运

一、集装箱运输

集装箱运输是一种先进的现代化运输方式,是交通运输现代化的产物和重要标志,是件杂货运输的发展方向,是运输领域的重要变革,因此,将集装箱运输称为20世纪的"运输革命"。自1956年4月美国泛大西洋轮船公司"马科斯顿"号装载35英尺的集装箱首航纽约—休斯敦航线以来,至今已近50年。由于集装箱运输的巨大优越性,集装箱运输发展速度惊人,已成为世界各国对外贸易的最佳运输方式。我国集装箱运输虽然起步较晚,但经过30余年的发展,集装箱运输船队已进入世界四强之列。

(一) 集装箱运输的概念

集装箱又称"货柜",是一种具有一定规格和强度的、专为运输周转使用并便于装卸机械操作的大型货物容器。由于集装箱与货物的外包装和其他容器不同,使用集装箱转运货物,可直接在发货人的仓库装货,运到收货人的仓库卸货,中途更换车船时,无须将货物从箱内取出来,所以它既是一种包装容器又是一种有效的运输工具。

集装箱运输是指利用集装箱运输货物的方式,是一种既方便又灵活的现代化运输方式。与传统的杂货散运方式相比,它具有运输效率高、方便灵活、经济效益好、服务质量优等特点。正因如此,集装箱运输在世界范围内得到了飞速发展。

(二) 集装箱运输的特点

由于集装箱运输是以集装箱作为运输单位进行货物运输的一种先进的运输方式,与传统的货物运输方式相比较,集装箱运输具有以下特点:

1. 提高装卸效率,减轻劳动强度

集装箱运输主要是将散装件杂货集中成组装入箱内,可以减少重复操作,从而大大提高车船装载效率。其每一环节的装载时间一般仅需 3 分钟左右,每小时装卸货物可达 400 吨,这是普通货船装卸效率的 10 倍。例如,在我国港口普通码头上装卸件杂货船舶,其装卸效率一般为 35 吨/时,并且需要配备装卸工人约 17 人,而在国外的集装箱专用码头上装卸集装箱,其效率可达 50TEU/时,按每箱载货 10 吨计,生产效率已达 400~500 吨/时,而配备工人数至多只有 4 名,工人工作效率可提高几十倍。此外,集装箱运输还能提高船舶运营率,它不受气候影响,能减少非生产性停泊,大大减少劳动强度。

2. 减少货损货差,提高货物运输的安全与质量

集装箱能很好地避免货物倒载,防止货损货差。采用散装件杂货运输方式时,由于运输和保管过程中货物不易保护,尽管也采取了一些措施,但货损货差情况仍比较严重。特别是在运输环节多、品种复杂的情况下,货物的中途转运搬动,使商品破损以及被盗事故屡屡发生。据铁路部门统计,零担货损事故约占整个货损事故的 80%。采用集装箱运输方式,由于集装箱本身实际起到了一个强大的外包装作用,因此,即使经过长途运载或多次换装,也不易损坏箱内的货物。据资料统计,日本使用集装箱后货损率已由原来的 4.9% 降到 0.7%。此外,集装箱在发货人处铅封,一单到底,途中不拆箱,可大大减少货物丢失。据美国资料统计,在 1969 年运送的 33.1 万个集装箱中,只有 35 个受损,货损率不到万分之一。

3. 缩短货物在途时间,加快车船周转

集装箱化给港口和场站的货物装卸、堆码的机械化和自动化创造了条件。标准化的货物单元使装卸搬运变得简单和有规律,在作业过程中能充分发挥装卸搬运机械设备的能力,便于实现自动控制的作业过程。一方面,机械化和自动化可以大大缩短车船在港站停留时间,加快货物的送达速度。另一方面,由于集装箱运输方式减少了运输中转环节和收发货的交接手续,方便了货主,提高了运输服务质量,加快了货物周转运送。在海运方面,一般实行集装箱化以后,到货期限可缩短 50%。如美国用普通货船运到欧洲的货物,通常需要 3 个星期左右,使用集装箱装货后,只需 10~12 昼夜。据德国资料统计,在铁路上推行集装箱化后,货车的周转时间从原来的 84 小时降到 44 小时。我国铁

路为缩短集装箱在途时间,推出集装箱和行邮专列,大大缩短了集装箱在途时间。

4. 节省货物运输包装及检验手续

集装箱箱体作为一种能反复使用的包装物,虽然一次性投资较高,但与一次性的包装方式相比,其单位货物运输分摊的包装费用投资反而降低。同时,由于集装箱是一种坚固、特殊的运载工具,可节省大量商品包装费用。例如,日本用集装箱运输药品、电缆、合成树脂、家具等,在卸货时必须按货物外包装上的标志加以分类,逐件检查,而采用集装箱以后,只需按箱检查,大大加快了检查速度,降低了验收费用。

5. 减少运营费用

由于采用统一的货物单元,使换装环节设施的效能大大提高,从而降低了装卸成本。同时采用集装箱方式,货物运输的安全性明显提高,使保险费用有所下降。因此,使用集装箱能有效地降低运输成本。例如英国在大西洋航线推行集装箱运输后,运输成本降到普通货船运输成本的1/9。据统计,铁路运输实行集装箱化后,在西欧一些国家运费要降低40%左右,在美国运费则为普通列车的60%。

6. 有利于组织多式联运

由于各种运输工具各自独立发展,装载工具的容积无法统一,因此,传统运输方式之间的换装困难重重。随着集装箱作为一种标准运输单元的出现,使各种运输工具的运载尺度向统一的、满足集装箱运输需要的方向发展,运输工具之间的换装衔接更为便利,有利于组织多式联运。

随着我国经济的发展,产业结构、产品结构的调整和升级,适箱货源的越来越多,以及集装箱运输的标准化、系列化、大型化、专用化、电子化、联运化、柔性化、信息化的发展趋势及特点,特别是集装箱运输在当今世界贸易中已作为成交的重要条件,集装箱运输在我国将有着越来越广泛的应用和发展前景。

二、多式联运

随着运输技术的发展,传统、单一、互不连贯的运输方式已不能适应社会经济发展的需求,于是,多式联运应运而生。多式联运是交通运输的一个组成部分,它衔接协调各种运输方式,推动运输横向联合,组织发挥各种运输方式的特点和优势,提高综合运输效率。多式联运打破了传统的不同运输企业独立组织运输的模式,将不同运输方式、不同运输服务企业联合为一个不可分割的整体,向客户提供完善的服务。

(一)多式联运的概念

多式联运是指联运经营人根据单一的联运合同,通过一次托运、一次计费、一张单证、一次保险,使用两种或两种以上的运输方式,负责将货物从指定地点运至交付地的运输。

多式联运是按照社会化大生产要求组织运输,它将多种运输方式有机地结合在一起,以最合理、最有效的手段组织货物的运输,因此,多式联运是一种高级的运输组织形式,不仅最大限度地方便货主,加速货物周转,提高货主的满意度,而且可实现运输合理化,提高运输组织工作的效率和效益。

如果多式联运运用于国际货物运输中,则可称其为国际多式联运。

一般来讲,构成多式联运应具备以下几个主要条件:

① 必须具有一个多式联运合同;

② 必须使用一份全程的多式联运单据(多式联运提单、多式联运运单等);

③ 全程运输过程中必须至少使用两种不同的运输方式,而且是两种以上运输方式的连续运输;

④ 必须使用全程单一费率;

⑤ 必须有一个多式联运经营人对货物的运输全程负责;

⑥ 如果是国际多式联运,则多式联运经营人接受货物的地点与交付货物的地点必须属于两个国家。

(二)多式联运的内容

多式联运是综合运输思想在运输组织领域的体现,是综合性的运输组织工作。这种综合组织是指在一个完整的货物运输过程中,不同运输企业、不同运输区段、不同运输方式和不同运输环节之间的衔接和协调。其内容主要包括以下几个方面:

① 货物全程运输中使用的两种或两种以上运输工具或方式的运输衔接,或者货物全程运输中使用同一种运输工具两程或两程以上运输的衔接;

② 货物全程运输中使用一种运输方式多家经营和多种运输方式联合经营的组织衔接;

③ 货物全程运输所涉及的货物生产、供应、运输、销售企业的运输协作组织;

④ 多式联运经营人对货物的运输全程负责。

在多式联运中,凡是有权签发多式联运单据,并对运输负有责任的人均可视为多式联运经营人,如货运代理人、无船承运人等。多式联运全过程涉及各种关系人,法律关系非常复杂。其中,有多式联运经营人和货物托运人之间的关系,多式联运经营人与发货人的受雇人、代理人之间的代理关系,承揽关系,侵权行为关系等,各关系人之间的权利、义务不尽相同。一旦确定了多式联运经营人和发货人之间的法律关系,在某种程度上也就明确了多式联运经营人与其他各关系人的法律关系。

多式联运经营人在完成或组织完成全程运输过程中,首先要与托运人或货主订立全程运输合同,在合同中是承运人。但在与各种运输方式、各区段的实际承运人订立的分运(或分包)合同中,多式联运经营人又是以托运人和收货人的身份出现的。这样多式联运经营人就具有双重身份,就其业务内容和性质来看,多式联运经营人的主要工作实际上是组织、衔接各区段的货物运输,而各区段承运人对自己承担区段的货物运输负责。由此可知,联运经营人的这种身份与传统的货运代理人身份相似,担负的是"一手托两家"的中介组织任务。

从以上内容可以看出,多式联运不是一种新的运输方式,而是一种新的运输组织形式,是在货物多次中转的全程运输过程中,在不同运输区段、不同运输方式的中转或换装地点发挥纽带和衔接作用。多式联运的运输组织工作,除上述衔接性工作外,还包括把原来由货主自己或委托代理人订立的运输合同,办理货物交接和办理所需要的手续及各种运输服务事宜,变为由多式联运经营人统一组织办理。多式联运组织工作过程,实际上是各种运输方式合理运用和分工的过程。在选择全程运输的运输线路和选择各区段的运输方式时,不仅要考虑每一种运输方式的特点及技术经济特性,更应充分考虑各种运输方式之间优势互补以及由不同运输方式组成的最佳运输路线。只有综合地利用各种运输方式的技术经济优势,扬长避短,相互补充,协调组织,才能把不同运输方式有机地结合成一个整体,提供优质、方便、高效的运输服务。

(三) 多式联运的优点

多式联运的产生和发展是国际间货物运输组织的革命性变化。随着集装箱运输的发展,以多式联运形式运输的货物越来越多。迄今为止,发达国家大部分国际贸易的货物运输已广泛采用多式联运的方式,发展中国家采用多式联运方式运输货物的比例也以较快的速度增长,因此,集装箱货物多式联运已成为国际货物运输的主要方向。多式联运之所以能如此迅速发展,是由于它与传统运输相比较具有许多优点。主要有以下几个方面:

1. 手续简单统一,节省人力、物力和有关费用

在多式联运方式下,无论货物运输距离有多远,无论使用几种运输方式进行货物的运输,也不论运输途中经多少次转换,所有一切运输事宜均由多式联运经营人负责办理。而托运人只需办理一次托运,订立一份运输合同,一次支付费用,一次保险,从而省去托运人办理托运手续的诸多不便。同时,由于多式联运采用一份货运单证,统一计费,因而也可简化制单和结算手续,节省人力和物力。此外,一旦运输过程中发生货损、货差,由多式联运经营人对全程运输负责,从而也可简化理赔手续,减少理赔费用。多式联运经营人既为客户服务,又为运输企业服务。通过实行代办、代理运输,简化客户自办托运的手续,减少中间环节,提高运输效率,不仅方便客户,而且降低了运输费用和其他各项开支,可取得良好的经济效益和社会效益。

由于多式联运可实行"门到门"运输,因此对货主来说,在将货物

交由第一承运人以后即可取得货运单证,并据以结汇,从而提前了结汇时间。这不仅有利于加速货物占用资金的周转,而且可以减少利息的支出。此外,由于货物是在集装箱内进行运输的,因此从某种意义上看,可相应地节省货物的包装、理货和保险等有关费用的支出。

2. 减少中间环节,提高运输质量

多式联运以集装箱为运输单元,可以实现"门到门"的运输。尽管运输途中可能有多次换装、过关,但由于不需掏箱、装箱、逐件理货,只要保证集装箱外表状况良好,铅封完整即可免检放行,从而大大减少了中间环节。尽管货物运输全程中要进行多次装卸作业,但由于使用专用机械设备,且又不直接涉及箱内货物,因而货损、货差事故、货物被盗的可能性大大减少。再者由于全程运输由专业人员组织,可做到各环节与各种运输工具之间衔接紧凑、中转及时、停留时间短,从而使货物的运达速度大大加快,有效地提高了运输质量,保证了货物安全、迅速、准确及时地运抵目的地。

3. 降低运输成本,节约运杂费用

多式联运全程运输中各区段运输和各区段的衔接,是由多式联运经营人与各实际承运人订立分运合同和与各代理人订立委托合同来完成的。在一般情况下,多式联运经营人与其均订有长期协议,该类协议规定多式联运经营人保证托运一定数量的货物或委托一定量的业务,而对方则给予优惠的运价或较低的佣金;通过合理选择运输路线和运输方式,也可降低全程运输成本,提高利润。对货主而言,不仅可以得到优惠的运价,而且由于在多式联运条件下,一般将货物交给第一实际承运人后即可取得运输单证,并可据此结汇或结算货款,结汇时间比分段运输有所提前,有利于货物占有资金的周转。此外,由于多式联运全程运输采用一张单证,实行单一费率,从而简化了制单和结算的手续,节约了货方的运杂费。

在多式联运方式下,各个运输环节和各种运输工具之间配合密切,衔接紧凑,中转迅速及时,大大减少了货物的在途停留时间,从而从根本上保证了货物安全、迅速、准确、及时地运抵目的地,因而也相应地降低了货物的库存量和库存成本。此外,多式联运系通过集装箱为运输单元进行直达运输,虽然货运途中须经多次转换,但货损、货差事故大为减少,从而在很大程度上提高了货物的运输质量。

4. 扩大运输经营人业务范围,提高运输组织水平,实现合理运输

在开展多式联运以前,各种运输方式的经营人都是自成体系,独立运输的,因而其经营业务的范围,尤其是空间地域范围受到很大限制,只能经营自己运输工具能够完成的运输业务,货运量也因此受到限制。而多式联运经营人或作为多式联运的实际承运人,其经营的业务可获得较大的扩展。除运输经营人外,其他与运输有关的行业及机构,如仓储、港口、代理、保险、金融等,均可通过参与多式联运扩大业务。

在多式联运中是由专业人员组织全程运输的,这些人对世界的运输网、各类承运人、代理人、相关行业和机构及有关业务都有较深入的了解和较紧密的联系,可以选择最佳的运输路线,使用合理的运输方式,选择恰当的承运人,实现最佳的运输衔接与配合,从而大大提高了运输组织水平,充分发挥现有设施的作用和效率,实现合理运输。

由此可见,多式联运的主要特点是,由多式联运经营人对托运人签订一个运输合同,统一组织全程运输,货物运输全程实行一次托运、一单到底、一次收费、统一理赔和全程负责,它是一种以方便托运人和货主为目的的先进的货物运输组织形式。

(四) 多式联运的作用

多式联运是推动运输横向经济联合,组织发挥各种运输方式的特点和优势,提高综合运输效率的有效途径。它符合千家万户在产、供、运、销方面对运输的共同利益和要求,对促进工农业生产,发展经济,发展国际贸易等有着重要的作用。

1. 有利于发挥综合运输的优势

通过多式联运经营人合理组织各种运输方式的衔接和配合,可以做到选择最佳运输方式和运输路线,使公路、铁路、水运合理分流,使车船库场得到充分的利用,从而加速货物和资金周转,缩短车船停靠时间和库场堆存周期,更好地组织宜水则水、宜陆则陆、宜空则空,效益优化的合理运输,充分发挥综合运输的整体功能。

2. 提高运输管理水平,实现运输合理化

对于区段运输而言,由于各种运输方式的经营人各自为政,自成体系,因而其经营业务范围受到限制,货运量相应也有限。而一旦由不同的运输经营人共同参与多式联运,经营的范围就可以大为扩展,同时可以最大限度地发挥其现有设备的作用,选择最佳运输线路组织合理化运输。

3. 有利于挖掘运输潜力,提高运输效率

以铁路、水路联运为例,铁路组织装车地直达列车运输,水运组织班轮运输,港口指定专用码头进行装卸,彼此之间及时通报,做好组织衔接工作,使车、港、船紧密地协调配合,将货物全程运输组成统一的运作体系,可以大大提高运输效率。

4. 有利于形成以城市为中心、港站为枢纽的综合运输网络

城市是交通运输的枢纽,港站是联运网络的集结点,是客货集散的中转地,众多联运公司就是以中心城市和港站为依托建立起来的。通过联运,发展联运企业之间,联运企业与运输、仓储企业之间的横向联合,发展跨地区的联营与协作,不仅有利于搞活流通,发展地区或区域经济,促进乡镇企业的进一步发展,而且使联运企业之间建立起各种形式的伙伴关系,扩大了联运服务范围,为逐步形成互相适应的综合运输体系创造条件。

5. 有利于交通运输管理体制的改革

由于多式联运通过组织协调,运用合同等经济办法,加强了产、供、运、销,运输与仓储以及各种运输方式之间的配合与衔接,不但改变了人们的传统观念和习惯做法,而且也打破了部门与部门、部门与地区、地区与地区的界限。发展多式联运是交通运输企业横向经济联合的基本形式之一。随着多式联运的发展,必将成为交通运输管理体制改革的重大突破口。

6. 其他作用

从政府的角度来看,发展国际多式联运有利于加强政府部门对整个货物运输链的监督与管理,可以保证本国在整个货物运输过程中获得较大的运费收入分配比例,有助于引进先进的运输技术,减少外汇支出,改善本国基础设施的利用状况。通过国家的宏观调控与引导,鼓励

采用对环境破坏最小的运输方式,达到保护本国生态环境的目的。

(五) 多式联运的主要业务程序

办理货物多式联运的主要业务程序是:

① 托运人通过电话委托或通过邮件书面委托提出发货委托书或亲自登门办理货物托运手续;

② 根据托运人委托书,联运服务公司在规定的时间、地点派车取货或由托运人自己送货至仓库集结;

③ 联运服务公司办理货物票据手续及核收运杂费;

④ 根据托运人规定的发货日期,由联运服务公司负责进行运输工具的选择和运输线路的安排,组织货物始发装运;

⑤ 在不同运输工具的衔接点办理货物中转业务;

⑥ 办理货物到达票据手续;

⑦ 联运服务公司根据托运人指定的时间、地点派车送货或由收货人自己取货。

综上所述,办理货物多式联运业务的作业程序主要由三个环节组成,即:货物在发运地的承运业务;货物在不同运输工具运输过程衔接点的中转业务;货物在收货地的交付业务。

(六) 多式联运的组织形式

多式联运是采用两种或两种以上不同运输方式进行联运的运输组织形式,常采用的方式是:海—陆、陆—空、海—空联运等。这与一般的海—海、陆—陆、空—空等形式的联运有着本质的区别。后者虽然也是联运,但属同一种运输工具之间的运输方式。众所周知,各种运输方式均有自身的优点与不足。一般来说,水路运输具有运量大、成本低的优点;公路运输则具有机动灵活,便于实现货物"门到门"运输的特点;铁路运输的主要优点是不受气候影响,可深入内陆和横贯内陆实现货物长距离的准时运输;而航空运输的主要优点是可实现货物的快速运输。由于多式联运采用两种和两种以上的运输方式进行联运,可综合利用各种运输方式的优点,充分体现社会化大生产、大交通的特点。

由于多式联运具有较大的优越性,因而这种新的运输组织形式已在世界大多数国家和地区得到广泛的推广和应用。目前,有代表性的国际多式联运主要有远东—欧洲、远东—北美等海陆空联运。

1. 海陆联运

海陆联运是国际多式联运的主要组织形式,也是远东—欧洲多式联运的主要组织形式之一。该组织形式以航运公司为主体,签发联运提单,与航线两端的内陆运输部门开展联运业务,与陆桥运输展开竞争。

2. 陆桥运输

在国际多式联运中,陆桥运输起着非常重要的作用。它是远东—欧洲国际多式联运的主要形式。所谓陆桥运输是指采用集装箱专用列车或卡车,把横贯大陆的铁路或公路作为中间"桥梁",使大陆两端的集装箱海运航线与专用列车或卡车连接起来的一种连贯运输方式。陆桥运输具有运费低、运输时间短等特点,是一种经济、快捷、高效的现代化运输方式。严格地讲,陆桥运输也是一种海陆联运形式。只是因为其在国际多式联运中的独特地位,故在此将其单独作为一种运输组织形式。

目前,国际多式联运陆桥运输的组织形式有:

(1) 北美大陆桥

北美大陆桥是指北美的加拿大和美国均有一条横贯东西的铁路、公路大陆桥,它们的线路基本相似,其中美国的大陆桥的作用更为突出。美国有两条大陆桥运输线,一条是从西部太平洋口岸至东部大西洋口岸的铁路、公路运输系统,全长约3 200公里,另一条是西部太平洋口岸至南部墨西哥港口岸的铁路、公路运输系统,全长约500~1 000公里。

(2) 西伯利亚大陆桥

西伯利亚大陆桥是利用以俄罗斯的西伯利亚铁路为主的铁路线作为陆地桥梁,将太平洋远东地区与波罗的海和黑海沿岸以及西欧大西洋口岸连接起来。该大陆桥东起海参崴的东方港(纳霍特卡港),横贯欧亚大陆,至莫斯科后分为三路:一路自莫斯科到波罗的海临海的圣彼得堡港,转船至西欧、北欧港口;另一路从莫斯科至俄罗斯西部出国境站,转欧洲其他国家的铁路、公路直至欧洲各国;还有一路从莫斯科至黑海沿岸装船往中东、地中海沿岸各国。因此。通过西伯利亚陆桥可有海—铁—海、海—铁—公和海—铁—铁三种运送方式。

(3) 新亚欧大陆桥

新亚欧大陆桥东起我国连云港(是最短路径,也可从其他港口上桥),经乌鲁木齐至阿拉山口的北疆铁路与哈萨克斯坦的德鲁巴站接轨,西至荷兰鹿特丹,横跨欧亚大陆,连接太平洋和大西洋,穿越中国、哈萨克斯坦、俄罗斯等国,与西伯利亚大陆桥运输线重合后,经白俄罗斯、波兰、德国到荷兰,辐射到欧洲大多数国家和地区,全长1.09万公里,在我国境内有4 234公里。该大陆桥1992年9月正式通车,远东至中亚,中近东经新亚欧大陆桥,比西伯利亚大陆桥运输距离短2 700～3 200公里;远东至西欧,经新欧亚大陆桥,比经过苏伊士运河的全程海运航线缩短运距800公里;比经过巴拿马运河缩短运距11 000公里。

3. 海空联运

海空联运又被称为空桥运输。在运输组织方式上,空桥运输与陆桥运输有所不同:陆桥运输在整个货运过程中使用的是同一个集装箱,不用换装,而空桥运输的货物通常要在航空港换成航空集装箱。不过,两者的目标是一致的,即以低费率提供快捷、可靠的运输服务。

海空联运方式始于20世纪60年代,但到20世纪80年代才得以较大的发展。采用这种运输方式,运输时间比全程海运少,运输费用较全程空运便宜。20世纪60年代,将远东船运至美国西海岸的货物,再通过航空运至美国内陆地区或美国东海岸,从而出现了海空联运。当然,这种联运组织形式是以海运为主,只是最终交货运输区段由空运承担。1960年底,原苏联航空公司开辟了经由西伯利亚至欧洲的航空线。1968年,加拿大航空公司参加了国际多式联运。20世纪80年代,出现了经由香港、新加坡、泰国等至欧洲的航空线。目前,国际海空联运线主要有:

(1) 远东——欧洲

远东与欧洲间的航线有以温哥华、西雅图、洛杉矶为中转地,有以香港、曼谷、海参崴为中转地,还有以旧金山、新加坡为中转地。

（2）远东——中南美

近年来,远东至中南美的海空联运发展较快,因为此处港口和内陆运输不稳定,所以对海空运输的需求很大。该联运线以迈阿密、洛杉矶、温哥华为中转地。

（3）远东——中近东、非洲、澳洲

这是以香港、曼谷为中转地至中近东、非洲的联运线。在特殊情况下,还有经马赛至非洲、经曼谷至印度、经香港至澳洲等联运线,但这些线路货运量较小。

总之,运输距离越远,采用海空联运的优越性就越大。因为同全程采用海运相比,其运输时间更短;同全程采用空运相比,其费率更低。因此,运送远东至欧洲、中南美洲以及非洲的价值较高的货物,采用海空联运是合适的。

（七）多式联运经营人

开展集装箱多式联运,往往涉及海、陆、空等不同运输方式业务,需要有人对集装箱的全程运输进行组织、安排,此人即为多式联运经营人,或称契约承运人,即与货物托运人订有运输合同的人。

1. 多式联运经营人的含义

多式联运经营人是指其本人或通过其代表订立多式联运合同的任何人,他是事主,而不是发货人的代理人或代表,或参加多式联运的承运人的代理人或代表,并且负有履行合同的责任。多式联运经营人是一个独立的法律实体,他的身份是一个对托运人负有履行合同责任的承运人。

多式联运需以多种运输方式完成,因此,通常不可能由一个经营人独立承担全程运输。多式联运经营人往往在接受货主的托运后,自己办理和承担部分业务,而将其余工作再委托别的承运人完成。这些接受多式联运经营人委托的承运人,只是依据运输合同对多式联运经营人负责,而不与货主发生任何直接的联系。多式联运经营人作为事主,一方面与货主签订一份运输合同,选择最佳运输方式和运输路线,完成或组织完成全程运输任务,为货主提供一次托运、一次收费、统一理赔、一单到底、全程负责的一贯运输服务;另一方面,他又与区段承运人和代理人及受雇人发生合同关系,通过他们完成区段运输任务。

2. 国际多式联运经营人的分类

按是否拥有运输工具并实际完成多式联运货物全程运输或部分运输,多式联运经营人分为以下两类:

(1) 承运人型的多式联运经营人

此类多式联运经营人拥有或掌握一种或一种以上的运输工具,直接承担并完成全程运输中一个或一个以上的货物运输区段,因此,他不仅是多式联运契约承运人,对货物全程运输负责,同时也是实际承运人,对自己承担的区段货物运输负责。此类经营人一般是由各种单一运输方式的承运人发展而来。

(2) 无船承运人型的多式联运经营人

此类多式联运经营人不拥有或不掌握任何一种运输工具,而只是组织完成合同规定货物的全程运输,他仅仅是多式联运契约承运人,对货物全程运输负责。此类经营人一般由传统意义上的运输代理人或无船承运人或其他行业企业或机构发展而来。

3. 国际多式联运经营人应具备的条件

① 必须具有经营管理的组织机构、业务章程和具有企业法人资格的负责人,能够与发货人或其代表订立多式联运合同,且该合同至少要使用两种运输方式完成全程运输,合同中的货物应是国际间的货物。

② 从发货人或其代表手中接收货物后,就能签发自己的多式联运单证,以证明合同的订立并开始对货物负责。为确保该单证作为有价证券的流通性,国际多式联运经营人必须在国际运输中具有一定的资信或令人信服的担保。

③ 必须具有与经营业务相适应的自有资金。国际多式联运经营人要完成或组织完成全程运输,并对运输全过程中的货物灭失、损害和延误运输负责,因此,必须具有开展业务所需的流动资金和足够的赔偿能力。

④ 必须能承担多式联运合同中规定的与运输和其他服务有关的责任。因此,必须具备与合同要求相适应的、能承担上述责任的技术能力,包括建立自己的多式联运线路,要有一支具有国际运输知识、经验

和能力的专业队伍,要有完善的服务网络,要能够制定各线路的多式联运单一费率,要有必要的设备和设施,要做好咨询服务等工作。

第4节 运输节点的类型和功能

一、运输线路与节点

运输线路是供运输工具定向移动的通道,是交通运输的基础设施,也是构成运输系统的要素。在现代运输系统中,运输线路有公路、铁路、航道、管道和民航航线与航路。

运输节点是起连接不同运输方式的作用,承担货物的集散、运输业务的办理、运输工具的保养和维修。如公路运输的停车场、货运站,铁路运输的中间站、区段站、编组站、货运站,水运的港口,民航的空港,管道运输的管道站,均属于运输节点。

运输活动是在线路上和节点内进行的。在线路上进行的物流活动是运输,包括集货运输、干线运输、配送运输等。物流的其他所有功能要素,如包装、装卸、保管、分货、配货、流通加工等,都是在节点上完成的,因此,运输节点是物流系统中非常重要的组成部分。实际上,线路上的物流活动也是由节点组织和联系的,如果离开节点,线路上的物流活动必然陷入无序状态。

二、运输节点的作用和功能

(一) 运输节点的作用

在物流网络中,运输节点对优化整个物流网络起着重要作用。运输节点除执行一般的运输职能外,还具有指挥调度、信息处理等神经中枢的管理职能,是整个运输网络的灵魂所在,因而日益受到重视。因此,也有称之为物流据点或运输枢纽。

在物流学形成初期,人们比较偏重于研究物流的一些基本功能,如运输、储存、包装等,对节点的作用认识不足。随着物流系统化观念的增强,对系统的和谐与顺畅、总体最优尤为关注,而运输节点正是处在系统联结的关键位置上,系统是否顺畅往往通过节点体现出来。

(二) 运输节点的功能

1. 衔接功能

运输节点将各条运输线路联结成一个网络系统,良好的衔接可使各条线路通过节点更为顺畅、便利,线路时间更为短暂。

在物流未形成网络之前,不同线路的衔接存在较大困难,例如大吨位船舶与小吨位汽车的衔接,两者的输送形态、输送装备各不相同,加之运量的巨大差异,货物往往需要在港口经过长时间的停留,才能疏运完毕。运输节点可利用各种技术和管理组织方法,减少货物在港的停留时间,起到有效的衔接作用。例如,① 通过中转,衔接不同运输方式;② 通过加工,衔接干线物流及配送物流;③ 通过储存,衔接供应物流和需求物流;④ 通过集装箱、托盘等集装处理,衔接整个"门到门"运输。

2. 信息功能

运输节点是整个运输系统以及与节点相接的运输信息传递、信息收集处理、信息发送的集中地,这种信息处理功能在现代运输系统中起着重要的作用,也是将复杂的各个运输环节联结成有机整体的重要保证。在现代运输系统中,每一个节点都是运输信息的来源点,若干个运输信息点和物流系统的信息中心结合起来,就形成了指挥、管理、调度整个运输系统的信息网络,这是运输系统建立的前提条件。

3. 管理功能

运输系统的管理设施和指挥机构往往集中设置于运输节点之中。实际上,运输节点大多是集管理、指挥、调度、信息、衔接及货物处理于一体的运输综合设施。整个运输系统运转的效率和水平取决于运输节点管理职能的有效实现。

三、运输节点的种类和组成

现代运输节点有各种类型,在不同领域起着不同的作用。按节点的主要功能划分有如下类型:

（一）转运型节点

转运型节点是以接连不同运输方式为主的节点,如货运场站、港口、空港等都属于此类节点,货物在节点上停留的时间较短。

1. 陆运转运站

陆运转运站有以下几种主要类型：

（1）公路中转站

公路中转站是衔接汽车运输进行中转或换载的设施。

（2）铁路中转站

铁路中转站是衔接两段或多段线路进行货物中转或换载的设施,包括编组站和中转货站两类。编组站是办理大量货物列车的解体、编组作业的专业技术站;中转货站是指将一条线路上的装运在同一车辆内的零担货物卸下,分别换装到其他线路上的车辆,进行零担货物中转的车站。

（3）公路—铁路转运站

公路—铁路转运站是衔接公路、铁路两种不同运输方式的中转站,一般有三种中转方式：

① 公路完成集疏运,铁路完成干线运输;

② 铁路完成干线运输,公路完成配送运输;

③ 公路、铁路间的转换,货物在转换中重新组合。

前两种转运站转运工艺较为简单,甚至可以在转运站中实行公路、铁路的对接或靠接换载;后一种转运站,货物要重新编组,需要一定的装、卸、分货等设施。

2. 港口

港口转运有以下两种形式：

（1）水—水转运

水—水转运有海—河、海—海及河—河转运三种方式,其实现方法有三种：

① 利用码头卸货至堆场后再重新装船;

② 在锚地进行过驳作业;

③ 在码头船舶外档进行过驳作业。

（2）水—陆转运

水—陆转运是水运及陆运之间实现换装，主要通过码头装卸设施进行货物换装，实现水陆货物转换。

3．空港

空港主要衔接不同航线空运或衔接空运与其他运输方式的转运，以后者为主要形式，习惯上称为空港。

（二）储存型节点

储存型节点是以存放货物为主要职能的节点，货物在节点上停留时间较转运型节点长。在物流系统中，仓库、货栈等都是属于此种类型的节点。

目前，尽管不少发达国家仓库功能发生了较大变化，大部分仓库转化成不以储备为主要功能的流通仓库甚至流通中心，但是在当今世界任何一个国家或企业，为了保证国民经济的正常运行和企业经营的正常开展，保证市场的供应，以仓库为储备的形式仍是不可缺乏的，总是有众多仓库仍以储存为主要功能。

仓库有多种类型，有不同的分类方法，具体如下：

1．按照服务对象划分

（1）自备仓库

自备仓库是企业储存自用物资的仓库。

（2）营业仓库

营业仓库是公共仓库，面向社会，以经营为手段、赢利为目的的仓库。

2．按所属的职能划分

（1）生产仓库

生产仓库是为企业生产或经营储存原材料、燃料及产成品的仓库。

（2）储备仓库

储备仓库是专门长期存放物资，以完成各种储备保证任务的仓库。

3．按照结构划分

按照结构划分有平房仓库、楼房仓库、高层货架仓库、罐式仓库。

4．按照保管方式划分

按照保管方式划分有普通仓库、冷藏仓库、恒温仓库、露天仓库、危险品仓库、散装仓库。

5．特种仓库

（1）移动仓库

移动仓库是不固定在某一位置,可移动至所需地点完成储存任务的仓库。

（2）保税仓库

保税仓库是根据有关法律和进出口贸易的规定,专门保管外国进口、暂未缴纳进口税货物的仓库。

（三）流通型节点

流通型节点是以组织物流为主要功能的节点。主要有以下几种类型：

1．流通仓库

流通仓库是普通仓库在功能上增加了具有更强的组织货物流通能力,但仍保留较强储存保管能力的仓库。它和普通仓库的不同之处主要在于：

（1）仓库的位置不同

普通仓库的位置选择往往偏离物流线路较远,而流通仓库的选址要求较严格,为了加速货物的流转,其位置必须邻近物流线路,且对交通环境条件要求较高。

（2）仓库周转速度不同

普通仓库中的货物往往需要存放较长时间,周转速度较慢。相比而言,流通仓库中货物的停留时间较短,货物周转速度较快。

（3）仓库内部配备不同

普通仓库内部的设计是以堆存货物场地为主,堆码拆垛作业机械较少；流通仓库中进出货及理货工作所占面积相对较大,库内机械数量多,机械作业频率高,机械运行通道面积比例大。

（4）仓库功能不同

普通仓库功能单一,流通仓库功能较多,主要表现在信息、转运、理货功能较强。

2．转运仓库

转运仓库是以转运能力为主的仓库。其主要作用不是长期储存货物,而是在保有较大数量储存物资功能基础上进行转发的仓库,因此,转运仓库往往被划为储存型节点。由于需要具有转运能力,转运仓库衔接两种以上运输方式的能力较强,除有较大面积的仓库外,还有转运站场、转运站台、转运机械等设施。

3. 集货中心

集货中心是将一定范围内分散、批量小但总数量较大的货物集中起来,以便大批量处理的流通型节点。

集货中心的位置是一端与集货支线、另一端与干线相连接,在其内部实现多渠道、小批量、高频率的进货,集中储存,再按具体要求集中发运。集货中心与转运仓库相比,储存功能较强,货物从支线运输向干线运输的转换较慢。而且集货中心有一定的流通加工职能,这是与转运仓库的重要区别之一。

4. 分货中心

分货中心是将集中到达的大批量货物做分批处理,以满足小批量、多需求的物流场所。分货中心是为了适应现代化大生产和满足个性化需求服务发展起来的。分货中心并不是简单实现量的大小转换,而是采取分货的办法,将大批量货物拆分成小批量并重新包装,这是分货中心具有特色的流通加工功能,也是与转运中心的重要区别所在。

5. 加工中心

加工中心是为了适应流通服务的需要而发展起来的,其主要功能是进行流通加工。为了获取高附加价值,加工中心提供的加工功能必须是生产环节不能或难以完成的。所以,不仅加工中心的位置选择十分重要,而且加工内容和方式的选择也不能忽视。

第5节 运输合理化

一、运输合理化的意义及其影响因素

运输与保管不同。运输是在运动中进行的,具有点多、线长、面广、

流动、分散等特点。运输过程的费用较高,综合分析计算社会物流费用,运杂费接近总费用的50%,因此,运输成了降低物流费用最具潜力的领域。运输是物流系统中一个涉及面广的复杂系统,要实现系统最优化,必须对整个运输过程进行研究,找出不合理因素,组织合理运输。

1. 运输合理化的含义

所谓运输合理化,就是按照商品流通规律、交通运输条件、货物合理流向、市场供需情况,行驶最短里程、经最少环节、用最合适的运力、花最低费用、以最快速度,将货物从生产地运到消费地。即用最少的劳动消耗,运输更多的货物,取得最佳的经济效益。

2. 运输合理化的意义

运输合理化的意义体现在以下几个方面:

① 可以充分利用现有运输工具的装载能力和环境资源,提高运输效率,促进各种运输方式的合理分工,以最小的社会运输劳动耗费,及时满足国民经济的运输需要。

② 可以选择最佳的运输线路,减少运输环节,以最快的时间和速度到达目的地,从而加速货物流通,既可及时供应市场,又可降低物资部门的流通费用,加速资金周转,减少货损货差,取得良好的社会效益和经济效益。

③ 可以充分发挥运输工具的效能,节约运力和劳动力,消除运输中的种种浪费现象,提高商品的运输质量。不合理的运输将造成大量人力、物力、财力浪费,并相应地转移到产品成本中去,人为地增加了产品的价值,提高了产品价格,从而加重需求方的负担。

二、评价运输合理化的要素

评价运输合理化的要素很多,起决定作用的有以下五方面要素:

1. 运输距离

在运输活动中,由于运输工具、运输时间、运输成本、运输方式、货损、运费、运输工具周转等都与运输距离的长短有一定的比例关系,因此,运输距离的长短是运输合理与否的一个最基本要素。缩短运距既具有宏观的社会效益,也具有微观的企业效益。

2. 运输环节

进行运输业务活动,均需要增加运输的附属活动,如包装、装卸、搬运等相关工作,多一个环节,必然会增加时间、费用,也会增添货损、货差,因此,组织直达运输,可减少中间环节和二程运输,对于合理运输有直接的促进作用。

3. 运输工具

各种运输工具都有各自的优势领域,根据货种、批量,对运输工具进行优化选择,按其特点组织装卸运输作业,最大限度地发挥所用运输工具的优势,是运输合理化的重要环节。

4. 运输时间

运输是物流过程中需要花费较多时间的环节,尤其是远程运输,运输时间占全部物流时间的较大比例,因此,缩短运输时间对整个物流流通时间的缩短有决定性作用。此外,缩短运输时间,还有利于运输工具的加速周转,充分发挥运力作用;有利于货主资金的周转和提高运输线路的使用效率,最大限度地发挥基础资源的作用。

5. 运输费用

运输费用是衡量物流运输经济效益的一项重要指标,也是组织合理运输的主要目的之一。由于运输费用在整个物流成本中占有近乎50%的比例,所以运费的高低,不仅直接关系到物流企业的经济效益,决定了整个物流系统的竞争能力,而且还影响到货主企业的生产或销售成本。尽可能地降低运输费用,无论对于物流运输企业,还是货主企业,都是追求的一个重要目标,也是判断各种运输合理化措施是否行之有效的重要依据。

上述五个要素既相互联系,又互相影响,有时甚至是矛盾的,这就要求运输部门进行综合比较分析,选择最佳运输方案。在通常情况下,运输时间短、运输费用省,是考虑合理运输的两个主要因素,它集中体现了运输的经济效益。

三、不合理运输的表现形式

在实际运输活动中,不合理运输的表现形式大致有如下几种:

1. 空驶

空车无货载行驶是最典型的不合理运输形式。造成空驶的主要原因是:

① 利用自备车送货提货,往往是单程重车、单程空驶;

② 由于工作失误或计划不周,造成货源没有落实,车辆空去空回,导致双程空驶。

2. 对流运输

对流运输亦称"相向运输"或"交错运输",指同一种货物在同一线路或平行线路上做相对方向的运送。对流运输是不合理运输中最突出、最普遍的一种,有明显对流和隐蔽对流两种表现形式:

① 明显对流:指同类或可以互相代替的货物沿着同一线路相向运输;

② 隐蔽对流:指同类或可以互相代替的货物以不同运输方式在平行路线上或不同时间进行相向运输。

3. 倒流运输

倒流运输是对流运输的一种派生形式,是指货物从销地或中转地向产地或起运地回流的一种运输现象。其不合理程度要甚于对流运输,其原因是双程运输都是不必要的。

4. 迂回运输

迂回运输是指不经过最短线路绕道而行、舍近取远的一种不合理运输。通常情况下,由于运输方式可灵活选择,同一起运点到同一目的地往往也有多种运输线路可供选择。可以选择短距离运输,却选择路程较长路线进行运输,就属于迂回运输。

5. 过远运输

过远运输是指选择供货单位时,不就地就近获取某种商品或物资,而舍近求远从外地或远处运来同种商品或物资的运输。

过远运输和迂回运输虽然都属于拉长距离、浪费运力的不合理运输,但两者不同的是,过远运输是因为商品或物资供应地舍近求远的选择延长了运输距离,而迂回运输则是因为运输线路的选择错误延长了运输距离。

6. 重复运输

重复运输是原本可直接将货物运到目的地,但未达目的地就将货物卸下,再重复装运送达目的地。重复运输虽未延长运输里程,但增加了多余的中间装卸环节,延长了货物在途时间,增加了装卸搬运费用,增大了货损的可能,而且降低了运输工具的使用效率,延缓了流通速度。

7. 无效运输

无效运输是指被运输的货物杂质过多,如原木使用时出现的边角余料、煤炭中的煤矸石等,使运输能力浪费于不必要物资的运输。我国每年有大批原木进行远距离的调运,但是原木的直接使用率却只有70%,而30%原木的边角余料的运输基本上就属于无效运输。

8. 运力选择不当

运力选择不当是指未考虑各种运输工具的优劣势而不正确选用了运输工具造成的不合理现象。常见的运力选择不当有以下形式:

(1) 弃水走陆

在同时可以利用水运及陆运时,没有利用成本费用较低的水运或水陆联运,而选择成本较高的铁路或公路进行的运输,使水运成本低、水陆联运经济实惠的优势不能充分发挥。

(2) 铁路、水路大型船舶的过近运输

不在铁路、水路大型船舶的经济运行里程范围之内,却选择利用这些运力组织的运输。这种运输不合理之处在于火车及大型船舶的起运及到达目的地的发货准备和装卸时间长,在途时间短,在近距离运输中利用这些运输工具,无法发挥其优势。而且与小型运输工具相比,火车及大型船舶装卸难度大,所需费用也高。

(3) 运输工具承载能力选择不当

没有按承运货物的数量和重量选择运输工具,从而造成超载或实载率不高。前者可能会因超载运输而造成运输工具的损坏或交通事故的发生;后者则会因装载量不足而造成运力的浪费,使单位运输成本上升。

9. 托运方式选择不当

货主在托运货物时没有选择对己最有利的运输方式,从而造成运力浪费以及费用支出加大。例如,有条件选择整车却采取零担托运;可采用直达运输而选择了中转运输或应中转运输却选择了直达运输。

上述列举的种种不合理运输现象,均对单一的表现形式而言的。在实际物流运输组织工作中,则应将运输放在物流大系统中综合考虑,才能做出正确的判断。如果仅从某一点片面考虑,局部的合理性可能造成系统的不合理性,极有可能造成物流各环节"效益背反"现象的发生。因此,必须从物流系统的大局出发,做到具体问题具体分析,综合考虑,只有这样,才能避免整个物流系统运输出现不合理的现象。

四、组织合理化运输的有效措施

1. 合理选择运输方式

各种运输方式都有着各自的适用范围和不同的技术经济特征,选择时应进行综合分析和比较。首先要考虑运输成本的高低和运行速度的快慢;还应考虑货物的性质、数量的大小、运距的远近和货主需要的缓急程度。

2. 合理选择运输工具

根据不同商品的性质、数量及对温度、湿度等的要求,选择不同类型、吨位的车辆。

3. 正确选择运输路线

运输路线的选择,一般应尽量安排直达、快速运输,尽可能缩短运输时间。按照货物的合理流向,选择最短路径,避免迂回、倒流等不合理运输现象发生。提高里程利用率,从而达到节省运输费用、节约运力的目的。

4. 提高货物包装质量并改进配送中的包装方法

货物运输线路的长短,装卸操作次数的多少都会影响到货物的完好,所以应合理地选择包装物料,以提高包装质量。另外,有些商品的运输线路较短,且要采取特殊放置方法,如烫好的衣服需垂挂运输,则应改变相应的包装。货物包装的改进,对减少货物损失、降低运费支出、降低商品成本有明显的效果。

5. 混合配送,减少运力投入

混合配送的优势就是将多家需要的同一品种的货和一家需要的多品种货实行配装,避免一家提货或送货车船回程空驶现象的发生,以达到运输工具的重量和容积得到充分合理地运用。例如在铁路运输中,采用整车运输、整车拼装、整车分卸及整车零卸等措施,均可提高实载率。

6. 采用大吨位运输工具

在运输量等条件许可的情况下,尤其在长距离运输中,尽可能采用大吨位的运输工具,可大大降低运输费用。具体的做法是:

① 在铁路运输中,根据机车的运载能力,加挂车辆增加运输量。

② 在内河运输中,利用推船和驳船,组成大吨位用顶推船队。其优点是航行阻力小,顶推量大,速度快,运输成本低。

③ 在公路运输中,根据汽车的运载动力,加挂拖车增加运输量。

7. 发展社会化运输系统

利用社会运输资源将运输服务外包或与其他企业合作,降低运输工具空驶率。

8. 发展直达运输

直达运输是追求运输合理化的重要方面,通过减少中转环节及换装,达到提高送达速度、节省装卸费用、降低货损货差的目的。

9. 提倡合装整车运输

合装整车运输又称为"零担拼整车中转分运",主要用于件杂货的运输。例如在组织铁路货运时,由同一发货人将不同品种、但发往同一站点、同一收货人的零担托运货物,由物流企业组配在一个车皮内,以整车运输的方式,托运到目的地。或者把同一方向不同到站的零担货物,集中组配在同一个车辆里,运到一个适当车站,然后再中转分运。

合装整车运输具体有四种方法:

① 零担货物拼整车直达运输;

② 零担货物拼整车接力直达或中转分运;

③ 整车分卸;

④ 整装零担。

采用合装整车运输,可提高运输工具的使用效率,减少部分运输费用,所以可取得较好的经济效益。

10. 充分利用运输工具装载能力

充分利用运输工具装载能力的具体做法有:

(1) 轻重货物搭配

轻重货物搭配可以充分利用运输工具的容积和载重量。例如,海上运输矿石、黄沙等重货时,在舱面捎运木材、毛竹等;铁路在运输矿石、钢材等重货时,可在上面搭运较轻的农副产品等。

(2) 注重装载堆码技术

根据车船的货位情况及不同货物的包装形状、理化性质,采取各种有效的堆码方法,如采取平装、补装、骑装、套装、紧密装载等堆码技术进行装载,以提高运输效率。

自学指导

学习重点

本章学习重点:应了解各种运输方式的组成,充分理解和掌握各种运输方式的特点及其技术经济特征、集装箱运输和多式联运的具体业务、运输节点的类型及其功能、合理化运输及其影响和评价因素等,这些均是选择运输方式的基础。

学习难点

本章学习难点:如何充分理解和掌握各种运输方式的技术经济特征,在实际工作中充分利用各种运输方式的技术经济特征选择运输方式并组织合理运输。

复习题

一、**单项选择题**(在备选答案中选择 1 个最佳答案,并把它的标号写在题后的括号内)

1. 与运距有关的不合理运输是(   )。

A. 过远运输　　B. 对流运输　　C. 无效运输　　D. 重复运输

2. 与运量有关的不合理运输是( )。

A. 过远运输　　B. 对流运输　　C. 重复运输　　D. 迂回运输

3. 直达运输是指( )。

A. 按照货物合理流向,选择最短路线组织的运输

B. 将货物从产地或起运地直接运到销售地或用户的运输

C. 根据一定生产区的产品相对固定于某一消费区组织的运输

D. 对当地生产或外地到达的货物,不运进流通批发仓库,直接将货物运送到用户的运输

4. 无效运输是指( )。

A. 被运输货物含杂质过多,使运输能力浪费于不必要物资的运输

B. 同一种货物在同一线路或平行线路上做相对方向的运送

C. 不经过最短线路绕道而行、舍近取远的一种不合理运输

D. 货物从销地或中转地向产地或起运地回流的一种运输现象

5. 评价运输合理化的要素有五种,下列哪一项不在此列?( )

A. 运输距离　　B. 运输环节　　C. 运输时间　　D. 运输线路

二、多项选择题(在备选答案中有 2～5 个是正确的,将其全部选出,并将它们的标号写在题后的括号内,错选或漏选均不给分)

1. 与运距有关的不合理运输是( )。

　A. 过远运输　　　　B. 对流运输　　　　C. 无效运输

　D. 迂回运输　　　　E. 倒流运输

2. 与运量有关的不合理运输是( )。

　A. 过远运输　　　　B. 对流运输　　　　C. 无效运输

　D. 迂回运输　　　　E. 倒流运输

3. 与其他运输方式相比,水路运输最明显的缺点是( )。

　A. 运输经常性好　　B. 受自然条件影响大　C. 运输速度慢

　D. 可达性差　　　　E. 运输距离短

4. 水路运输有以下几种运输形式( )。

　A. 沿海运输　　　　B. 干线运输　　　　C. 近海运输

　D. 远洋运输　　　　E. 内河运输

5. 铁路运输的优点有( )。

　A. 机动灵活　　　　B. 运输能力大　　　　C. 运送时间准

　D. 运输能耗低　　　E. 通用性能好

三、名词解释

1. 运输节点　2. 多式联运　3. 对流运输　4. 干线运输　5. 运输合理化　6. 集装箱运输

四、简答题

1. 现代运输方式有哪些？
2. 各主要运输方式分别有什么优缺点？各适用于哪些范围？
3. 运输节点有哪些类型？它们各有什么特点？
4. 评价运输合理化的要素有哪些？
5. 简述开展多式联运的优点。

五、论述题

1. 系统分析产生运输不合理现象的原因。
2. 论述如何选择运输方式。
3. 论述多式联运与传统运输的差异。

第3章 运输作业管理

学习目标

1. 应了解、知道的内容
- 货运系统的概念
- 货运生产过程的概念
- 计划和调度的概念
- 双班运输的概念
- 拖挂运输的概念
- 甩挂运输的概念
- 等值运距的概念
- 零担运输的概念
- 中转的概念
- 直达零担车的概念
- 中转零担车的概念
- 沿途零担车的概念
- 最佳运输路线的概念
- 运输网络的概念*
- 危险货物的概念
- 超限货物的概念
2. 应理解、清楚的内容
- 货流特点
- 货运系统的构成

- 货运的基本组织程序
- 货运调度组织的构成及职责
- 运输计划的编制方法
- 货物调运计划的优化
- 货运组织形式的种类与组织过程
- 运输车辆的选择
- 运输工具的选择模型与优化方法 *
- 零担货物的特点
- 零担班车的组织形式
- 运输路线的选择原则
- 长途货物运输的特点
- 自运与委托运输选择时应考虑的因素 *
- 危险货物的分类
- 危险货物对运输工作的要求
- 超限货物的类型
- 超限货物的组织工作要点

3. 应掌握、会用的内容
- 会对货运过程进行简单分析
- 会编制运输计划
- 会进行拖挂运输的组织
- 熟悉双班运输、定点运输、定时运输的组织过程
- 熟悉集装箱运输组织过程
- 了解零担运输线路的选择方法
- 会编制零担货运计划
- 运输方式的选择应考虑的因素 *
- 基于物流的运输规划模型种类与运用 *
- 会进行长途运输的调度组织
- 应用各种选择工具对运输方案的运输模式、合作伙伴进行选择与决策 *
- 熟悉危险货物和超限货物的组织工作流程

4. 应熟练掌握的内容
- 应用货物调运优化模型对货运计划进行调度和优化
- 系统应用运输工具选择原则与模型进行运输方案设计 *
- 应用组织优化原理对集装箱运输进行合理组织
- 应用运输路线的选择与决策模型对线路方案进行分析与优化 *
- 应用组织优化原理对长途货物运输过程进行优化组织 *
- 会进行危险货物和超限货物的运输组织工作

自学时数

24学时。

老师导学

运输作业管理是运输管理的核心。本章按照运输基本业务流程——运输计划与调度——整车运输——集装箱运输——零担运输——长途运输——特殊货运的层次,系统阐述了运输作业的诸多组织与优化方法。本章学习的重点在于对运输作业基本概念和流程的把握,难点在于对运输方案设计与组织中的一些量化方法的理解与运用。学生在学习本章过程中应注意理论联系实际,定性与定量相结合地对本章内容加以理解。

第1节 运输的基本业务流程

一、货运系统分析

(一) 货运系统的形成

货运系统是一个十分复杂的社会经济系统,其主要组成部分有:货运市场、货运经营主体、运输设备、运输基础设施等。货物运输系统反映了货物运输经营及相关活动的一切需求、供给和交换关系,它是一个涉及货物运输经营主体与服务客体的复杂范畴。物流概念的引入将对货运系统的经营理论、方式和方法产生较大的影响。

货物运输系统主要由以下几部分构成：

（1）货运市场。货运市场主要是指各种货运需求、货运能力供给、货运交易规则、货运规章及经济法规等。

（2）服务客体。服务客体即服务对象，这是一个广泛的领域，可以说凡是涉及物流的范畴都有可能成为货运经营的服务对象。货运的服务对象通常不为货运经营者所掌握和控制，而不同的服务对象本身有各自不同的要求，这就使得货运经营者保持和提高货运服务质量的组织工作难度增大。

（3）经营主体。经营主体即从事货运业及相关服务的经营者。例如，运输、仓储、配载、装卸、信息及与物流服务相关的经营者都是货运系统的经营主体。

（4）货运基础设施。货运基础设施包括货运场站（中转站）、装卸设施、仓储设施、道路桥梁、港口、航道、路线设施和通信设施等。

（5）移动设施。移动设施包括各种载运工具（如大型货车、中型货车、特种专用货车和取送货的轻型货车等）和移动式装卸设备（如叉车等）。

（6）组织管理手段。组织管理手段是指用现代通信技术、电子计算机技术等装备的管理设备，如电子公告牌、综合货运信息系统等。

（二）货运经营主体

1. 货运经营者

道路货物运输经营者是从事道路货物运输经济活动的主体。从事道路货运业的经营者种类很多，按其经营的内容来分，主要有：

① 普通货运经营者；

② 零担货运经营者；

③ 大件货运经营者；

④ 集装箱运输经营者；

⑤ 危险货运经营者；

⑥ 其他相关服务的经营者，等等。

就道路货物运输经营主体本身而言，具有较强实力的道路货物运输经营者,一般都有货运场站等较完善的固定设施、移动设备、通信系统、专用工具以及运输货物及提供物流服务的有关部门与人员。在社会主义市场经济条件下,随着现代物流概念在道路货物运输中的应用,道路运输经营者已经认识到,将货物运输及相关服务连为一体具有十分重要的战略意义,就其经营方式而言,现在道路货物运输经营者的服务范畴可遍及整个社会物流过程。

2. 货运代理商

货运代理商的业务范围差异很大。业务范围大的,可涉及海、陆、空货运代理等多项业务,因此,从社会物流系统分析的角度看,可以将货运代理理解为一种社会物流组织职能;业务范围小的,则只专门受理一、两种业务。但不论其业务范围大小,货运代理都是货运代理人或组织在其代理权限内,以委托人(即货主、服务对象主体)的名义进行运输或运输组织活动。货运代理业务经营者可以自己的意愿来组织运输过程,由此产生的权利与义务对代理人发生效力并承担相应责任。从运输组织职能方面讲,引入物流理论,就意味着货运代理商应当对用户实行一票到底的服务,即对货物运送(不论涉及何种运输方式、何种相关作业)均实行全过程负责,而不需用户直接涉及运输组织过程的某些业务或所有业务。

(三) 货运基础设施

货运基础设施是和物流过程硬件紧密联系在一起的基础设施,如各种货运场站、仓库(中转站)、物流中心、货运枢纽等都属于这种基础设施。货运基础设施一般包括理货、分拣、装卸、仓储、组织管理等所需要的设施、设备。

货运基础设施具有投资高、使用期长等特点,其设计、运转情况直接影响运行机制和生产效率。

(四) 货运服务的主要方式

以物流观念指导的具体的服务方式种类较多,如准时货运服务、快速货运服务、整车货运服务、成组货运服务、专项货运服务等。

1. 准时货运服务

准时货运服务是指在特定的时刻,将货物按所需的品种、数量送达指定的目的地并交付给客户的服务。在这个服务系统中所体现的最主要的特点就是准时。在为某些企业物流服务的过程中,即使晚几分钟或早几分钟一般都认为是不能接受的。准时货运服务符合现代市场需求多层次化、多样化、个性化的特点,也适应现代企业生产多品种、小批量、高时效的要求,具有很高的服务水准。概括来说,准时货运系统可以满足采用准时制生产的企业用户的需要;可以满足以"零库存"为目标的企业用户的需要;可以通过更频繁的配送活动减少用户(如制造厂家、修理厂家、批发商、零售商等)的库存物品种类、数量,减少流动资金占用,减少仓库面积及相关的设施和费用;可以用较高的服务水准满足众多中小企业用户的需求,满足货主、车主、组织管理方面的需求,同时还能提供其他相关服务。

一般情况下,准时货运系统在为有限的货物品种、类型进行货运服务时效率最高,尤其适用于标准化、通用化、系列化水平较高的产业,如汽车工业。某些产业的部分环节采用准时货运服务的综合效果也十分突出。例如,为啤酒酿造厂家进行煤炭的准时货运服务,即在规定的时刻或时间间隔将所需的煤炭按质、按量准时送到煤炭提升机的煤仓中,这样既可免去储煤场地对酿造环境的污染,又减少储煤场地,节约相应的设施及管理费用。

2. 快速货运服务

快速货运服务是指在约定的货物交付时刻表的限定下,以"门到门"或"桌到桌"的方式实现的一种货物运输服务。快速货运特别适宜于异地用户,可以增加货物的时空性价值,其服务系统最显著的特点就是迅速、节省时间。快速货运依不同的运距,一般有隔夜送达或24小时、48小时、72小时实现货物交付的封闭式快速货运服务,该系统达到一定规模后可获得较好的规模效益,否则车辆的运用水平会受到较大限制。

3. 整车货运服务

整车货运服务是指以一次承运整车为基本数量单位,或以这样的基本单位签订贸易合同,并实现货物交付的货运服务。整车货运一般不需中间环节或中间环节很少,送达时间短,相应的货运服务成本较低。涉及城市间或过境贸易的长途运输与服务,如国际贸易中的进出口商等,通常就采用以整车(或整集装箱)为基本单位签订贸易合同,以便充分利用整车货运服务的快速、方便、经济、可靠等优点。

4. 成组货运服务

成组货运服务多是以成组化单元托盘等进行受理、分销、配载、中转、送货与交付的服务。为了便于成组单元在货运过程中的机械化作业和确保货物的安全性,除了必须选择恰当的成组化承载器具外,还必须有相应的包装材料、包装机械、包装方法等与之配套,使货物能牢固地缚在托盘上。成组货运服务涉及长途运输时,往往需经配载后进行,因而,有些货物则需一定的集结等待时间,这样较其他货运服务的时效性相对低一些。成组货运及相关作业均可用机械化手段完成,其主要特点是能够提供方便、灵活、经济的货运服务。

5. 专项货运服务

专项货运服务是针对一些有特殊要求的货物种类展开的货运服务,这些有特殊要求的货物包括高科技设备、时装、冷藏货物等。专项货运服务依货物的运输量和货运过程的特殊要求,往往需配备专用的仓库、设备、装置、车辆等固定设施和移动设备。高科技设备的运输需配备专门设施,如带有液压提升装置的厢式车和将其装卸搬运进入高层楼房的专用装置,以确保在运输过程中绝不会使高科技设备的性能受到影响。时装运输服务则需要有多层挂衣导轨的时装仓库,以时装仓库为依托,还可将时装制作过程的分类、检验、包装等作业工序延伸到时装仓库进行,这样确保时装在制作完成后各项作业均能处在悬挂状态中操作。冷藏物品运输服务则需要有冷库仓库和安装有制冷设备的车辆才能保质、保量地完成货运过程。

(五)货运系统的发展特点

改革开放以来,我国货运系统的建设与发展呈现以下一些特点:

(1)服务功能多样化。通过货运基础设施将道路货物运输系统所能体现的物流过程中的货物集散、中转换装、装卸储存、多式联运、通信信息、生产生活辅助服务等功能综合在一起,使货主、车主、运行及组织管理等多方面的需求得以充分满足,同时,也能提供其他相关服务。

(2)场站布局合理化。从社会物流角度加强货运场站建设与布局的合理化,使其与工业布局、多式联运体系相互协调,充分体现道路货物运输的专业化、集装箱化,在多式联运、货运集散等方面协调发展,逐步形成科学合理的、从区域性至全国性的运输网络体系。

(3)操作运行机械化、电子化。道路运输基础设施要从服务于社会物流过程的角度出发,满足集装配载、装卸搬运、分拣输送等作业的机械化和电子化的需要,可以将货物按性质、质量分类,并根据流向、流时等要求,采用电子化或机械化操作设备,提高道路货物运输及物流作业效率,提高货物的时效价值。

(4)货运集散协作化。道路货运基础设施要能够服从整个物流过程连贯性的需要,从整个物流系统的利益出发,要能够将道路运输基础设施的功能与运输功能和取送货、移动通信等与物流功能相配套的各项服务协同起来。

(5)组织管理现代化。道路运输基础设施要充分采用当代高新技术成果,大力提高道路运输组织管理的现代化水平。例如,移动通信技术、电子计算机技术、电子信息交换技术、全球定位系统等技术均可在运输组织管理中得到广泛的应用。

(6)投资主体多元化。投资主体多元化是道路运输基础设施建设与发展的一个新趋势。多元投资主体形成的多元产权关系,有可能带来道路运输组织运行机制的变化。谋求联合、走向协作是道路运输组织向网络化方向发展的一项重要要求。

二、货物运输生产过程及组织方式

(一)货物流通过程和货物运输过程

货物流通过程是指由国民经济各部门生产的以商品(或物资)形式出现的物品(即货物),由生产地向消费地流动的全过程。货物只有完成其流通过程,才能实现它的使用价值,因此,货物流通过程在很大程度上也可以视为商品(或物资)生产过程的继续。就其实质而言,也可以说货物流通过程是货物生产过程的重要组成部分。货物流通过程基本上可以有如下三种模式:

1. 货物流通模式Ⅰ

货物流通模式Ⅰ是以铁路运输或公路运输作为货物流通过程干线运输方式的陆上货物流通模式,其过程见图3-1。

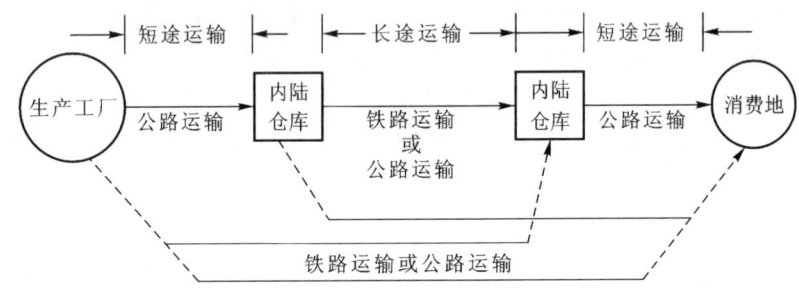

图3-1 货物流通模式Ⅰ示意图

2. 货物流通模式Ⅱ

货物流通模式Ⅱ是以航空运输作为货物流通过程干线运输方式的空中货物流通模式,其过程见图3-2。

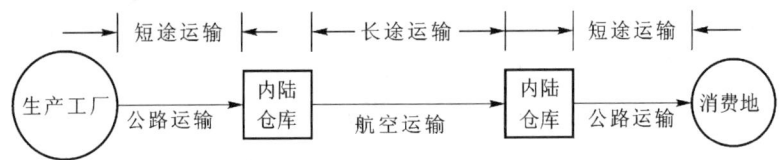

图3-2 货物流通模式Ⅱ示意图

3. 货物流通模式Ⅲ

货物流通模式Ⅲ是以水上运输作为货物流通过程主要干线运输方式的水上货物流通模式,其过程见图3-3。

显然,在通常情况下货物流通过程是在多种运输方式参与的条件下,通过多种运输环节实现的。

货物由发货地向收货地输送的全过程称为货物运输过程。这一过程中的始点(发货地)可以是货物的生产工厂,也可以是某一发货仓

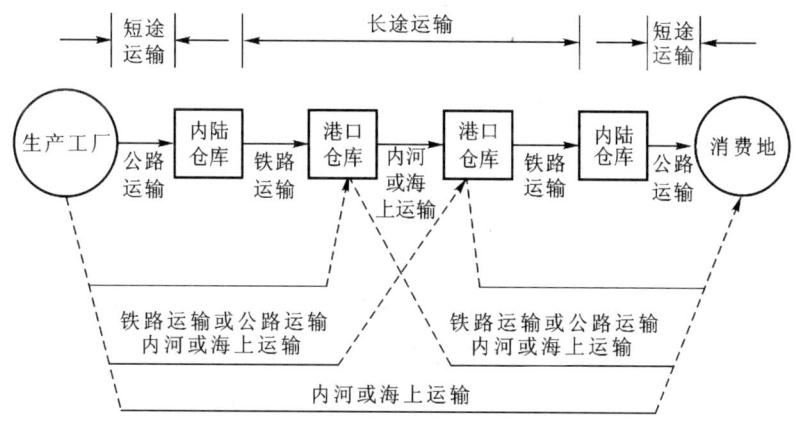

图 3-3 货物流通模式 Ⅲ 示意图

库,终点(收货地)可以是货物的消费地,也可以是某一到货仓库。因此,货物流通过程可以由一个或一个以上货物运输过程所组成,货物流通过程的这一特性是由商品交换或物资供应的需要所决定的。货物运输过程的模式与货物流通过程的模式基本相同,也可以有陆上货物运输模式、空中货物运输模式和水上货物运输模式之分。

(二) 货物运输业务组织方式

货物运输过程就其运输性质不同,可以划分为交通运输工具载运工作和货物运输业务两部分。交通运输工具载运工作属于交通运输部门内部的技术性工作,而货物运输业务则属于货物运输过程中所包含的商业性事务和交通运输部门的服务性工作。显然,交通运输工具载运工作只能由掌握该交通运输工具的交通运输企业来组织实现,而货物运输业务却可以根据具体情况采取不同的组织方式。

货物运输业务的具体组织方式可以有多种,但就其组织体制来说,基本上可以划分为两大类:

1. 货主直接托运制

货主直接托运制是指由货主与掌握运输工具的运输企业直接发生托运与承运关系的运输业务组织体制。采用这类货物运输业务组织体制的货物运输过程如图 3-4 所示。

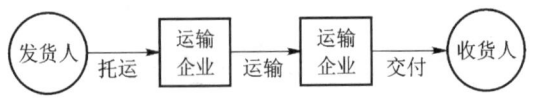

图 3-4 货主直接托运制运输过程示意图

2. 运输承包发运制

运输承包发运制是指由货主与运输承包人发生托运与承运关系，并由运输承包人组织实现货物运输过程的运输业务组织体制。采用这类货物运输业务组织体制的货物运输过程见图 3-5 所示。

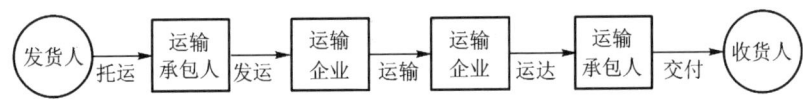

图 3-5 运输承包发运制运输过程示意图

当前很多国家都同时采用上述两类运输业务组织体制，其中运输承包发运制有不断发展的趋势，通过它实现的货物运输量也不断增加。

运输承包人（或称运输经营人）在国外通常是具有一定组织机构的运输承包公司（或称运输承包商），而在我国则是诸如联运服务公司（或称联运公司）之类的运输公司，即在我国，运输承包发运制是通过联运服务公司等介入货物运输过程的方法来实现的。运输经营人在货主与掌握货物运输工具的运输企业（如铁路运输公司、公路运输公司、航空运输公司、内河运输公司和海运轮船公司等）之间起一个桥梁的作用，而这一作用在我国货物运输，尤其是零担货物运输工作中正愈来愈显示出它的积极意义。

（三）联运

由货物流通过程和货物运输过程的构成可以看出，把货物从生产工厂运往消费地或把货物从发货地运往收货地往往是通过两种或两种以上运输工具的运输来实现的。在这种情况下，一个完整货物运输过程的实现,关键在于不同运输工具衔接点的工作。

运输工具衔接点的工作通常按如下三种方法组织:

(1) 在不同运输工具衔接点的衔接工作,由货主或货主代理人采用向接运运输企业再次托运的方法办理。这是在采用货主直接托运制时,把一个完整的货物运输过程,按使用运输工具之不同,划分为若干个运输阶段的转运方法。

(2) 在不同运输工具衔接点的衔接工作,由运输经营人向接运运输企业再次托运的方法办理,这是采用承包发运制时,由运输经营人承担全程货物运输业务的组织工作方法。

(3) 在不同运输工具衔接点的衔接和运输责任的划分,按运输企业间签订的协议或国家颁布的规章、法律由运输企业专业人员办理。这是采用货主直接托运制条件下使用的方法。在这种情况下,掌握运输工具的运输企业也以运输经营人的身份出现,负责组织实现运输全过程。

第二和第三种方法的共同特点是,把货物从发货地运往收货地的运输过程中,使用两种或两种以上运输工具时,和使用单一运输工具一样,是根据一个单一的运输合同办理的。即对于货主来说,只需办理一次托运手续,只与一个运输经营人签订运输合同。

按通常的意义理解,将运输经营人以一个单一的运输合同,通过两种或两种以上的工具(包括不同归属的同一种运输工具),负责把货物从发货地运往收货地的货物运输过程称为联合运输,简称联运。显然,以第二和第三种方法组织货物运输均可称之为联运。采用第一种方法组织货物运输衔接点工作时,作为货主代理人为货主代办由运达运输企业接收货物和向接运运输企业托运的手续,可以作为货物运输过程中的一项货物中转业务对待,可称之为代办中转,而不是通常意义下的联运。

联运将多种运输工具有机地联结在一起,以最合理、最有效的方式实现货物运输过程。因此,联运是一种高级的运输组织形式,它不仅可以最大限度地方便货主,加速货物运输过程,而且可以进一步实现物流合理化、运输合理化,从而提高交通运输的社会效益。

第2节 运输计划与调度

一、运输计划概述

运输生产计划是指计划期内运输企业计划完成的客、货运输量、运输质量、车辆的构成和全部营运车辆运用程度的各项计量指标和评价指标。它规定了计划期内企业应生产的主要产品、产量、质量和产值,规定着产品的出厂期限和生产能力的利用程度。生产计划是企业计划的核心,是编制其他计划的依据。不同运输方式的运输计划编制略有不同,这里以汽车运输为例展开说明。

汽车运输生产计划,是汽车运输企业生产、技术、财务计划的主体。它是从旅客运输和货物运输的需要出发,在充分利用企业现有运力的基础上编制的,是编制和实现其他计划的依据和基础,其目的是为了把运输生产的五个环节(即客、货源的组织落实,准备技术状况完好的车辆,在运输起点装货或组织旅客上车,车辆承载在线路上行驶,在到达地点卸货或招呼旅客下车)作出合理的安排,使各个环节紧密相扣、协调一致。

汽车运输生产计划包括三部分:一是计划期内的旅客运输量(人次数、人次公里)和货物运输量(吨数、吨公里);二是计划期内企业可能拥有的载客、载货汽车和载货挂车数,由此编制车辆计划,确定运输能力;三是根据应完成的客、货运输计划,车辆计划,运输条件(道路、运距、对流及车辆配置)等所作的车辆运用计划。

运输量计划和车辆计划是企业运输生产计划的基础部分,车辆运用计划是车辆计划的补充。运输量计划表明社会对汽车运输的需要,车辆计划和车辆运用计划则表明企业可能提供的运输生产能力。

由于汽车运输生产是多工种联合劳动,所以必须辅之以汽车保修生产作业计划和旅客、货物组织发送量计划,以给运输量计划和车辆运用计划提供运力和物质保证。其关系如图3-6所示。

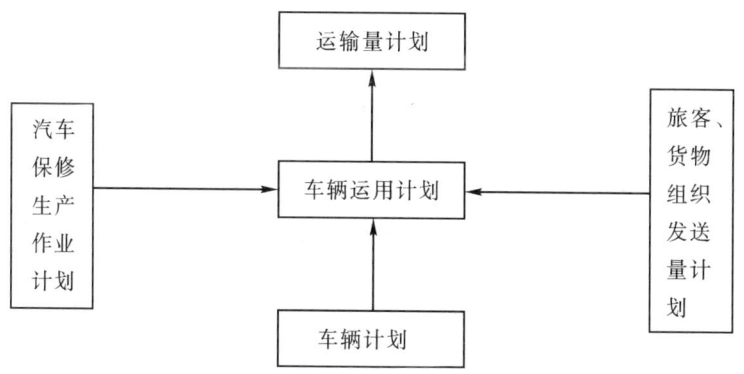

图 3-6 汽车运输生产计划构成图

（一）运输量计划

运输量计划,就是汽车运输企业的产品、产量计划,它分别规定为计划期内的客运量(人)、旅客周转量(人公里);货运量(吨)、货物周转量(吨公里)。

运输量计划值要在深入调查的基础上,根据下列有关资料确定:

(1) 上级下达的计划控制数;

(2) 长期计划中的有关指标;

(3) 政治经济发展形势对交通运输的影响;

(4) 辖区各种运输方式的发展及汽车运输市场的动态预测;

(5) 公路网发展计划,辖区客、货运的营运路线及班期开发计划;

(6) 企业车辆增减计划;

(7) 物资单位提送的托运计划,运输合同及计划外物资等货物运输量预测;

(8) 辖区客运班期调整计划,旅客运输量预测;

(9) 有关历年统计调查资料。

根据上述资料,通过需要(运输量)与可能(运力)的平衡预测结果和上级下达的客、货运输量任务,使生产效率与经济效益平衡,在满足社会需要、有利国民经济发展和保证好的经济效益的前提下,合理确定客、货运输量计划值。

汽车运输经常存在运力与运量的矛盾。当运力不能满足社会需要时，只能依靠对社会运输的经济调查，掌握客、货运输的流量、流向及运距，确定实载率和车日行程指标后，本着确保重点、照顾一般的原则，采取以车定产的办法确定客、货运输量计划值。其测算方法是：

$$客(货)周转量 = 计划期日历天数 \times 计划平均车数 \times 工作车率 \times 平均车日行程 \times 计划车平均座(吨)位 \times 计划实载率$$

$$客(货)运量 = \frac{客(货)周转量计划}{计划客(货)平均运距}$$

当运力大于社会需要时，应根据已定的运输量计划，在保持一定的车辆运用效率指标水平的基础上，预测需占用车数，将剩余运力另作安排，防止为适应计划运输量而降低车辆运输效益出现的偏差。其推算方法是：

$$已定运输量计划需占用车数 = 已定周转量计划值 \div 实载率计划 \div 计划车平均座(吨)位 \div 车日行程计划 \div 工作车率计划$$

剩余运力计划 = 计划平均营运车数 − 已定运输量计划需占用车数

运距长短、实载率高低和装卸次数都影响车日行程，并连锁反应到周转量上。因此，实载率和车日行程必须根据不同情况分别测算后综合确定，运输量计划值还必须通过与车辆运用计划平衡后确定。

常用的运输量计划表见表 3－1 至 3－4。

表 3－1　××(县)站客货运输量计划表

指标	计算单位	上年实绩	本　期　计　划					本期计划为上期实绩%	备注
			全年	一季	二季	三季	四季		

注：指标栏可分客运的客运量及周转量和货运的货运量及周转量。

表 3－2　客运经营开发动态及建议计划表

指标	计算单位	调查期实际情况分析						年计划建议数		备注
		年度		年度		年度				
		上年实绩	本年实绩	为上年%	本年实绩	为上年%	本年实绩	为上年%	本年建议	为上年%

表3-3　　××(县)站货物运输调查及计划建议表

项目	货物运输量		物资分类																		
	吨数	吨公里	煤焦	石油	金属矿石	钢铁	矿建材料	水泥	木材	非金属矿石	机械及设备	化肥农药	化源及制品	其他重工业物资	盐	日用工业品	其他轻工业品	粮食	工业原料作物	其他农产品	其他

注:项目栏分别为上年实绩,今年预计,今年为上年%,明年计划,为今年%。

表3-4　　××(县)站辖区货源调查组织汇总登记表

项目	运输路线		运输距离	货物名称	总运输量		采用运输方式						备注
	起运地点	到达地点			吨数	吨公里	汽车		铁路		航运		
							吨	吨公里	吨	吨公里	吨	吨公里	

(二)车辆计划

车辆计划数表征企业的计划生产能力,主要反映企业在计划期内营运车辆数、吨位、座位数的变化情况。它是确定运输量计划的主要依据之一,是企业生产计划的重要组成部分。

车辆计划的主要内容如表3-5所示。

车辆计划指标的编制与计算:

(1)年初车辆数及吨(座)位数,应根据统计部门上年末实有数列入。

(2)车辆增加,是指计划期内由企业贷款自购新增的或由外单位调入的车辆;车辆减少,是指调拨给其他单位和计划报废的车辆及原属营运车辆经批准封存或改为非营运的车辆,均应从营运车数中减去。

(3)标记吨(座)位,应以行车执照上的数字为准。如因技术改装改动了原吨(座)位时,应根据其增减的吨(座)位数列入增减栏。

(4)年末车数及吨(座)位数,按计划期车辆增减后的实有数计算。

(5)全年平均车数及吨(座)位数是编制运力计划的主要数据,计算式为:

$$平均车数 = \frac{计划营运车日总和}{计划期日历天数}$$

$$平均吨(座)位数 = \frac{计划营运车吨(座)日总和}{计划期日历天数}$$

一辆营运车列入计划一天,即计算为一个营运车日。

一个营运车吨(座)位列入计划内一天,即计算一个营运车吨(座)日。其计算式为:

$$车吨(座)日 = 营运车日 \times 标记吨(座)位$$

或 $$车吨(座)日 = 车数 \times 计划期日历天数 \times 标记吨(座)位$$

表 3-5 车辆计划表

车辆类型	标记吨(座)位	年初		增加车辆				减少车辆				年末		全年平均	
				一季	二季	三季	四季	一季	二季	三季	四季				
		车数	吨(座)位	车数/吨(座)位	车数/吨(座)位	车数/吨(座)位	车数/吨(座)位	车数/吨(座)位	车数/吨(座)位	车数/吨(座)位	车数/吨(座)位	车数	吨(座)位	车数	吨(座)位

(三)车辆运行作业计划的编制与执行

1. 编制车辆运行作业计划的必要性

车辆运行作业计划工作是运输生产计划的延续。运输生产计划虽然按年、季和月安排了生产任务,但它只是纲领性的生产目标,不可能对运输生产的细节作出作业性的安排。为此,有必要制定车辆运行作业计划,以便实现具体的运输过程。

车辆运行作业计划是有计划地、均衡地组织日常运输生产活动,建立正常生产秩序的重要手段。运输生产活动具有社会性,它需要有比较严格的分工,为了保证运输生产活动正常、有序地进行,需要有车辆运行作业计划对运输生产活动作出具体安排与部署。

2. 车辆运行作业计划的任务与作用

车辆运行作业计划的主要任务表现为两个方面:一方面是把企业基层车队、车站和车间以及有关职能科室有机地组织起来,协调一致地工作;另一方面是不断提高运输效率,保证企业按日、按期均衡地完成运输任务,全面地完成各项技术经济指标。

车辆运行作业计划的主要作用是将运输生产计划中所规定的各项任务,按照月、旬、日以至工作班,具体、合理地分配到各基层生产单位,保证企业生产计划能够按质、按量、按期完成。

3. 车辆运行作业计划的类型

车辆运行作业计划可有不同的形式,通常根据其执行时间的长短,将之分为以下几种:

(1)长期运行作业计划。适用于经常性的运输任务,通常其运输线路、起讫地点、运输量及货物类型等都比较固定。

(2)短期运行作业计划。该形式的适用性较广,对于货运起讫地点较多、流向复杂、货种也比较繁多的货运任务,可对之编制周期为三日、五日、十日等的作业计划。

(3)日运行作业计划。主要在货源多变、货源情况难以早期确定和临时性任务较多的情况下采用。

(4)运次运行作业计划。通常适用于临时性或季节性、起讫地点固定的短途大宗货运任务。

4. 车辆运行作业计划的编制

(1)货运车辆运行作业计划的编制依据

货运车辆运行作业计划的编制依据主要包括:

① 企业的月度运输任务及车辆使用效率指标;

② 货源调查资料、有关运输任务以及已被核准的运输合同;

③ 车辆技术状况及保修作业计划；
④ 装卸货地点的装卸能力及现场情况；
⑤ 计划期的气象情况。

（2）车辆运行作业计划编制的原则

车辆运行作业计划编制的原则主要有：

① 工农业生产的物资、急需的物资、抢险救灾及战备用物资优先安排；
② 保证重点、兼顾一般，综合平衡、全面安排；
③ 运力与运量相平衡；
④ 充分发挥车辆效率，注重经济效益。

（3）车辆运行作业计划的编制步骤

① 根据有关资料确定货源汇总分日运送计划，如表3-6所示。

表3-6 货源汇总分日运送计划表

年　月　　日至　　日

线别	托运单号	发货单位	起运点	收货单位	品名	包装	运距(公里)	托运吨数	分日运送计划											剩余物资	
									日		日		日		日		日			吨数	处理意见
									吨数	车号	吨数	车号	吨数	车号	吨数	车号	吨数	车号			
	合计																				

② 认真核对出车能力，妥善安排车辆进保送修日期，如表3-7所示。

表3-7 出车能力计划表

年　月　　日至　　日

班组	车号	吨位	保修日期		上次保修至（　　）日已行驶里程数	完好车日	备注
			保修类别	起止日期			

③ 根据有关信息,分析研究前期运行作业计划存在的问题。

④ 着手编制运行作业计划,根据有关资料,采用数学方法合理确定行驶路线,妥善安排运行周期,选配适宜车辆,制表3-8。

表 3-8 货车五日运行作业计划

年　月　日至　　日

日期	作　业　计　划　内　容	运量(吨)	周转量(吨公里)	执行情况检查
1				
2				
3				
4				
5				
指标	计划 / 实际	工作率(%)	车日行程(公里)	里程利用率(%)	实载率(%)	拖运率(%)	运量(吨)	周转量(吨公里)	说明	

编制日期:　年　月　日

⑤ 核准车辆运行作业计划。

(4) 车辆运行作业计划的编制方法

编制车辆运行作业计划,有顺编法和逆编法两种方法。

① 顺编法

顺编法是从确定各项车辆运用效率的质量指标计划值开始,逐项计算各项数量指标,如工作车日数、总行程、载重行程、载重行程吨(座)位公里、总行程吨(座)位公里等,最后计算出运输工作量。顺编法是以"可能性"为出发点,即根据各项效率指标可能达到的水平为依据来确定可能完成的运输工作量。当这样计算的运输工作量能满足运输量计划要求时,即可据以编制车辆运行作业计划。如果计算的运输工作量同运输量计划的相关指标有较大差异时,特别是在低于运输量计划时,则应调整好各项效率指标。若经过反复调整仍不能符合运输量计划的要求,就只能修改运输量计划,或修改车辆计划。

② 逆编法

逆编法是以"需要"为出发点来编制车辆运行作业计划的方法。它是根据运输量计划和车辆计划的要求来确定车辆运用效率水平,通过确定各项运用效率质量指标来编制车辆运行作业计划。这种方法体现了"以销定产"的原则。编制的车辆运行作业计划中运输工作量和运输量计划的相关指标不会出现较大的差异,但在确定各项运用效率指标时,需要经过反复测算。

5. 车辆运行作业计划的执行

(1) 执行作业计划的主要内容

① 物资单位应及时做好装卸车准备,并积极配合组织回程货源,提高实载率。

② 车队调度人员应及时掌握车辆动态,科学、合理地调度车辆,发现问题及时解决。

③ 驾驶员应保证单车运行作业任务的具体完成。

④ 保修车辆应能按时完成。

(2) 变更运行作业计划与计划外运输的处理

① 变更运行作业计划的处理:变更运作作业计划是指货物运行作业计划已经批准,但是货主临时要求变更到站、发站或变更货物。对此,货运企业应在运力有余或不打乱原总体作业计划的前提下,予以满足。

② 计划外运输的处理:计划外运输是指事先未列入计划,临时发生的货运需要。对于这类问题应分为两种情况。一种是由于救灾、防汛、抢险等特殊原因产生的运输需要,此类事件发生较突然且关系到国计民生,运输企业可不受运输计划的限制,尽最大能力予以满足;另一种情况则是因货主单位的生产、供应和销售等情况发生变化所致,对此货运企业应在运力可能的情况下尽量予以满足。

二、车辆运行调度

汽车运输生产的流动性、分散性和涉及企业内外环节的生产结构,要求企业管理既要高度集中,又能机动灵活,及时处理问题。车辆运行调度工作就是根据这一生产特点而产生的,并显示了它的权威性和必要性。

车辆运行调度工作是通过车辆运行作业计划和调度命令,将企业内部的各个生产环节,特别是车站、车队、广场、装卸等部门作出合理安排,使其在时间、空间上平衡衔接,紧密配合,组成一个意志统一、动作协调的整体,以保证运输生产的连续性和均衡性。

(一) 车辆调度工作的任务和原则

1. 车辆调度工作的主要任务

车辆调度工作的主要任务是确保旅客运输、物资调运计划和运输生产计划的完成。在完成上述任务的过程中,应充分发挥车辆运用效率,使企业取得较好的经济效益。

为确保上述任务的完成,汽车运输调度部门在组织运输生产过程中,根据运输政策和运输任务的分布,代表企业领导发布生产调度命令。其完成任务的主要手段,是通过各级调度机构编制车辆运行作业计划,将客运班期计划、物资调运计划和运输生产计划具体落实到车站、车队和驾驶员,并对车辆运行进行不间断的组织、指挥和监督,发现生产环节的不平衡情况时,应及时组织平衡,保证运输生产连续而有节奏。

2. 车辆调度工作的主要内容

(1) 各级调度部门应严肃、认真地执行党和国家的方针、政策,通过运力和运量的平衡,合理安排运输生产。

(2) 根据有关资料,认真编制车辆运行作业计划。通过运行作业计划的实施和检查,将车站、车队、广场等各生产环节协调起来,最大限度地提高运输效率。

(3) 掌握旅客、货物的流量、流向和各种客观情况,对车辆运行中出现的问题及时分析、研究,采取措施,保证运输生产计划的完成。

（4）加强现场管理和车辆运行指挥。针对现场、线路、客货源等具体情况，采取不同的车辆调度方法，并不断研究改进调度工作。

（5）认真贯彻汽车预防保修制度，保证营运车辆按计划进厂保修，维护车辆技术状况良好。

3. 车辆调度工作的原则

调度工作是对运输生产车辆进行组织、指挥和监督的工作，它直接影响运输生产的进行和企业的经济效益。因此，调度工作必须坚持以下原则：

（1）坚持集中领导、统一指挥、逐级负责、落实到人的原则。调度部门是本企业车辆运行工作的权力机构，它代表企业领导发布生产调度命令。各级调度人员对生产调度命令和计划安排，应按本级职责范围，认真贯彻执行，并向上一级调度机构负责。

（2）车辆调度一定要从全局出发，局部服从全局。在车辆安排上，必须统筹兼顾，全面安排，做到先急后缓，先合同内，后合同外。

（3）调度工作必须以均衡完成和超额完成计划任务为出发点，根据运输生产计划和物资调运计划对车辆进行合理安排，灵活调度。

（二）调度机构与工作制度

1. 调度机构

汽车运输企业的调度机构根据集中领导、统一指挥、逐级负责、落实到人的原则设立。调度部门应做好以下工作：

（1）认真贯彻执行国家的运输方针、政策，负责营运客、货车辆的调度工作。

（2）搜集检查全企业运输生产进度、车辆效率指标、重点物资完成等情况，定期综合分析，及时向领导和上级汇报。

（3）掌握车辆、道路、装卸及重点货源情况，研究和合理组织运输，推广线性规划科学调度车辆的方法。

（4）建立健全24小时值班制度，处理日常调度工作，及时答复和处理下级调度部门反映的问题。

（5）按时提供辖区内月度运力、运量初步平衡方案，根据月度运力和运量平衡安排，同客运、货运科主持召开站、队、厂和有关职能科室参加的平衡会议,做好运力、运量平衡安排工作。

(6) 掌握车辆技术状况,督促保修车辆按计划进厂和出厂。

(7) 经常深入基层调查研究,掌握"五况"(即路况、货况、车况、装卸和安全情况),狠抓行车安全和运输质量,对违反调度纪律的现象及时提出批评,并向上级汇报。

(8) 车辆抛锚、肇事后及时向上级调度室和有关部门汇报,并安排车辆接驳。

运输企业调度机构一般由三部分构成:

(1) 计划调度组

计划调度组的工作职责包括:

① 掌握运力、运量情况,主持召开运力、运量平衡会议;

② 提出车辆的运用意见;

③ 编制车辆运输计划。

(2) 值班调度组

值班调度组的工作职责包括:

① 具体下达车辆运行作业计划并监督执行;

② 提出车辆的运用意见;

③ 参与编制车辆运行作业计划;

④ 实施现场调度;

⑤ 准确掌握车辆保修进度,必要时予以调整;

⑥ 准确掌握道路的交通情况。

(3) 统计检查组

统计检查组的工作职责包括:

① 编制主要技术经济指标和计划值与实绩的对比图表;

② 督促基层调度员报送车辆作业计划。

2. 调度工作制度

(1) 平衡会议制度

调度机构应定期召开平衡会议。平衡会议以总调度室为主,各调度组和客、货运科负责人和主办人员参加,并向会议提供运力、运量初步平衡方案,通过会议进行综合平衡后予以确定,下达运力安排、月度生产计划和车辆调配计划。

（2）调度值班制度

为监督、检查车辆运行计划的执行,及时处理运输生产中出现的问题,各级调度机构都应健全24小时值班制度。值班调度员在值班期间,要经常检查各线、站运输生产进度和平衡会议的执行情况,处理生产中发生的问题,掌握"五况",填写调度日志,并将当日发生和处理的问题做记录,以备后查。

（3）调度报告制度

调度部门除每日将值班调度的生产进度、重点物资运输进度及车、货、路、装卸、安全、保修等情况和问题、效率指标等作出简要分析,向有关领导报告外,还要将上述内容用文字进行旬分析、月总结上报。

（4）违调事件查处制度

为维护调度工作的严肃性,加强车辆的运行管理,凡发现违调的人和事,由发现单位及时向一、二级调度机构反映。值班调度负责人接到反映后一小时内,向发生单位填发违调查询单,发生单位应在接到单后24小时内查复,由值班调度负责人提出处理意见,经领导批准后执行。

（5）定期调度会议制度

调度会议是一种发扬民主、集思广益、统一指挥生产的良好形式。一、二级调度会议由企业主管生产的领导主持,主管调度工作部门召集,车站、车队、厂场及企业有关科室的负责人参加;三级调度会议应吸收调度员、车队和车间技术员参加。会前要摸清情况,做好准备,通知会议内容,以便集中解决关键性问题。凡在会上作出的决议,必须贯彻执行,调度工作应配合进行检查。

（三）车辆调度方法

科学分析客观条件,从车辆运行调度的组织形式上挖掘运输潜力,使运力得到最佳运用,这是汽车运输企业组织生产活动、提高经济效益的一种重要手段。车辆调度方法一般有:

（1）循环调度:循环调度的形式如图3-7。图中实线为重载行驶,虚线为空驶,箭头表示运行方向,其循环总长度 $= AB + BC + CD + DC + CB + BE + EA = 25 + 5 + 15 + 15 + 5 + 35 + 30 = 130$（公里）,其中:

载重行程 = $AB + CD + DC + CB + BE = 25 + 15 + 15 + 5 + 35 = 95$（公里），里程利用率 = $\frac{95}{130} \times 100\% \approx 73.08\%$。若都组织专车调度，则里程利用率 = $\frac{25+15+20+35}{25+25+20+20+35+35} \times 100\% \approx 59.38\%$，比循环调度的里程利用率低 13.70%。

又如图 3-8，循环总长度 = $AB + BC + CD + DE + EF + FA = 20 + 15 + 20 + 20 + 10 + 15 = 100$（公里），其中：载重行程 = $20 + 15 + 20 + 15 = 70$（公里），里程利用率 = $\frac{70}{100} \times 100\% = 70\%$。若都组织专车调度，里程利用率 = $\frac{20+15+20+15}{(20+15+20+15) \times 2} \times 100\% = 50\%$，比循环调度的里程利用率低 20%。

（2）交叉循环调度：如公司甲有货从 A 地运到 D 地，公司乙有货从 B 地运到 C 地，其路线成交叉形（见图 3-9）。若采用分散调度，则两公司的里程利用率各为 50%；若统一用车，采用交叉循环调度，则若从公司甲的货物的运输起点 A 地开始，有运输路线为：$A \xrightarrow{50} D \xrightarrow{10} B \xrightarrow{45} C \xrightarrow{10} A$；若从公司乙的货物的运输起点 B 地开始，有运输路线为：$B \xrightarrow{45} C \xrightarrow{10} A \xrightarrow{50} D \xrightarrow{10} B$。两种运输路线的里程利用率均达 82.6%，较分散调度提高 32.6%。

（3）三角调度：在一个三角形交通图上，当任何两边有顺向单边货源时，即可组织三角调度。由三角形定理可知，在任意三角形中，两边之和大于第三边。在图 3-10 所示的三角形 ABC 中，有：$AB + AC > BC$，$BA + BC > AC$，$CB + CA > AB$。

以上介绍的均属货车循环调度，在路线构成环行交通的客运路线上，也可根据客流等具体情况，组织相向循环运输客班车，即：$A \to B \to C \to A$ 和 $A \to C \to B \to A$，以方便旅客，减少车辆无效停歇时间，提高车辆运输效率。

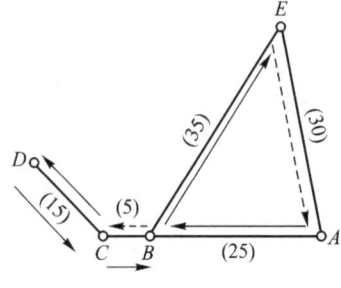
图 3-7 循环调度形式一

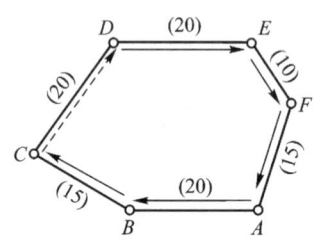
图 3-8 循环调度形式二

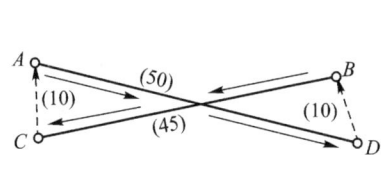
图 3-9 交叉循环调度形式

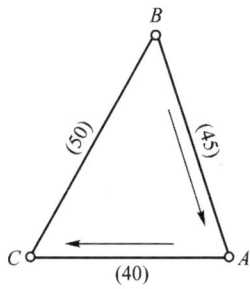
图 3-10 三角调度形式

三、运输路径的优化 *

运输路径的优化即车辆运行路线和时间的合理安排,它是车辆运行路线选择问题的延伸,受到的约束条件较多,如:每个停留点规定的提货数量和送货数量;所使用的多种类型的车辆载重量和载货容积各不相同;车辆在路线上休息前允许的最大行驶时间(美国运输部安全条款规定至少 8 小时要有 1 次休息);停留点规定的在一天内可以进行提货的时间;允许送货后再提货的时间;司机只能在一天的特定时间进行短时间的休息或进餐等。这些约束条件使问题更加复杂,甚至使人们难以去寻求最优化的解。

下面就车辆从一个仓库出发,向多个停留点送货,然后在同一天内返回到该仓库这个问题进行讨论,合理地安排运行路线和时间。

(一)运行路线和时间的安排原则

1. 将相互接近的停留点的货物尽量装在同一辆车上运送

车辆的运行路线应将邻近的停留点串起来,以使停留点之间的运行距离最小化,这样也就使总的路线上的运行时间最短。

图3-11所示的是将有关停留点的货物分配给车辆,从而将各点串联起来的示意图。其中图3-11(a)串联得不太合理,车辆的运行路线较长,应尽量避免;图3-11(b)是较为合理的串联方法。

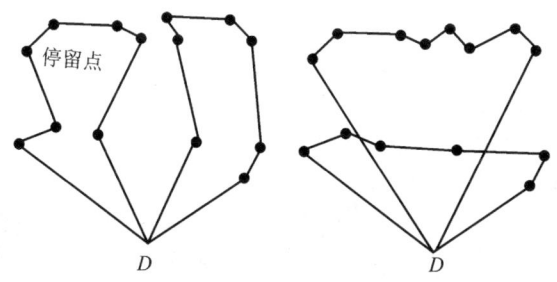

(a)仓库之间较差的串联　　(b)仓库之间较好的串联

图3-11　停留点之间的串联

2. 将集聚在一起的停留点安排同一天送货

当停留点的送货时间是安排在一周的不同日期进行时,应当将集聚在一起的停留点安排在同一天送货,要避免不是同一天送货的停留点在运行路线上重叠,这样有助于使所需的服务车辆数目最少,并使一周中的车辆运行时间和距离最小化。图3-12所示的是较好的集聚和较差的集聚的例子。

3. 运行路线从离仓库最远的停留点开始

合理的运行路线应从离仓库最远的停留点开始将该集聚区的停留点串联起来,然后返回仓库。一旦确认了最远的停留点之后,送货车辆应满载与这个关键停留点邻近的一些停留点的货物。这辆运货车满载后,再从剩下的停留点中选择一个最远的停留点,用另一辆运货车满载

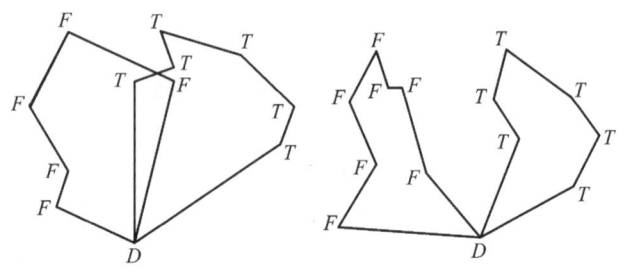

(a)仓库间较差的集聚——路线交叉 (b)仓库间较好的集聚

图 3-12 同一天停留点集聚图

与这个停留点邻近的一些停留点的货物。按此程序进行下去,直至所有停留点的货物都分配给运货车辆。

4. 一辆运货车顺次途经各停留点的路线应成泪滴状

运货车辆顺次途经各停留点的路线不应交叉,并应成泪滴状(见图 3-13)。不过,停留点工作时间的约束和在停留点送货后再提货的要求往往会导致路线交叉。

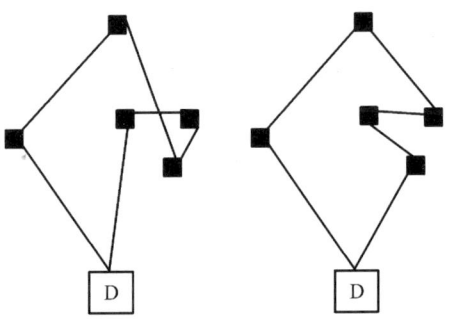

(a)交叉的运输路线 (b)泪滴状的运输路线

图 3-13 运输路线示意图

5. 最有效的运行路线通常是使用大载重量的运输车辆的结果

在运输货物时,最好是使用一辆载重量大到能将路线上所有停留点所要求运送的货物都装载的送货车,这样可以将服务区停留点的总的运行距离或时间最小化。因此在多种规格车型的车队中,应优先使用载重量最大的送货车。

6. 提货应在送货过程中进行,而不要在送货结束后再进行

提货应尽可能在送货过程中进行,以减少交叉路程量,而在送货结束后再进行提货经常会发生路程交叉。提货在送货过程中进行,需要做到合理安排,这取决于送货车辆的形状、提货量以及所提的货物对车辆内后续送货通道的影响程度。

7. 对偏离集聚停留点路线远的单独的停留点可采用另一个送货方案

偏离集聚停留点远的停留点少,特别是那些送货量小的停留点一般要花费大量的时间和费用,因此使用小载重量的车辆专门为这些停留点送货是合理的,其经济效益取决于该停留点的偏离度和送货量。偏离度越大,送货量越小,使用小载重量的车辆专门为这些停留点送货越经济。另一个可供选择的方案是租用车辆为这些停留点送货。

8. 应当避免停留点工作时间太短的约束

停留点工作时间太短常会迫使途经停留点的顺序偏离理想状态。由于停留点的工作时间约束一般不是绝对的,因此如果停留点的工作时间确实影响到合理的送货路线,则可以与停留点商量,调整其工作时间或放宽其工作时间约束。

上述的原则可以很容易帮助调度人员制定出满意的(不一定是最优的)、现实可行的合理路线和时间安排。当然上述的原则也仅是合理路线设计的指引,调度人员面对的车辆运作的许多复杂情况并不是上述原则所能全部包容的。遇到特殊的约束条件,调度人员要根据自己的经验灵活处置。

(二) 制定车辆运行路线

当附加了许多约束条件之后,要解决车辆运行路线和时间的安排问题就变得十分复杂,而这些约束条件在实际工作中常常会发生。例如,停留点的工作时间约束,不同载重量和容积的多种类型的车辆,一条路线上允许的最大运行时间,不同区段的车速限制,运行途中的障碍

物(湖泊、山脉等),司机的短时间休息等。这里介绍一种比较简单的方法,它可以为这些复杂的问题求得一个满意解,虽然不一定是最优解。这个方法称为扫描法。

用扫描法确定车辆运行路线的方法十分简单,甚至可用手工计算。一般来说,它求解所得方案的误差率在10%左右,这样的误差率通常是可以被接受的,因为调度员往往需要在接到最后一份订单后一小时内就制定出车辆运行路线。

扫描法由两个阶段组成,第一个阶段是将停留点的货运量分配给送货车,第二个阶段是安排停留点在路线上的顺序。由于扫描法是分阶段操作的,因此有些时间方面的问题,如路线上的总时间和停留点工作时间的约束等,难以妥善地处理。

扫描法的步骤可简述如下:

(1)将仓库和所有的停留点位置画在地图上或坐标图上。

(2)通过仓库位置放置一直尺,直尺指向任何方向均可,然后顺时针或逆时针方向转动直尺,直到直尺交到一个停留点。此时判断累积的装货量是否超过送货车的载重量或载货容积(首先要使用最大的送货车辆),如是,将最后的停留点排除后将路线确定下来。再从这个被排除的停留点开始继续扫描,从而开始一条新的路线。这样扫描下去,直至全部的停留点都被分配到路线上。

(3)对每条运行路线安排停留点顺序,以求运行距离最小化。停留点的顺序可参照前面的图3-12中仓库集聚较好的路线或图3-13中的"泪滴"状路线。

例3-1 某公司从其所属的仓库用送货车辆到各客户点提货,然后将客户的货物运回仓库,以便集运成大的批量再进行远程运输。全天的提货量见图3-14(a),提货量以件为单位。送货车每次可运载1万件,完成一次运行路线一般需一天时间。该公司要求确定:需多少条路线(即多少辆送货车);每条路线上有哪几个客户点;送货车辆途经有关客户点的顺序。

如图3-14(b)所示,通过仓库点放置一直尺,直尺指向北,然后逆时针方向转动直尺进行扫描,在直尺交到的客户点提货,直到装满送货车辆的载重量一万件(不能超载)。一旦客户点被分配给某辆送货车后,用"泪滴"状路线确定一条路线上各客户点的服务顺序。如第一条线路为从汽车站仓库出发,依次经过直尺左边的4 000件、1 000件、3 000件和2 000件客户点,凑足一整车(即一万件)后返回汽车站。最终的路线设计见图3-14(b)。

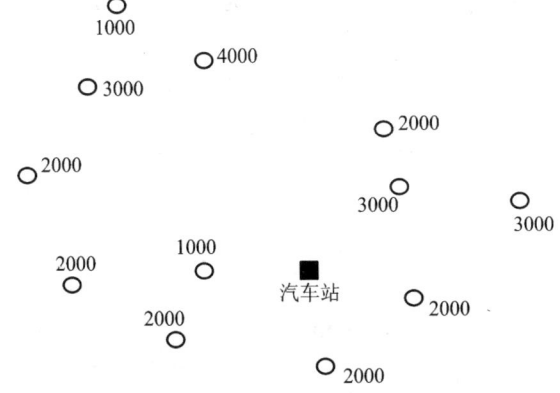

(a) 停留点提货量数据

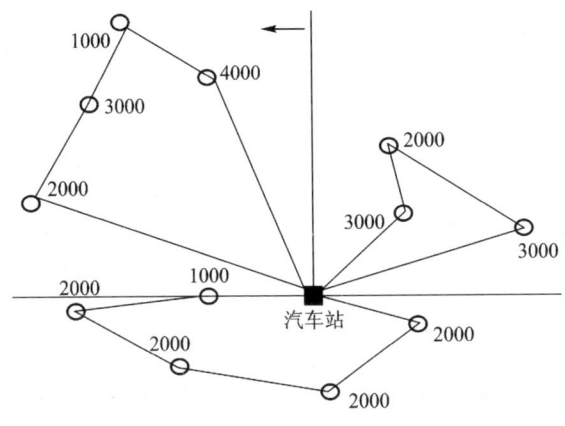

(b) "扫描法"解决方案

图3-14 扫描法确定路线图

(三) 安排车辆运行时间

上述的车辆运行路线的设计是假定几辆送货车服务一条路线。如果路线短,就会发生送货车辆在剩余的时间里得不到充分利用的问题。实际上,如果第二条路线能在第一条路线任务完成后开始,则完成第一条路线的送货车辆可用于第二条路线的送货。因此,送货车的需求量取决于路线之间的衔接,应合理安排运行时间,使车辆的空闲时间最小。

例 3-2 假设有一个车辆运行路线和时间安排问题,该问题中涉及的车辆都是相同规格的。各条路线的出发时间和返达时间如下:

路线号	出发时间	返达时间
1	8:00 a.m.	10:25 a.m.
2	9:30 a.m.	11:45 a.m.
3	2:00 p.m.	4:53 p.m.
4	11:31 a.m.	3:21 p.m.
5	8:12 a.m.	9:52 a.m.
6	3:03 p.m.	5:13 p.m.
7	12:24 p.m.	2:22 p.m.
8	1:33 p.m.	4:43 p.m.
9	8:00 a.m.	10:34 a.m.
10	10:56 a.m.	2:25 p.m.

按图 3-15 所示,将车辆的运作时间合理地安排在各条线路上,可以用最少的车辆数完成规定的任务。

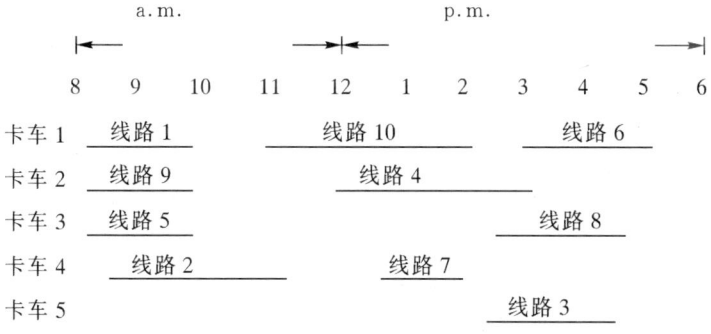

图 3-15　合理安排运作次序使所需车辆数最少

第 3 节　整车运输组织

合理、科学地组织车辆运行,可以取得十分显著的经济效益。无论是理论研究,还是国内、外的运输实践,都证明双班运输、拖挂运输、甩挂运输等都是行之有效的车辆运行方式。因此,从实际出发选用车辆运行方式,并加强运输过程的组织衔接,就能取得较好的经济效益。

一、双班运输

(一) 双班运输概述

为了满足社会日益增长的运输需求,运输企业固然可以有计划地增加车辆,配备与需求相适应的运力,更主要的还是应该不断地加强运输生产的组织和管理工作,在不增加或增加较少设备的前提下,充分挖掘运输潜力,以既有设备完成更多的运输生产任务。

一天 24 小时内,如果一辆车出车工作两个班次(一般以工作 8 小时左右为一个班次)或三个班次者,就称为双班运输或多班运输。其基本出发点就是"人停车少停",充分发挥设备(主要是车辆)的利用率,为社会提供更大的运输能力。

组织双班运输的基本方法是根据双班运输的不同形式,每辆汽车配备一定数量的驾驶员,按计划分日、夜两班出车工作。这种组织方法比较简便易行,在货源、保修、驾驶员等条件满足的情况下,不再需要增添其他车辆或设备就可获得一定效果,因此易于推广使用,它已成为一种有效的车辆运行组织方式。

组织双班运输时,原则上应满足以下几点要求:

(1)最大限度地发挥车辆的运输效能,努力提高驾驶员的劳动生产率,尽量满足客、货运输的需要,争取最大的经济效益;

(2)加强劳动组织,科学地安排好驾驶员的工作、学习和休息时间,保证劳逸结合;加强技术管理,合理地安排好车辆的保修时间,保证有较高的完好率;

(3)加强企业内外的协作与配合,特别是与物资部门、装卸部门以及其他运输部门之间的联系,确保双班运输的正常进行;

(4)必须贯彻安全第一的方针,注意行车安全,尽可能做到定车、定人,确保作业计划的执行。

(二)双班运输的组织

不同的双班运输组织形式,会有不同的效果。双班运输组织形式的选择会涉及运距长短、站点配置、客流分布、货源数量、运输条件、道路状况、驾驶员配备、保修和装卸能力等具体因素。因此,只有因地制宜地选择和安排各种相宜的组织形式,才能充分发挥既有设备的潜力,才能充分体现双班运输的优越性。根据驾驶员劳动组织的不同,双班运输主要有以下几种组织形式。

1. 一车两人,日夜双班

每车固定配备两名驾驶员,每隔一定的时期(如每周或每旬),夜班驾驶员互换一次。驾驶员可在正常编制情况下加倍配备。这种组织形式的优点是能做到定人、定车,能保证车辆有比较充裕的保修时间;驾驶员工作、学习和休息时间能得到正常的安排;行车时间安排也比较简单,伸缩性较大,易于得到物资单位及有关部门的配合。其缺点是车辆在时间上的利用还不够充分,驾驶员不能完全做到当面交接。这种组织形式具体交接班方法如图3-16所示。

2. 一车三人,两工一休

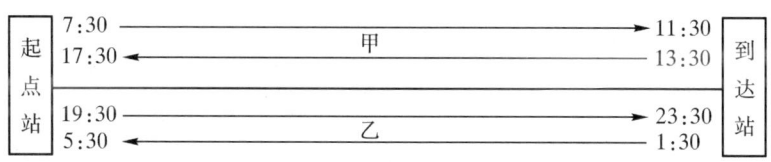

图 3-16

每车配备三名驾驶员,每个驾驶员工作两天、休息一天(见表 3-9 所示),轮流担任日、夜班,并按规定地点定时进行交接班。这种组织形式适用于一个车班内能完成一个或几个运次的短途运输线路上,因此,在城市出租汽车运输中采用较多。采用这种组织形式,能做到定车、定人,车辆出车时间较长,运输效率较高。缺点是每车班驾驶员一次工作时间较长,容易出现疲劳;安排车辆和保修时间比较紧张;需要配备驾驶员数量也较多。

表 3-9 两公一休制排班表

	一	二	三	四	五	六	七
甲	日	日	休	夜	夜	休	日
乙	夜	休	日	日	夜	夜	夜
丙	休	夜	夜	休	日	日	休

3. 一车两人、日夜双班、分段交班

每车配备两名驾驶员,分段驾驶,定点(中间站)交接。每隔一定时期驾驶员对换行驶路段,确保劳逸均匀。这种组织形式一般适用于运距比较长,车辆在一昼夜内可以达到或往返的运输线路上。其具体交接班方法如图 3-17 所示。这种组织形式的优点基本与第一种形式相同,但能保证驾驶员当面交接。

4. 一车三人、日夜双班、分段交接

每车配备三名驾驶员,分日夜两班行驶,驾驶员在中途定点、定量进行交接,中途交接站可设在离终点站较近(约为全程的 1/3 左右),并在一个车班时间内能往返一次的地点,在起点站配备的两名驾驶员

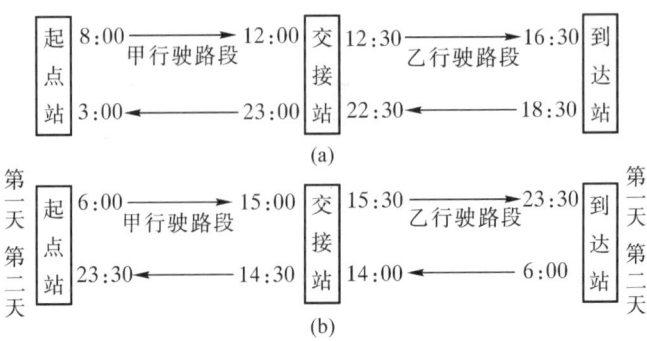

图 3-17　一车两人分段行驶示意图

采用日班制,每隔一定时期可使三名驾驶员轮流调换行驶线路或时间(如图 3-18)。这种组织形式,车辆在时间上利用充分,运输效率较高,能做到定车、定人运行;驾驶员的工作时间比较均衡。缺点是车辆几乎全日行驶,如不能做到快速保养,则遇保养时需另派机动车顶替。因此,这种组织形式只能在保养力量很强,驾驶员充足,或为完成短期突击性运输任务时采用较为适宜。

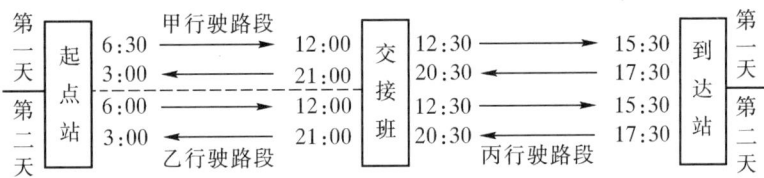

图 3-18　一车三人分段行驶示意图

5. 两车三人,日夜双班,分段交换

每两辆车配备三名驾驶员,分段驾驶。其中两人各负责一车,固定在起点站与交接站之间行驶,另一人每天交换两辆车,驾驶员在固定站定时交接。交接站同样设在离起点站或到达站较远,这种组织形式适用于两天可以往返一次的行驶线路上,其具体交接班方法如图 3-19 所示。

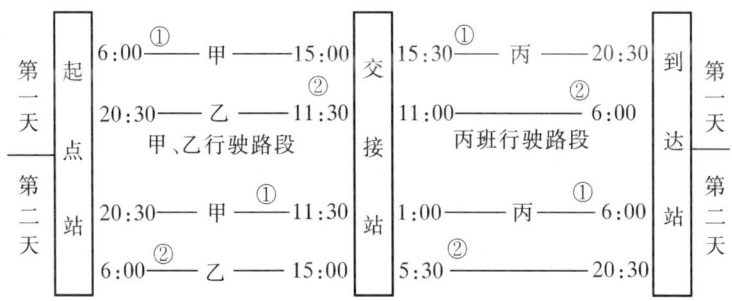

图 3-19 两车三人分段行驶示意图

这种组织形式的优点在于,能做到定人、定车运行,可减少驾驶员配备;车辆在时间上利用较好;车辆保养时间充分。但这种形式驾驶员工作时间较长,不利于正常的休息;运行组织工作要求严格,行车时间要求正点。这种组织形式仅在运输能力比较紧张时采用。

6. 一车两人,轮流驾驶,日夜双班

一辆车上同时配备两名驾驶员,在车辆全部周转时间内,由两人轮流驾驶,交替休息。这种组织形式适用于运距很长,货流不固定的运输线路或长途干线客运线路上。其优点是能定人、定车,最大可能地提高车辆时间利用;缺点是驾驶员在车上得不到正常的休息。随着道路条件的不断改善,车辆性能的不断提高,这种组织形式已愈来愈多地被采用。图 3-20 表明了这种组织形式的实际情况。

时间		14:30—17:00	17:00—21:00	21:00—1:00	1:00—5:00	5:00—12:00	12:00—19:00	19:00—21:30
作业项目		准备与装车	运行	运行	睡眠	运行	运行	御车与加油
执行者	驾驶员 A	√	√			√	√	√
	驾驶员 B	√		√	√		√	√

图 3-20 一车两人行驶示意图

二、拖挂（定挂）运输

（一）汽车列车与拖挂运输

汽车货运所采用的车辆，通常可分为汽车、牵引车和挂车三大类。不同用途的车辆按照一定的要求进行组合、搭配，便构成了各类汽车列车。比较常见的搭配形式，一种是由载货汽车和挂车两部分组成的汽车列车（如图3-21）；一种是由牵引车和半挂车组成的汽车列车（如图3-22）。

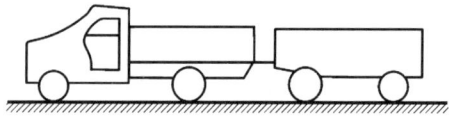

图3-21 全挂车示意图

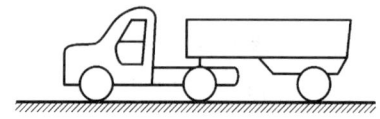

图3-22 半挂车示意图

拖挂运输也称汽车运输列车化，它是以汽车列车形式参加生产活动的一种运行方式。

拖挂运输是一种有效的运行组织方式，根据汽车列车的运行特点和对装卸组织工作的不同要求，一般可分为定挂运输和甩挂运输两种。不论哪一种组织形式，只要在适宜的条件下运用，都会有助于车辆生产率的提高。

拖挂运输是世界汽车货运发展的主要趋势之一。一些工业比较发达的国家，无论是从挂车配备的数量和吨位，还是从汽车列车所完成的运输工作量来看，都充分说明了这一点。提高车辆核定吨位，增加车辆载重量是提高车辆生产率的一个有效途径，但大吨位载货车在不断增加载重量的同时,轴载荷逐渐受到法规、轮胎与道路承载能力等方面的限制。据有关研究资料表明,载货汽车轴载荷的增加,与损坏道路路面的四次方成正比,即轴载荷每增加1倍,对路面的损坏程度将增至原来损坏程度的16倍。拖挂运输得到发展还得益于汽车发动机功率的逐渐增大,道路状况的日益改善。因此增加载重量更为合理的途径是发展拖挂运输。

(二)拖挂运输的经济性

拖挂运输的经济性极为显著,具体表现在:

(1)相同运输条件下,采用拖挂运输可大大增加载货汽车(或牵引车)的拖载量,能使原有的生产能力成倍增加;

(2)挂车结构简单,制造比较容易,耗用金属材料也较少,适用于企业自行设计和制造,增加运输能力更为直接;

(3)拖挂运输不需要增加额外的驾驶员,保修作业比较简单。增加的保养技工也有限度,有助于提高劳动生产率;

(4)拖挂运输(以吨公里计算)的行车燃料消耗、挂车的初次投资以及它的保修费用,均比使用同等载重量的单个汽车要低,拖挂运输的单位运输成本会有较大幅度的下降;

(5)汽车列车便于采用多种灵活、先进的运行方式,能满足社会的需要,经济效益比较理想。

拖挂运输增加了载重量,其结果会使汽车的牵引性能比单车运输时要差,汽车列车直接档动力因素比单个汽车有所下降,这不仅会导致汽车列车平均技术速度的下降,增加驾驶员在操纵上的困难,而且因操纵次数的相对增加,也会导致燃料消耗量的增加。

(三)定挂运输工作组织

定挂运输是指汽车列车在完成运行和装卸作业时,汽车(或牵引车)与全挂车(或半挂车)一般不予分离。这种定车定挂的组织形式,在运行组织和管理工作方面基本上与单车运行相仿,易于推广,它是拖挂运输开展之初常被采用的一种主要形式。

汽车列车的运输组织工作与单车相比,必须在货物装卸和车辆运行调度方面尤加注意,否则不能收到预期的效果。

增加了拖带的挂车,虽然增加了货物的装载量,但同时也增加了货物的装卸作业量。如不相应地改善装卸条件,提高装卸作业的效率,就会使汽车列车装卸工作停歇时间大大延长。组织定挂运输时,一方面应加强现场调度与指挥工作;另一方面应合理组织装卸作业,尽可能采用机械化装卸,压缩汽车列车停歇时间。

定挂运输中,汽车列车总长度比单车显著增加,必须保证有足够长度的装卸作业线。汽车列车停妥时与装卸作业线的相互位置,以平行排列较为合适,这样有利于拖挂车同时进行货物的装卸作业。装卸现场应具备平坦而宽阔的调车场地和畅通的出入口,否则会增加汽车列车的调车作业时间,甚至可能造成货场拥挤和堵塞。

挂车上货物的装载要求,必须按照有关交通法规以及汽车货物运输规则等有关内容办理。鉴于汽车列车行驶稳定性不如汽车,挂车上货物的装载高度和质量应加以适当限制,以确保汽车列车行驶的安全性。

采用定车定挂运输方式时,汽车列车运行调度方法与单车并无多大区别,可视具体情况安排相应的运行作业计划。

三、甩挂运输

(一) 甩挂运输概述

甩挂运输是指汽车列车按照预定的计划,在各装卸作业点甩下并挂上指定的挂车后,继续运行的一种组织方式。甩挂运输也称为甩挂装卸,这种运行组织方式可以使得载货汽车(或牵引车)的停歇时间缩短到最低限度,从而充分发挥它的运输效能,最大限度地利用它的牵引能力。甩挂运输是拖挂运输的特殊形式。

在同样的条件下,甩挂运输可望比定挂运输有较高的运输效率。以在往复式行驶线路上运送散装货物为例,如单程运距20公里,技术速度40公里/小时,装车作业时间定额6分钟/吨,卸车作业时间定额4.5分钟/吨,摘挂作业6分钟/次,载货主车、全挂车、半挂车的装载量分别为4吨、4吨、8吨,则组织甩挂运输和定挂运输时的工作情况分别由图3-23、图3-24、图3-25所示。通过对各图例的分析,基本上可以得出如下结论:组织甩挂运输比定挂运输能获得更高的生产率;在承担相同载重量的情况下,由牵引车和半挂车组成的汽车列车所完成的运输工作量,比由载货汽车和全挂车组成的汽车列车要高。

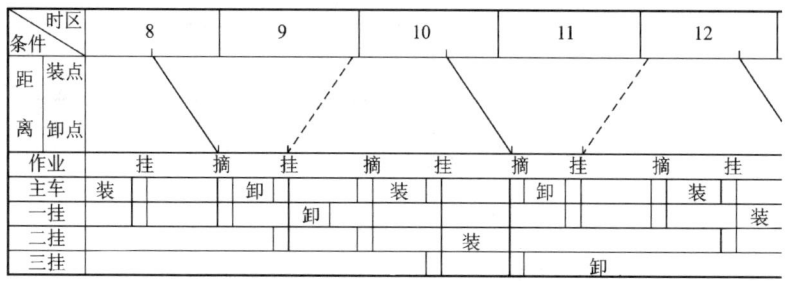

图 3-23　一(汽)车三(全)挂甩挂运行图

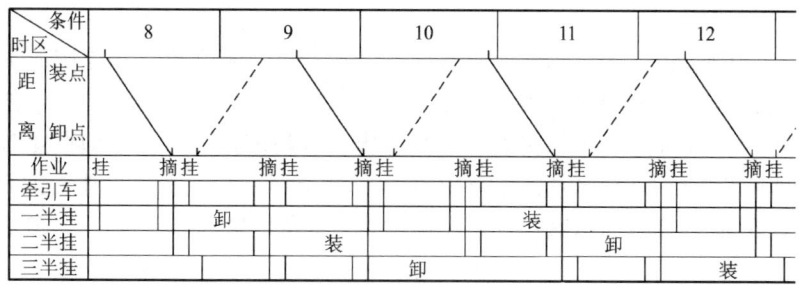

图 3-24　一(牵引)车三(半)挂甩挂运行图

甩挂运输是为了解决短途运输中因装卸能力不足,造成车辆过长的装卸作业停歇时间而发展起来的。为了说明甩挂运输的基本原理,可以汽车列车行驶在往复式线路上,一辆汽车配备三辆全挂车作两头甩挂运输为例(如图 3-26)。当汽车列车在 A 地装货行驶至 B 地后,卸车工人摘下重挂,再集中力量将载货汽车卸空,然后挂上业已预先卸妥的全挂车返回 A 地;与此同时,B 地卸车工人完成摘下挂车卸车作业。当汽车列车返回 A 地,装车工人摘下空挂,再集中力量完成载货汽车的装车作业,然后挂上业已预先装妥的全挂车继续向 B 地行驶;……。

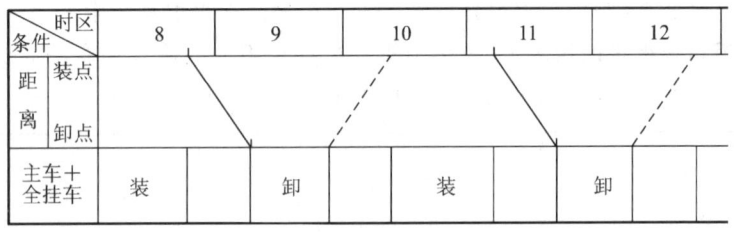

图 3-25 一(汽)车一(全)挂定挂运行图

图 3-26 "一线两点两端甩挂"示意图

由此可见,上述甩挂运输的基本原理实质上是平行作业原则的最大应用,它是利用汽车列车的返回行驶时间来完成甩下挂车的装卸作业,从而使原来整个汽车列车的装卸作业时间缩短为汽车装卸作业时间和甩挂作业时间,加速了车辆的周转,提高了运输效率。甩挂运输虽有不同的组织形式,其作业程序也可能会有所区别,但基本作业原理是一样的。

从上面甩挂运输的工作过程中可以看出,只有当主车的装卸作业时间加甩挂作业时间小于整个汽车列车装卸停歇时间时,采用甩挂运输才是合理的,同时,为充分发挥挂车的效能,挂车在完成装(卸)作业后的待挂时间也不宜过长。

事实上,挂车待挂现象是在所难免的,其长短虽与装卸工人的休息时间有关,但主要取决于运距的长短、技术速度的高低等因素。甩挂运输一般适宜于短距离运输,运距太长情况下如采用甩挂运输,汽车列车装卸作业时间在其出车时间中所占比重相对较挂车待挂时间反而很长,甩挂运输效果不甚明显,反倒增加了作业的复杂性。有时可能还会产生这样的情况,当运距大到一定程度时,即使甩挂运输可减少汽车列车装卸作业停歇时间,由于汽车列车的技术速度低于同等载重量的汽车,使得汽车列车生产率不一定高于同等载货量载货汽车生产率(如图 3 – 27)。

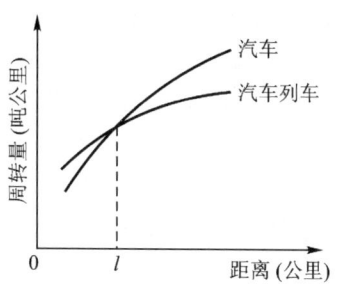

图 3 – 27　产量相当示意图

设组织甩挂运输的汽车列车与单个载货汽车具有相同的载重量,且在往复式线路上以相同的时间完成一个周转,此时线路长度可用下式确定:

$$l = \frac{1}{2} v'_j v_j \frac{\Delta t_{zx}}{\Delta v_j} \quad (3.3.1)$$

式中:　l——产量相当运距(公里);

v'_j, v_j——汽车列车与载货汽车技术速度(公里/小时);

Δt_{zx}——载货汽车与汽车列车装卸作业停歇时间之差(小时);

Δv_j——载货汽车与汽车列车技术速度之差(公里/小时)。

(二) 甩挂运输组织形式

根据汽挂车的配备数量、线路网的特点、装卸作业点的装卸能力等,甩挂运输可有不同的组织形式。而且随着运输组织工作的日益发展和完善,甩挂运输的概念和技术也在不断发展。一般地说,甩挂运输(或作业)有以下几种形式:

1. 一线两点甩挂运输

这是在短途往复式运输线路上通常采用的一种甩挂形式。汽车列车往复于两装卸作业点之间,在整个系统中配备一定数量的挂车,汽车列车在线路两端根据具体条件作甩挂作业(装卸),根据货流情况或装卸能力不同,可组织"一线两点,一端甩挂"(即装甩卸不甩或卸甩装不甩)和"一线两点,两端甩挂"。

这种形式对于装卸点固定、运量较大的地区,只要组织得合理,效果比较显著。在运量大或运输任务比较紧急的情况下,还可以增加主车的数量,在一个复式甩挂系统内进行两头甩挂作业,这对于车辆运行组织工作要求较高,必须根据汽车列车的运行时间,主甩车的装卸作业时间等资料,预先编制汽车列车甩挂运行图,以保证均衡生产。

这种形式被广泛应用于集装箱甩挂作业。

2. 循环甩挂作业

这是在车辆环形行驶线路上,进一步组织甩挂作业的一种方式。它要求在闭合循环回路的各装卸点上,配备一定数量的周转集装箱或挂车,汽车列车每到达一个装卸点后甩下所带集装箱或挂车,装卸工人集中力量完成主车的装(或卸)车作业,然后装(挂)上事先准备好的集装箱(挂车)继续行驶(如图 3-28)。

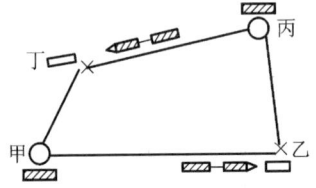

图 3-28 循环甩挂示意图

这种组织方法的实质,就是用循环调度的办法来组织封闭回路上的甩挂作业。它不仅提高了载运能力,压缩了装卸作业停歇时间,而且提高了行程利用率,所以是甩挂运输中较为经济、运输效率较高的组织形式。由于它涉及面广,组织工作较为复杂,因此,在组织循环甩挂作业时,一方面要满足循环调度的基本要求;另一方面应选择运量较大、稳定且适宜于组织甩挂作业的货场条件。

3. 驮背运输

为了适应多式联运发展的需要,更好地解决伴随联运产生大量的装卸和换载作业,甩挂运输的基本原理与组织方法已被运用于集装箱或挂车的换装作业。其基本方法是:在多式联运各运输工具的连结点,由牵引车将载有集装箱的底盘车或挂车直接开上铁路平板车或船舶上,停妥摘挂后离去,集装箱底盘车或挂车铁路车辆或船舶载运至前方换装点,再由到达地点的牵引车,开上车船、挂上集装箱底盘车或挂车,直接运往目的地。这种组织形式被形象地称为驮背运输。

驮背运输组织方式使得汽车列车运行作业与摘下集装箱底盘车或挂车的载运作业平行进行,加速了车辆的周转;同时,由于这种方式扩大了货运单元,从而节约了装卸和换装作业的时间,提高了作业效率。

(三)甩挂运输工作组织

加强对甩挂运输的运行调度、货源和货流的组织以及现场指挥等工作,是保证甩挂运输顺利进行的基本要求。

适宜的货源条件是组织甩挂运输的基础,通常应选择装卸比较费时的固定性大宗货源。加强货源组织工作以及日常管理工作,掌握货流的特点及其变化规律,是组织甩挂运输应注意的问题。

运输部门需加强与收、发货单位的联系和协作,争取货主单位积极改善装卸现场条件和合理安排工作面。装卸作业现场应保证平整,并设有足够的装卸作业线。为便于顺利地甩挂、调车、停靠挂车、堆存和搬运货物,需有宽阔的场地和固定的环行通道。此外,还应配备必需的照明设备、消防器材等。

装卸组织工作与甩挂运输关系密切,有计划地安排劳动力和装卸机械,合理地组织装卸工作是十分必要的。应该在认真查实的基础上,确定货物装卸作业时间定额;装卸工人与驾驶员应密切配合,加强装卸与运行的衔接;道路运输部门、货主单位和装卸队三者间应积极配合,以经济合同形式密切协作关系。

组织甩挂运输应有周密的运行作业计划,在可能情况下应该绘制甩挂运行图,并应加强对甩挂运输的调度工作。调度员应根据不同的甩挂形式,掌握每一项作业的需要时间,对汽车列车和挂车的周转时间和运行间隔(如图 3-29),主、挂车需要量等指标进行具体的计算,保证甩挂运输均衡地、有节奏地进行。

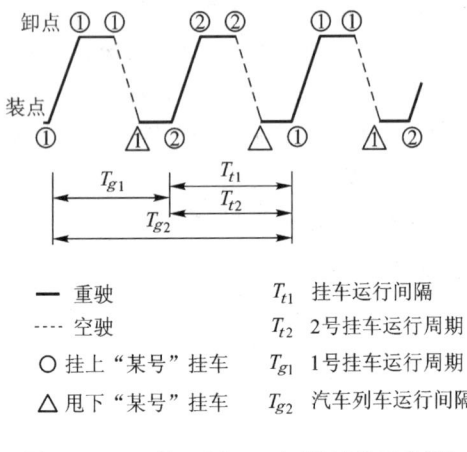

图 3-29 一线,两点,一头(装甩挂示意图)

甩挂运输需要配备一定数量的周转挂车,这增加了管理工作的复杂性。车型选择与车数的配备,应根据甩挂运输的不同形式加以确定;周转挂车原则上应在本车队小组内使用,并应建立相应的保养、维修和管理制度;要确保挂车的完好率指标,要合理运用每一辆挂车,以提高挂车的运输效率。

汽车列车与单个载货汽车相比,在运行和装卸作业中更易发生事故,因此在机件设备、驾驶操作、甩挂作业等方面都必须具有一定的安全措施,努力避免一切事故,确保运输服务的质量。

汽车列车行驶线路的选择,必须以安全为前提。选择行驶线路的原则是:

(1) 被选择的线路要适合汽车列车的通行,路面平坦且没有过大的坡度,道路曲线最小半径应能保证汽车列车顺利、安全地通过;

(2) 运距适宜;

(3) 应尽量避开交通流量较为拥挤的路段(尤其在城市范围内),选择的运行线路应保证汽车列车中速行驶。

四、运输车辆的选择

运输车辆是主要的运输工具。

运输车辆的选择,主要指车辆选择和载重量选择。

合理选择车辆,不仅可以保证货物完好无损,而且可以提高车辆载重量的利用率,提高装卸的工作效率,缩短运达期限,并减少运输费用。

在通常情况下,车辆的选择应满足运输费用最少这一基本要求。此外,其影响因素主要还包括货物的类型、特性与批量,装卸工作方法,道路与气候条件,货物运送的速度以及运输工作的动力及材料的消耗量等。

(一) 车辆类型的选择

车辆类型的选择,主要指对通用车辆和专用车辆的选择。

针对不同类型货物的运输需要采用相应的专用车辆,可以保证货物的完好无损,减少劳动消耗量,改善劳动条件,提高行车安全及运输经济效益。

专用车辆主要用于运输特殊货物,或在有利于提高运输工作效率的前提下装置随车装卸机械而用于运输一般货物。在某些情况下,采用专用车辆可以获得显著的经济效益。例如,采用气动式卸货机械的水泥运输汽车与通用汽车相比,可以减少水泥损失和运输费用达30%,而采用面粉专用运输车与采用通用汽车运输袋装面粉相比,运输费用可降低约50%。

现以自动装卸汽车为例,讨论专用车辆的选择。

当运输车辆上装置自动装卸货机械时,首先由于缩短了装卸停歇时间,可使车辆运输生产率提高;但另一方面,由于有效载重量的降低,又会使车辆运输生产率下降。显然只有在一定条件下采用专用车辆才是合理的。为了确定这类车辆的合理选用,可以比较其运输生产率或运输成本,通常采用计算等值运距的方法。

等值运距,即专用车辆与通用车辆的生产率或成本相等时的运距。因此,它包括生产率等值运距与成本等值运距两种。对相同的货运任务及车辆而言,生产率等值运距与成本等值运距的计算值相同,但以生产率等值运距的确定较为简便。货运车辆的生产率等值运距通常可以按下述方法确定。

根据式 $W_Q = \dfrac{q_0 r}{\dfrac{L_1}{\beta V_T} + t_{1u}}$，知通用汽车的工作生产率 W_Q 为：

$$W_Q = \frac{V_T \beta q_0 r}{L_1 + V_T \beta t_{1u}} \quad (\text{吨/小时}) \quad\quad (3.3.2)$$

式中：β——里程利用率；

q_0——额定载重量；

V_T——技术速度；

r——载重量利用率；

L_1——平均运次载重行程；

t_{1u}——装卸停歇时间。

而专用汽车（自动装卸汽车）相应的工作生产率 W''_Q 为：

$$W''_Q = \frac{V_T \beta (q_0 - \Delta q) r}{L_1 + V_T \beta (t_{1u} - \Delta t)} \quad (\text{吨/小时})$$

式中：Δq——自动装卸机械重量（吨）；

Δt——利用专用车辆减少的装卸停歇时间（小时）。

当货运任务已定，β、V_T 和 r 值对自动装卸汽车和通用汽车相同。

假设：$W_Q = W''_Q$，则生产率等值运距 L_W 为：

$$L_W = \left(q_0 \frac{\Delta t}{\Delta q} - t_{1u} \right) \beta V_T \quad (\text{公里}) \quad\quad (3.3.3)$$

例 3-3 拟采用某种通用汽车完成一项货运任务，已知其有关数据为：$q_0 = 4$ 吨，$t_{1u} = 30$ 分钟，$V_T = 25$ 公里/小时，$\beta = 0.5$，而利用该型号汽车改装为自动装卸汽车时，其有效载重量 $q''_0 = 3.5$ 吨，装卸停歇时间 $t''_{1u} = 5$ 分钟。试计算有效使用自动装卸汽车的生产率等值运距 L_W。

解 根据式(3.3.3)，可知：

$$L_W = \left(q_0 \frac{\Delta t}{\Delta q} - t_{1u} \right) \beta V_T = \left(4 \times \frac{\dfrac{30-5}{60}}{4-3.5} - \frac{30}{60} \right) \times 0.5 \times 25 \approx 35.4 (\text{公里})。$$

生产率等值运距也可以利用图解法确定,以"吨/小时"计的载货汽车工作生产率与运距的关系曲线为等轴双曲线,如图3-30所示。可见,当实际运距小于生产率等值运距 L_W 时,自动装卸汽车的生产率高于通用汽车生产率;当实际运距大于生产率等值运距 L_W 时,自动装卸汽车的生产率低于通用汽车生产率。

由于在实际运输工作中,常有车辆载重量不能充分利用的情况,虽然装置自动装卸机械使车辆额定载重量有所减少,但常常不会降低其有效载重量或降低不多。因此,实际的等值运距可能比理论计算值大一些。一般情况下,有效使用自动装卸汽车的生产率等值运距可为35~45公里,自动装卸汽车为10~15公里。

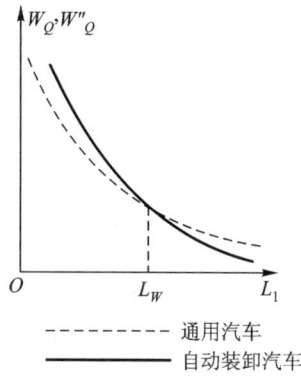

图3-30 道路运输生产率比较

(二) 车辆载重量的选择

确定车辆最佳载重量选择的首要因素是货物批量。当进行大批量货物运输时,在道路法规允许的范围内采用最高载重量车辆是合理的。而当货物批量有限时,车辆的载重量需与货物批量相适应,否则如果车辆载重量过大,必将增加材料与动力消耗量,增加运输成本。而在特殊情况下,对于在往复式路线上运输小批量货物,采用汇集式运输时,可选择载重量较大的车辆。

1. 确定汽车列车的最佳载重量

由前面的学习可知,采用拖挂运输是提高车辆生产率、降低运输成本的有效途径之一。

研究表明,如果发动机比功率从 4.5 千瓦/小时增加到 6 千瓦/小时,则汽车列车平均行驶速度可提高 18%,而由于列车投资、燃料消耗及轮胎磨损增加,运输费用相应增加 5% 左右。

在短期内完成大批量货物运输的情况下组织列车运输,必须以保证运输生产率最高为准则,而提高汽车列车生产率的主要途径就是提高拖挂重量和提高行驶速度。当列车发动机功率及道路条件一定时,其拖挂重量有一个保证最高运输生产率的最佳值。如图 3-31 所示,随着列车载重量的增加,以"吨公里/小时"计的列车生产率增加。但是当增加到最佳值以后,若进一步再增加拖挂重量,则由于车辆技术速度显著下降,使列车运输生产率下降。实验表明,汽车列车总重量最佳值,大约相当于牵引汽车总重的一倍左右。

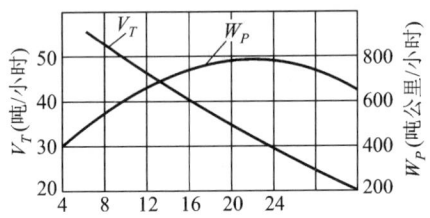

图 3-31 汽车列车生产率、技术速度的关系

2. 选择汽车总数的最佳载重量构成 *

汽车总数的载重量构成,应尽量符合各种货物批量的分布规律。

假定有 m 种车辆可供选择,每一种车辆的额定载重量分别为 $q_1, q_2, \cdots, q_j, \cdots, q_m$,其载重量利用率分别为 $r_1, r_2, \cdots, r_j, \cdots, r_m$。若货物批量的概率密度函数为 $f(x)$,则适于额定载重量为 q_j 的道路运输的货物批量概率 P_j 为:

$$P_j = \begin{cases} \int_0^{(qr)_j} f(x)\,\mathrm{d}x, & j = 1, \\ \int_{(qr)_{j-1}}^{(qr)_j} f(x)\,\mathrm{d}x, & 1 < j < m \end{cases} \quad (3.3.4)$$

当货物批量超过最大载重量车辆的运输能力时,根据经济性原则,可以将最大载重量的车辆组合起来使用。货物批量适合于 i 辆最大载重量车辆组合起来运输的货物批量概率 $P_{m,i}$ 为

$$P_{m,i} = \begin{cases} \int_{(qr)_{m-1}}^{(qr)_m} f(x)\,\mathrm{d}x, & i = 1, \\ \int_{(i-1)(qr)_m}^{i(qr)_m} f(x)\,\mathrm{d}x, & i > 1 \end{cases} \quad (3.3.5)$$

常见的货物批量分布概率密度函数有指数分布、正态分布等。

当汽车载重量与货物批量分布相适应时,货物批量的均值可表示为:

$$\bar{g} = \sum_{j=1}^{m-1} P_j (qr)_j + (qr)_m \sum_{i=1}^{\infty} i P_{m,i} \quad (吨) \quad (3.3.6)$$

式中:$(qr)_j$ 和 $(qr)_m$ 分别为第 j 种车的实际载重量和最大载重量(吨)。

每运次车辆实际载重量均值 $\bar{q}$ 为:

$$\bar{q} = \sum_{i=1}^{m} P_i \cdot (qr)_i \quad (吨) \quad (3.3.7)$$

式中:P_m——适合于由最大载重量车辆所完成的货物批量概率,$P_m = \sum_{j=1}^{\infty} P_{m,j}$,以下同。

每运次车辆额定载重量均值 $\bar{q_0}$ 为:

$$\bar{q_0} = \sum_{i=1}^{m} P_i q_i \quad (吨) \quad (3.3.8)$$

汽车总数的载重量利用率均值 $\bar{r}$ 为:

$$\bar{r} = \frac{\bar{q}}{\bar{q_0}} \quad (3.3.9)$$

计划期内,汽车总数应完成的运次总数 $\sum n$ 为:

$$\sum n = \frac{\sum Q}{qr} \quad (次) \tag{3.3.10}$$

式中: $\sum Q$ ——计划期总货运量。

每一种车型应完成的运次数 n_i 为:

$$n_i = p_i \sum n \quad (i = 1, \cdots, m) \tag{3.3.11}$$

每一种车型应完成的货运量 Q_i:

$$Q_i = n_i (qr)_i \quad (i = 1, \cdots, m) \tag{3.3.12}$$

每一种车型的日产量 Q_{Di} 为:

$$Q_{Di} = \frac{V_{Ti} \beta_i q_i r_i}{L_{1i} + V_{Ti} \beta_i t_{1ui}} T_{di} \quad (吨/天) \tag{3.3.13}$$

式中,V_{Ti}、β_i、r_i、q_i、L_{1i}、t_{1ui}、T_{di} 分别为第 i 种车的技术速度、里程利用率、载重量利用率、额定载重量、平均运次载重行程、平均运次装卸停歇时间、每车日路线工作时间。那么所需载重量为 q_i 的在册车辆数 A_i 为:

$$A_i = \frac{Q_i}{D_p \alpha_{di} Q_{Di}} \quad (i = 1, \cdots, m) \quad (辆) \tag{3.3.14}$$

式中: D_p ——计划期每车营运日数。

α_{di} ——计划期第 i 型车的工作率。

第4节 集装箱运输组织

一、集装箱运输组织概述

集装箱货运根据其发货人或收货人是否单独需要使用一个集装箱,可分为整箱货(FCL)和拼箱货(LCL)两大类。集装箱整箱货货运过程和拼箱货货运过程可从图 3-32 进行比较。

从集装箱货运过程可以发现,采用整箱货还是拼箱货来完成集装

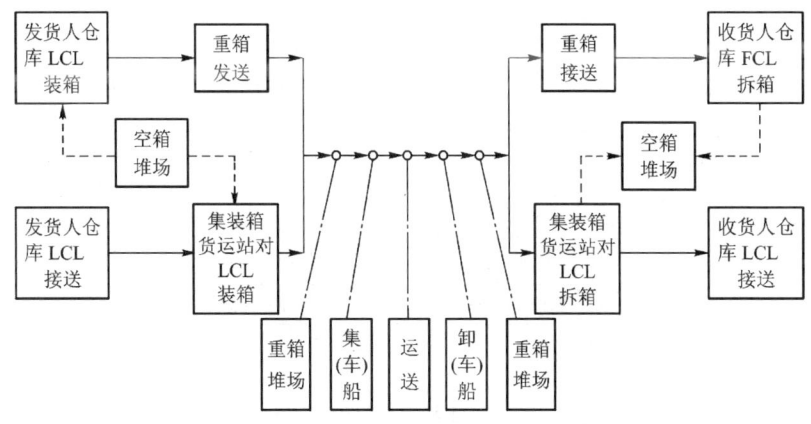

图 3-32 集装箱运输作业示意图

箱货物运输,主要取决于集装箱货流,它是组织车(船)流和箱流的关键。

集装箱货流有不同的形式,根据其收发量的大小,一般有下面四种情况:

(1) 发量大,收量大(整箱货装,整箱货拆);
(2) 发量大,收量小(整箱货装,拼箱货拆);
(3) 发量小,收量大(拼箱货装,整箱货拆);
(4) 发量小,收量小(拼箱货装,拼箱货拆)。

相对应的集装箱货运组织方式,可由图 3-33 表示。

集装箱货流可能发生的起讫点通常有三个,即货主仓库(DOOR)、集装箱堆场(CY)和集装箱货运站(CFS),由此形成集装箱货运组织方式,可由图 3-34 表示。

整箱货的接取送达作业是以"箱"为单位的,其装箱与拆箱作业由货主自理。装箱之前,发货人应对空箱技术状态做认真检查,确认是否适合于货物的运输要求,并在货单上注明,如发现有不适用者,应及时向承运方提出更换。

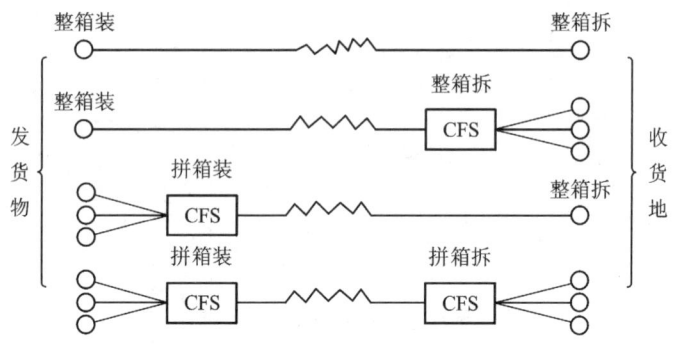

图 3-33 集装箱货运组织方式示意图

O \ D	DOOR	CFS	CY
DOOR	FCL	FCL \ LCL	FCL
CFS	LCL \ FCL	LCL	LCL \ FCL
CY	FCL	FCL \ LCL	FCL

图 3-34 集装箱起讫点分类示意图

  整箱货物重量由发货人确定,货物装载重量应以不超过所使用集装箱规定的最大允许载重为限。如发现超重,除补收逾重部分运费外,还应对货主罚款,因超重所引起的责任及损失,也应由发货人负责。

  货物在箱内装载时,必须稳固、均衡,且不得妨碍箱门开关,箱内货物装好之后,发货人应自行施封,并在箱门把手上拴挂货物标记。集装箱运输过程中,凭铅封进行交换。铅封完整,箱体完好,拆封时发现货物残损、短少或内货不符,应由发货人负责。铅封上应标明发货人、发货地点以及施封日期等。

  收货人拆箱卸货之后,应对全箱清扫干净,必要时还应洗刷和消毒。

  拼箱货的接取送达作业仍以普通货物形态完成,其作业方式与整车或零担相仿,拼箱货的装箱或拆箱作业,应在集装箱货运站内完成。

二、水路集装箱运输组织的基本程序

水路集装箱运输组织的基本程序包括集装箱货物的集散方式、集装箱货物的交接方式以及集装箱货运组织的基本程序。

1. 集装箱货物的集散方式

在组织集装箱货物运输的过程中,需要根据每条运输线路上的经济、地理和储运等条件来决定其采用的各种集散方式。

比较典型的集散方式是:发货人将分散的小批量货物先在内陆一些地点集中,待组成大批量货源时,通过内陆运输将其运至集装箱码头,装船后通过海上运输运抵卸货港,再通过卸货港的内陆运输将集装箱货物运送到最终目的地。

在上述集装箱货物的流通过程中,货物的集散方式呈现两种状态:即整箱货集散和拼箱货集散,前者是指由货主负责装箱、填写装箱单,并加海关封志,在集散过程中习惯上只有一个发货人和一个收货人;后者则由集装箱货运站负责装箱、填写装箱单,并加海关封志,在集散过程中涉及几个发货人和几个收货人。

2. 集装箱货物的交接方式

在集装箱货物运输过程中,由于集散方式呈两种状态,使其交接方式可以有以下几种:

(1) 门到门交接(door to door);

(2) 门到场交接(door to CY);

(3) 门到站交接(door to CFS);

(4) 场到门交接(CY to door);

(5) 场到场交接(CY to CY);

(6) 场到站交接(CY to CFS);

(7) 站到门交接(CFS to door);

(8) 站到场交接(CFS to CY);

(9) 站到站交接(CFS to CFS)。

3. 集装箱货运组织的基本程序

集装箱货运组织的基本程序与传统的海运组织程序大体相同,只是增加了发放和接受空箱和重箱、集装箱的装箱和拆箱等作业程序以及集装箱货物的交接方式有所改变而已。概括地说,包括以下一些基本步骤。

(1) 订舱

订舱又称"暂定订舱",是指发货人或托运人根据贸易合同或信用证有关规定,向船公司或其代理人或经营人申请订舱,填制订舱单。

(2) 接受托运申请

接受托运申请应区别接受托运申请前后两个不同的阶段。

① 接受托运申请前:船公司或其代理人应考虑航线、港口、运输条件等能否满足托运人的具体要求。

② 接受托运申请后:船公司或其代理人应着手编制"订舱清单",分送码头堆场和货运站,据以安排空箱调运和办理货运交接手续。

(3) 发放空箱

发放空箱时,一般应区别整箱托运还是拼箱托运两种情况。

① 整箱货空箱:应由发货人或其货运代理人到码头堆场领取。

② 拼箱货空箱:应由集装箱货运站负责领取。

(4) 拼箱货装箱

应由发货人将拼箱货送至货运站,由货运站根据"订舱清单"核对"场站收据"后装箱。

(5) 整箱货交接

一般由发货人或其货运代理人自行负责装箱,并加海关封志,然后将整箱货送至码头堆场。码头堆场根据"订舱清单"核对"场站收据"及"装箱单"后验收货物。

(6) 集装箱交接签证

码头堆场在验收货物和集装箱后,应在"场站收据"上签字,并将已签署的"场站收据"交还给收货人或其货运代理人,据以换取提单。

(7) 换发提单

发货人或其货运代理人凭已签署的"场站收据"向船公司或其代理人换取提单,凭以向银行结汇。

（8）装船

码头堆场根据待装船的货箱情况，制定"装船计划"，待船舶停泊后即安排装船。

（9）海上运输（略）

（10）卸船

船舶抵达卸货港前，卸货港码头堆场根据装货港代理人寄送的有关货运单证制定"卸船计划"，待船舶停泊后即安排卸船。

（11）整箱货交付

如果内陆运输由收货人或其货运代理人自行安排，则由码头堆场根据收货人或其货运代理人出具的提货单将整箱货交付。否则，将由承运人或其代理人安排内陆运输将整箱货运至指定地点交付。

（12）拼箱货交付

拼箱货交付一般需在指定的货运站掏箱，然后由货运站根据提货单将拼箱货交付给收货人或其货运代理人。

（13）空箱回运

收货人或其货运代理人或货运站在掏箱完毕后，应及时将空箱运回到指定的码头堆场。

三、铁路集装箱运输组织的基本程序

铁路集装箱运输组织的基本程序是指从集装箱货物的接收、装车运送至卸车、交付的整个过程的基本环节。现对其作简要介绍。

1. 确定集装箱承运日期表

集装箱承运日期表是对集装箱货物按计划组织运输的重要手段，其作用在于使发货人明确运往某一方向或某一到站的装箱日期，有计划地安排货物装箱以及准备短途搬运工具等。集装箱货物承运日期表的编制应遵循以下原则：

（1）应根据先集装箱后普零、先方案后一般的原则，对货源进行分析，结合箱流规律确定装箱计划；

（2）根据货源和集装箱的装载量，以尽可能组织整装直达为原则，合理集装、均衡运输；

（3）旬内间隔一般以 5 天为宜,最大间隔期间不超过 7 天;

（4）要有利于保证集装箱运输方案的组织、兑现和车站取送车作业;

（5）在货流、箱流发生变化时,要及时进行调整。

2．受理集装箱货物的托运

受理集装箱货物的托运一般可采取以下一些方法。

（1）随时受理

随时受理可采取以下两种办法:

第一,按装箱计划或承运日期表规定的日期,在货物运单上批注进箱(货)日期,然后将运单退还给发货人。这适用于箱源量大的情况。

第二,集中审批,由受理货运员根据货物运单,按去向、到站分别登记,待凑够一车时集中一次审批,并由发货人取回运单。这适用于箱源量不大的情况。

（2）驻在受理

所谓驻在受理,是指车站在货源比较稳定的工厂、矿区设受理室,专门受理托运的集装箱货物。在货物运单受理后,批准进箱(货)日期,或由驻在货运员把受理的运单交货运室统一平衡,集中审批。

（3）电话受理

所谓电话受理,是指车站货运室根据发货人用电话登记托运的货物,统一集配,审批后用电话通知发货人进箱(货)日期,在进箱(货)的同时,向货运室递交运单,审核后加盖进货日期戳记。

3．审核发物运单

受理货运员在接到运单后,应按有关规定逐项审核以下内容:

（1）托运的货物能否装载集装箱运输;

（2）所到站能否受理该吨位、种类和规格的集装箱;

（3）应注明的事项是否准确、完整;

（4）有关货物的重量、件数、尺码等是否按规定填写等。

4．发放空箱

车站在发放空箱时,应认真检查箱子外表状况是否会影响货物的安全运输而产生不应有的责任。

5. 接收和承运集装箱货物

发送货运员在接收集装箱货物时,必须对由发货人装载的集装箱货物逐箱进行检查,符合运输要求的才能接受承运。接收集装箱货物后,车站在货物运单上加盖站名、日期团记,表明自此时起货物已承运。

所谓"承运",在这里是指发货人将托运的集装箱货物移交铁路的开始,直至到站将货物交给收货人时止。

6. 装车(略)

7. 卸车(略)

8. 交付集装箱货物

交货时,交箱货运员在接到转来的卸货卡片和有关票据后,认真做好箱号、封号、标签的核对工作,核对无误后通知装卸工班交货,并当面点交收货人。收货人在收到货物后应在有关票据上签章,并将签章的票据交付货运员。交箱货运员在运单上加盖"交付讫"的戳记。

对门到门运输的集装箱货物,应填写门到门运输作业单,并由收货人签收。对由收货人返回的空箱,应检查箱体状况,在门到门运输作业单上签章。

四、国际标准集装箱铁路运输组织的有关规定

上述集装箱货运程序均指铁路专用箱。为满足与适应国际集装箱运输的发展,我国铁道部、交通部先后颁布了有关铁路集装箱运输组织的若干规定与协议,其主要内容为:

(1) 铁路运输的国际标准集装箱限 20 英尺和 40 英尺箱。

(2) 货主自备的国际标准箱仅限于专用线路办理运输,但 20 英尺箱可放宽范围。

(3) 一般情况下,40 英尺箱以一箱为一批,20 英尺箱一批不超过两箱。

(4) 使用国际标准集装箱运输货物,由发货人加铅封,并用 10~12 号铁绞将箱门加固。铁路与发货人、收货人交接凭封印办理。

(5) 运输国际集装箱,应使用敞车或有端侧板的平车。两箱箱门应相对,间距不超过 0.2 米,使用平车时应捆绑加固。

(6）铁路与多式联运经营人应做好货运组织,力争重来重去,减少空箱运输。

（7）到达内地铁路集装箱货运站的国际集装箱,如果无回程货,铁路应从第2天起,在15天内组织空箱回返。多式联运经营人应负责接箱,并在铁路规定的期限内交纳空箱回空费。

（8）过境箱货的运费不在我国的发到站核收,由发货人或收货人通过与其他国家有关方面签订的协议,与过境站直接结算。

（9）国际联运的国际标准集装箱按《国际铁路货物联运协定》及其办事细则以及协定附件第5号《铁路集装箱货物运送规则》的第7条、第10条、第12条~第17条规定办理。具体规定为:

第7条:集装箱中禁止运送爆炸品、易燃品、毒品、臭味品、能沾污或损坏集装箱的物品以及运送途中需要加温、加冷或通风的食品或其他物品。

第10条:发货人应在运单中载明"集装箱"及其代号、号码、载重、容积、自重、总重、货重。

第12条:集装箱不得超载。

第13条:除家用品外,只限有发货人铅封才能承运。

第14条:铅封应能保证不破损,铅封不能触及货物。

第15条:如箱门锁扣损坏,应用软铁皮裹紧。

第16条:发货人应确认集装箱是否适合装该货,并对此负责;铁路交货以铅封完整,箱体完整为责任区划。

第17条:途中发现箱子损坏,铁路应将货物换装到完整的箱子中,并编制商务记录。

五、公路集装箱运输组织

公路集装箱运输组织包括两个方面,即公路集装箱运输组织的形式及其手段。

1. 公路集装箱运输组织的形式

公路集装箱运输组织的形式有计划调拨运输、合同运输和临时托运三种。

(1) 计划调拨运输

计划调拨运输是我国目前公路集装箱组织的最基本形式。所谓计划调拨运输,即由公路运输代理公司或配载中心统一受理本口岸进出口的集装箱货源,并由代理公司或配载中心根据各集卡公司(车队)的车型、运力以及基本的货源对口情况,统一调拨运输计划。

计划运输是保证集装箱公路运输正常发展的前提,也是保障集装箱公路运输企业效益的主要支柱。同时,计划运输对集装箱公路运输的运力调整和结构调整起着指导作用。

(2) 合同运输

合同运输是公路集装箱运输的另一种组织形式,一般是在计划调拨运输以外或有特殊要求的情况下采用的运输形式。它是由船公司、货代理或货主直接与集卡公司(车队)签订合同,确定某一段时间运箱量多少。虽然这是计划外的组织形式,但是长期的合同运输事实上也列入了计划运输之列。合同运输对稳定货源、保证计划的完成同样具有积极的意义。

(3) 临时托运

临时托运可视为小批量的、无特殊要求的集装箱运输。一般说来,临时托运不影响计划运输和合同运输的完成,它主要是一些短期的、临时的客户托运的集装箱。临时托运是集卡公司(车队)组货的一个不可缺少的组织形式。

2. 公路集装箱运输组织的手段

公路集装箱运输组织的手段表现在以下几个方面:

(1) 委托公路运输代理公司或配载中心组货

公路集装箱运输代理公司或配载中心一旦成立并行使职能,其货源组织的能量是不可低估的。这不仅在于作为专业代理与集装箱运输有关单位有密切的联系,业务熟悉,商务上也便于处理,更重要的是方便客户,有助于提高其知名度,反过来促进其业务量的增长。

(2) 建立集装箱公路运输营业受理点

集卡公司(车队)在主要货主、码头、货运站设立营业受理点,有以下几个好处:

① 能及时了解一些客户的急需或特殊需要；

② 能更迅速地了解和掌握集装箱运输市场的动态信息；

③ 在公平、公开和公正的条件下适度竞争,有利于搞活集装箱运输市场。

(3) 参加集装箱联办会议和造访货主

参加集装箱联办会议,有助于及时了解港区、货代和货主的货源情况,是组货的一个好渠道。与此同时,要经常走访主要货主单位,与他们建立正常的业务联系,这是直接了解客户产销情况和集装箱运输需求变化的有效方式。

第5节 零担货物运输组织

随着商品经济的发展,产品结构也在不断发生变化,成件、小包装、高值、轻浮类货物所占比重也愈来愈大,这一切都对零担货运提出了更高的要求。零担货运组织工作较整批货运有较大难度,因此,应掌握好零担货物的特点,抓好零担货物受理、中转等环节,努力搞好零担货运工作。

一、零担运输特点

根据发货人提供的一批托运货物的数量、性质、形状和体积等,必须单独使用一辆3吨及其以上货车装运者,称为整车货物；反之,即为零担货物。零担货物运输,是指以定线定站式货运班车或客运班车捎带货物挂车的形式将沿线零担货物集中起来进行运输的货运形式。

零担货物具有一次性托运量小、流向分散、批次较多、品种繁杂等特点。零担货物以件包装货物居多,包装质量差别较大,有时几批甚至十几批货物才能配载成一辆零担车,因此零担货运组织工作要比整车货运复杂。

1. 计划性差

零担货物的特点,决定了经由道路运输的零担货运难以通过运输合同等方式,将其纳入计划管理的轨道。为了组织好零担货运工作,应合理利用车辆、场库等设施,不断提高设备利用率和运输效率,道路运输部门应加强对零担货物流量、流向的调查,掌握其变化的规律,抓好零担货物的受理工作。

2. 组织工作复杂

零担货运环节较多,作业工艺比较细致,货物配载和装载要求也比较高。零担货物质量的确定、货物的装卸均由车站负责,货运站要配置一系列相应的货运设施,同时也要增加大量的作业管理工作。

3. 单位运输成本较高

为了适应零担货物运输的需要,车站除要求配备一定的仓库、货棚、站台外,还需要配备装卸、搬运、堆置的机具和专用厢式车辆,因此占用较多的人力、物力和财力。零担货运易于发生货运事故,赔偿费用支出也较高。

二、零担运输组织

(一) 零担货运班车组织形式

鉴于零担货物的特点,零担货物的发送方式比较灵活,例如可采用零担车装运,有时也可用客车捎运等方法。

装运零担货物的车辆即为零担车。零担车一般有固定式和非固定式两大类。固定式零担车常称为汽车零担货运班车。它是以厢式专用车为主要运载工具,定期、定线、定车运行的一种零担班车。这种零担班车是根据营运范围内零担货物的流量、流向等调查资料,结合历史统计资料和货主实际需要组织运行的,它为物资单位和广大群众在货物交接及运输上提供了很多方便,有利于他们合理安排生产和生活;对道路运输部门来讲,它有利于组织货物的安全和迅速送达,并可为零担货运走上计划管理轨道创造一定的条件。

所谓非固定式零担车,是指按照零担货流的具体情况,临时组织而成的一种零担车。由于这种零担车缺乏计划性,通常只能在新辟零担货运线路上作为一种临时性的措施,当取得丰富的资源和信息后,宜逐步改用上述固定式零担车。

零担货运的营运组织形式主要有直达零担车、中转零担车、沿途零担车三种。

直达零担车是在起运站将不同发货人托运至同一到站、且性质适宜配载的各种零担货物，同时装运至到达地的运输组织形式。它是汽车零担货运班车的基本形式，具有较好的经济性。它的优点在于：

（1）避免了中途不必要的换装作业，节省了中转费用，减轻了对中转站的作业负担；

（2）减少了零担货物在途时间损失，提高了零担货物的运送速度，有利于加速车辆周转和物资调拨；

（3）减少了货物在中转站繁多的作业，有利于运输安全和货物完好，减少事故，确保质量。

在条件具备的车站，应加强对零担货物的运输组织工作，尽可能开行直达零担班车。组织直达零担班车需有充足的零担货源作保证，货物在库内集结待运时间不能太长，否则会降低仓库货位的利用率，降低货物运送速度。

中转零担车是指在起运站将不同发货人同一方向不同到站、且性质适宜配载的各种零担货物，同时装运至规定的中转站，以便另行配送，继续零担货物运输过程的运输组织形式。这种零担运输形式对运量零星、流向分散的零担货物运输很适用。中转零担车与直达零担车相比，虽属于低一级的组织形式，但其增加了零担中转站的任务，组织难度较大。在零担货源还不很充足，组织直达零担班车条件不完全具备的情况下，组织中转零担班车具有很大的现实意义，正确处理好两者的关系并加以合理运用，对于零担货运组织工作十分有益。

沿途零担车是指在起运站将各个发货人托运同一线路、不同到站、且性质适宜配装的各种零担货物，同车装运至沿途各计划作业点，卸下或装上零担货物后继续行驶，直至最后终到站的运输组织形式。这种零担车运输形式在组织上更为复杂，车辆在途时间也较长，但它能更好地满足沿途货主的零担货物运输需求，是上述两种零担班车不可缺少的补充形式。

（二）零担货物的发送

零担货运包括受理、保管、配装、装车、运送、卸车、堆码、保管、交付等作业。能否安全、迅速、有计划地组织好零担货运和提高设备利用率,在很大程度上取决于零担货物的发送组织。

在零担货物装运前,应注意合理装配和装载两项工作。零担货物的配载计划,必须根据承运零担货物的流向、流量,结合当日存余待运货物的情况全面地安排。

装车作业是零担货物运送过程中的一个重要内容。装车时,必须按零担货物的配装计划进行,并注意:

(1) 根据车辆容积和货物情况,均衡地将货物重量分布于车底板上;

(2) 紧密地堆放货物,以充分利用车辆的载重量和容积,防止在车辆运行中发生振动而造成货物倒塌和破损;

(3) 同一批货物应堆置在一起,货件的货签应向外,以便工作人员识别;

(4) 运距较短的货物,应堆放在车辆的上部或后面,以便卸货作业顺利进行;

(5) 笨重的、长大的或包装结实的零担货物,宜于放在车辆的下层。

装车作业完成以后,应仔细检查货物的装载状态,并将货票与交接清单逐批对照,确认无误后交随车理货员或驾驶员签收。零担厢式货车装载后,将履行施封手续。

零担车出发后,起运站应尽量取得与沿途有关站点(包括中转站)的联系,告知本车装载情况等信息,以便前方站事先做好装卸货准备工作,提高装卸作业的效率,缩短车辆的停歇时间。

沿途零担车停靠站点多,作业也比较频繁,如有可能应选派随车货运员跟车押运,负责监督和指导装卸作业,随时检查装载情况,在条件许可的零担车营运线路上可考虑采用甩挂作业或选择适当的集装单元,沿途有计划地组织装卸作业,以加速车辆周转,加快货物送达。

(三)零担货物的受理制度

零担货物的受理工作,是零担货物运输的第一个环节。做好零担货物的受理工作,有助于零担货运的计划性。鉴于各站受理零担货物的数量、运距以及车站作业能力各有不同,应从具体情况出发,采用不同的受理制度。

1. 随时受理制

这种受理制度对于零担托运地日期无具体规定,只要在车站的经营范围内,发货人将货物送到车站即可办理承运,它为货主提供了很大的方便。

随时受理制度不能事先组织零担货源,使零担货物的计划运输受到一定的限制。零担货物承运以后,可能有比较长的集结时间,仓库设备利用率也较低。这种方法一般适用于作业量不大的零担货运站;对于中转量较大,始发量很少,可以利用发送货物和中转货物配装组织直达零担班车的车站,也可考虑采用这种方法。零担站在处理一些急运零担货物时,也可考虑随时受理。

2. 预先审批制

这种制度对于加强零担货物运输的计划性,提高零担货物运输的组织水平有一定作用。它要求发货单位或货主可先向车站提出申请,车站再根据发送方向及站别的运量,结合站内设备和作业能力加以平衡,分别指定日期办理承运进货集结,组织成各种零担班车。但预先审批的方法会给货主带来很大不便。

3. 日历承运制

这种制度要求车站在基本掌握零担货物流量和流向规律的前提下,认真编制承运日期表,事先向货主公布,发货人则按规定日期来车站办理托运手续。

4. 承运日期表及其编制

承运日期表具体规定了车站受理承运某到达站或某方向上零担货物的日期。按承运日期表上所规定的日期受理零担货物,对有计划、有组织地运输零担货物有着重要的作用,其优点是:

(1) 便于将去向和到站比较分散的零担货流合理集中,为组织直达零担班车创造有利条件;

(2) 可以均衡地安排起运站每日承运零担货物的数量,合理使用车站的货运设备,为日常零担承运、仓库管理、计划配装、装车组织、劳

力安排创造有利的条件;

(3)便于物资部门安排产品生产和物资调拨计划,提前做好货物托运前的准备工作。

编制承运日期表时,应遵循一些基本原则,如:应尽最大可能组织直达零担班车,杜绝不合理的中转环节;尽量缩短承运间隔期;保证车站作业的均衡性等。具体编制时,必须掌握下列资料:

(1)零担货物发送量。为了掌握这方面的货流资料,可根据历年实际完成的统计资料结合货源调查后加以分析。有了零担货物发送量,才能进一步确定组织某到达站直达零担班车的平均每日发送量。

(2)零担货物构成。主要掌握轻重货物的比例,以便采用相应的厢式车型或确定使用的成组工具,并计算平均静载质量。

(3)车站发送仓库的容积、货位数目以及管理方法。这对发送量大,仓库容量小的车站十分重要。因此,编制承运日期表时,必须充分考虑仓库的使用和管理方法,以便保证货物的及时发送。

(4)车辆运行技术参数。这是确定车辆运行周期和零担车班期的重要依托,它与车辆配备数量以及最大承运间隔日期的确定也有很大关系。

(5)主要发货单位以及对方对零担货运站的要求。

编制承运日期表,可参考如下步骤进行:

(1)计算组织到达某站一个直达零担班车零担货物所需要的集结时间,其计算公式为:

$$T = g/Q_f \quad (3.5.1)$$

式中:T——货物集结时间;

g——平均货物装载量;

Q_f——平均日发送量。

(2)根据有关规定和要求、零担货物的变化规律、车站作业能力以及车辆运行周期等资料,合理确定最大承运间隔期。

(3)比较零担货物计算时间和最大承运间隔期,初步确定零担货物承运间隔期。

零担货物集结时间如小于或等于最大承运间隔期,则可按集结时间作为组织直达零担班车的承运间隔期;集结时间超过最大承运间隔期时,可考虑将同一方向上两个适宜到达站的货流予以合并,重新计算它们的集结时间,最后确定组织发往两个到达站直达零担班车的承运间隔期。

(4) 根据车站仓库作业能力的大小、设备使用的合理性,在确保作业均衡和方便货主的原则下,对已确定的承运间隔日期进行调整,最后编制承运日期表。

承运日期表原则上应保持相对的稳定性,当货源货流发生变化或其他原因需要调整时,应提前编制并及时公布新的承运日期表。

(四) 零担货物中转

1. 零担货物中转及其方法

零担货物除了在始发站以直达班车形式组织发送外,仍有一部分零担货物需要以中转零担班车或沿途零担班车的形式运到规定的中转站进行中转。零担货物的中转,是指将来自各个方向仍需继续运送的零担货物卸车后重新集结待运,继续运至零担货物终到站的一项作业。因此,零担货物的中转作业,是一个按货物流向或到站进行分类整理,先集中再分散的过程。加强货物中转的组织工作,是搞好零担货物运输的一个重要环节。

合理选择中转站和划分中转范围,对于加速零担货物的运送速度,减少不必要的中转环节,均衡分配中转站的作业量有很大的关系。中转站点的选择和中转范围的划分,必须根据货源和货流的特点,按照经济区划原则,在做好充分调查的基础上加以确定。

零担货物的中转作业一般有以下三种基本方法:

(1) 落地法

落地法是将到达车辆上全部零担货物卸下入库,按方向或到达站在货位上进行集合,然后重新配装组织成新的零担车。这种方法简便易行,车辆载重量和容积利用较好,但装卸作业量大,作业速度慢,仓库和场地的占用面积也较大。所以,组织中转作业时,要尽量减少落地货物的数量。

(2) 坐车法

坐车法是将到达车辆上运往前方同一到站,且中转数量较多或卸车困难的那部分核心货物留在车上,把其余到达站的货物全部卸下入库堆码,而后在到达车辆上加装与核心货物同一到站的货物,组成一个新的零担车。这种方法由于核心货物不用卸车,减少了装卸作业量,加快了中转作业速度,节约了装卸劳力和货位。但这种方法对留在车上核心货物的装载情况和数量不易检查和清点,在加载货物较多时也难免发生卸车和重装等附加作业。

(3) 过车法

过车法是当几辆零担车同时到站进行中转作业时,将车内部分中转零担货物由一辆车向另一辆车上直接换装,而不卸到车站仓库货位上。组织过车时,可以向空车上过,也可以向留有核心货物的重车上过。这种方法在完成卸车作业的同时即完成了另一辆车的装车作业,减少了零担货物的装卸作业量,提高了作业效率,加快了中转速度。但这种方法对到发车辆时间衔接要求较高,容易受意外原因的干扰而影响计划的完成。

落地方法可为各个中转站采用。但随着零担货运量的日益增加,零担货运组织工作也应得到相应加强,条件成熟时可逐步推行坐车或过车等方法。采用坐车或过车方法,零担车在起运站装车时,应预先为中转站的作业创造便利条件;中转站也应认真做好零担货物中转配装计划。在条件许可时,如能根据实际情况将三种方法结合运用,将会产生良好的效果。

2. 零担中转站设施

货物的装卸站台一般有直线型和阶梯型两种,根据车辆进行作业时与站台的相互位置,直线型又可分为平行式(图3-35(a))和垂直式(图3-35(b))两种,车站应根据场地大小、作业需要等情况加以选择。例如,当采用汽车列车作业时,合理的方案是采用直线型的平行式,此时汽车列车可沿装卸作业线开行,在不需要进行其他调车等作业的情况下即可同时进行装卸,当货场内装卸作业线长度有限时,为保证有足够的装卸作业点,可采用阶梯型站台(图3-36)。

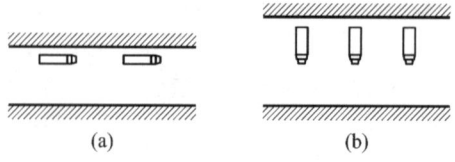

图 3-35　直线型站台布置示意图

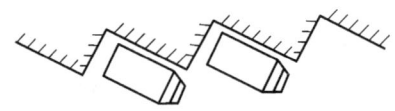

图 3-36　阶梯型站台布置示意图

仓库或货棚内应合理地划分货区和货位,这对提高中转作业效率和减少作业的差错有着重要的作用。货区和货位的划分应以中转站货物搬运距离最短,中转作业效率较高为原则。

为了便于管理,零担中转仓库或货棚可划分为发送区、中转区、到达区等。发送、到达和中转作业之间关系密切,货区的划分也无严格的规定,一般可视运量大小和设备布置的特点加以确定,对于一侧停靠车辆的仓库或货棚,中转货区宜放在中间,到、发货区可安排在两端。

仓库或货棚内的每个货区,又可分为若干货位,以便存放指定去向或到站的零担货物。货位可按到达站及方向别划分,也可按顺序编号法划分,前者便于管理车和配装,但当车辆不能接近货位时,会造成卸车后货物有较长的搬运距离;后者货位利用率高,货物搬运距离短,但管理工作复杂。

零担中转仓库的货位可有不同的配置方法,如仓库或货棚的一侧靠汽车通道,可采用一列式排列法(图 3-37(a));如两侧均有汽车通道,则可采用双列式排列法(图 3-37(b))

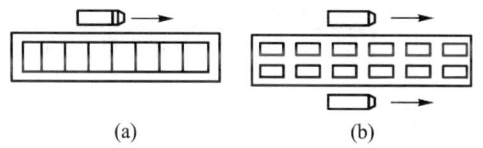

图 3-37 中转仓库货位示意图

(五) 零担运输路线的优化 *

1. 汇集式路线

汇集式路线是指按单程进行货运生产组织的车辆行驶路线。车辆由起点出发,在货运任务规定的各货运点依次进行装(卸)货,并且每次装(卸)货量都小于一整车,车辆完成各货运点运输任务以后,最终返回原出发点。因此,一般情况下汇集式路线为封闭路线。车辆可能沿一条环形式路线进行,也可能在一条直线形路线上往返运行。汇集式运输可分为三种形式:

(1) 分送式:车辆沿运行路线上各货运点依次进行卸货(图 3-38)。

(2) 收集式:车辆沿运行路线上各货运点依次进行装货。

(3) 分送—收集式:车辆沿运行路线上各货运点分别或同时进行分送及收集货物(图 3-39)。

如为分送式路线,其主要日运行指标如下:

(1) 货运量 Q:

$$Q = \sum_{j=1}^{z_0} Q_j \quad (吨) \quad (3.5.2)$$

式中:Q_j——第 j 次周转车辆完成的货运量。

(2) 周转量 P:

$$P = \sum_{j=1}^{z_0} P_j \quad (吨公里) \quad (3.5.3)$$

式中:P_j——第 j 次周转车辆完成的货物周转量。

当车辆按汇集式路线完成运输工作时,由于周转货物周转量的大

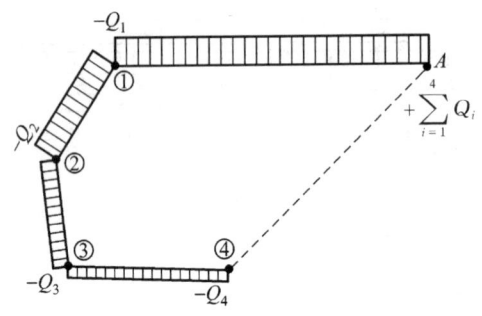

图 3-38 分送式路线示意图

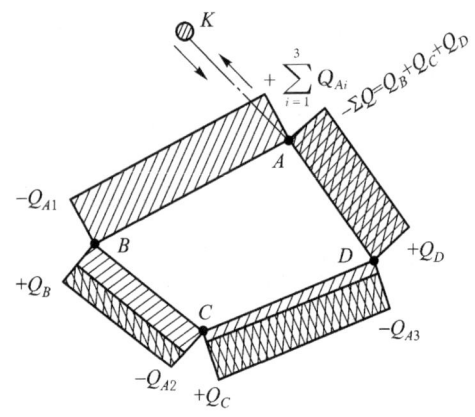

图 3-39 分送—收集式路线示意图

小与车辆沿路线上各货运点的绕行次序有关。若绕行次序不同,即使是完成同样的货运任务,其周转量也不相同。在这种情况下,显然按总行程最短组织车辆进行运输最为经济。因此,选择汇集式路线以总行程最短为最佳准则。

2. 汇集式行驶路线的选择

前已述及,选择汇集式路线,即选择车辆在各货运点间绕行次序,以每单程(或周转)总行程最短为最佳准则。

据此,可以将其归结为运筹学中的货郎担问题,采用启发式算法进行近似求解。

现以分送式路线选择为例,其计算程序如图 3-40 所示。

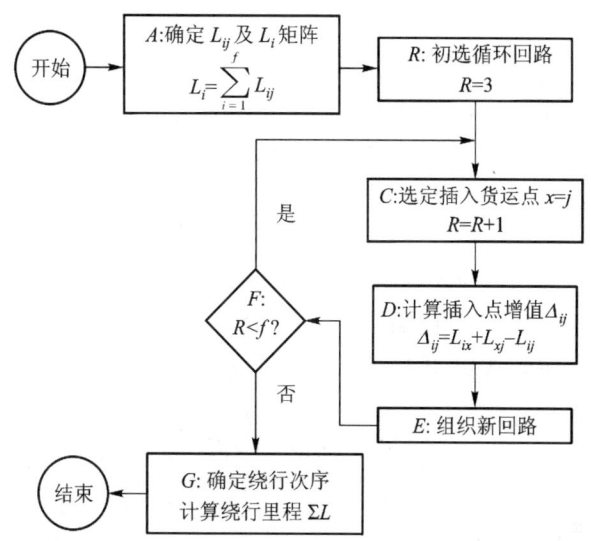

图 3-40 启发式算法选择车辆绕行次序程序框图

图中:L_j——货运点 j 的里程系数;

R——组成循环回路的货运点数;

f——货运点总数;

i,j——货运点序号。

例 3-4 某仓库 K 拟采用一辆中型载货汽车($Q_0 = 4$ 吨),将瓶装氧气分送给 B_1、B_2、B_3、B_4 四个货运点,有关数据如图 3-41 所示。试确定分送式最佳行驶路线。

解 根据图 3-40 所示,计算程序为:

(1)确定里程矩阵,求货运点里程系数。

根据图 3-41 所给出的各货运点里程,确定里程矩阵如表 3-10 所示。各货运点的里程系数:

$$L_0 = \sum_{i=0}^{4} L_{i,0} = 0 + 8 + 11 + 10 + 7.5 = 36.5$$

$$L_1 = \sum_{i=0}^{4} L_{i,1} = 8 + 0 + 6 + 4 + 9 = 27$$

$$L_2 = \sum_{i=0}^{4} L_{i,2} = 11 + 9 + 0 + 6 + 4 = 30$$

$$L_3 = \sum_{i=0}^{4} L_{i,3} = 10 + 4 + 6 + 0 + 4.5 = 24.5$$

$$L_4 = \sum_{i=0}^{4} L_{i,4} = 7.5 + 6 + 4 + 4.5 + 0 = 22$$

将 L_j 计算结果列入表 3-10 的最下面一行。

(2) 确定初选循环回路。

按 L_j 值由大到小,依次选取三个货运点 (B_0, B_2, B_1) 组成初选循环回路:

$$B_0 \rightarrow B_2 \rightarrow B_1 \rightarrow B_0$$

其货运点数 $R = 3$。

(3) 确定插入货运点。

在剩余的货运点中选取 L_j 较大者 $B_3(L_3 = 24.5)$ 为待插入货运点,即 $x = 3$。

(4) 计算各路插入货运点 x 后的里程增量 Δ_{ij}:

$$\Delta_{0,2} = L_{0,3} + L_{3,2} - L_{0,2} = 10 + 6 - 11 = 5$$

$$\Delta_{2,1} = L_{2,3} + L_{3,1} - L_{2,1} = 6 + 4 - 9 = 1$$

$$\Delta_{1,0} = L_{3,1} + L_{3,0} - L_{1,0} = 4 + 10 - 8 = 6$$

(5) 确定插入位置,组织新回路。

选取 Δ_{ij} 最小的路段作为插入货运点的路段。因为 $\Delta_{2,1} = 1$ 是三个路段增量的最小值,故选取 $B_2 \rightarrow B_1$ 路段为点 x 的插入位置,组成如下新回路:

$$B_0 \rightarrow B_2 \rightarrow B_3 \rightarrow B_1 \rightarrow B_0$$

因为现有循环回路的货运点数为 4,$R < f$,所以需返回步骤(2)继续选定下一个货运点,直至所有货运点全都进入循环回路。本例题得

到的最终循环回路如下(过程略):

$$B_0 \to B_4 \to B_2 \to B_3 \to B_1 \to B_0$$

按照该循环回路的绕行次序,车辆的总行程为:

$$\sum L = L_{0,4} + L_{4,2} + L_{2,3} + L_{3,1} + L_{1,0}$$
$$= 7.5 + 4 + 6 + 4 + 8 = 29.5 \quad (公里)$$

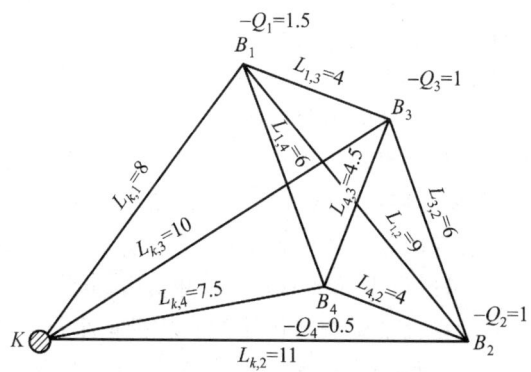

图 3-41 仓库 K 分送货物数据图

表 3-10 里 程 矩 阵

B_i \ B_j	i \ j	$B_0(K)$ 0	B_1 1	B_2 2	B_3 3	B_4 4
$B_0(K)$	0	0	8	11	10	7.5
B_1	1	8	0	9	4	6
B_2	2	11	9	0	6	4
B_3	3	10	4	6	0	4.5
B_4	4	7.5	6	4	4.5	0
	L_j	36.5	27	30	24.5	22

第6节 长途货物运输组织

一、长途汽车运输组织

(一) 长途汽车运输的特点

长途汽车运输包括城市间公路干线客、货运输。长途汽车运输既可以独立担负城市间的客、货运输任务,也可以与铁路运输平行,担负铁路运输所担负的不合理的短距离运输。

长途汽车货运与铁路货运相比,具有迅速、简便与直达的特点。在铁路运输中,常常需要用汽车将货物运到铁路车站和运离铁路车站,从而增加了货物的装卸次数。如单独采用(长途)汽车运输,则可减少货物装卸次数,因而可以减少货物损失和装卸费用,节约人力、物力;而且由于汽车运输的货物批量比铁路运输的货物批量小得多,可以减少货物(特别是短途运输货物)在仓库中等待集运的时间,并可以做到逐户接送货物,实现"门到门"的直达运输。

与短途汽车运输相比,由于长途干线汽车运输运距大,汽车在完成某一次运输工作时,其周转时间往往超过正常的工作班延续时间,致使安排驾驶员的劳动、学习和休息,车辆的技术维护和修理工作以及调度与监督车辆运行等工作都要变得复杂和困难。同时,由于运距大,车辆运行时间长,为了最大限度地提高运输服务质量,要求车辆应有良好的动力性、加速性和乘坐舒适性;在货物批量足够的情况下,应选用大载重量车辆,以提高运输生产率,降低运输成本。此外,在沿线还应有相应的车站设施,以方便车辆运输工作。

(二) 长途汽车货运的合理运用范围

由于汽车与铁路运输相比各有特点,故应根据整个运输过程的社会劳动消耗,通过系统的技术经济分析,确定两种运输方式的合理使用范围。汽车运输企业在进行技术经济分析,确定在有铁路服务区域内开展长途汽车货运的合理使用范围时,主要根据运输费用来确定汽车的合理运距。

运输费用是货主为运输货物所支付的全部费用,它反映运输部门和货主间的经济关系,也是货主选择运输方式的主要依据。长途汽车的运输费用包括装卸费、汽车运输费、货物损失费、占用流动资金损失费等。货物损失费是指易损货物在运输和装卸过程中造成的损失,如袋装水泥换装时的破袋率一般在 20% ~ 30%,水泥损失率每次约为 2%。占用流动资金损失费主要是指货物在运输期间货物价值的利息损失,它主要取决于货物的价值和运送速度。

(三)长途汽车货运的行车组织

长途干线汽车货运,当其周转时间超过正常的工作班延续时间时,通常采用直达行驶法和分段行驶法的行车组织方法。

1. 直达行驶法

直达行驶法是指每辆汽车(或列车)装运货物由起点驶经全线直达终点,卸货后再装货或空驶返回的行车组织方法。这时,每一运次的运输任务由一辆汽车(列车)完成,中间不换车。采用直达行驶法时,汽车长期(甚至数昼夜)在路线上运行。为保证行车安全和驾驶员的休息,驾驶员每天的工作时间一般应为 8 小时。特殊情况下可以适当延长,但不应超过 12 小时。在工作日内最多每经过 4 小时要休息一次(0.5 ~ 2 小时),以便进餐和检查车辆。

用直达行驶法时,汽车每个周转的全部时间由如下几项构成:

(1)行驶时间(T_T)

$$T_T = \frac{2L}{v_T} \quad (小时)$$

式中:L——行驶路线全长(公里);

v_T——汽车技术速度(公里/小时)。

(2)装卸停歇时间(T_{Lu})

(3)车辆维护停歇时间(T_m)

$$T_m = 2t'_m \times n + t''_m + t_m \quad (小时)$$

式中:t'_m——车辆在中间站技术维护作业时间(小时);

n——中间站数;

t''_m——车辆在终点站的技术维护时间(小时);

t_m——车辆在汽车总站的技术维护时间(小时)。

(4) 驾驶员休息和换班停歇时间(T_s)

$$T_s = t'_s + t''_s + t'''_s \quad (小时)$$

式中:t'_s——每经过 3~4 小时行车后的休息时间(小时);

t''_s——每经过 8~12 小时行车后的大休息时间(小时);

t'''_s——驾驶员换班时间(小时)。

因此,汽车的周转时间应为:

$$t_0 = T_T + T_{Lu} + T_m + T_s \quad (小时)$$

采用直达行驶法时汽车周转时间及周转中停歇时间的长短,取决于路线长度与驾驶员工作制度,并可以用工作时间利用系数来评价周转时间的利用程度,即

$$\delta = \frac{T_T}{t_0} = \frac{2L}{v_T t_0}$$

采用直达行驶法,货物可直接由一辆汽车从起点运至终点,中途无需换装,从而可以减少装卸作业劳动量。直达行驶法适用于货流稳定但数量不大的路线以及零担货物的长途运输。

采用直达行驶法时,可视具体情况按单人驾驶制、双人驾驶制和换班驾驶制来组织驾驶员工作。

单人驾驶制是指在整个周转时间内,汽车(列车)由一个驾驶员负责驾驶和照管的工作制度。在这种情况下,汽车的周转时间由上述公式中所包括的各项时间构成,汽车的利用率和运送速度最低,且驾驶员长时间脱离固定住所,生活和休息不够安定舒适,也比较劳累。这种情况可完全实现定车定人,便于对驾驶员进行考核。

双人驾驶制是指在整个周转时间内,汽车(列车)由两个驾驶员轮流驾驶的工作制度。这种制度可以大大地缩短汽车的周转时间,提高汽车的有效利用程度和货物运送速度。虽然驾驶员仍与前一种情况一样,要脱离固定住所,但其工作延续时间可以缩短。这种工作制度的缺点是驾驶员在行驶的汽车上休息不舒适,也比较劳累,且需配备多一倍的驾驶员。双人驾驶制在货运任务紧急,驾驶员充足的情况下采用较为合理。

换班驾驶制是指每辆汽车(列车)由一组驾驶员共同照管,每个驾驶员各固定担任一个路段的驾驶,换班后再休息的工作制度。这种驾驶工作制同样具有双人驾驶制的优点,即能做到定车、定人、定线、定时,充分发挥车辆的使用效率,并能做到当面交接班。虽然换班驾驶制并不比双人驾驶制缩短周转时间,但可以较合理地组织驾驶员休息,并且可以适当减少他们脱离固定住所的现象。换班驾驶制适于在一昼夜内可到达的运输路线上采用,一般运距在500公里以内。若路线太长,车辆一昼夜不能到达时,不宜采用换班驾驶制,因为这时驾驶员将要在休息场所长期等待回程车辆,从而大大降低驾驶员的劳动生产率。

2. 分段行驶法

分段行驶法是指将全线适当地分为若干路段,汽车固定在各个路段内行驶的行车组织方法。在路段衔接处,货物由一个路段的车辆换装到另一路段的车辆上转运,汽车(牵引车)不出路段。

采用分段行驶法时,使用拖式牵引车和半挂车运输货物是最理想的。因为这时在路段衔接处只需换牵引车,而装载货物的半挂车则可直达终点站,这一方法又可称之为区段牵引制。它可避免货物多次倒装,从而也可减少因此造成的货损货差。

因此,组织分段行驶需要在路段衔接处设有相应的站点、场地和装卸设备,以供汽车换装货物或交换牵引车之用。所以,只有在货运量庞大、经常、均衡的路线上,才适宜采用。

在长途干线货运中组织车辆分段行驶,可以保证驾驶员的正常劳动条件和学习、休息时间,驾驶员不必长期离开固定生活场所,生活比较安定,有利于安全行车和提高工作时间利用系数。同时,由于车辆固定在比较短的路段内工作,也易于实现运输工作的日常管理和车辆的保养工作。

采用分段行驶法时,每个汽车总站(货运站)各分管所属路段的车辆和货运组织管理工作。根据总站(货运站)在所属路段中位置的不同,可分为短路段和长路段两种工作方法。

采用短路段工作法时,汽车总站(货运站)设在两个路段的衔接处(图3-42(a))。为保证驾驶员的正常工作条件,使之能回总站的固定住处和在总站进行车辆维护作业,适于采用单人驾驶制。因此,路段的长度应以汽车(牵引车)能够在驾驶员的一个工作班内完成一个周转为宜。这样,路段的大致划分长度(L_s)可由下式确定:

$$L_s = \frac{T_H v_D}{2} \quad (公里)$$

或

$$L_s = \frac{(2\sim3)t_H v_T}{2} \quad (公里)$$

式中:T_H——驾驶员正常工作班时间(小时);

t_H——两次小休息之间允许的工作时数(小时)。

采用长路段工作法时,汽车总站设在路段中间(图 3-42(b)),把总站所属路段分成两个区段。在这种情况下可以采用换班驾驶制,一个驾驶员负责由总站到起点这一段,另一个驾驶员负责由总站到路段终点这一段。采用这种工作法时,每个汽车总站所负责的路段长度可比短路段工作法增加一倍,而仍可保证驾驶员的正常工作、学习和生活。因此,在同一路段长度条件下,路线设置的汽车总站数目可减少一半。但这时车辆的维修工作比较复杂,因为车辆是载货到达总站的,时间上的任何耽误都将使行车时刻表遭到破坏。

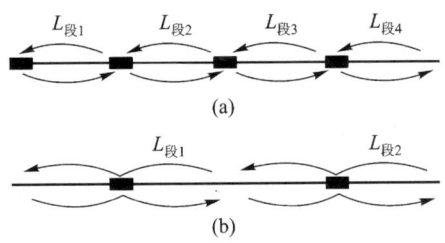

图 3-42 分段行驶法示意图

二、长途运输决策问题之一:委托运输与自行运输*

在分销商品时,企业往往面临着一个重要的运输决策:委托运输还是自行运输。

1. 自行运输

所谓自行运输,是指使用自有的运输设备运输自有的、承租的或受托的货物的活动。比如拥有或租用火车车皮、客车汽车、货用飞机及运输船舶运输自己的、或自己承租的、或自己受托的货物等,都是自用运输。拥有自用运输设备,可以具有更大的控制力和灵活性,能够随时适应顾客的需要,这种高度的反应能力可以使企业缩短交货时间,减少库存和减少缺料的可能性,而且可以不受商业运输公司服务水平和运价的限制,并有利于改善和顾客的关系。但是自用运输有一个很大的弊端,就是运输成本较高。主要原因就是回空问题,回空成本要计入运出或运入的单程货运成本内,这样货运成本实际是单程成本的 2 倍。因此,企业是选择运输中间商还是选择自用运输,一定要做好成本的比较工作,选择最佳运输方式。

企业内部的自行运输体现了组织的总体采购战略,自行运输便于控制,但是实施低成本、高效率的自有运输需要企业内部各部门之间的广泛合作和沟通。原材料的采购者必须了解什么时候要运输、货物缺失或损坏的代价,他们还必须了解保险条款、危险物品的运输要求并需要不断关注运输规章环境。企业之所以会自行运输,最主要的原因是考虑到承运人不一定能提供自己所需要的服务水平。通常而言,决定企业有自己车队的主要因素是:

(1) 服务的可靠性;

(2) 订货提前期较短;

(3) 意外事件反应能力强;

(4) 与客户的合作关系。

自行运输的成本包括:

(1) 固定成本,包括车辆设备、车辆保险、办证费用等;

(2) 运营者成本,即与司机有关的成本,包括工资、与健康有关的成本、保险费用、路途中的膳食费用等;

(3) 车辆运营成本,包括燃料、维护等。

2. 委托运输

委托运输减轻了企业的压力,可以使企业集中精力于新产品的开发和产品的生产。但是,另一方面,委托运输需要处理与企业外部的承运商之间的关系,增加了交易成本,也增加了对运输控制的难度。关于委托运输还是自行运输的决策不仅是运输决策,更是一个财务决策。

委托运输一旦确立,运输中间商的选择尤为重要。运输中间商,一种是运输承包公司,一种是运输代理人。运输承包公司是不具有运输工具或只具有少量短途运输工具,而以办理货运业务(或兼办客运业务)为主的专业运输业务企业。采用运输承包公司发运货物时,可以把有关货运工作委托给运输承包公司,由他们负责办理货物运输全过程中所发生的与运输有关的事务,并与掌握运输工具的运输企业发生托运与承运的关系。特别是对于一些运输条件要求较高、货运业务手续较为繁杂且面向千家万户的运输,比如零担货物的集结运输,由于零担货物批数多、重量小、品种复杂、形状各异、包装不统一,由运输承包公司承包此项业务,不仅可以方便货主,提高运输服务质量,还可以通过运输承包公司的货物集结过程,化零为整,提高运输效率和运输过程的安全可靠性。

3. 选择决策的步骤

委托及自行运输的决策在财务方面的考虑可以分两步进行:

(1)比较企业购买承运人服务的成本和自行运输的成本;

(2)制定实施计划和系统控制程序。企业应首先进行可行性研究,评估当前的运输环境和公司的目标,目标应该包括过去、当前和希望的客户服务水平以及企业的经营环境(包括法律限制和普遍的经济趋势等)。

在作委托运输还是自行运输决策时,企业应该用成本—效益分析法。财务分析时要注意货币的时间价值。

如果企业决定采用自行运输的话,下一步就应该制定实施计划和系统控制程序。实施时要总体分析企业的结构或自有车队运作时各部门的职责。自有车队的控制应该着重于运输性能的评价。企业在产品定价时如果是采用基于总成本的方法,更有必要详细分析运输成本。

三、长途运输决策问题之二:运输方式的选择 *

(一) 影响运输方式选择的因素

物流企业可以根据所需运输服务的要求,参考不同运输方式的不同营运特性,进行最优选择,使运输服务成本最低。当然,有时单靠一种运输方式无法实现最低成本,往往需要几种运输方式的组合才能实现。因此,为了选择正确的运输方式以降低运输成本,必须考虑以下几个因素:

(1) 价格

运输服务价格就是运输货物的在途运费加上提供额外服务的所有附加费或运输端点费用。如果是使用受雇运输,运输服务的总成本就是货物在两点间运输收取的运费加上所有附加费,如保险费、装卸费、终点的送货费等。如果是自用运输,运输服务成本就是分摊到该次运输中的相关成本,如燃油成本、人工成本、维修成本、设备折旧和管理成本等费用。

不同的运输方式,其运输成本相差很大。但是这种运输成本的比较并不能确切地反映各种运输方式的综合效益。在实际运营中,必须根据实际运费、运输时间、货物的性质以及运输安全等进行综合比较。

(2) 运输时间

运输时间从两方面影响运输的费用:①货物价值由于其适用期有限可能造成的损失,如水果、蔬菜等;或因为其时间价值的适用期有限而造成的损失,如报纸、时装等。②货物在运输中由其价值表现的资本占用费用,对高价值货物或货运量很大的货物,可能占成本的较大比例。因此,平均运输时间是一个重要的运输服务指标。不同的运输方式,提供的货物平均运输时间是不同的。有些能够提供起止点之间的直接运输服务,有些则不能。但如果要对不同运输服务进行对比,最好是用"门到门"运送时间来进行衡量。在考虑运输时间时,还要注意运输时间的波动。运输时间的波动是指各种运输方式在同一路线进行多次运输后出现的时间变化,它是衡量运输服务的不确定性指标。起止点相同,使用同样运输方式的每一次运输的在途时间不一定相同,因为天气、交通拥堵、中途暂停次数、合并运输所费的时间不同等都会影响在途时间。一般来说,运输时间的变化率的排序与运输时间的顺序大致相同。也就是说,铁路的运输时间变化最大,航空运输最小,公路运输介于中间。但要注意的是,如果从变化率与平均运输时间的比值来看,则航空运输最不可靠,而公路运输是最可靠的。

(3) 灭失与损坏

灭失与损坏,也就是运输质量中的安全性问题。因为各承运人安全运输货物的能力不同,所以运输中灭失或损坏的记录就成为选择承运人的重要因素。承运人有义务合理运送货物,并以恰当的审慎避免货物的灭失和损坏。但如果由于自然原因、托运人过失或承运人无法控制的其他原因造成货物的灭失和损坏,承运人可以免除责任。虽然在托运人准确陈述事实的情况下,承运人会承担给托运人造成的直接损失,但托运人应该在选择承运人之前认识到会有一定的转嫁成本。托运人承受的最严重的潜在损失是客户服务。运输延迟或运到的货物不能使用意味着给客户带来不便,或者会导致库存成本上升,会造成缺货或延期交货的增多。托运人如果要进行索赔,需要花时间搜集相关证据,费周折准备适当的索赔单据,在索赔处理过程中还要占用资金,如果索赔只能通过法庭解决,可能还涉及更高的费用。显然,对承运人的索赔越少,用户对服务越满意。对可能发生的货物破损,托运人的普遍做法是增加保护性包装,而这些费用最终也要由用户承担。

由此可见,价格、运输时间及货物的灭失和损坏,直接或间接地影响着物流运输成本。因此,在选择运输方式时,上述三个因素是运输管理首要考虑的基本因素。

(二) 运输方式的选择

1. 单一运输方式的选择

单一运输方式,就是选择一种运输方式提供运输服务。可以根据五种基本运输方式的特点,结合自身运输需求进行恰当的选择。

2. 多式联运的选择

多式联运就是选择使用两种以上的运输方式联合起来提供运输服务。多式联运的组合方法有很多,但在实际中,这些组合并不都是实用的,一般只有铁路与公路联运、公路或铁路与水路联运得到较为广泛的采用。此外,航空与公路联运应用也较广泛,即将航空货运与卡车运输结合起来,这种方式所提供的服务和灵活性可与公路直达运输相比拟。

由于两种以上运输方式的联合所具有的经济潜力,多式联运受到了托运人和承运人的重视。多式联运的发展对物流计划者具有很大的利益,它增加了系统设计中的可选方案,从而可以降低物流成本、改善服务。

3. 运输方式的定量分析

所谓的定量分析,就是对所选择的运输方式的各种指标(即影响因素)绩效进行评分,给出衡量值,然后物流管理运输部门根据各种指标的重要程度给出不同的权重,用权重乘以运输方式的绩效衡量值就得到运输方式在该评估因素中的等级,将个别因素等级累积起来就得到运输方式的总等级。如果绩效的衡量值和权重分值越低,表示绩效越好,评估指标越重要,那么总等级分值越低的运输方式越好;反之,如果绩效衡量值和权重分值越高,表示绩效越不好,评估指标重要性越低,那么总等级分值越高的运输方式越不好。

现以选择运输中间商或者承运人为例来说明这种定量分析的方法(见表 3 – 11)。这里选择一个 3 分制的评定标准,承运人绩效的评定范围从"1——绩效好"到"3——绩效差",各评估指标的权重值范围为"1——高度重要,2——一般重要,3——低度重要"。这样,我们可以计算出下表中的承运人的总等级为 26。按此方法,承运人的总等级分最低的,应是最佳承运人。

表 3 – 11　定量分析表

评估因素	相对重要性	承运人绩效	承运人等级
成本	1	1	1
中转时间长度	3	3	9
中转时间可靠性	1	2	2
能力	2	2	4
可达性	2	2	4
安全能力	2	3	6
承运人总等级		26	

在目前的物流环境中,由于各种新运输形式的出现,各种承运人能提供的服务和能力也在不断增长,这就使选择运输方式比过去更加复杂,评估也变得更加困难。因此物流公司必须更加慎重考虑许多因素,对其进行定性和定量分析以求选择最佳运输方式。

四、长途运输决策的实例 *

本部分主要提供一些基本的运输决策模型。运输系统可以用网络中的点和弧的形式表示,其中点代表城市、机场、停车点和车站等设施,弧代表各点之间的路段和线路。点和弧都有能力限制。下面介绍五个常见的长途运输决策模型:运输模式的选择、运输路线的确定、运输组织规模、运输调度和运输整合。

1. 运输模式选择

两点之间的运输方式可能有多种,模式选择的重点是综合考虑各运输方式的能力、费用要求和运输距离。选择运输货物最好的方式需要考虑的主要因素有:服务频率、速率、运输时间、运输时间的变动、费用、安全及顾客服务水平等。因素分析、权重分析、层次分析法可用于选择运输方式,但这些方法都假设从起点到终点只用一种运输方式运输货物。选择多于一种的运输方式就比较复杂了,这是复合运输问题,其费用的确定在实际应用中非常重要。当运输费用在转运点有变化时,问题就变得更复杂了。值得指出的是,Logit 模型经常被用于实际中的多种运输方式的选择问题。

运输时间取决于运输方式的类型,运输模式选择决策也影响运输中的库存、工厂内的库存及消费地的库存。快速运输方式有较小的库存。

例 3-5 某造纸厂从工厂向距客户较近的地区仓库运货,铁路平均运输时间为 10 天,汽车运输时间为 7 天(节省 3 天),每节省 1 天可降低 2% 的库存;铁路每包纸运价为 0.2,公路为 0.3。为满足需求必须保持库存 10 000 包,年需求量为 100 000 包。每年每包纸库存费用为 6,若用铁路运输,为满足需求一年需运 10 次,而公路要运 20 次。确定采用何种运输方式才能使总运费最低。

解 铁路和公路运输各项费用如表 3-12 所示。

表3-12 铁路和公路运输各项费用计算

费用	铁路	汽车
运输费用	0.2×100 000 = 20 000	0.3×100 000 = 30 000
仓库的存储费用	6×10 000 = 60 000	6×5 000×0.94 = 28 200
运输过程中的存储费用	6×100 000×10/365 ≈ 16 438	6×100 000×7/365 ≈ 11 507
总费用	96 438	69 707

可以看出当然是选择汽车运输更节省费用。

2. 运输路线选择

运输路线选择主要是选择起点到终点的最短路径,不同运输方式的路线选择也不同。最短路径的度量单位可能是时间最短、距离最短或费用最小等。运输路线选择是继模式选择之后的又一重要运输决策,它们之间紧密相连,最好是将运输模式和路线选择结合在一起,因为路线选择的可能性在很大程度上取决于运输模式。路线选择问题可分为以下几类:

(1) 中间点相同,起讫点不同。

(2) 中间点不同,但起讫点相同。

(3) 多个起点,多个终点,没有中间点。

(4) 多个起点,多个终点,有中间点或转运点。

该类问题的解法见第4章配送中心作业中的车辆调度问题,这里只举几个简单的例题。

例3-6 某奶厂从站点 A 送奶,服务三个顾客 B、C、D。从站点 A 到三个顾客的距离如表3-13:

表3-13 站点至各顾客的距离

	A	B	C	D
A		22	31	45
B	22		18	27
C	31	18		38
D	45	27	38	

确定最优的送奶路线。

解 步骤如下:

第一步:B 距 A 最近;

第二步:C 距 B 最近;

第三步:只剩 D 没选,D 即为继 C 之后的顾客,然后返回 A。

求出的配送顺序为 $A \rightarrow B \rightarrow C \rightarrow D \rightarrow A$。

例 3-7 某一供应真空管的公司有两个工厂,一个在 A 地,另一个在 B 地。A 地的厂每天生产能力为 150,B 地的厂为 200,真空管通过汽车运到各需求点 C 和 D,C 和 D 日需求量均为 130,公司还需要两个中间转运站 E 地和 F 地进行整合运输,运输单位费用如表 3-14 所示。

表 3-14 各点间运输单位费用

	A	B	E	F	C	D
A	0	13	4	6	12	14
B	13	0	7	6	13	12
E	4	7	0	3	8	8
F	6	6	3	0	7	8
C	12	13	8	7	0	17
D	14	12	8	8	17	0

确定从工厂到需求点的最优路线。

解 问题可分为两个阶段,第一阶段将运输模型通过以下各步转为运输问题,其步骤如下:

第一步:加上一空行或一空列平衡需求,因为本例总供应为 350,总需求为 260,那么加上一空需求列,需求量为 90。

第二步:构造一个包括所有地点(起、终点和中间点)作为供需点的运输表,这样就形成了 6×7 矩阵(包括空列)。

第三步:根据以下规则表 3-15 确定所有点的需求和供应量。

表 3-15　需求和供应量确定准则

转运问题中点的性质	在运输表中的供应值	在运输表中的需求值
供应点	起始供应 + 总供应	总供应
转运点	总供应	总供应
需求点	总供应	起始需求 + 总供应
空点	0	起始供应—起始需求

本例中总供应为 350,最终运输表如表 3-16 所示。

表 3-16　最终运输表

	A	B	E	F	C	D	空列	供应
A	0	13	4	6	12	14	0	500
B	13	0	7	6	13	12	0	550
E	4	7	0	3	8	8	0	350
F	6	6	3	0	7	8	0	350
C	12	13	8	7	0	17	0	350
D	14	12	8	8	17	0	0	350
需求	350	350	350	350	480	480	90	

第二阶段可运用已知求解运输问题的方法解决。

3. 运输组织规模

运输车辆增加,则反应时间缩短,送送频率提高,服务水平也就增长了。然而,这就有可能造成车辆的利用率降低。所以确定车辆的规模是取得运输效益的重要环节。下面介绍一些简单的模型用以确定运输车辆的规模。

(1) 齐次运输车辆模型

F:每天的固定费用(无论车辆是否使用都存在,包括折旧费、路税、驾驶员基本工资等);

V:每天的变动成本(仅当车辆使用时才存在,包括燃油、轮胎磨损

等);

H:每天每辆车的租金;

Y:一年工作天数;

P:额外租用其他车辆工作的天数。

所给模型为:

$$年租车总费用 = PH$$

$$年增加的车辆总费用 = FY + PV$$

当 $FY + PV < PH$ 或当 $\dfrac{F}{H-V} < \dfrac{P}{Y}$ 时,就可以买一辆车。

(2)齐次线性规划的扩展

所绘模型:

$$\min Z = \sum_j \left[\sum_k x_{jk}(F_k + V_k) + \sum_k H_k h_{jk} \right] \quad (3.6.1)$$

$$\text{s.t.} \quad x_{jk} + h_{jk} \geq d_{jk}, \quad 任意的 j,k$$

$$x_{jk}, h_{jk} \geq 0 \text{ 且为整数}, 任意的 j,k$$

式中: x_{jk}——第 j 天需要第 k 类车的数量;

h_{jk}——第 j 天需要租用第 k 类车的数量;

d_{jk}——货物的需求量(以相当于第 j 天第 k 类车的数量计算);

F_k——每天所需的第 k 类车固定费用;

V_k——每天所需的第 k 类车变动费用;

H_k——每天所需的第 k 类车的租金。

上述模型的目标函数是使变动费用、固定费用及额外租车费用最小。第一个约束条件保证由合适类型的车辆进行运输来满足每天的需求量;第二个约束条件是决策变量的非负整数约束。

(3)车辆分派模型

$$\min Z = \sum_j \sum_k X_{jk} C_{jk} \quad (3.6.2)$$

$$\text{s.t.} \quad \sum_k X_{jk} = 1, 任意 j$$

$$\sum_j X_{jk} = 1, 任意 j$$

$$X_{jk} \in \{1, 0\}$$

式中:X_{jk}——表示如果 j 类车分配给任务 k,则其值为 1,否则为 0。

C_{jk}——表示将第 j 类车分配给任务 k 的费用(如果第 j 类车不能分给此任务,此费用值将会特别大)。

目标函数是使分派车辆完成任务的总费用最小,第一个约束条件保证每一辆车分派到一项任务;第二个约束条件保证每项任务都能有一辆车完成。此模型可用匈牙利法解,解法见例 3 – 8。

例 3 – 8 公司有两辆 8 吨和两辆 9.5 吨的卡车,某天有 4 项任务,不同车辆完成任务的费用关系如表 3 – 17:

表 3 – 17 不同车辆完成任务的费用关系表

车辆＼任务	1	2	3	4
1 8 吨	14	5	8	7
2 8 吨	2	12	6	5
3 9.5 吨	7	8	3	9
4 9.5 吨	2	4	6	10

确定使总费用最小的车辆分配方案,用匈牙利法,其步骤如下:

第一步:找出每一行中最小的费用元素,构造一个各行各列都出现 0 元素的新矩阵,使新矩阵中每行元素等于该行费用元素减去该行中的最小费用;找出新矩阵中每列最小元素,构造新矩阵,其费用元素等于每列各元素减去各列最小元素。

$$\begin{pmatrix} 14 & 5 & 8 & 7 \\ 2 & 12 & 6 & 5 \\ 7 & 8 & 3 & 9 \\ 2 & 4 & 6 & 10 \end{pmatrix} \begin{matrix} -5 \\ -2 \\ -3 \\ -2 \end{matrix} \rightarrow \begin{pmatrix} 9 & 0 & 3 & 2 \\ 0 & 10 & 4 & 3 \\ 4 & 5 & 0 & 6 \\ 0 & 2 & 4 & 8 \end{pmatrix} \rightarrow \begin{pmatrix} 9 & 0 & 3 & 0 \\ 0 & 10 & 4 & 1 \\ 4 & 5 & 0 & 4 \\ 0 & 2 & 4 & 6 \end{pmatrix}$$
$$ -2$$

第二步:画出能覆盖所有 0 元素的最少直线(横线或竖线),如果直线的数目等于行或列的数目便停止,得到最优分派,否则继续第三步。

第三步:找出没有被直线覆盖的非0元素最小值,本例中最小元素为1,然后在没有画直线的各行元素减去这个最小元素而在画直线的各列元素加上此最小值,得到新矩阵。重复第二步。

$$\begin{pmatrix} 9 & 0 & 3 & 0 \\ 0 & 10 & 4 & 1 \\ 4 & 5 & 0 & 4 \\ 0 & 2 & 4 & 6 \end{pmatrix} \begin{matrix} \\ -1 \\ \\ -1 \end{matrix} \rightarrow \begin{pmatrix} 10 & 0 & 3 & 0 \\ 0 & 9 & 3 & 0 \\ 5 & 5 & 0 & 4 \\ 0 & 1 & 3 & 5 \end{pmatrix}$$

+1

第四步:这时能覆盖所有0元素的最少直线为4条,即得到了最优分派:第1辆车分派任务2,第2辆车分派任务4,第3辆车分派任务3,第4辆车分派任务1。也就是说8吨的卡车可安排任务2和4,9.5吨的卡车可安排任务1和3。

4. 车辆调度

线路决策包括根据距离选择起终点间各站次序,调度决策主要考虑运输时间,它在运输中是非常重要的。这些决策重点考虑在哪一天什么时间、多少车辆从哪儿安排到哪儿等,约束条件可能是车辆数量、根据车辆和设备类型选择的可能路线、每个地点运送或集货的量、服务时间窗及基于安全考虑的员工的休息和工作时间段等。

进行优化调度的基本原则主要包括:

(1)将 r 个车辆分派到距离较近的停靠点或城市,要考虑车辆运输能力(空间协调);

(2)尽可能合并每个站点的集配货工作。将本时间段内需送的货物合并到同一天配送(时间协调);

(3)建立以距离仓库最远的站点为起点的路线;

(4)最大限度地利用车辆,以使车辆利用率不足带来的费用最少;

(5)避免时间要求过高,尽量同用户协商;

(6)运用其他替代方案进行远距离或低货运量地点的集配货作业。

车辆调度问题的求解策略包括先分组后安排路线、先安排路线后分组、节约/插入法、改进/交换法和数学规划算法等。在先分组后安排路线方法中,先对需求点进行分级聚类,每一组都包括一些满足车辆能力及时间约束的距离较近的点集,然后再为每一组确定最佳路线。先安排路线再分组方法和上述操作程序正好相反,首先构造一些包括所有需求点的路线,然后再把这些线路分成一些短而可行的线路。

在节约/插入算法中应根据一定的准则(最大节约准则)对两点进行比较,把不在路线上的点插入路线,已在路线中的点合并为一集合,直到整列所有点都被安排到路线中,在插入时要保证总运行时间或距离满足约束。同时,插入新点后的路线上载货量不能超过车辆承载能力,每次所选插入的点都不能包括在已合并的点集中。在改进/交换法中,在始终保持可行解的情况下,每一步都产生另一个更好的可行解以代替原来的解,使目标得以改进,直到不能再改进为止。车辆调度问题的数学规划模型可能为线性,也可能为非线性,具体取决于约束类型。大多数模型是基于时间、空间而建的,网络上每个点代表一个地点或一个时间点,这种模型由于比较复杂常采用启发式算法。具体解法见第4章。

5. 运输整合

运输成本与产品的种类、装运的规模以及运输距离直接相关。要减少运输成本,就需要实现整合运输。整合运输可根据时间、库存、空间或设备进行。这些方法都是通过减少运输次数使运行费用减少,但这样有可能造成服务水平降低,并造成库存成本增加,不过这通常能由设备、人员、维修成本的减少去抵消。

(1) 基于时间的集装(整合)

当在同一地点两个顾客需要不同日期送达商品时,比如一个在星期一,另一个在星期二,那么可能有三个选择:①第一个星期一送达,第二个星期二送达。这样导致要送达两次但能准时;②都在星期一送到。这样导致第二个顾客的商品库存时间变长,但节省一次运输;③都在星期二送达,节省了一次运输,但增加了第一个顾客的周转时间(假设顾客的总需求能用一辆车运输)。

（2）存货（整合）

这种方法是增加订货批量，从供应商的数量折扣中获得利润，这种方法有利于利用由大批量运输带来的优惠的运输费率，负面作用是增加了库存持有费用。

（3）设备整合

通常包括卡车散装（指在消费地物流中心对集装来的整车货物进行分装，然后将货物分送给不同的最终顾客）和飞机"集散轮式系统"（指从地方到地方的货物运输通过中央货物集配、分检中心来进行，这样原来站点间复杂的路线网络被以集散地为中心的放射性路线网络所取代）。如果需求量在起讫点为 AD、BD、CD 时都很小，若 AB 距 C 较近，那么可以用小卡车将货物从 A 和 B 运到 C，再用大卡车从 C 运到 D。如当某些零售商店的需求很小时，就可以在距零售店近的地方设一仓库，整车运到这个仓库，再小批量运给其他的零售店。

考虑如图3-43所示的一个简单的运输网络。此运输网络在中国西部的三个城市（西安、兰州、银川）及在东部的三个城市（上海、南京、杭州）。只考虑从西向东的方向，有九个起讫对。假如需求发生在一段时期，没有中间集散中心，那么就需要至少九种单独设备才能完成需求。

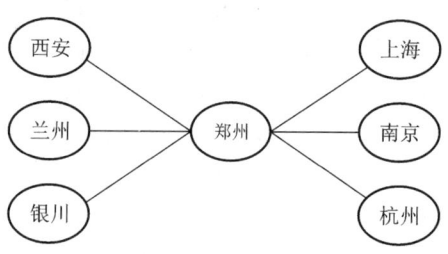

图3-43　运输网络示例

然而如果集散中心设在郑州，服务可变为三个：西安—郑州—上海、兰州—郑州—南京、银川—郑州—杭州。另外，也有服务九个起讫需求对的能力，如西安—郑州，兰州—郑州等。从不同起点来的但到同一目的地去的顾客将在郑州处换乘。例如将从西安到郑州、西安到上海、西安到南京和到杭州的所有顾客都一起运送到郑州,在郑州各自换乘其他班次,如换乘从兰州到郑州再到南京的班次和从银川到郑州再到杭州的班次。

在这个例子中运输公司可选任一城市作为中心或选多个城市作为集散中心。根据有集散中心和没有集散中心之间费用效益背反原则确定。拥有一个集散中心的费用包括:建立集散中心的固定费用、在集散中心的额外处理费用、在集散中心的设备、人员变动费用、对特定需求长距离运输的存货费用、不用集散中心的费用以及设备、人员费用和设备未充分利用费用等。选择城市作为集散中心或通过一个或更多集散中心分配起讫点需求可看作转运问题,可以得出作为集散中心的城市及进行服务的交通模式。

集散中心建模或选址问题包括以下几方面:

① 集散中心的数量;

② 单个或多个集散中心—需求—供应点通过一个或多个集散中心的发货;

③ 距离测度可能是直线距离、欧氏距离或实际距离;

④ 费用函数可能是线性或非线性的;

⑤ 目标可以是使总距离或总费用最小;

⑥ 相关约束,如中心的处理能力和线路上最小交通量约束。

还有一些模型和方法可以解决集散中心选址规划问题。

(4) 货物集装(整合)策略

用于完成设备和空间整合的三种常用启发式策略是:最近中转站线路、最小距离线路、最小费用线路。

① 最近中转站线路

将货物送到距起点或终点或距二者都很近的中转站。从一个起点出来的所有货物都送到同一个最近的中转站(除终点),这样的结果是有些货物需进行返程运输。如果中转站距起终点都比较近,可用短途运输。最近的中转线路只是使地方短途运输费用及距离都最小,但不能保证整个系统距离和费用最小。

② 最近距离线路

在这种情况下,货物送到使总运输距离最小的中转站。因此,从一起点出发的货物可能根据其终点不同送到不同的中转站。因为短途和长途运输有差异,最近距离线路可能系统的总费用不是最小。

③ 最小费用线路

在这种情况下,为了使总运输费用最低,货物通过中转站运输。因此,如果货物拼装能使总费用降低,允许有些货物进行返程运输。同时,从同一起点出发的货物根据其目的地不同运往不同中转站。

6. 复合运输

复合运输方式是各种货物运输方式对市场及营销需求改变而做出的一种反应。对大宗货物运输、全球运输及营销和配送策略市场优势的广泛认可影响了货运业,也影响了与复合运输相关的一些行业的工作方法。复合运输的优点包括:可选线路增多、服务率提高、价格下降及可方便地处理大宗货物。复合集装箱(适用于两种或更多种运输方式的集装箱)的使用大大改善了复合运输的货物转运条件,货物到达转送点时减少延迟时间(延迟就意味着有附加成本)和在转运点处转运费用最小化是复合运输面临的两个主要的挑战,除此之外,它还要解决在平车载送拖车(将集装箱拖车在火车平车上载送)、背载运送(集装箱放在火车平车上,由火车运送)等情况下使特殊设备的费用最小的问题。

另外,其他一些运输问题,还有时间窗约束和复合运输可选线路的可能性问题。

(1) 复合运输线路问题

复合运输的线路问题必须考虑许多因素,这些因素影响运输承运商及运输货主。承运商为了确定付出服务的最优价格,需要考虑这些因素。货主也会根据费用和自己期望的服务水平选择承运商。

① 运输费用

选择运输线路时需要考虑的最重要的因素是运输费用,它可能是固定的单位费用、单位重量费用、单位距离费用、单位体积费用或其他费用形式。

运输费用包括了承运商的燃料费用、设备费用、人员工资、日常费用和一般管理费。当只有一种运输模式时,运输货物就只需考虑运输费用。

② 转运费用

当存在不同运输模式时就会产生一种运输方式转到另一种运输方式的费用。它可能是一种较简单的转运,如,将拖车从火车平车上转至地上,再把它运到卡车上;也可能是较为复杂的转运,如将箱子从码头卸下转运到飞机场或装到飞机上。转运费用可以看作运输与搬运费用中的搬运费用。

转运费用可能是固定费用,也可能是变动费用。正如在运输费用中一样,转运费用也可以被定义为单位货物、单位重量和单位体积的费用。它和转运发生的地点及进行转运的两种运输模式有关,例如,在芝加哥和北京转运五箱中国瓷器的转运费用是不同的。

费用上的差异受多种因素影响,如地方劳动力费用、不同设备需求费用等。所以不同运输方式间的转运费用是不同的。而且在同一城市中从铁路向公路的转运费用和从铁路向航空的转运费用也是不同的。

③ 服务水平和商品类型

复合运输决策中另一个因素是服务水平。如果货主认为服务水平更重要的话,通过航空运输就比公路运输好。评价最佳运输方式时必须考虑转运费用,而服务水平也是需要考虑的一个约束条件。

运输的商品类型对运输方式有很大影响。如果某商品是易腐的,冷冻条件和运输速度就是两个需要着重考虑的因素,此外,还要注意一些运输法律法规。在选择运输方式时还存在一些商品运输方式间相互一致的问题。

(2) 模型复杂性

在对复合运输系统建模时必须考虑各种因素,这些因素能影响模型的复杂性和对现实问题的描述状况。若要求所建的模型越准确、越接近现实问题,则求解它所需的时间和费用就越多。

① 单一和多个运输路径

建模人员首先需要考虑的是运输起点和终点间只有一条还是有多

条路径。如从北京到上海的路径显然有多条,这样每增加一条路径,模型的复杂性就会显著增加。

② 线性和非线性运输费用

线性和非线性运输费用使复合运输模型的建模更加复杂。实际应用中我们通常用单位固定费用的线性函数形式建模,虽然非线性运输费用如二次费用函数、指数费用函数应该更接近真实问题,但也更难于建模和求解。假设城市 A 和 B 之间相距 100 公里,B 和 C 之间相距 100 公里,线性费用模型中运输费用可能是 1 元/公里,非线性模型可能是在 100 公里之内是 1 元/公里,超过 100 公里(如 A 到 C)是 0.5 元/公里,所以在线性模型中从 A 到 C 单位运货费用为 200 元,而对于同样距离,非线性模型单位运输费用是 150 元。因为有了非线性运输费用形式,到终点可选路径方案可能就增多了。

③ 运输分担

在复合运输模型中也考虑运输分担。运输分担是指能把整个运输任务看作多个组成部分,一部分通过一种运输方式运输,其他部分可能通过其他方式运输。

假设有 200 吨货物从北京运到上海,运输方式分担指的是可能 100 吨通过铁路运输,另外 100 吨通过公路运输。所运输的货物可能在起点或中间点分开,然后到终点再聚集到一起。采用运输方式分担是为了满足货物运输的重量或体积约束,这样就大大增加了可选运输方案的数量。当然有些情况是不能采用运输分担方式的,如运输一辆汽车。

④ 多目标

在复合运输建模时还要考虑多个目标,常用的目标包括总时间最少、总费用最少或总服务水平最高等。建模时可以根据目标的重要性进行权衡来确定各自的权重,当然也还有其他方法,如直接采用多目标规划方法等。

⑤ 模糊或不精确的信息特性

承运商通常难以把握和确定各种费用和运输时间所需的信息。信息的这种模糊或不准确的特性会使承运商不能准确预告运输费用和运输时间。另外,运输时间还受天气状况、交通状况或道路结构的影响。而地方劳动力状况、设备可得性或天气也同时影响运输费用。所以对不确定的信息进行规划是必需的。在一些文献中有方法可以解决这个问题。

（3）复合运输选择模型

此模型最初是由 Reddy 于 1995 年给出的,此模型的特点是以费用最小作为目标函数,假设在任意给定的两城市间采用同一种运输方式,运输费用和运输距离成线性关系。

$c_{i,i+1}^k$：从 i 市到 $i+1$ 市采用运输方式 k 的运输费用；

t_i^{kl}：在 i 市从 k 方式转换为 l 方式的转运费用。

决策变量如下：

$$c_{i,i+1}^k = \begin{cases} 1, & \text{如果从 } i \text{ 市到 } i+1 \text{ 市运输货物采用 } k \text{ 方式,} \\ 0, & \text{否则} \end{cases}$$

$$y_i^{kl} = \begin{cases} 1, & \text{在 } i \text{ 市如果将货物从 } k \text{ 方式转运为 } l \text{ 方式,} k \neq l, \\ 0, & \text{否则} \end{cases}$$

模型为：

$$\min Z = \sum_i \sum_k x_{i,i+1}^k c_{i,i+1}^k + \sum_i \sum_k \sum_l y_i^{kl} t_i^{kl} \quad (3.6.3)$$

$$\text{s.t.} \quad \sum_k x_{i,i+1}^k = 1, \text{任意 } i$$

$$\sum_k \sum_l y_i^{kl} \leq 1, \quad \text{任意 } i$$

$$x_{i-1,i}^k + x_{i,i+1}^l \geq 2 y_i^{kl}, \quad \text{任意 } i,k,l$$

$$x_{i,i+1}^k, y_i^{kl} \in \{0,1\} \quad \text{任意 } i,k,l$$

上式中目标函数是使两个线性费用函数取值最小。目标函数第一项是对一给定数目的货物从起点到终点的总运输费用；第二项是总转运费用,此项只有在中间某地点将货物从一种运输方式转换为另一种运输方式时才存在。第一个约束条件保证在任两点间只有一种方式运输货物；第二个约束条件是指在某一城市只有一种转运类型；第三个约束条件保证其内部具有一致性,即如果在城市 i 运输方式从 k 变为 l,那么从 $i-1$ 市到 i 市货物就是通过 k 方式运输,而从 i 市到 $i+1$ 市货

物将通过 l 方式运输;最后一个约束条件是决策变量的 $0-1$ 约束。

对于 m 个运输方式 n 个城市来说,解的数目是 m^{n-1} 个,由于决策变量约束数目太多,因此可用动态规划的逆序解法求解这个模型。其具体算法如下:

每个城市都作为动态规划方法的一个阶段,从城市 $n-1$ 到城市 n 的总费用包括城市 $n-1$ 运输方式从 k 变为 l 的转运费用和从 $n-1$ 市到 n 市采用 l 运输方式的运输费用,用 $p_{n-1}(k,l)$ 表示:

$$p_{n-1}(k,l) = t_{n-1}^{kl} + qc_{n-1,n}^{l} \qquad (3.6.4)$$

式中:q 是货运量,其他符号同前面。

若进入 $n-1$ 市的运输方式为 k,则从 $n-1$ 市出去采用的运输方式的最佳方案为 m^*。m^* 由下式得出:

$$p_{n-1}(k,m^*) = \min_{l}\{p_{n-1}(k,l)\}, \qquad 任意 k \qquad (3.6.5)$$

从城市 2 到城市 $n-2$ 所对应的任一城市 i 的最优运输方式为 r^*,由下式计算:

$$p_i(k,l) = t_i^{kl} + qc_{i,i+1}^{l} + p_{i+1}(l,m^*), \qquad 任意 k \qquad (3.6.6)$$

$$p_i(k,r^*) = \min\{p_i(k,l)\} \qquad (3.6.7)$$

假定 $t_1^{kl} = 0$,对于城市 1 到城市 2,最好的运输方式计算公式为:

$$p_1(s^*) = \min_{k}\{qc_{1,2}^{k} + p_2(k,r^*)\} \qquad (3.6.8)$$

上述动态规划算法只需计算 $m(n-1)$ 次,m 是任两城市之间运输方式的数目,n 是整个路程中城市数目。根据以上递推公式,在复合运输线路中解决最优的运输结合方式的算法步骤如下:

第一步:用公式(3.6.4)和(3.6.5)选择离开城市 $n-1$ 的最优运输方式;

第二步:用公式(3.6.6)和(3.6.7)选择从城市 2 到城市 $n-2$ 所对应的最优运输方式;

第三步:用公式(3.6.8)计算 $p_1(s^*)$。

最优的运输方式则可以根据式(3.6.8)、(3.6.7)、(3.6.6)的结果反向推算得出。对于大规模的复合运输选择模型,实际中可以采取一些非数值优化技术,如模拟退火、遗传算法、蚁群算法及禁忌搜索技术等,通常能取得一些意想不到的结果。

第7节 特殊货物运输组织

特殊货物主要指鲜活货物、危险货物、超限货物等。由于各种载运工具的规格不同,对特殊货物的运输也有不同的规定,本节以道路运输为例说明特殊货物的运输组织。

一、道路危险货物运输组织工作

(一) 危险货物运输的概念

1. 危险货物的定义

危险货物是指具有爆炸、易燃、毒害、腐蚀、放射性等性质,在运输、装卸和贮存保管过程中,容易造成人身伤亡和财产损毁而需要特别防护的货物。其中"具有爆炸、易燃、毒害、腐蚀、放射性等性质",是危险货物能造成火灾、中毒、灼伤、辐射伤害与污染等方面事故的先决条件。

"容易造成人身伤亡和财产损毁",是指危险货物在运输、装卸和贮存保管过程中,在一定外界因素作用下,比如受热、明火、摩擦、震动、撞击、洒漏以及与其危险性质相抵触物品接触等情况下,发生化学变化所产生的危险效应,不仅使(危险)货物本身遭到损失,而且危及人身安全和破坏周围环境。

"需要特别防护",主要指必须针对各类危险货物本身的物理化学特性采取"特别"防护措施,如对某种爆炸品必须添加抑制剂、对有机过氧化物必须控制环境温度等,这是危险货物安全运输的先决条件。

因此,危险货物定义中上述三项要素必须同时具备(缺一不可)的货物方可称为危险货物。

2. 危险货物的分类

我国于1987年7月1日颁布实施的国家标准 GB 6944-86 将危险货物分成九类,其分类序列和名称依次为:第1类:爆炸品;第2类:压缩气体和液化气体;第3类:易燃液体;第4类:易燃固体、自燃物品和遇湿易燃物品;第5类:氧化剂和有机过氧化物;第6类:毒害品和感染性物品;第 7 类:放射性物品;第 8 类:腐蚀品;第 9 类:其他危险物品。

因国家标准 GB 6944-86 中的危险货物第 9 类适用于民航运输中的磁性物品和另行规定的物品(即指具有麻醉、毒害或其他类似性质,能造成飞行机组人员情绪烦躁或不适,以致影响飞行任务的正确执行,危及飞行安全的物品),在汽车运输中并无妨碍,故在我国交通部颁布的行业标准 JT 3130-88《汽车危险货物运输规则》中未予列入。

3. 危险货物的确认

确认某一货物是否为危险货物是危险货物运输管理的前提,也是保证客运和普通货物运输安全的前提。

仅凭危险品的定义和危险品的分类标准来确认某一货物是否为危险货物,在具体操作上常有困难,承托双方不可能对众多的危险品到需要运输时再做技术鉴定判断。所以,各种运输方式在确认危险货物时,都采取了列举原则。各运输方式都颁布了本运输方式的《危险货物运输规则》(简称《危规》),各《危规》都在所附的《危险货物品名表》中收集列举了本规则范围内具体的危险货物的名称。在此基础上,国家颁布了国家标准 GB 12268-90(《危险货物品名表》),列举了危险货物的具体品名表。据此,各运输方式结合自身的特殊性,也相继发布了《危险货物品名表》。因此,危险货物必须是本运输方式《危险货物品名表》所列名的,方予确认并按危险货物运输。

(二)危险货物对运输工作的要求

1. 爆炸品

爆炸品货物对汽车运输工作的要求主要如下:

(1)慎重选择运输工具。

(2)装车前应将货厢清扫干净,排除异物,装载量不得超过额定荷载。

(3)汽车长途运输爆炸品时,其运输路线应事先报请当地公安部门批准,按公安部门指定的路线行驶,不得擅自改变行驶路线,以利于加强运行安全管理,万一发生事故也可及时采取措施处置。车上无押运人员不得单独行驶,押运人员必须熟悉所装货物的性能和作业注意事项等。车上严禁捎带无关人员和危及安全的其他物资。

（4）汽车驾驶员必须集中精力，严格遵守交通法规和操作规程。行驶中注意观察，保持行车平稳。多辆车列队运输时，车与车之间至少保持50米以上的安全距离。一般情况下不得超车，非特殊情况不准紧急刹车。

（5）运输及装卸工作人员，都必须严格遵守保密规定，对有关弹药储运情况不准向无关人员泄露，同时必须严格遵守有关库、场的规章制度，听从现场指挥人员或随车押运人员的指导。装卸时必须轻拿轻放，严防跌落、摔碰、撞击、拖拉、翻滚、投掷、倒置等，以免发生着火、爆炸。

2. 压缩、液化、加压溶解气体货物

压缩、液化、加压溶解气体货物对汽车运输工作的要求，主要如下：

（1）夏季运输除另有限运规定外，车上还必须置有遮阳设施，防止暴晒。液化石油气槽车应配备橡胶导静电拖带。

（2）车上禁止烟火，运输可燃、有毒气体时，车上应备有相应的灭火器和防毒面具。

（3）运输大型气瓶时，行车途中应尽量避免紧急制动，以防止气瓶的巨大惯性冲出车厢平台而造成事故。运输一般气瓶在途中转弯时，车辆应减速，以防止急转弯或车速过快时，所装气瓶会因离心力作用而被抛出车厢外，尤其是市区短途运输的没有二道防震橡皮圈的气瓶更应注意转弯时的车速。

3. 易燃液体货物

易燃液体货物对汽车运输工作的要求，主要如下：

（1）运输易燃液体货物，车上人员不准吸烟，车辆不得接近明火及高温场所。装运易燃液体的罐（槽）车行驶时，导除静电装置应接地良好。

（2）装运易燃液体的车辆，严禁搭乘无关人员，途中应经常检查车上货物的装载情况，如捆扎是否松动，包装件有否渗漏。发现异常时应及时采取有效措施。

（3）夏天高温季节，当天气预报气温在30℃以上时，应根据当地公安消防部门的限运规定按指定时间内进行运输，如公安部门无具体品名限制的,对一级易燃液体(即燃点低于23℃)应安排在早、晚进行运输。如必须在高温天气运输时,车上应具有有效的遮阳措施,封闭式车厢应保持良好的通风。

(4)不溶于水的易燃液体货物原则上不能通过越江隧道,或按当地有关管理部门的规定进行运输。

(5)装卸作业必须严格遵守操作规程,轻装、轻卸,防止货物撞击,尤其是内容为易碎容器(玻璃瓶)时,严禁摔损、重压、倒置,货物堆放时应使桶口、箱盖朝上,堆垛整齐、平稳。

4. 易燃固体、自燃物品和遇湿易燃物品货物运输

本类危险货物对汽车运输工作的要求,主要如下:

(1)行车时,要注意防止外来明火飞到货物中,要避开明火高温区域场所。

(2)定时停车检查货物的堆码、捆扎和包装情况,尤其是要注意防止包装渗漏留有隐患。

(3)装卸时要轻装、轻卸,不得翻流。尤其是含有稳定剂的包装件或内包装是易碎容器的,应防止撞击、摩擦、摔落,致使包装损坏而造成事故。

(4)严禁与氧化剂、强酸、强碱、爆炸性货物同车混装运输。

5. 氧化剂和有机过氧化物货物运输

本类危险货物对汽车运输工作的要求,主要如下:

(1)根据所装货物的特性和道路情况,严格控制车速,防止货物剧烈震动、摩擦。

(2)控温货物在运输途中应定时检查制冷设备的运转情况,发现故障应及时排除。

(3)中途停车时,也应远离热源、火种场所,临时停靠或途中住宿过夜时,车辆应有专人看管,并注意周围环境是否安全。

(4)重载发生车辆故障维修时应严格控制明火作业,人不准离车,同样要注意周围环境是否安全,发现问题应及时采取措施。

6. 毒害品和感染性物品货物运输

本类危险货物对汽车运输工作的要求,主要如下:

（1）防止货物丢失，这是行车中要注意的最重要事项。如果丢失不能找回，毒品落到没有毒品知识的群众或犯罪分子手里，就可能酿成重大事故。万一丢失而又无法找回，必须紧急向当地公安部门报案。

（2）要平稳驾车，定时停车检查包装件的捆扎情况，谨防捆扎松动、货物丢失。

（3）行车要避开高温，明火场所；防止袋装、箱装毒害品淋雨受潮。

（4）用过的苫布，或被毒害品污染的工具及运输车辆，在未清洗消毒前不能继续使用，特别是装运过毒害品的车辆未清洗前严禁装运食品或活动物。

（5）毒害品装运配载时需注意：氧化剂不得与有机毒害品配装，毒害品中的氧化物不得与酸性腐蚀品配装（例如氰化钠、氰化钙遇硫酸反应会产生剧毒的氰化氢气体），其他无机毒害品与酸性腐蚀物品均应隔离配载。

7．放射性物品货物运输

本类货物对汽车运输及装卸工作的要求，主要如下：

（1）放射性物品的配载

① 除特殊安排装运的货包外，不同种类的放射性货包（包括可裂变物质货包）可以混合装运、贮存，但必须遵守总数和间隔距离的规定。

② 放射性物品不能与其他各种危险品配载或混合贮存，以防危险货物发生事故，造成对放射性物品包装的破坏，从而导致辐射诱发其他危险品发生事故。

③ 不受放射线影响的非危险货物可以与放射性物品混合配载。放射性货物应与未感光的胶片隔离。

（2）放射性货物运输装卸过程中的辐射防护

放射性照射又称辐射。辐射防护的目的是保障辐射工作人员（包括运输人员）和广大居民的健康以及保护环境不受污染，以使伴有射线和放射性物质的生产科研活动得以顺利进行。

8．腐蚀品货物运输

本类危险品对汽车运输工作的要求，主要如下：

（1）驾驶员要平稳驾驶车辆，特别在载有易碎容器包装的腐蚀品的情况下，路面条件差、颠簸震动大而不能确保易碎品完好时，不得冒险通过。

（2）每隔一定时间要停车检查车上货物情况，发现包装破漏要及时处理或丢弃，防止漏出物损坏其他包装酿成重大事故。

（3）腐蚀品的配载，应注意：①酸性腐蚀品和碱性腐蚀品不能配载；②无机酸性腐蚀品和有机酸性腐蚀品不能配载；③无机酸性腐蚀品不得与可燃品配载；④有机腐蚀品不得与氧化剂配载；⑤硫酸不得与氧化剂配载；⑥腐蚀品不得与普通货物配载，以免对普通货物造成损害。

（4）装卸作业时要轻装、轻卸，防止撞击、跌落，禁止肩扛、背负、揽抱、钩拖腐蚀品。酸坛外包装要用绳索套底搬动，以防脱底，酸坛摔落，发生事故。

（5）堆装时应注意指示标记，桶口、瓶口、箱盖朝上，不准横放倒置，堆码要整齐、靠紧、牢固；没有封盖的外包装不得堆码。

（6）装卸现场应视货物特性，备有清水、苏打水（对酸性能起中和作用）或稀醋酸（对碱性起中和作用），以备应急之需。

（7）需要丢弃时，要注意环境安全。

（三）道路危险货物运输组织管理要点

1. 道路危险货物运输资质管理

（1）从事汽车危险货物运输的基本条件

必须具备以下条件的运输企业或单位，并经道路运政管理机关批准，方能从事危险货物的运输：

① 拥有与所从事危险货物运输范围相适应的停车场站、仓储设施等，并符合国家《消防条例》的规定。

② 运输危险货物的车辆、装卸机械和工具等，必须符合《汽车危险货物运输规则》规定的技术条件和要求。

③ 从业人员必须掌握危险货物的基础知识，熟悉汽车危险货物运输技术业务和有关安全管理规章，政治思想、技术业务素质符合岗位规范要求。对直接从事危险货物运输、装卸、理货等的作业人员，需经过培训、考核并取得道路运政管理机关颁发的有效"操作证"，才能凭证

上岗作业。

④ 从事汽车危险货物运输的单位必须有健全的安全生产规程、岗位责任制度、车辆设备维修制度、安全管理制度和监督保障体系,并配备有能适应汽车危险货物运输生产和组织管理需要,懂业务、有技术、会管理的管理人员。

(2) 汽车危险货物运输的资质凭证

汽车危险货物运输的资质凭证,是证明汽车危险货物运输者、作业者的基本条件符合规定要求,并经过办理申报批准手续,有资格从事汽车危险货物运输、作业的凭证。它包括由道路运政管理部门审批、发放的加盖"危险货物运输"字样的"道路运输经营许可证"、"道路营业运输证"或"道路非营业运输证"、"危险货物作业证"以及汽车危险货物运输车辆标志和消防工作合格文件等。从业者凭"道路运输经营许可证",向当地工商行政管理部门办理"工商营业执照"。

汽车危险货物运输车辆的"道路营业运输证",是在办理了"道路运输经营许可证"和"工商营业执照"后,按营运车辆数从管辖道路运政管理机关领取的一车一证,是随车同行的。

汽车危险货物运输车辆的"道路非营业运输证"是非营业性汽车危险货物运输车辆运行的凭证,它是在办理了非营业性汽车危险货物运输手续后,凭批准文件从主管道路运输行政管理机关领取,一车一证,随车同行。

2. 危险货物运输车辆管理

危险货物具有燃烧、爆炸、毒害、腐蚀及放射性等危险性质。这些性质的存在,就决定了运输危险货物车辆的结构、性能和装备必须符合一些相应的特殊要求。

(1) 车辆排气管应有隔热罩和火星熄灭装置。

(2) 装运大型气瓶、可移动式槽罐的车辆必须装备有效的紧固装置。

(3) 车厢底板必须平整完好,周围栏板必须牢固。

(4) 在装运易燃易爆危险品时,一般应使用木质底板车厢,如是铁质底板,就应采取衬垫防护措施,例如铺垫胶合板、橡胶板等,但不能使用稻草片、麻袋等松软材料。

（5）装有易燃易爆危险品的车辆，不得使用明火修理或采用明火照明，不得用易产生火花的工具敲击。

（6）装运放射性同位素的专用车辆、设备、搬运工具、防护用具，必须定期进行放射性污染程度的检查，当污染量超过规定允许水平时，不得继续使用。

（7）根据所装危险货物的性质，车辆要配备相应的消防器材和捆扎、防散失、防水等工具、用具。

（8）装运危险品的车辆应具备良好避震性能的结构和装置。

（9）装运危险货物的车辆必须按国家标准 GB 13392—92 规定设置"危险品"字样的信号装置，即三角形磁吸式"危险品"字样的黄色顶灯和车尾标志牌。

（10）对运输危险货物车辆的限制：①拖拉机不得装运爆炸物品、一级氧化剂、有机过氧化物、一级易燃物品（包括固体、液体和气体）；②自卸车原则上不得装运各类危险货物，但沥青、散袋硫磺除外；③非机动车不得装运爆炸品、压缩气体和液化气体（民用液化石油气暂予免除限制）；④畜力车不能驮运起爆器材、炸药或爆炸物品。

二、道路超限货物运输组织工作

（一）道路超限货物运输的概念

1. 道路超限货物运输的含义

道路超限货物运输，是指使用非常规的超重型汽车列车（车组）载运外形尺寸和重量超过常规车辆装载规定的大型物件道路运输。

大型物件是指符合下列条件之一的货物：

（1）货物外形尺寸：长度在 14 米以上或宽度在 3.5 米以上或高度在 3 米以上的货物。

（2）重量在 20 吨以上的单体货物或不可解体的成组（捆）货物。

2. 道路超限货物类型

根据我国道路运输主管部门现行规定，道路超限货物（即大型物件，简称大件）按其外形尺寸和重量分成四级，如表 3-18 所示。

超限货物重量指货物的毛重,即货物的净重加上包装和支撑材料后的总重,它是配备运输车辆的重要依据,一般以生产厂家提供的货物技术资料所标明的重量为参考数据。

表 3－18　大型物件分组表

大型物件级别	重量(吨)	长度(米)	宽度(米)	高度(米)
一	20～(100)	14～(20)	3.5～(4.5)	3～(3.8)
二	100～(200)	20～(30)	4.5～(5.5)	3.8～(4.4)
三	200～(300)	30～(40)	5.5～(6)	4.4～(5)
四	300 以上	40 以上	6 以上	5 以上

注:① 加括号的数表示该项参数不包括括号内的数值;

② 货物的重量和外廓尺寸中,有一项达到表列参数,即为该级别的超限货物;货物同时在外廓尺寸和重量达到两种以上等级时,按高限级别确定超限等级。

(二)道路超限货运组织工作要点

依据道路超限货物运输的特殊性,其组织工作环节主要包括办理托运、理货、验道、制定运输方案、签订运输合同、线路运输工作组织以及运输统计与结算等项。

1. 办理托运

由大型物件托运人(单位)向已取得大型物件运输经营资格的运输业户或其代理人办理托运,托运人必须在(托)运单上如实填写大型物件的名称、规格、件数、件重、起运日期、收发货人详细地址及运输过程中的注意事项。凡未按上述要求办理托运或运单填写不明确,由此发生运输事故的,由托运人承担全部责任。

2. 理货

理货是大件运输企业对货物的几何形状、重量和重心位置事先进行了解,取得可靠数据和图纸资料的工作过程。通过理货工作分析,可为确定超限货物级别及运输形式、查验道路以及制订运输方案提供依据。

理货工作的主要内容包括:调查大型物件的几何形状和重量,调查大型物件的重心位置和质量分布情况,查明货物承载位置及装卸方式,查看特殊大型物件的有关技术经济资料以及完成书面形式的理货报告。

3. 验道

验道工作的主要内容包括:查验运输沿线全部道路的路面、路基、纵向坡度、横向坡度及弯道超高处的横坡坡度、道路的竖曲线半径、通道宽度及弯道半径,查验沿线桥梁涵洞、高空障碍,查看装卸货现场、倒载转运现场,了解沿线地理环境及气候情况。根据上述查验结果预测作业时间,编制运行路线图,完成验道报告。

4. 制定运输方案

在充分研究、分析理货报告及验道报告的基础上,制定安全、可靠、可行的运输方案。其主要内容包括:配备牵引车、挂车组及附件,配备动力机组及压载块,确定限定最高车速,制定运行技术措施,配备辅助车辆,制定货物装卸与捆扎加固方案,制定和验算运输技术方案,形成运输方案书面文件。

5. 签订运输合同

根据托运方填写的委托运输文件及承运方进行理货分析、验道、制定运输方案的结果,承托双方签订书面形式的运输合同,其主要内容包括:明确托运与承运甲乙方、大型物件数据及运输车辆数据、运输起讫地点、运距与运输时间,明确合同生效时间、承托双方应负责任、有关法律手续及运费结算方式、付款方式等。

6. 线路运输工作组织

线路运输工作组织包括:建立临时性的大件运输工作领导小组,负责实施运输方案,执行运输合同和对外联系。领导小组下设行车、机务、安全、后勤生活、材料供应等工作小组及工作岗位,并组织相关工作岗位责任制,组织大型物件运输工作所需牵引车驾驶员、挂车操作员、修理工、装卸工、工具材料员、技术人员及安全员等,依照运输工作岗位责任及整体要求认真操作、协调工作,保证大件运输工作全面、准确地完成。

7. 运输统计与结算

运输统计指完成道路大型货物运输工作各项技术经济指标统计。运输结算即完成运输工作后按运输合同有关规定结算运费及相关费用。

自学指导

学习重点

本章学习重点:运输的相关概念;运输作业流程;运输计划的编制;各种运输形式的组织方法。

1. 运输的相关概念
(1) 准时货运的概念
(2) 快速货运的概念
(3) 整车货运的概念
(4) 成组货运的概念
(5) 专项货运的概念
(6) 双班运输的概念
(7) 拖挂运输的概念
(8) 甩挂运输的概念
(9) 等值运距的概念
(10) 零担货物的概念
(11) 自行运输的概念
(12) 委托运输的概念
(13) 超限货物的概念
2. 运输作业流程
(1) 运输的一般流程
(2) 运输的几种基本模式
(3) 货物运输系统的构成
(4) 几种货运形式的组织原则
3. 运输计划的编制
(1) 运输计划的构成

（2）运输计划的一般编制方法

（3）运输调度的基本内容

4．各种运输形式的组织方法

学习难点

本章学习难点：运输的现场调度；运输方案的设计；运输效率的分析；几种运输决策问题方法。

复习题

一、**单项选择题**（在备选答案中选择1个最佳答案，并把它的标号写在题后的括号内）

1．货运经营的主体是_____。

A．货主　　　　　　　　B．货运服务对象

C．货运经营者　　　　　D．货运市场

2．货运企业日常管理的核心工作是_____。

A．计划工作　　　　　　B．投资决策工作

C．财务工作　　　　　　D．调度工作

3．驮背运输也称为_____。

A．载驳运输　　　　　　B．拖挂运输

C．双班运输　　　　　　D．甩挂运输

4．环形式行驶路线选择的原则是_____。

A．工作率最高　　　　　B．装卸停歇时间最短

C．里程利用率最高　　　D．总行程最短

二、**多项选择题**（在备选答案中有2～5个是正确的，将其全部选出并将它们的标号写在题后的括号内，错选或漏选均不给分）

1．货物运输系统主要由以下哪几部分构成（　　）。

A．货运市场　　B．货运企业　　　C．货物

D．驾驶员　　　E．货运信息

2．零担货运的特点是（　　）。

A．调度方法不同　B．计划性差　　C．多为干散货

D．组织工作复杂　E．所用车辆不同

3．货运的基础设施包括（　　）等。

A. 公路　　　　B. 货运车辆　　　　C. 航道
D. 货运站　　　E. 装卸机械
4. 汽车运输计划由以下哪几部分组成(　　)。
A. 汽车保修计划　B. 运输量计划　　C. 车辆计划
D. 行车时刻表　　E. 车辆运用计划
5. 运输车辆的选择,主要指(　　)。
A. 车型选择　　B. 车辆组织方式选择　C. 车辆载重量选择
D. 行车路线选择　E. 车辆数选择

三、名词解释

1. 准时货运　2. 快速货运　3. 整车货运　4. 成组货运
5. 专项货运　6. 双班运输　7. 拖挂运输　8. 甩挂运输
9. 等值运距　10. 货运流通过程　11. 货运经营者　12. 零担货物
13. 自行运输　14. 委托运输　15. 超限货物　16. 危险货物

四、简答题

1. 我国货运系统的发展特点。
2. 举例说明货物流通有哪几种模式。
3. 简述货运组织的基本方式。
4. 简述汽车运输调度工作的基本内容。
5. 简述汽车运输调度工作机构的组成及主要工作职责。
6. 双班运输的组织形式有哪些?
7. 试述拖挂运输经济性的具体表现。
8. 举例说明甩挂运输的经济性。
9. 试述超限货运的运输组织工作要点。
10. 试述集装箱运输的基本组织程序。
11. 简述零担货运的组织方式。
12. 简述运输方式选择应考虑的主要因素。
13. 如何进行自行运输与委托运输的选择决策?

五、计算题

1. 某运输公司要运送一批货物,其可用车型有:东风单车和东风挂车。其有关指标测算如下:单车 $Q=5$ 吨, $T=60$ 分钟, $\beta=0.5$, $V=80$ 公里/小时。挂车 $Q=4$ 吨, $T=60$ 分钟, $\beta=0.5$, $V=50$ 公里/小时。当在 60 公里处有一货运任务时,应如何派车?

2. 由某钢铁厂仓库运出的金属材料批量按指数分布,其概率密度函数为

$f(x) = 0.11e^{-0.11x}$,年运货总量 $\sum Q = 406\,720$ 吨。现计划采用三种类型的汽车完成上述任务,其中:解放型汽车:$q_1 = 4$ 吨,$\alpha_{d1} = 0.85$,$t_{lu1} = 60$ 分钟

黄河型汽车:$q_2 = 8$ 吨,$\alpha_{d2} = 0.90$,$t_{lu2} = 76$ 分钟

玛斯型汽车:$q_3 = 12.5$ 吨,$\alpha_{d3} = 0.75$,$t_{lu3} = 90$ 分钟

其余指标各车相同:$L_i = 15$ 公里;$V_{Ti} = 20$ 公里/小时;$\beta = 0.65$;$T_{di} = 8$ 小时;$r = 1$;$D_p = 365$ 天;$j = 1,2,3$。试计算所需的各型车数。

3. 假定在理想的单线往复式运输路线上运送一大批量货物,运距为 40 公里,技术速度为时速 60 公里,装车作业时间为 6 分钟/吨,卸车作业时间为 4 分钟/吨,摘挂作业为 5 分钟/次,主车、全挂车、半挂车载重量分别为 5、4、8 吨,试在一个工作班内比较各种运输形式的效率。

4. 某公司从工厂向距客户较近的地区仓库运货,铁路平均运输时间为 15 天,汽车运输时间为 10 天,每节省 1 天可降低 3% 的库存,铁路每件产品运价为 0.20 元,公路为 0.35 元,为满足需求必须保持库存 10 000 件,年需求量为 1 000 000 件。每年每件产品库存费用为 6 元。若用铁路运输,为满足需求一年需运 15 次,而公路要运 30 次。确定采用何种运输方式才能使总运费最低。

5. 某汽车运输公司某年度平均营运货车数为 100 辆,其额定吨位为 5 吨。经分析测算,全年平均车辆完好率可达 90%,其中由于各种原因导致停驶的车辆占营运车数的 10%;技术速度、出车时间利用系数、平均每日出车时间依次为 50 公里/小时、0.6、10 小时;总行程中的空驶行程将占 40%;运输量计划中列示的平均运输距离为 60 公里,货物周转量为 26 250 000 吨公里。据此确定各车辆运用效率指标值,编制车辆运用计划。

六、论述题

试述汽车运输计划的构成及编制方法。

第4章 配送作业管理

学习目标

1. 应了解、知道的内容
- 物流配送的概念
- 配送在物流中的作用
- 共同配送的概念
- 物流配送模式
- 应时配送的概念
- 配送中心的概念
2. 应理解、清楚的内容
- 物流配送的一般流程
- 物流配送的种类
- 物流配送系统的构成
- 物流配送系统设计的基本原则
- 共同配送的几种方式
- 配送中心的车辆调度
- 配送中心的类型
- 配送中心最佳规模的确定方法
- 配送中心的作业程序
3. 应掌握、会用的内容

- 配送效率的分析
- 会对配送中心的作业进行组织
4. 应熟练掌握的内容
- 掌握配送方案设计
- 系统分析配送中心选址对配送效率的影响

自学时数

16 学时。

老师导学

运输与配送均是物流的重要功能要素,其中配送又是运输的特殊形式。本章系统地阐述了配送的基本概念和作用、配送的一般流程、配送中心选择以及配送方案设计等内容。本章的重点在于对配送的基本概念和流程的把握,难点在于配送方案设计中的一些模型的运用。学生在学习本章过程中应注意理论联系实际,定性与定量相结合地加以理解。

第1节 物流配送概述

一、物流配送的基础知识

配送是物流中一种特殊的、综合的活动形式,是商流与物流的紧密结合,包含了商流活动和物流活动,也包含了物流中若干功能要素的一种形式。

(一) 物流配送概述

从物流来讲,配送几乎包括了所有的物流功能要素,是物流的一个缩影或在某小范围中物流全部活动的体现。一般的配送集装卸、包装、保管、运输于一身,通过这一系列活动完成将货物送达的目的。

特殊的配送则还要以加工活动为支撑,所以涵盖的方面更广。但是,配送的主体活动与一般物流却有所不同,一般物流是运输及保管,而配送则是运输及分拣配货。分拣配货是配送的独特要求,也是配送中有特点的活动,以送货为目的的运输则是最后实现配送的主要手段。

从商流来讲,配送和物流不同之处在于,物流是商物分离的产物,而配送则是商物合一的产物,配送本身就是一种商业形式。虽然配送具体实施时,也有以商物分离形式实现的,但从配送的发展趋势看,商流与物流越来越紧密的结合,是配送成功的重要保障。可以从两个方面认识配送的概念:

其一,从经济学资源配置的角度,对配送在社会再生产过程中的位置和配送的本质行为予以表述:

配送是以现代送货形式实现资源最终配置的经济活动。这个概念的内涵可以概括为四个方面:

第一,配送是资源配置的一部分。根据经济学家的理论认识,配送是经济体制的一种表现形式。

第二,配送的资源配置作用是"最终配置",因而是最接近顾客的配置。接近顾客是经营战略至关重要的内容。美国兰德公司对《幸福》杂志所列的 500 家大公司一项调查表明:"经营战略和接近顾客至关重要",证明了这种配置方式的重要性。

第三,配送的主要经济活动是送货,这里面强调现代送货,表述了和我国旧式送货的区别,其区别以"现代"两字概括,即是以现代生产力、劳动手段为支撑,依靠科技进步,实现"配"和"送"有机结合的一种方式。

第四,配送在社会再生产过程中的位置,是处于接近用户的那一段流通领域,因而有其局限性。配送是一种重要的方式,有其战略价值,但是它并不能解决流通领域的所有问题。

其二,从配送的实施形态角度,配送概念可以作如下表述:

按用户订货要求,在配送中心或其他物流节点进行货物配备,并以最合理方式送交用户。这个概念的内涵可以概括为五个方面:

第一,该概念描述了接近用户资源配置的全过程;

第二,配送实质是送货。配送是一种送货,但和一般送货有区别:一般送货可以是一种偶然的行为,而配送却是一种有确定组织和确定渠道、有专用装备、有管理、有技术、有制度的体制形式。所以,配送是高水平送货形式。

第三,配送是一种"中转"形式。配送是从物流结点至用户的一种特殊送货形式。从送货功能看,其特殊性表现为:从事送货的是专职流通企业,而不是生产企业;配送是"中转"型送货,而一般送货——尤其从工厂至用户的送货往往是直达型;一般送货是生产什么,有什么送什么,配送则是用户需要什么送什么。所以,要做到需要什么送什么,就必须在一定中转环节筹集这种需要,从而使配送以中转形式出现。当然,从广义上许多人也将非中转型送货纳入配送范围,将配送外延从中转扩大到非中转,仅以"送"为标志来划分配送外延。

第四,配送是"配"和"送"有机结合的形式。配送与一般送货的重要区别在于,配送利用有效的分拣、配货等理货工作,使送货达到一定的规模,以利用规模优势取得较低的送货成本。如果不进行分拣、配货,有一件运一件,需要一点送一点,这就会大大增加资源的消耗,使送货并不优于取货。所以,追求整个配送的优势,分拣、配货等项工作是必不可少的。

第五,配送以用户要求为出发点。在定义中强调"按用户的订货要求",明确了用户的主导地位。配送是从用户利益出发、按用户要求进行的一种活动,因此,在观念上必须明确"用户第一"、"质量第一"。配送企业的地位是服务地位而不是主导地位,因此不能从本企业利益出发而应从用户利益出发,在满足用户利益基础上取得本企业的利益。更重要的是,不能利用配送损伤或控制用户,不能利用配送作为部门分割、行业分割、割据市场的手段。

配送概念中"以最合理方式"的提法是基于这样一种考虑:过分强调"按用户要求"是不妥的,用户要求受用户本身的局限,有时实际会损失自我或双方的利益。对于配送者讲,必须以"要求"为据,但是不能盲目,应该追求合理性,进而指导用户,实现共同受益的商业原则。

(二)物流配送的功能要素

1. 备货

备货是配送的准备工作或基础工作,备货工作包括筹集货源、订货或购货、集货、进货及有关的质量检查、结算、交接等。配送的优势之一,就是可以集中用户的需求进行一定规模的准备。备货是决定配送成败的初期工作,如果备货成本太高,会大大降低配送的效益。

2. 储存

配送中的储存有储备和暂存两种形态。

配送储备是按一定时期的配送经营要求而形成的对配送资源的保证。这种类型的储备数量较大,储备结构也较完善,根据货源及到货情况,可以有计划地确定周转储备、保险储备结构及数量。配送的储备保证有时在配送中心附近单独设库解决。

暂存是具体执行配送时,按分拣配货要求,在理货场地所做的少量储存准备。由于总体储存效益取决于储存总量,所以,这部分暂存数量只会对工作方便与否造成影响,而不会影响储存的总效益,因而在数量上控制并不严格。

还有另一种形式的暂存,即是分拣、配货之后形成的发送货物的暂存,这个暂存主要是调节配货与送货的节奏,暂存时间不长。

3. 分拣及配货

分拣及配货是配送不同于其他物流形式的有特点的功能要素,也是配送成败的一项重要支持性工作。分拣及配货是完善送货、支持送货的准备性工作,是不同配送企业在送货时进行竞争和提高自身经济效益的必然延伸,可以说是送货向高级形式的发展。有了分拣及配货就会大大提高送货服务水平,所以,分拣及配货是决定整个配送系统水平的关键要素。

4. 配装

在单个用户配送数量不能达到车辆的有效载运负荷时,就存在如何集中不同用户的配送货物。进行搭配装载以充分利用运能、运力的问题,这就需要配装。

和一般送货不同之处在于,通过配装送货可以大大提高送货水平及降低送货成本。因此,配装也是配送系统中有现代特点的功能要素,是现代配送不同于已往送货的重要区别之处。

5. 配送运输

配送运输属于运输中的末端运输、支线运输,和一般运输形态的主要区别在于:配送运输是距离较短、规模较小、批次较多的运输形式,一般使用汽车做运输工具。与干线运输的另一个区别是,配送运输的路线选择问题是一般干线运输所没有的,干线运输的优化路径是唯一的运输线,而配送运输由于配送用户多,一般城市交通路线又较复杂。如何组合成最佳路线,如何使配装和路线有效搭配等,是配送运输的特点,也是难度较大的工作。

6. 送达服务

配好的货送到用户手中还不是配送工作的完结,这是因为送达货和用户接货往往还会出现不协调。因此,要圆满地实现运到之货的移交,并有效地、方便地处理相关手续并完成结算,还应讲究卸货地点、卸货方式等。送达服务也是配送独具的特殊性。

7. 配送加工

在配送中,配送加工这一功能要素不具有普遍性,但往往是有重要作用的功能要素。因为通过配送加工,可以大大提高用户的满意程度。

配送加工是流通加工的一种,但它有不同于一般流通加工的特点,即配送加工一般只取决于用户要求,其加工的目的较为单一。

(三) 配送在物流中的作用

配送在物流中的作用主要表现在:

1. 配送的库存作用

现代配送制度的建立首先解决了社会化流通所面临的"层层设库"、"行行设库"的库存分散、库存总量过大的问题。配送是一个完整的过程,集采购、包装、加工、保管、运输于一体,具有较宽的覆盖面。根据市场供求关系的变化,消费量的多少,用户的订货要求,集中采购使商品种类齐全成为一个大的"蓄水池",满足用户的需求,从而改变库存结构的失衡状态,使库存结构在合理的情况下,实现库存总量的降低。其优势:一是方便用户随要随进、及时无误、库存储备趋近于零,有利于加速资金回笼,降低成本,获取较好的效益;二是节省了不必要的建库投资。

2. 配送的资金周转作用

资金周转快慢直接影响到企业经营和效益。从传统的做法看,企业从订货、进货,到销售完毕,需要相当长的时间,资金占用较大,无形之中加大了企业的费用和商品销售成本。在实现了配送之后,企业可根据资金情况,实行批量进货。同时,由于进货环节减少,整个节奏加快,使资金周转期缩短,以有限的资金换取较好的经济效益。

3. 配送的经济作用

由于配送是一种特殊的、综合的活动形式,它几乎包括了所有物流功能要素,它的最终目的是配送,其作用表现为:

(1) 降低商品成本作用

采用配送可以减少企业过多的进货环节,节约了各个环节所花费的费用,使购进的商品成本降低,有利于企业在同等的水平线上开展竞争,即使消费者满意,又使企业获得相应的利润。

(2) 商品调剂作用

现代配送大都采用计算机联网管理的方法,用户可直接从电脑上了解到各种商品情况,利用电话即可解决订货。作为配送中心,对于用户所订商品一时短缺的,可以通过计算机查询各家商品库存情况,将库存量较大的商品调剂给另一家。既满足了用户需求,又减少厂商多余的库存。

(3) 包装、加工作用

由于配送功能齐全,而包装、加工又是整个配送过程中不可缺少的一种特殊形式。就流通与流通对象的关系而言,配送中包装加工的目的在于创造价值和使用价值,使包装加工在不做大改变的情况下提高价值。例如铝合金门窗的加工,用户所需铝合金门窗尺寸不同,规格不等,如果用户直接购进板材自己加工,剩余的下脚料只好报废,既支付了不必要的费用,又造成原材料的浪费。通过配送中心的加工,就可以有效地解决这一问题。配送中心可根据用户尺寸的要求,采取集中下料的办法,将剩余的下脚料再加工成其他用户所需要的门窗,提高原材料利用率,可做到物尽其用。又如商业包装,商业包装是以促进商品销售为主要目的,其特点是外形美观,有必要的装潢。配送中心根据季节变化,购进一批羊毛衫,为了达到促销目的,对羊毛衫实行单件单盒包装。在包装过程中,充分运用艺术手法和包装手段,使其外观高雅大方,给消费者一种高档的感觉,以此促进销售,通过包装的艺术效果提高产品的经济效益。

总之,实施现代配送,对于促进社会化大生产、大流通有着极其重要的意义和作用。

二、配送系统的构成

作为配送系统,其要点应当是"系统"二字。以往很多人在提起配送时,想到的大多是运输或者是仓储,而没有想到其系统性,这种脱离系统的观点往往会产生片面性。近些年来,由于交通拥挤等原因,人们十分重视道路运输问题,在这个领域做了大量研究工作,但是实施的效果并不好。其原因很复杂,但不可否认的是,很多的解决方案没有考虑配送的系统性,仅仅从运输一个方面考虑,忽视了配送系统其他因素的影响,因而不能达到预期的目的。配送包括仓储选址、货物分配、路线安排等诸多因素,其系统目标又包括最小化成本、最大化客户满意度等。要解决配送系统优化问题,首先要了解物流系统。

物流系统要素包括:物流基础设施、物流装备、物流网络、物流管理、物流信息系统等。

物流基础设施包括:运输线路,如公路、河道、管道等;物流基地,如物流中心、配送中心、仓库等。

物流装备包括:车辆、船舶、搬运装置、装卸装置等。

物流网络包括:运输路线的配置、物流基地的配置、物流节点之间的配置。

物流管理包括:各种设施、装备、网络的运转指挥、协调、组织等。

物流信息系统是架构在整个配送系统中的信息系统,它的作用主要是组织协调整个配送系统的工作,支持系统中的各个要素之间的信息交互,存储客户需求、车辆路线安排等历史数据,同时还要提供科学的系统优化。

第2节　配送业务管理

配送的业务流程比较规范,但并不是所有配送中心均按统一流程进行。不同产品的配送都有其独特之处,如:燃油配送就不存在配货、分放、配装工序,水泥及木材配送就有一些流通加工的过程。

本节仅对配送作业的一般业务流程进行概述。

一、配送的一般业务流程

配送作业的一般作业流程见下图所示:

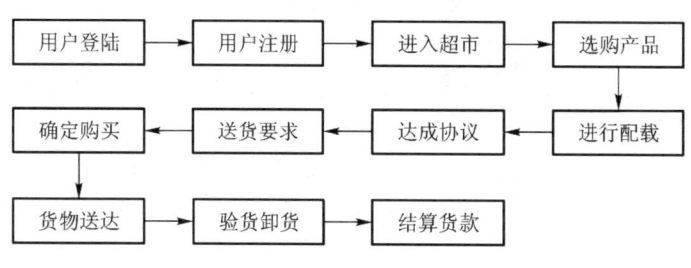

图4-1　配送作业一般流程

配送流程可以分为两个部分:进货和出货。

（一）进货流程(见图4-2)

① 零售商向货主订货;

② 货主整理出所有订单的商品品种、规格、数量形成向生产基地供应商(或生产商)要货的进货单,通知生产基地供应商(或生产商)发

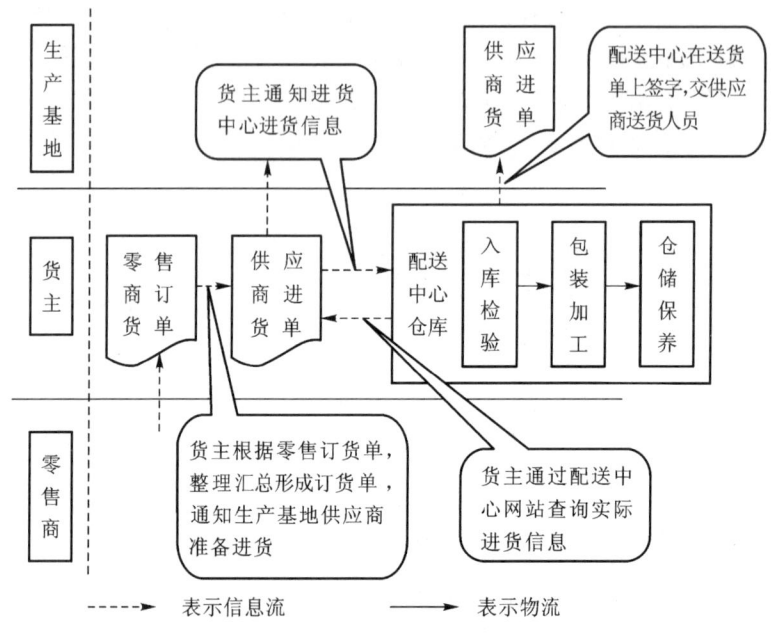

图 4-2 进货作业流程

货。同时货主将进货单传真一份给配送中心,并在进货单传件上注明预定进货的日期;

③ 供应商(或生产商)在货主指定预定进货的日期将商品送达配送中心,配送中心在供应商(或生产商)的送货单上签收后入仓库;

④ 货主通过配送中心网站查询实际进货信息;

⑤ 配送中心将签章后的生产基地供应商送货单于次工作日转交货主。

(二)出货流程(见图 4-3)

① 零售商向货主订货;

② 货主整理订单,决定是否需要安排配送,然后将需要配送的商品订单传真到配送中心,必须在每日下午 15:00 前传真到配送

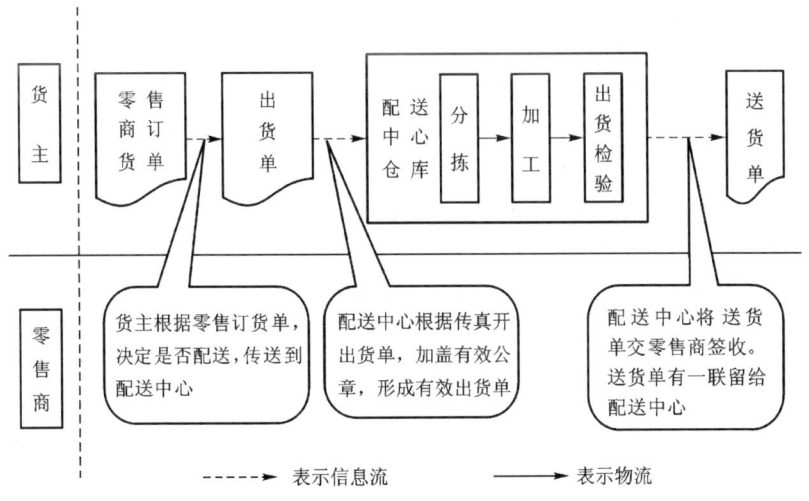

图 4-3 出货作业流程

中心；

③ 配送中心根据订单出货日期开具送货单，形成每天的出货单；

④ 配送中心在订单要求时限内送货（但是此有效配送时限必须大于8小时），必要时可提供当日内的紧急送货服务，但货主在当天提前8小时将商品订单传真至配送中心；

⑤ 配送中心送货人员可代货主收取货款（现金），原则上每单金额不大于5 000元，对于不需代收款的零售商则由其签收送货单，交送货人员带回；

⑥ 配送中心于次工作日将所有已完成的送货单及代收的货款交给货主；

⑦ 货主通过配送中心网站可查询到送货信息。

如果货主授权配送中心直接受理零售商的订货单，零售商可直接将订货单发给配送中心处理。

二、配送系统规划

(一)配送规划的原则

在规划和设计物流配送系统时应注意以下几项原则:

1. 时效性

所谓时效性就是能在指定时间内交货。

2. 可靠性

能够完好无缺地把货送到用户手中。

3. 服务态度

送货人员是代表公司在和用户交往,为此,必须以最佳服务态度对待用户,从而维护公司形象和信誉。

4. 便利性

为让用户方便,一定按用户要求送货。如用户要求紧急送货应尽力满足要求。

5. 经济性

能够满足用户要求,不仅商品质量要好,而且价格合理。通过精心运作降低成本,对用户收费低廉,让用户感到实惠。

(二)准备工作

作为一个决策者,在规划和设计物流配送系统之前,必须做好下述几项准备工作:

1. 明确目标,有的放矢

第一,规划和设计比较合理的物流配送系统;

第二,物流运营成本最低;

第三,物流服务水平最高;

第四,物流作业速度最快;

第五,不断扩大配送市场。

2. 盘点家底,准确定位

在决策之前首先盘点一下自己的"家底",才能准确地定位。盘点"家底",主要是摸清本企业目前的现状,应从以下几个方面入手:

第一,企业现有的物流设施与设备的基本情况。现有的仓库库容量、仓库状况,货运汽车、冷藏车数量及运行情况,叉车、巷道起重机及水平输送设备的情况,货架、托盘情况等。

第二,专业技术人员情况。企业专业技术人员的素质,具有物流配送经验的人数,其他人员的基本情况等。

第三,客户情况。目前客户有多少,配送商品种类,配送成本,对服务满意程度如何,有望发展为契约关系的顾客有多少等。

3. 调查周边环境

第一,道路、交通的调查。因为利用汽车进行配送是必不可少的,所以道路是当地交通的基本条件。

第二,经济环境调查。调查配送对象所在区域人口及消费结构并对未来进行预测。

第三,社会环境调查。因为汽车配送对大气污染、废气物排放、劳动问题、安全问题、法规问题、经济发展动向等都有影响,因此必须花费很大的力气进行这方面的调查。

(三) **总体规划和设计**

现实中的配送管理受到许多因素的影响,如订单的准确处理,难以制定配送计划,难以选择配送路径,配送效率低,难以按时交货,配送绩效评价基准不明确,驾驶员工作时间不定,易疲劳以及货物在配送过程中的遗失与损坏等,因此必须加强物流配送系统的规划和设计。

同时在实际配送的过程中,还受许多不可控因素的影响,如用户的分布区域、道路交通网络、车辆通行限制、送达时间要求、车流量变化、道路施工、用户变动、车辆变化等,为此,必须成立一个规划和设计小组,对物流配送系统进行总体规划和设计。配送系统设计程序如图4-4所示。

(四) **具体规划和设计**

物流配送系统规划和设计是根据外部环境的变化选择最佳的配送路线,结合内部环境的变化配置适宜的车辆并提高单位装载率,防止交错运输,尽可能降低配送差错率,不断改善流通加工、分拣、验货、包装等功能,使其处于最佳工作状态,并制定出各自的绩效考核指标等。

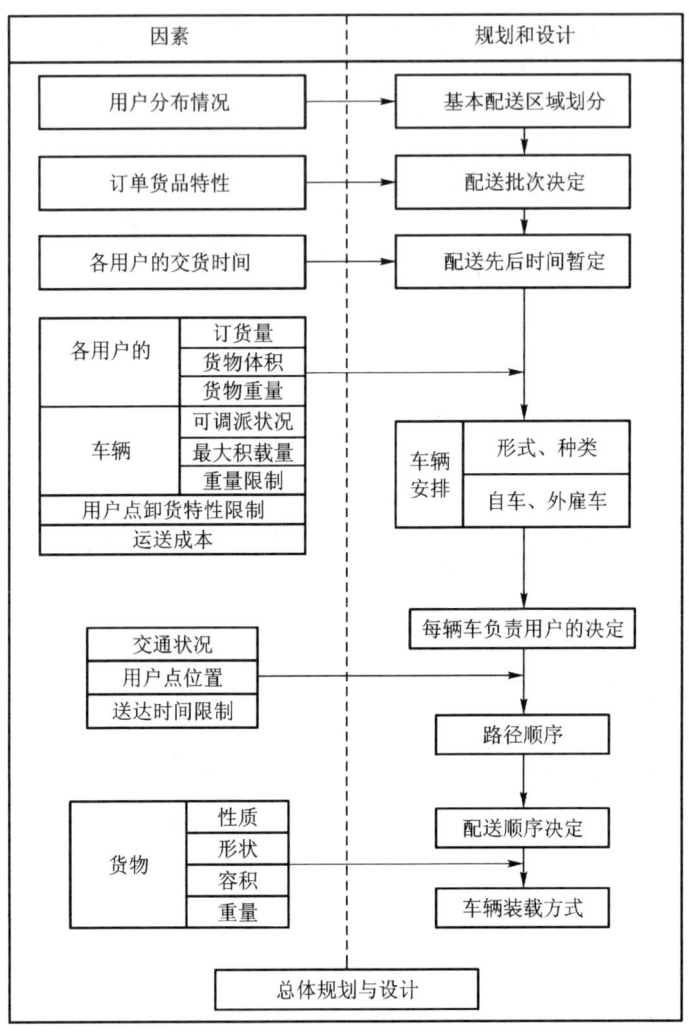

图 4-4 配送系统设计程序

物流配送系统包括七个子系统:信息收集和处理、配送计划制定、配送路径规划、配送车辆选择、配送绩效分析、配送模式选择、配送流程设计。如图 4-5 所示。

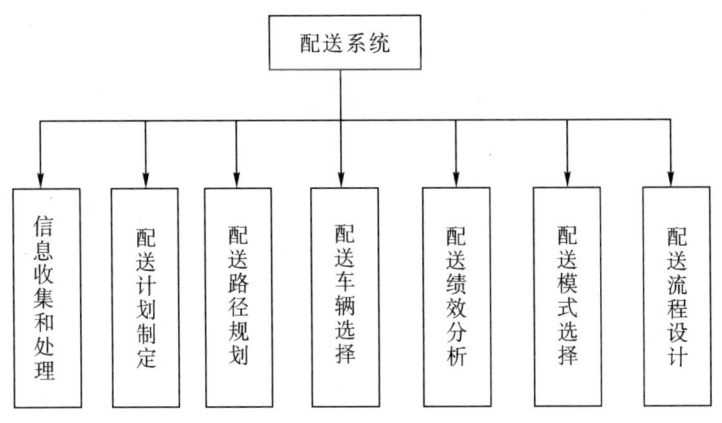

图4-5 物流配送系统

1. 信息收集和处理

信息收集和处理包括信息收集、信息处理两大部分。如图4-6所示。

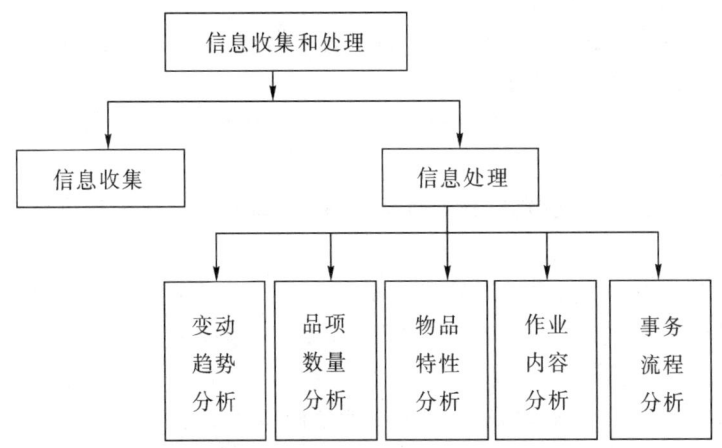

图4-6 配送信息收集和处理示意图

(1) 信息收集

主要收集市场供求及价格信息、了解并确定客户的要求(包括所需货物的品种、规格、数量、质量、送货时间、送达地点等),以此作为配送的依据。信息收集主要包括现行作业资料收集和未来规划资料收集。收集方法一般可采用现场访谈记录和厂商实际使用的资料表单收集。

① 现行作业资料收集

基本运营资料:包括业务类型、营业范围、营业额、人员数、车辆数、供应商和用户数量等。

商品资料:包括商品类型、分类、品项数、供应来源、保管形式等。

订单资料:包括商品种类、名称、数量、单位、订货日期、交货日期、生产厂家等。

货物特性:包括物态、气味、温湿度要求、腐蚀变质特性、装填性质,此外还包括物品重量、体积、尺寸、包装规格、储存特性和有效期限等。

配送据点分布:包括配送道路类型、配送点的规模和特性、配送点分布、交通状况、收货时段、特殊配送要求等。

② 未来规划资料收集

运营策略和中长期发展计划:这要根据外部环境变化、政府政策、企业未来发展等来决定。

商品未来需求预测:分析商品现在销售增长率,估计未来增长趋势。

商品品种变化趋势:分析商品在品种方面可能变化的趋势。

(2) 信息处理

对收集的信息必须通过整理分析,才能作为规划设计的重要参考。信息处理内容主要有:订单变动趋势分析、订单品项与数量分析、物品特性分析、供需变化预测分析、储运单位和数量分析、作业时序分析、人力需求分析、作业流程分析、作业功能分析和事务流程分析等。

① 订单变动趋势分析

在配送系统的规划和设计过程中,首先总结已往的销售和发货资料,并进行分析,从而了解销售趋势和变化情况。若能掌握有关的变化趋势或变化的周期性,则有利于后续资料的分析。

就货物销售趋势而言有:长时间内是渐增或渐减的长期趋势;以一年为周期的因自然气候、文化传统、商业习惯等因素影响的季节变化;以固定周期为单位(如月、周)的变化趋势的循环变动;一种不规则变化趋势的偶然变动。

根据预测不同种类的变化趋势,制定相应的对策目标值。通常设峰值的80%为目标值。若某订单的峰值与谷值之比超过3倍时,要在同一个物流系统内处理,会使效率降低,运营将更为困难。此时,必须制定适宜的运营政策和方法,以取得经济效益和运营规模的平衡。

分析过程的时间单位应视资料收集范围及广度而定。对于预测未来发展趋势,以一年为单位;对季节变化预测,则以月为单位;分析月或周内变化倾向,则以周或日为单位。常用的分析方法有时间序列法,回归分析法和统计分析法等。

② 订单品项与数量分析

订单是物流配送的生命线,如果没有订单,物流配送就失去了意义。然而,订单的品名、数量、发货日期是千变万化的,它是配送当中不确定因素,经常使得规划人员无从下手。若能掌握数据分析原则,做出有效的资料群组,再进行相关分析,则可简化分析过程,得出有益的规划结果。

当收集到企业一段经营周期的订单发货资料时,因为资料量大和资料格式不易直接解读,最好能从该企业的信息系统资料库中通过计算机调取档案,以便于档案格式转换和分析大量资料。在进行订单品项数量分析时,首先应考虑时间范围和单位。在以每天为单位的分析数据中,主要订单发货资料可分解为表的格式。在资料分析时,必须注意统一数量单位,同时,应把所有订单品项的发货量转换成相同的计算单位,如重量、体积、箱或金额等单位。金额单位和价值功能分析有关,多用在货品和储藏区分类等方面。重量、体积等单位与物流作业有密切关系,它将影响整个系统的规划。

③ 物品特性与储运单位分析

在进行订单品项和数量分析时,最好结合相关物性、包装规格及特性以及储运单位等因素进行分析。这样,更有利于对仓储和拣货区的规划。

④ 物流与信息流分析

• 作业内容分析(见表4-1)

表4-1 配送作业内容分析

作业分类	作业内容
a.进货	车辆进货、进货卸货、进货点收、理货等
b.储存保管	入库、调拨补充等
c.拣货	订单拣取、拣货分类、集货等
d.发货	流通加工、品拣、发货点收、发货装载等
e.输配送	车辆调度、路线安排、车辆运送、交递货物等
f.仓储管理	定期盘点、不定期抽盘、到期货品处理、移仓与仓位调整
g.退货	退货卸载、退货点收、责任确认、退后良品处理、退货废品处理等
h.换货补货	误差责任确认、零星补货拣取、包装、运送等
i.物流配合	车辆货物出入管制、装卸车辆停泊、容器回收、废料回收处理等

• 作业时序分析

作业时序分析,即是在配送工作过程中,必须了解作业时间分布。由于社会发展,夜生活已逐渐普及,因此,必须根据用户的作息时间考虑配送时间,以满足用户需要。许多配送中心采取夜间进货,一来避免白天车流量大,二来在此时间段购物人少,便于处理进货、验收作业。

• 事务流程分析

配送中心在运转过程中,除了物流与信息流相结合外,还有大量表单和资料在传递。一般配送中心由于物货品种繁多,每日订单量大,使得处理订单和相关表单的工作量以及每日发货的工作量很大。要使配送逐步实现无纸化作业,关键在于信息流和信息传递界面的分析与规划。配送作业事务流程分析见表4-2。

表 4－2　配送作业事务流程分析

作业分类	作业内容
a. 接单	客户资料维护、订单资料处理、货量分配计算、订单资料维护、订单资料异动、退货资料处理、客户咨询服务、交易处理查询等
b. 发货	发货资料处理、发货资料维护、发货与定购差异处理、换货补货处理、紧急发货处理等
c. 采购	厂商资料维护、采购资料处理、采购资料维护、采购资料异动、货源规划等
d. 进货	进货资料处理、进货资料维护、进货与采购差异处理、进货时程管理等
e. 库存	产品资料维护、储位管理、库存资料处理、到期日管理、盘点资料处理、移仓资料处理等
f. 订货拣取	配送计划制作、拣取作业指示处理、配送标签列印处理、分类条码列印处理等
g. 配送	运输计划制作、车辆调度管理、配送路径规划、配送点管理、货物运行基本资料维护、运输费用资料处理等
h. 效益	配送成本分析、营运绩效分析等

2. 配送计划制定

配送作业有时是连续性作业，加强配送的计划性，能使整个配送作业有条不紊，减少差错，合理控制库存，保障供应及较快的资金周转，所以配送首先要制定计划。因为配送涉及多个品种、多个用户、多车辆、各种车的载重量不同等多种因素，所以需要认真制定配送计划，实现科学组织，合理调配资源，达到既满足用户要求又能使总费用最省，车辆利用充分、效益最好的目的。

在配送作业及接单过程中，应对库存量、人员、设备及运输车辆等资源进行确认。必须掌握人员数、车型、载重量、各车的可调度时间和车辆运输时间等信息,从而进行最有效的调度,实现最佳决策。配送计划的制定主要包括寻找拟订配送计划的依据、确定配送计划和下达配送计划等。

(1) 寻找拟订配送计划的依据

配送虽属物流的经济活动范畴,但是商流是拟订配送计划的重要依据。也就是说商流提出何时、何地、向何处送货的要求,配送据此安排运力、路线、运量。拟订配送计划的依据主要包括:

① 订货合同副本:订货合同一般包括客户订货的品种、规格、数量、送货时间、送达时间、接货人、接送货方式等;

② 仓储配送合同;

③ 电话预约合同;

④ 所需配送的各种货物的性能、运输要求,以此决定车辆种类及运输方式;

⑤ 配送车辆、装卸设备、相关专用工具等情况;

⑥ 运输条件:与道路运输有关的要求、运达时间、作业环境、气候等;

⑦ 仓库所储存的货物品种、规格、数量及分布等情况。

(2) 确定配送计划的主要内容

① 按日排定客户所需货物的品种、规格、数量、送货时间、送达地点、接货人等,并详细弄清各客户的地址,可用地图表明,也可在表格中列出;

② 按客户需要的时间确定配送作业准备的提前期;

③ 确定每天仓库发出的货物品种、规格、数量;

④ 按计划的要求选择配送服务的具体组织形式;

⑤ 列出详细配送计划表供审批、执行和备案。

(3) 下达配送计划

配送计划确定后,要下达配送任务。依据计划调度运输车辆、装卸机械及相关作业班组与人员,并指派专人将货物送达时间、品种、规格、数量通知客户,以便客户按计划准备好接货工作。

（4）配送发运

在配送点的现货部门进行分货、配货后，将详细标明用户名称、地址、配送时间的货物明细表交给司机或随车送货人员。

（5）送达

货物送达后，由用户在回执上签字，返回后通知财务部门结算。

3. 配送流程设计

配送是综合性的、一体化的物流运动，从环节上看，既包含着货物运输，同时也融和集货、存储、分货、拣选、配装等活动。有些货物的配送活动（如生产资料配送），还常常附带着加工（如原木截锯、钢材剪切、玻璃套裁、煤炭混配、元件组装等）。如何使这些活动优化、高效而又协调地运作，就是要考虑的配送流程规划和设计的内容。

配送的作用在于"化零为整"和"化整为零"。所谓配送就是按照客户的订货要求和时间计划，在物流据点进行分拣、加工和配货等作业后，将配好的货物送交收货人的过程。它几乎包括所有的物流功能要素，一般有采购、订单处理、配送等作业。

（1）订单处理作业

配送开始于客户的询价、业务部门的报价，然后接收订单，业务部门查询出货日的库存状况、装卸货能力、流通加工负荷、包装能力、配送负荷等情况，设计满足客户需求的配送操作。

当企业受到约束而无法按客户要求交货时，业务部门需进行协调。由于企业不随货收款，因此在订单处理时，需要查核公司对客户的信用评价。此外还需统计该时段的订货数量，以安排调货、分配出货程序及数量。退货数据处理也在此阶段进行。另外业务部门需要制定报价计算方法，制定客户订购最小批量，订货方式或订购结账截止日。

接受订单后，企业需向供货厂商订购或向制造厂商直接要货，这时先要进行商品需求数量统计、查询供货厂商交易条件，然后根据所需数量及供货厂商提供的经济订购批量提出采购单或出厂提货单。采购单发出后则要进行入库进货的跟踪。开出采购单或出厂提货单后，入库进货管理员即可根据采购单上预定入库日期进行入库作业调度、入库月台调度，在商品入库当日，进行入库资料查核、入库质量检验，当质量或数量与采购单不符时即进行适当修正或处理,并输入入库数据。

入库管理员可按一定方式指定卸货及托盘堆垛。对于退回商品的入库还需经过质检、分类处理,然后登记入库。商品入库后有两种作业方式,一种方式为商品入库上架,等候出库需求时再出货;另一种方式是直接出库,此时管理人员需按照出货需求,将商品送往指定的出货码头或暂时存放地点。

(2)库存管理作业

库存管理作业包括仓库区管理及库存控制。仓库区管理包括商品在仓库区域内摆放方式、区域大小、区域分布等规划;商品进出仓库方式的制定(先进先出或后进先出等);商品所需搬运工具、搬运方式;仓储区货位的调整及变动。仓库区管理还包括包装容器使用与包装容器保管维修。

库存控制则需按照商品出库数量、入库所需时间等来制定采购数量及采购时间,并做采购时间预警系统。制定库存盘点方法,定期负责打印盘点清单,并根据盘点清单内容清查库存数、修正库存账目并制作盘盈、盘亏报表。

(3)补货及拣货作业

为了满足顾客对商品不同种类、不同规格、不同数量的需求,企业必须有效分拣货物,并计划出货。统计客户订单即可知道商品真正的需求量。在出库日,当库存数满足出货需求量时,即可根据需求数量打印出库存拣货单及各项拣货指示,进行拣货区域的规划布置、工具选用及人员调派。出货拣取不只是拣取作业,还需补充拣货架上的商品,使拣货不至于缺货,这包括补货量及补货时间的制定、补货作业调度、补货作业人员调派等。

(4)出货作业

完成商品的拣取及流通加工作业后,就可以进行商品出货作业。出货作业包括根据客户订单为客户打印出货单据,制定出货调度,打印出货批次报表、出货商品上所需地址标签及出货核对表。由调度人员决定集货方式、选用集货工具、调派集货作业人员,并决定运输车辆大小与数量。由仓库管理人员或出货管理人员决定出货区域的规划布置及出货商品的摆放方式。

（5）配送作业

配送作业包括商品装车并进行实际配送。完成这些作业需要事先规划配送区域,安排配送路线,由配送路线选用的先后次序来决定商品装车顺序,并在商品配送途中进行商品跟踪、控制及配送途中意外状况的处理。

配送的主要活动是订货、进货、发货、仓储、订单拣取和配送作业。有的物流中心需要进行流通加工、贴标和包装等作业。当有退货作业时,还要进行退货品的分类、保管和退回等作业。由于物流据点的不同,所采用的流程也不同。

4. 配送车辆选择

一般情况下,每天的发货量都有变化,不可能完全按计划进行,必须根据发货量的变动安排车辆。但是遇到车辆少、发货量多、车辆不足时,不得不从外单位租车。而另一方面,车辆多而发货量少时,车辆闲置,又会造成各种与车辆相关费用的浪费。因此无论是配送中心还是运输业者,研究本公司应该拥有多少辆汽车是一个重要的课题。可以采用费用便利分析法来确定企业车辆的适宜拥有数量。

5. 配送路径规划

企业为了提高服务水平,降低配送成本,在同行业的市场竞争中占据优势,就要更加周密地做好配送路径的规划。首先应该对顾客的订单进行整理,使发货量形成批量化、平稳化,尽量减少发货波动,同时规划设计出配送路径的标准。例如,将众多的客户按地区和订货量分为不同层次,按照客户层次规划出交货时间,在此基础上设计出高效的配送路径。

根据客户要求的送货时间、地区位置、卸货条件、车辆型号、物流据点位置、交通路线和各时间段的交通状况等因素,进行配送车辆指派和运输路径的规划。配送路径是否合理对配送速度、成本、效益影响很大,因此采用合理的方法确定合理的配送路径是非常重要的一项工作。可以采用各种数学方法和在数学方法基础上发展和演变出来的经验方法,主要有方案评价法、数学计算法和节约法等。

三、物流配送模式

结合电子商务发展现状,我国配送发展主要有以下几种模式:

1. 自营配送模式

某些大型生产企业和连锁经营企业创建自营配送中心完全是为本企业的生产经营提供配送服务。选择自营配送模式有两个基础:其一是规模基础,即企业自身物流具有一定量的规模,完全可以满足配送中心建设发展需要;其二是价值基础,即企业自营配送,是将配送创造的价值提升到企业的战略高度予以确定和发展。但是,自营配送模式在电子商务下会出现缺乏创新机制、发展迟缓、市场化能力降低的可能性。随着市场经济和电子商务的深入发展,自营配送模式会向其他配送模式转化。

2. 合作配送模式

所谓合作配送模式是指若干相关联或相类似的企业由于共同的物流需求,在充分发掘利用各企业现有物流资源的基础上,联合创建的配送组织形式。选择合作配送模式有三个基本考虑:其一是合作企业的物流资源能够整合出完整的、所需要的物流功能要素和配送运行体系;其二是参加合作的企业具有共同的物流需求,不会有特别的物流服务要求;其三是合作企业限定在一定市场区域或地理空间范围内。合作配送模式是我国目前物流配送发展的主要模式,但要注意引入和应用现代化信息技术,跟上现代物流发展的需要。

3. 市场配送模式

所谓市场配送模式就是专业化的物流配送中心和社会化配送中心,通过为一定市场范围的企业提供物流配送服务而获取盈利和自我发展的物流配送组织形式。市场配送模式在具体操作中又有三种情况:其一,公用配送,即面向所有企业,只要企业支付服务费,就可以获得配送服务。其二,合同配送,即通过签订合同,为一家或数家企业提供长期服务。其三,集约配送,即在一般配送服务基础上,为企业提供更多高附加值的其他服务。

4. 综合配送模式

所谓综合配送模式是指企业以供应链为指导思想,全面系统地优化和整合企业内部物流资源、物流业务流程和管理流程,对生产过程的各种环节实现全方位综合配送,充分提高产品制造过程的时空效应,并为此而形成的高效运行的物流配送模式。著名的丰田生产方式就是要求"彻底排除生产过程中的浪费",并归纳出生产过程中有:过量生产的浪费、等待的浪费、搬运的浪费、库存的浪费、加工本身的浪费、动作的浪费、制造不良的浪费。因此,在企业生产过程中,需要按照工艺流程和企业运作方式理顺生产物流的运行程序,建立合理的物流配送体系,伴随着整个产品制造过程开展所需要物料(原材料、外协件等)的综合型适时适量配送,才能确保生产过程尽最大努力减少浪费,实现资源配置的高效和优化。

选择什么样的配送模式,要根据企业的具体情况来定。对配送模式的选择,可以采用 SWOT 分析法。SWOT 分析法是一种综合考虑企业内部条件和外部环境的各种因素进行系统分析,从而选择最佳配送模式的方法。这里,S 是指企业内部的优势(Strength),W 是指企业内部的劣势(Weakness),O 是指企业外部环境的机会(Opportunity),T 是指企业外部环境的威胁(Threat)。SWOT 分析法主要考虑如下因素:一是潜在的内部优势,比如企业在物流人才、物流配送成本、物流配送技术、物流设备、物流配送策略和客户形象等方面优势所在。二是潜在的内部劣势,比如没有明确的物流政策、过时的物流设备、缺乏物流统一的管理或较专业的物流人才、物流配送成本明显高于主要竞争者等。三是潜在的外部机会,比如企业进入新的细分市场、将扩大产品系列来满足消费者等。四是潜在的外部威胁,比如成本较低的国外物流服务商的介入、主要竞争对手物流成本的大幅度下降、整个市场不景气等。

SWOT 分析法依据企业的目标,列表定出对企业配送活动及发展有着重大影响的内部及外部因素,并且根据所确定的标准,对这些因素进行评价,从中判定出企业的优势与劣势、机会和威胁。常用的方法是对所列出的因素逐项打分,然后按因素的重要程度加权并求它的代数和,以判断其中的内部优势与劣势以及外部环境的机会和威胁。企业在此基础上,选择所要从事的配送模式。

从图4-7可以看出,第Ⅰ类型的企业,具有很好的内部优势以及众多的外部机会,应当采取自营配送模式。第Ⅱ类企业,面临巨大的外部机会,却受到内部劣势的限制,应采用合作配送模式,充分利用环境带来的机会,设法清除劣势。第Ⅲ类型的企业,内部存在劣势,外部面临强大威胁,应采用市场配送模式,进行业务调整,设法避开威胁和消除劣势。第Ⅳ类企业,具有一定的内部优势,但外部环境存在威胁,应采取综合配送模式,利用自己的优势,在多样化经营上寻找长期发展的机会。

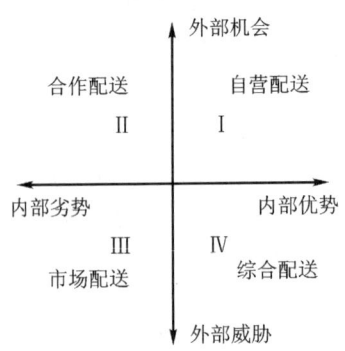

图4-7 配送模式选择的SWOT分析法

四、应时配送

应时配送服务(Just-in-time Delivery)是指在客户订货时就能确定到货的时间,而物流配送按约定的时间将货物送达指定的地点。应时配送服务并不意味着最短的时间承诺,而是商家按与客户协商确定的送达时间,合理安排运力,真正实现货物的按时送达。

应时配送服务的两个根本保证是:(1)送货商的运力可以计划和管理,保证安排送货的运力和时间;(2)仓储方保证在发运时可以交付客户所订的商品,从而商家可以合理安排运力,不仅实现货物的按时送达,还优化了配送涉及的各种资源,降低了成本。

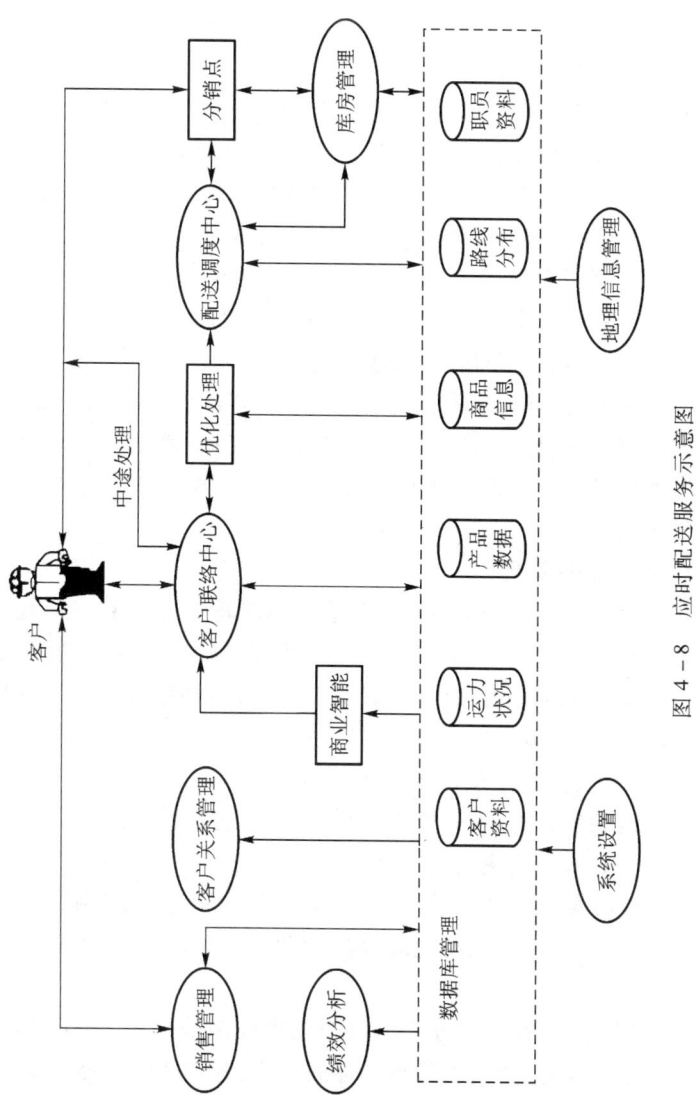

图4-8 应时配送服务示意图

一个完整的应时配送服务解决方案应该具有客户联络中心、客户关系管理、地理信息管理、配送调度中心、销售业务报表、员工绩效管理、库存管理和伙伴关系管理等功能。

1. 客户联络中心

客户联络中心是配送企业的工作人员与客户进行联络、交互的工具。接线员通过热线电话等方式与客户进行沟通,确认客户身份,生成详细订货或服务请求,并传送给优化调度系统和库存管理系统,确定现货的供应和送货的时间,最后答复客户的请求。

2. 客户关系管理

客户关系管理系统记录客户与企业发生的所有活动,包括客户地理信息、联络信息、订单历史、市场信息、服务信息,利用数据挖掘技术、商业智能技术、自动化技术,改善企业的市场营销、销售、客户服务和支持有关的商业流程。它的目标是缩减销售周期和销售成本、增加收入、寻找扩展业务所需的新市场和渠道,以及提高客户的价值、满意度、赢利性和忠诚度。

3. 地理信息管理

地理信息管理是一个将地理信息和数据库技术融和在一起,对客户位置信息进行科学、高效管理的信息管理系统。它是实现优化调度和商业智能的基础。地理信息系统将地图由整体细分为若干具体、独立的区域,并实时地在地图上将客户的地理位置显示出来,这样就便于企业对分区进行科学、规范的管理,并且可以优化车辆与人员的调度,最大限度地利用人力、物力资源,使货物配送达到最优化。

地理信息管理的主要功能有:

① 分区:客户可以在未分区域的地理地图信息中,参照地理区域,并结合自己的实际情况,将地理信息管理系统区域划分为若干个责任管辖区域。

② 客户定位:在已划分完区域的地理地图信息中,由于地理地图已具有了地理坐标,通过对地理坐标的描述,客户联络中心可以在地图上对新客户进行地理位置的定位或者修改老客户的地理位置,从而在地理地图坐标中最终确立客户的地理位置。

4. 配送调度中心

配送调度中心是将计划任务分配给具体运力并予以实施的平台。它通过对整个任务运行过程进行实时跟踪，提高整个配送过程的服务质量和客户满意度，达到对规模化的需求订单的智能处理，其核心技术是基于任务的优化调度和基于历史订单的商业智能。应用配送调度中心，避免了人工低效率处理需求订单的繁琐工作，解决了用人力无法对大规模的配送问题进行合理调度的难题，极大地提高了配送工作的效率，节省了配送环节的成本，大大减少了配送环节出错的可能性。

5. 员工绩效管理

员工绩效管理是一个对企业员工的工作绩效进行考核评估的系统，它以企业员工的工作业绩和工作效益为衡量手段，用以提高员工的工作积极性和工作效率。管理人员可以通过员工绩效管理掌握配送员的工作总量、业务状况以及客户的反馈信息，从而对员工进行奖惩。

6. 销售业务报表

销售业务报表反映某段时间内整个系统的业务状况和对客户服务的历史记录。企业的管理人员可以通过销售业务报表了解企业的业务状况与客户的需求，分析市场的变化，最终为企业制定或调整市场发展的方向和计划提供决策依据。

从前面对应时配送销售的主要业务功能分析不难发现，每项业务都要求实现自动化和智能化操作，且各项业务之间存在很强的关联性，因此，为了保证应时配送销售组织的高效运营，提升客户的满意度，从而提高营业额和赢利率，应时配送销售组织必须配备一套高效、完善的配送销售管理系统。

7. 客户服务品质

客户服务品质是企业保持老客户和吸引新客户的重要因素。客户服务品质的评价指标相当复杂，一般包括客户请求的响应速度、客户请求的满足时间和客户请求的满足质量。对于配送中心而言，商品的配送时效是影响服务质量的重要因素，追求过短的配送时间必然导致运营成本的增加。应时配送服务既适度满足客户的要求，又能有效地控制成本，提高效益。

五、共同配送

(一) 共同配送的概念与内涵

共同配送,又叫协同配送、联合配送。按日本《共同运输系统导入推进纲要》中的定义,共同配送是指"在城市里,为使物流合理化,在几个有定期运货需求的合作下,由一个卡车运输业者,使用一个运输系统进行的配送"。我国学者刘培松在《连锁营销》一文中认为,"所谓共有型配送中心,是指连锁公司及其他公司共同投资建设物流配送中心,共同享受物流配送中心的服务。"全国经济师考试指定用书《商业经济专业知识与实务》中指出:"共同配送是由几个配送中心联合起来,共同制定计划,在具体执行时共同使用配送车辆,共同对某一些地区用户进行配送的组织形式。"

根据上述对共同配送概念的表述,可以看出,共同配送是集多家连锁企业和工业制造企业、农业生产商配送网络为一体,经过物流配送多功能服务,进行优化组合后的配送,以达到降低物流成本,提高服务质量,快速反馈信息,及时、安全地完成配送作业的目标。换句话说,共同配送就是把过去按不同货主、不同商品分别进行的配送,改为不区分货主和商品集中运货的"货物及配送的集约化"。也就是把货物都装入在同一条路线运行的车上,用同一辆车为更多的顾客运货。

共同配送的内涵,在于资源共享的理念下建立的企业联盟。企业间通过沟通、交流,逐步形成共识,在互信互利的基础上,通过水平、垂直、同业、异业的整合,以策略联盟、协同组合、物流共同化等合作方式共享有限的资源,从而达到物流配送的整合,降低营运成本,提高获利能力,进而提升商品流通效率,促进商业环境现代化及整体社会资源的有效利用。

(二) 共同配送的特征

1. 技术装备先进

共同配送服务质量要求高,没有高新技术的支撑不行,而且共同配送规模较大,资金流量较充盈,因此,共同配送能较领先地采用适合物流配送的技术装备。

2. 多网络的有机整合

一家连锁企业有一个连锁网络,需要相应的配送网络,共同配送不仅是将多家连锁企业的多种配送网络的机械组合,而是有机地整合,通过整合,使其效益 $1+1>2$。

3. 长距离、高稠密度的聚集与发散

一般配送中心的配送覆盖度在 300 公里为半径的范围内,共同配送的配送距离可以在 300 公里以外;共同配送送货入库和配送上门的客户数较物流中心多。同一物流服务,共同配送同时具备长距离、高稠密度的商品聚集和发散。

4. 人员少且素质高

由于共同配送技术含量高,所需操作技能高,这就要求人员的文化水平和技能普遍较高,共同配送要求高级管理人员不仅应该具备较高文化知识、管理知识,而且应该具备较高的科技知识、信息知识。尤其是共同配送往往进行经营租赁(即使用社会物流设施、运输车辆、装卸工具等),将社会配送功能与自身配送功能相结合,形成配送供应链,所以没有高素质的管理人员及操作人员就无法协同。

(三)共同配送的优势

共同配送的作用国内外不少专家学者都做过详细的描述,概括起来是:

1. 降低物流成本

由于建立配送中心,大大减少了供应商与销售商的交易次数,无疑会降低物流成本。可以因为大批量采购,使商品价格降低;可以因为各网点的采购、检查等手续简化,人员减少,采购、检查等由配送中心集中进行,使各销售网点的经营费用、管理费用减少;可以因为减少网点仓库的库存,相应减少仓库面积;可以因为商品装卸全过程的次数减少,而使货损减少,也节省了物流费用。

2. 提高服务质量

集中、及时的共同配送可以使网点的商品交易加快,从而使其保质期延长,提高商品质量;可以反馈监控物流的服务质量,促使提高服务水准；可以用专业化作业方式分拣商品、送货，制定最佳运输路线，提高物流作业水平。

3. 提高物流科技含量

共同配送要求定制服务，基本条件就是包装、标识的统一。这样有利于引进先进的高新技术，减少人工操作，实行机械化甚至自动化作业。同时，多网点的定制服务，促进了标准化、规范化、程序化，有利于引入和运用由条形码技术、无线通信技术、计算机系统和其他一些设备组成的仓库管理系统（WMS）、电子数据交换系统（EDI）、全球定位系统（GPS）等高科技产品。

配送的出现，是物流的一大发展，而共同配送，则是配送优势的最全面体现。多家企业的或众多商品的共同配送与一家企业的配送、几种商品的配送相比较，其配送覆盖的区域和密度，其拥有的资金、人才、财物，其服务功能的整合，以及高新技术的运用优势等，都是显而易见的。

（四）共同配送的模式

共同配送的模式，应该根据各连锁企业、各地区的发展需要及条件而定，目前主要采用的模式有以下几种：

1. 商商共同配送

商商共同配送模式就是多家连锁企业共同投资、共同设计、共同建造、共同管理配送中心。其优点是：比较能够满足连锁企业的要求，在服务价格、经营费用方面能较快地达成共识，有利改进管理，提高管理水平；配送中心的建设能引起多家连锁企业的共同关心，易于投资增添高新技术设施、设备及物流工具，易于开发新物流服务功能和市场信息共享，促进企业间沟通、合作。缺点是：服务范围不易扩大，配送中心若想为其他连锁企业提供服务，难以得到支持。

2. 工商、农商共同组建的配送中心

这种模式与商商联建配送中心看似相异不大，其实不然。这种配送中心是商商联建配送中心的扩大化，由于引进了工业制造商或农业生产商，配送中心往往成了产品供应链的重要部分，并有可能成为企业间价值链的重要一环。参与者对其重视、关心，要胜过商商联建的配送中心,投资扩大、管理改进、库存控制,要求更高,其作用也就更加明显。缺点是:投资者多,且来自不同行业,对重大问题的认识难以达成相同意见,这就会影响决策的时效性。

3. 租赁式的共同配送

这种配送中心属于第三方物流范畴,往往是在政府支持下,按配送要求,由社会投资组建,其中有些是由较大的传统仓储设施改建而成,一般规模比较大,配送服务功能齐全,通过招商,用严格的契约形式规范配送中心与委托租用企业的不同要求的共同配送,它的优点是:管理先进、高新技术使用超前,委托租用企业节省投资,风险小。缺点是:租赁价格常是讨价还价,并且随着市场变化,价格问题易影响彼此合作,尤其是对临时的特殊服务;在法制不够健全的情况下,配送服务有时难以保证。

4. 一家为主,多家参与的共同配送

这种模式一般是在一家较大连锁企业自有的或正筹建的配送中心基础上,根据众多中小连锁企业,或相关业务关系的工业制造商,或农业生产商的要求,形成的共同配送。这种模式适合于规模不大、正在发展中的企业。有了这种共同配送的条件,中小企业可以参与投资建造,也可以租赁使用。由于带有过渡性,所以租赁费相对较低,有的中小企业采用一次性付几年租费的方法。这种模式的缺点是:变数较大,服务质量不够稳定,配送过程中发生矛盾时,吃亏的往往是中小企业。

六、配送方案的设计

物流配送方案的设计需要以客户的物流需求为导向提供服务。不同客户的需求侧重点不同,因此为客户"量身定做"物流配送方案,细化客户差异性需求,确定每一个客户的需求模型,据此相应地设计物流配送方案。

(一)客户的物流需求特征要素

1. 月物流总量

考虑要素:生产量、客户订单量(包括旺季订单量和淡季订单量)、周转频次。

据此确定:客户的主导作业类型。根据客户每月的生产量或客户订单量,确定客户厂外的物流总量,包括发运总量,再根据预计的周转频次确定库存量和配送量。

2. 发运地、到达地

考虑要素:发运地的位置和个数,到达地的位置和个数。

据此确定:运输线路、运输方式。

3. 各点每月物流分量

考虑要素:各点客户的订单量、订单个数、订单的平均规模。

据此确定:各点客户的主导作业类型;经济库存量、到达量、配送量、配送频次;运输方式、车型。

4. 产品特征

(1) 产品种类

考虑要素:产品的种类数、每种产品销售的季节性。

(2) 与配载要求有关的特征

考虑要素:单件体积、毛重、外包装规格与性能、可堆码高度。

(3) 与储运保管有关的特征

考虑要素:化学性质(防潮性能、防腐性能、防锈性能及保质期),物理性质(抗震性能、抗压性能)。

据此确定:装卸方式、运输条件、储存条件、配载条件。

(4) 与保险、保价有关的特征

考虑要素:单价、价值密度。

据此确定:保费率、保价。

5. 销售情况

考虑要素:销售方式、供货方式、退换货方式。

据此确定:作业主导类型;服务分类项目、提供的服务时间。

6. 信息需求

考虑要素:货物在不同物流环节中的状态信息和数量信息、单据传递信息。

据此确定:信息流程。

（二）确定物流需求类型

物流需求类型较多,这里简单介绍判断的标准:

1. 仓储作业主导型

货物生产量或订单总量(需要外租库) > 6 000 米^3/月;发运频次 < 2 次/月;供货方式:以自运自提为主。

2. 干线运输作业主导型(包括跨区的经济区内配送)

运输周转量 > 4 000 吨/月;发运频次 > 15 次/月;运输距离 > 400 公里。

3. 市内配送作业主导型

配送频次 > 20 次/月;供货方式:以送货制为主;运输距离 < 50 公里;配送点数:一般为多点;配送时间要求:按客户要求,及时送到。

4. 流通加工作业主导型

客户要求的流通加工作业占作业量的绝大部分,主要是进行包装加工等作业。

（三）物流配送方案的设计

1. 仓储方案设计

进行仓储方案设计的方法主要有优选法、经济预测等。

（1）仓储作业主导型

① 仓库的选择

- 位置:由于所需使用面积较大,仓库的位置一般选择在价格便宜的地方。要求可使用的总面积大于实际使用面积。
- 库种:货物仓储价格为首要选择标准,其次是货物出入库频率。出入库频繁的,选择平房仓;反之,可选择楼房仓。
- 其他设施:要求防潮、清洁的货物,需有托盘及辅助搬运设施,如拖车、叉车等。

② 库存量的确定

a. 非季节性产品

非季节性产品的需求量随季节的波动性不大,各月之间库存量均衡。库存方案设计过程如下:

- 经济库存量:

考虑因素:年货物周转总量或某点的需求总量、运费、订单处理费用、单件商品的储存成本。

采用的一般方法:经济库存量规划法。

货物价值密度高、单件储存成本高的货物,采用定量库存模型;货物价值密度低、单件储存成本低的货物,采用定期库存模型。

其中,年货物周转总量根据历史数据或销售预测得到(年货物周转量=历史数据×波动系数)。运费、订单处理费用及单件商品的储存成本的确定方法:同种商品由往年的历史数据得来;在确定的线路上,运费、订单处理费和某点单件储存费可通过预算得来。

- 存储面积:

考虑因素:堆码系数、堆码限高。

计算方法:面积 = 经济库存体积量(或客户要求的库存体积量)/(堆码层数×单件高度×堆码系数)

其中,影响堆码系数的因素:产品种类、批次要求、外包装的体积、表面积的光滑平整程度、堆码时的紧密程度。

b. 季节性产品

<u>单品</u>

- 经济库存量:

考虑因素:

旺季周期、旺季周转量或某点的需求总量;旺季时的运费、订单处理费用;旺季时单件商品的储存成本。

淡季周期、淡季周转量或某点的需求总量;淡季时的运费、订单处理费用;淡季时单件商品的储存成本。

采用的方法:经济库存量规划法。

货物价值密度高、单件储存成本高的货物,采用定量库存模型;货物价值密度低、单件储存成本低的货物,采用定期库存模型。

其中,各参数的确定方法同上。

- 存储面积:

考虑因素:堆码系数、堆码限高。

计算方法:面积 = 经济库存体积量(或客户要求的库存体积量)/

(堆码层数×单件高度×堆码系数)

堆码系数的确定方式同上。

<u>多品</u>

一般一个厂商会有多种产品,多种产品组合的仓储方案设计如下:

- 经济库存量:

考虑因素:某点上各种商品周转量之和。

- 存储面积:根据各种商品周转量某时的最大量确定该点的库存面积,方法同上。

(2)干线运输作业主导型(包括跨区的经济区内配送)

① 仓库的选择

- 位置:到发货作业频繁,仓库的位置一般选择在靠近干线沿线的地方。到货仓库的选择位置同上。
- 库种:一般选择平房仓,便于出入库的操作。
- 其他设施:有专用线、高站台。

② 仓库面积的确定

计算方法:面积 = 经济库存体积量(或客户要求的库存体积量)/(堆码层数×单件高度×堆码系数)

堆码系数:堆码系数的确定方式同上。

(3)市内配送作业主导型

① 仓库的选择

- 位置:

考虑因素:最大卸货量或最频繁卸货的卸货点位置、与配送点的最短径距。

- 库种:一般选择平房仓,便于出入库的操作

② 库存量的确定

- 库存量:该点的需求库存量 + 安全库存量
- 方法:安全库存量的规划。

(4)流通加工作业主导型

① 仓库的选择

- 作业场所:流通加工库,仓储环境要求符合良好的生产作业的标准。

② 仓库面积的确定
- 面积:库存面积+作业面积。

2. 运输方案

(1) 仓储作业主导型、干线运输作业主导型(区域配送)

① 运输方式的选择

考虑因素:运输成本;安全性;大批量到达库有专用线(选用铁路整车运输),时间性强;中小批量到达库无专用线(选用公路运输或铁路零担)。根据库存量和销售量,选择成本低的运输方式,铁路承运80%的货物,其余的20%以公路或快运方式保证商品的供应。

② 车型的选择

根据货物的价格和商品性质或客户的特定要求,选择敞式车、封闭车、半封闭车、保温车、冷藏车。根据货物运量的需要和配载合理性,选择合适吨位的车或集装箱,尽量做到满载,不甩货。

③ 车源的选择

公路运输:时间紧急,从发运地发车;时间不紧急,尽量找回程车。

④ 保险

铁路保险:代客户办理铁路运输保险。

公路保险:代客户或由客户自己办理汽货运保险。

⑤ 线路规划(综合规划)

单点间发运:根据不同的可行线路和运输方式及车型制订成本预算和时间预算方案,结合客户要求的侧重点,选择合适的方案。

同种货物的多点间发运或调拨应考虑的因素:各始发点的位置和运输条件、始发点的可发货数量、到达点位置和接卸条件、到达点数量、各点间不同的里程价。

目标:总运费最小。

采用的方法:多元线性回归分析法。

(2) 市内配送作业主导型

① 车型的选择

根据货物运量的需要和配载合理性,选择合适的吨位,尽量做到满载。根据货物的价格和商品性质或客户的特定要求,选择封闭车、半封闭车、保温车或冷藏车。

② 车源的选择

根据各城市道路交通管理的规定,选择能在市内通行的车辆。

③ 线路规划

目标:时间短、线路合理、满载。

- 一线多卸:

考虑因素:运货总量、装货点位置、卸货点位置和个数、最大卸货点位置、各点的卸货量方法(根据起始点货运量选择车辆吨位;根据始发点和卸货点,规划闭合线路,选择卸货次序)。

- 多点多卸:

考虑因素:可能的最大装货量、各装货点位置、各点的装货量、卸货点位置和个数、最大卸货点位置、各点的卸货量方法(根据某点的最大装货量选择车辆吨位;线路的规划,可采用多元线性回归分析)。

- 不同客户货物的配载:

考虑因素:时间差、各个客户的装货量、各装货点位置、卸货点位置和个数、各点的卸货量。

(四) 方案的整体规划与优化 *

单点上最优的仓储方案、最优的运输方案、最优的配送方案不等于整体的最优,必须从网络的角度,综合仓储方案、运输方案、配送方案,选择最优的整体方案。

在客户授权下,从整个网络进行物流配送方案的整体设计。

1. 物流网点的设定

(1) 考虑因素

- 数量
- 各点的规模
- 位置
- 主要职能进行市内配送,实现高频次周转
- 该点仓租相对便宜,减轻的仓租费用的负担

（2）设计方法

① 在现有的销售网点中,选若干销售量最大的点作为该区的物流网点。

② 覆盖区域的确定：以该点为中心,满足经济区域配送的范围为该区的区域。

2. 仓储量与配送频次的调整

在一定的条件下仓储成本和运输成本是相斥的,作为客户的物流总代理就要能纵观全局,用经济预测的方法,做好成本预算和时间预算方案,选择最佳方案。

（五）方案的执行

以公司物流配送模式为基础,结合客户的特定需求设计服务于该客户物流作业流程和信息处理流程。操作的过程要严格按照公司的《标准操作SOP》进行作业,配送的质量要符合《质量管理系统》。

第3节 配送中心业务管理

一、配送中心概述

（一）配送中心的一般概念

配送中心是以组织配送性销售或供应,执行实物配送为主要职能的流通型结点。配送中心为了能更好地做送货的编组准备,必然需要进行零星集货、批量进货等资源搜集工作和对货物的分类、配备等工作,因此,也具有集货中心、分货中心的职能。为了更有效地组织配送,配送中心往往还有比较强的流通加工能力。此外,配送中心还必须执行货物配备后送达到户的使命,这是和分货中心只管分货不管运达的主要不同之处。由此可见,集货中心、分货中心、加工中心的职能都较为单一,而配送中心的职能则较全面、完整。也可以说,配送中心实际上是集货中心、分货中心、加工中心职能之综合,并有了配与送的更高水平。

配送中心的建设是基于物流合理化和发展市场两个需要。配送中心是物流领域中社会分工、专业分工进一步细化之后产生的。在新型配送中心没有建立起来之前,配送中心现在承担的有些职能是在转运型结点中完成的,以后一部分这类配送中心将向纯粹的转运站发展以衔接不同的运输方式和不同规模的运输,另一部分则增强了"送"的职能,而后会向更高级的"配"的方向发展。

日本《市场用语词典》对配送中心的解释是:配送中心"是一种物流结点,它不以贮藏仓库的这种单一的形式出现,而是发挥配送职能的流通仓库。也称做基地、据点或流通中心。配送中心的目的是降低运输成本,减少销售机会的损失,为此建立设施、设备并开展经营、管理工作"。

《物流手册》对配送中心的定义是:"配送中心是从供应者手中接受多种大量的货物,进行倒装、分类、保管、流通加工和情报处理等作业,然后按照众多需要者的订货要求备齐货物,以令人满意的服务水平进行配送的设施。"

王之泰在《现代物流学》中对配送中心的定义是:"配送中心是从事货物配备(集货、加工、分货、拣选、配货)和组织对用户的送货,以高水平实现销售或供应的现代流通设施。"

配送中心的定义要点如下:

① 配送中心的"货物配备"工作是其主要的、独特的工作,是全部由配送中心完成的。

② 配送中心有的是完全承担送货,有的是利用社会运输企业完成送货。从我国国情来看,在开展配送的初期,用户自提的可能性是不小的,所以,对于送货而言,配送中心主要是组织者而不是承担者。

③ 定义中强调了配送活动和销售或供应等经营活动的结合,是经营的一种手段,以此排除了这是单纯的物流活动的看法。

④ 定义中强调了配送中心的"现代流通设施",着意于和以前的诸如商场、贸易中心、仓库等流通设施的区别。在这个流通设施中以现代装备和工艺为基础,不但处理商流而且处理物流,是兼有商流、物流全功能的流通设施。

（二）配送中心具有的典型特征

1. 物流配送反应速度快

物流配送服务提供者对上游、下游的物流配送需求的反应速度越来越快，前置时间越来越短，配送时间越来越短，物流配送速度越来越快，商品周转次数越来越多。

2. 物流配送功能集成化

物流配送着重于将物流与供应链的其他环节进行集成，包括：物流渠道与商流渠道的集成、物流渠道之间的集成、物流功能的集成、物流环节与制造环节的集成等。

3. 物流配送服务系列化

物流配送强调物流配送服务功能的恰当定位与完善化、系列化，除了传统的储存、运输、包装、流通加工等服务外，还在外延上扩展至市场调查与预测、采购及订单处理、向下延伸至物流配送咨询、物流配送方案的选择与规划、库存控制策略建议、货款回收与结算、教育培训等增值服务；在内涵上提高了以上服务对决策的支持作用。

4. 物流配送作业规范化

物流配送强调功能作业流程、作业、运作的标准化和程序化，使复杂的作业变成简单的易于推广与考核的运作。

5. 物流配送目标系统化

物流配送从系统角度统筹规划一个公司整体的各种物流配送活动，处理好物流配送活动与商流活动及公司目标之间、物流配送活动与物流配送活动之间的关系，不求单个活动的最优化，但求整体活动的最优化。

6. 物流配送手段现代化

电子商务下的新型物流配送使用先进的技术、设备与管理为销售提供服务，生产、流通和销售规模越大，范围越广，物流配送技术、设备及管理越现代化。

7. 物流配送组织网络化

为了保证对产品促销提供快速、全方位的物流支持，物流配送要有完善、健全的物流配送网络体系，网络上点与点之间的物流配送活动保持系统性和一致性,这样可以保证整个物流配送网络有最优的库存总水平及库存分布,运输与配送快捷、机动,既能铺开又能收拢。分散的物流配送单体只有形成网络才能满足现代生产与流通的需要。

8. 物流配送经营市场化

物流配送的具体经营采用市场机制,无论是企业自己组织物流配送,还是委托社会化物流配送企业承担物流配送任务,都以"服务—成本"的最佳配合为目标。

9. 物流配送流程自动化

物流配送流程自动化是指运送规格标准、仓储货箱排列、装卸和搬运等按照自动化标准作业,商品按照最佳配送路线配送等。

10. 物流配送管理法制化

宏观上,物流配送要有健全的法规、制度和规则;微观上,物流配送企业要依法办事,按章行事。

(三) 配送中心应具备的条件

1. 高水平的企业管理

物流配送中心作为一种全新的流通模式和运作结构,其管理水平要求达到科学和现代化。只有通过合理的科学管理制度、现代化的管理方法和手段,才能确保物流配送中心基本功能和作用的发挥,从而保障相关企业和用户整体效益的实现。管理科学的发展为流通管理的现代化、科学化提供了条件,从而促进流通产业的有序发展。同时要加强对市场的监管和调控力度,使之有序化和规范化。总之,一切以市场为导向,以管理为保障,以服务为中心,加快科技进步是物流配送中心发展的根本。

2. 高素质的人员配置

物流配送中心能否充分发挥其各项功能和作用,完成其应承担的任务,人才配置是关键。为此,物流配送中心的人才配置要求必须配备数量合理、具有一定专业知识和较强组织能力、结构合理的决策人员、管理人员、技术人员和操作人员,以确保物流配送中心的高效运转。

知识对经济增长的作用只有当知识为劳动者所掌握之后才能显现出来,人才开发和利用是促进知识经济发展的根本。知识经济一方面要求人才的专业化程度不断加深,另一方面又要求人才能够全面发展,以适应多变的外部环境,这就给人才的培养和开发带来了机遇和挑战。物流配送中心的发展需要大量的各种专业人才,从事经营、管理、科研、仓储、配送、流通加工、通信设备和计算机系统维护、贸易等业务。因此必须加大人才培养的投入,培养和引进大批掌握先进科技知识的人才,并给其以施展才华的机会;还应对现有职工进行有计划的定期培训,形成系统地学习科技知识的制度;在企业里引入竞争机制,形成能上能下的局面。要提高员工的科技创新意识,培养企业对知识的吸纳能力,促进物流产业的人力资源得到开发和利用,造就大批符合知识经济时代要求的物流配送人才,利用各种先进的科学技术和科学方法,促进物流配送产业向知识密集型方向发展。

3. 高水平的装备配置

物流配送中心面对着成千上万的供应厂商和消费者以及瞬息万变的市场,承担着为众多用户的商品配送和及时满足他们不同需要的任务,这就要求必须配备现代化装备和应用管理系统,具备必要的物质条件,尤其是要重视计算机网络的运用。通过计算机网络可以广泛收集信息,及时进行分析比较,通过科学的决策模型,迅速做出正确的决策,这是解决系统化、复杂化和紧迫性问题最有效的工具和手段。同时采用现代化的配送设施和配送网络,将会逐渐形成社会化大流通的格局。专业化的生产和严密组织起来的大流通,对物流手段的现代化提出了更高要求,如对自动分拣输送系统,立体仓库,水平垂直、分层、分段旋转货架,AGV自动导向系统,商品条码分类系统,悬挂式输送机等这些新型高效大规模的物流配送机械系统有着广泛而迫切的需求。自动分拣输送系统能将不同方向、不同地点、不同渠道运来的不同物资,按照类型品种、尺寸重量及特殊要求分拣输送后集中在指定的主库或旋转货架上,其输送速度高(最多达150米/秒)、分拣能力强(最高达3万件/小时)、规模大(机长高达几十甚至数百米)、卸货及分拣的通道多(最多达200个以上)、适用的货物范围广,是21世纪配送网络的大型物流设备系统。自动分拣输送系统和立体仓库、旋转货架设备能适应市场需求,可以提供更完美的服务,在为多用户、多品种、少批量、高频度、准确、迅速、灵活等服务方面具有独特的优势。

（四）配送中心的类型

对配送中心的适当划分,是深化及细化认识配送中心的必然,从理论上和配送中心的作用上,可以有许多理想的分类,这里仅就已在实际运转中的配送中心类型概述如下:

1. 专业配送中心

专业配送中心大体上有两个含义:一是配送对象、配送技术是属于某一专业范畴,在某一专业范畴有一定的综合性,综合这一专业的多种物资进行配送,例如多数制造业的销售配送中心,我国目前在石家庄、上海等地建的配送中心大多采用这一形式。二是以配送为专业化职能,基本不从事经营的服务型配送中心,如美国马特公司配送中心。

2. 柔性配送中心

在某种程度上和第二种专业配送中心对立的配送中心。这种配送中心不向固定化、专业化方向发展,而向能随时变化、对用户要求有很强适应性、不固定供需关系、不断向发展配送用户和改变配送用户的方向发展。

3. 供应配送中心

专门为某个或某些用户(例如联营商店、联合公司)组织供应的配送中心。例如,为大型连锁超级市场组织供应的配送中心;代替零件加工厂送货的零件配送中心,使零件加工厂对装配厂的供应合理化;我国上海地区六家造船厂的配送钢板中心,也属于供应型配送中心。

4. 销售配送中心

以销售经营为目的,以配送为手段的配送中心。销售配送中心大体有三种类型:一种是生产企业把本身产品直接销售给消费者的配送中心,在国外,这种类型的配送中心很多。另一种是流通企业作为本身经营的一种方式,建立配送中心以扩大销售,我国目前拟建的配送中心大多属于这种类型,国外的例证也很多。第三种是流通企业和生产企业联合的协作性配送中心。

比较起来,国外和我国的发展趋向,都向以销售配送中心为主的方向发展。

5. 城市配送中心

以城市为配送范围的配送中心。由于城市范围一般处于汽车运输的经济里程,这种配送中心可直接配送到最终用户,所以,这种配送中心往往和零售经营相结合,由于运距短、反应能力强,因而从事多品种、少批量、多用户的配送较有优势。《物流手册》中介绍的"仙台批发商共同配送中心"便是属于这种类型,"北京食品配送中心"也属于这种类型。

6. 区域配送中心

以较强的辐射能力和库存准备,向省(州)际、全国乃至国际范围的用户配送的配送中心。这种配送中心配送规模较大,一般而言,用户也较大,配送批量也较大,而且,往往是配送给下一级的城市配送中心,也配送给营业所、商店、批发商和企业用户,虽然也从事零星的配送,但不是主体形式。这种类型的配送中心在国外十分普遍,阪神配送中心、美国马特公司的配送中心、蒙克斯帕配送中心等就属于这种类型。

7. 储存型配送中心

有很强储存功能的配送中心。一般来讲,在买方市场下,企业成品销售需要有较大库存支持,其配送中心可能有较强储存功能;在卖方市场下,企业原材料、零部件供应需要有较大库存支持,这种供应配送中心也有较强的储存功能。大范围配送的配送中心,需要有较大库存,也可能是储存型配送中心。

我国目前拟建的配送中心,都采用集中库存形式,库存量较大,多为储存型。瑞士 GIBA‐GEIGY 公司的配送中心拥有世界上规模居于前列的储存库,可储存 4 万个托盘;美国赫马克配送中心拥有一个有 163 000 个货位的储存区,可见存储能力之大。

8. 流通型配送中心

基本上没有长期储存功能,仅以暂存或随进随出方式进行配货、送货的配送中心。这种配送中心的典型方式是,大量货物整进并按一定批量零出,采用大型分货机,进货时直接进入分货机传送带,分送到各用户货位或直接分送到配送汽车上,货物在配送中心里仅做少许停滞。前面介绍的阪神配送中心,中心内只有暂存,大量储存则依靠一个大型补给仓库。

9. 加工配送中心

许多资料都指出配送中心的加工职能,但是加工配送中心的实例,目前见到不多。我国上海市和其他城市已建成的配煤配送中心、上海六家船厂联建的船板处理配送中心、原物资部北京剪板厂都属于这一类型的中心。

二、配送中心的作业管理

不同模式的配送中心作业内容有所不同,一般来说配送中心执行如下作业流程:进货——进货验收——入库——存放——标示包装——分类——出货检查——装货——送货。配送中心的作业管理主要有进货入库作业管理、在库保管作业管理、加工作业管理、理货作业管理和配货作业管理。

1. 进货入库作业管理

进货入库作业主要包括收货、检验和入库三个流程。收货是指连锁店总部的进货指令向供货厂商发出后,配送中心对运送的货物进行接收。收货检验工作一定要慎之又慎,因为一旦商品入库,配送中心就要担负起商品完整的责任。

一般来说,配送中心收货员应做好如下准备:及时掌握连锁总部(或客户)计划中或在途中的进货量、可用的库房空余储仓位、装卸人力等情况,并及时与有关部门、人员进行沟通,做好以下接货计划:①使所有货物直线移动,避免出现反方向移动;②使所有货物移动距离尽可能短,动作尽可能减少;③使机械操作最大化、手工操作最小化;④将某些特定的重复动作标准化;⑤准备必要的辅助设备。

检验活动包括核对采购订单与供货商发货单是否相符、开包检查商品有无损坏、商品分类、所购商品的品质与数量比较等。数量检查有四种方式:①直接检查,即将运输单据与供货商发货单对比;②盲查,即直接列出所收到的商品种类与数量,待发货单到达后再做检查;③半盲查,即事先收到有关列明商品种类的单据,待货物到达时再列出商品数量;④联合检查,即将直接检查与盲查结合起来使用,如果发货单及时到达就采用直接检查法,未到达就采用盲查法。

经检查准确无误后方可在厂商发货单上签字将商品入库,并及时登录有关入库信息,转达采购部,经采购部确认后开具收货单,从而使已入库的商品及时进入可配送状态。

2. 在库保管作业管理

商品在库保管的主要目的是加强商品养护,确保商品质量安全,同时还要加强储位合理化工作和储存商品的数量管理工作。商品储位可根据商品属性、周转率、理货单位等因素来确定。储存商品的数量管理则需依靠健全的商品账务制度和盘点制度。商品储位合理与否、商品数量管理精确与否将直接影响商品配送作业效率。

3. 加工作业管理

加工作业主要是指对即将配送的产品或半成品按销售要求进行再加工,包括:①分割加工,如对大尺寸产品按不同用途进行切割;②分装加工,如将散装或大包装的产品按零售要求进行重新包装;③分选加工,如对农副产品按质量、规格进行分选,并分别包装;④促销包装,如促销赠品搭配;⑤贴标加工,如粘贴价格标签,打制条形码。加工作业完成后,商品即进入可配送状态。

4. 理货作业管理

理货作业是配货作业最主要的前置工作。即配送中心接到配送指示后,及时组织理货作业人员,按照出货优先顺序、储位区域别、配送车辆运次别、门店号、先进先出等方法和原则,把配货商品整理出来,经复核人员确认无误后,放置到暂存区,准备装货上车。

理货作业主要有两种方式,一是"播种方式",二是"摘果方式"。

所谓播种方式,是把所要配送的同一品种货物集中搬运到理货场所,然后按每一货位(以门店区分)所需的数量分别放置,直到配货完毕。在保管的货物较易移动、门店数量多且需要量较大时,可采用此种方法。

所谓摘果方式(又称挑选方式),就是搬运车辆巡回于保管场所,按理货要求取出货物,然后将配好的货物放置到配货场所指定的位置,或直接发货。在保管的商品不易移动、门店数量较少且要货比较分散的情况下,常采用此种方法。

在实际工作中,可根据具体情况来确定采用哪一种方法,有时两种方法亦可同时运用。

5. 配货作业管理

配送作业过程包括计划、实施、评价三个阶段。

(1) 制定配送计划

配送计划是根据配送的要求,事先做好全局筹划并对有关职能部门的任务进行安排和布置。全局筹划主要包括:制定配送中心计划、规划配送区域、规定配送服务水平等。制定具体的配送计划时应考虑以下几个要素:①连锁企业各门店的远近及订货要求,如品种、规格、数量及送货时间、地点等;②配送的性质和特点以及由此决定的运输方式、车辆种类;③现有库存的保证能力;④现时的交通条件。从而决定配送时间,选定配送车辆,规定装车货物的比例和最佳配送路线、配送频率。

(2) 配送计划的实施

配送计划制定后,需要进一步组织落实,完成配送任务。

首先应做好准备工作。配送计划确定后,将到货时间、到货品种、规格、数量以及车辆型号通知各门店做好接车准备;同时向各职能部门,如仓储、分货包装、运输及财务等部门下达配送任务,各部门做好配送准备。

然后组织配送发运。理货部门按要求将各门店所需的各种货物进行分货及配货,然后进行适当的包装并详细标明门店名称、地址、送达时间以及货物明细。按计划将各门店货物组合、装车,运输部门按指定的路线运送各门店,完成配送工作。

如果门店有退货、调货的要求,则应将退调商品随车带回,并完成有关单证手续。

三、配送中心的规模确定*

(一) 基本数据指标的确定

配送中心规模确定之前需要建立各种数据资料,商品数据和区域空间数据资料是最基本的两个指标。

配送中心建立的物量指标。物量指标是指在商品的保管或装卸等作业过程中,在重量、高度等条件限制下所能进行作业的单位量。首先要决定配送服务率,再决定出商品管理的等级、商品基础数据和保管必要量,然后按商品不同的尺寸、形状等计算出处理的个数。

1. 确定配送服务率

配送服务率的确定要点如下:A 类是顾客订货即时配送的商品,零售店的有货率为 100%;B 类是即使零售店没有,配送中心库存所对应的商品可以在半天内到货的、配送服务率达到 90%~95% 的商品;C 类是在零售店没有货时,企业库存或生产中所对应的商品能够达到 80%~90% 随时到货的商品。

此外,也有以补充时间作为 A、B、C 类商品的区分形式。A 类商品是每天补充,B 类商品是按每周三次、C 类商品是每周一次的间隔进行配送。这种重要度的区分大多以商品的销售实绩来判断,促销的新商品或销售战略方面的重要商品是划入数量少的 A 类中。

2. 确定商品管理的等级

全部商品用同一水准进行管理是没有意义的。如何选定必要的商品以 A 级方式管理,是由配送中心的重要性所决定的。

畅销商品能够从 POS 系统日常的销售额得到,可以从单品利润管理系统进行利润率信息的收集。重要商品是对社会性和安全性有影响的商品,战略商品是体现与同行业其他企业的差别化。从商品构成看,成为主力的商品是由各种各样商品的重要度所决定的。新商品是通过商品特性和商品生命周期的信息来选取的具有高成长性的商品。通常商品等级的构成比率是 A 类占全部商品的 20%、B 类占 30%、剩余为 C 类占 50%。但是,分级的商品不是确定之后就一成不变的,根据市场的动向、企业战略、商品构成、新产品状况,A 级商品每 3 个月进行调整,从 A 级到 B 级、然后从 B 级到 A 级的替换作业是不可缺少的。

3. 确定不同商品的库存率

配送服务率如果决定了以接受订货后 24 小时以内到货为前提的话,下面就产生了决定不同商品库存的问题,即配送中心是具有 A 类商品库存,还是建立即时生产体系,接受订货后立即生产。在这里,考虑即时出货的场合,对于不同商品的库存量还要考虑安全库存和订货点的关联。

库存量随着库存的出库而减少,如果减少到了临界点,就成为了订货点,可以进行一定量或最佳量的订货;如果库存量为零之前订货量没有到货,就会发生无库存而缺货。

4. 确定订货方式

高额商品和重要商品等作为 A 类商品,采用定期订货方式;B 类商品采用定量订货方式;C 类商品利用两拼方式。

(1) 定期订货方式

定期订货方式是以 1 个月、10 天或 1 周为单位的订货期间,计算每一次的订货量以必要的最佳量进行订货。高额商品和大型商品等以 A 级商品订货的情况较多。这一方式要预测一定期间的消费量,考虑库存量和订货未到的商品数量,然后计算正确的订货量,计算公式如下:

需要量 = 根据需要预测得到的订货量
   = (当月需要量 + 下月需要量) − (上月末库存量 + 本月初订货未到数量) + 安全在库量

库存量 = 上月末在库量 + 本月初入库量 − 本月出库量

入库量 = 上月末订货未到数量;出库量 = 本月需要量 × 1.05(每3个月调整出库增加量)

(2) 定量订货方式

定量订货方式只是按照一定的量进行订货,订货的时期不定。这种方式是在当库存量减少到事先所确定的数量时,只按一定的量进行订货,保持库存量在计划内的最大量和最少量之间的方式。事先确定的量叫做订货点,从订货到到货的期间中还要确保所需要的量。如果确定了订货点和订货量,就能进行自动的订货管理。但是,对于库存需要变动时,发生库存不足就需要增加库存。

(3) 两拼方式

重量轻、体积小和便宜的商品,无论采用定期订货方式还是定量订货方式都不是最有效的。将同样的商品准备出两个单位,一个单位中的商品空的时候就取出以该容器为单位的订单,订一个单位的数量。

这种方式是以实物进行管理,利用较为简便,但是,如果一个容器空了的时候没有处理订单的话,就会造成缺货情况。

(二)配送中心规模确定的原则和程序

1. 配送中心规模确定的原则

(1) 与区域社会经济发展相适应的原则

配送中心规模确定应以物流现状和未来发展趋势为依据,与城市和区域经济发展相适应。用社会各行业的统计数据,对物流现状和未来发展进行定量、定性分析和预测,是进行物流中心规模确定的重要依据。分析不同空间范围的物流量、不同功能类型的物流量有助于对物流的分布及流量和结构有客观的认识,从而为确定物流中心规模提供可靠依据。

(2) 与市场需求相协调的原则

配送中心的服务对象是众多的企业,企业需求的大小直接决定了配送中心的规模。配送中心应以市场需求为导向,通过对需求层次和结构进行分析,根据不同需求确定相应类别的功能设施及规模。

(3) 内部和外部系统性的原则

配送中心规模的确定要坚持对内部的功能区进行合理的系统优化布局,在流线合理的前提下使结构紧凑,以减少用地;同时根据服务的经济区域内运输、配送距离、产品结构和货物种类决定每个配送中心的最佳规模。

(4) 适度超前的原则

配送中心属城市或区域内基础设施,一旦建成则很难变动,因此应具有适当的超前性。我国建设配送中心超前于现有物流业发展阶段,主要目的是为引导配送中心的合理布局并提供发展的用地保障。因此应杜绝任何盲目的、与实际脱节的超前带来的浪费,同时也应杜绝过于保守所造成的用地不足、无法实现预期资源整合的情况。

2. 配送中心规模确定的程序

在配送中心规模确定的原则指导下,配送中心规模确定的程序是一个动态的规划过程。该程序是在经过不断的信息反馈和修正、利用定性定量结合、充分考虑各种因素的情况下得出最终结果。主要步骤如下：

(1) 社会经济分析与物流预测

通过广泛收集区域(城市)内物流相关行业的基础资料,结合社会经济发展总体规划,分析现阶段物流各相关行业的经济特点,预测各物流功能要素未来发展状况,并按照对物流处理过程的特性(运输、配送、仓储、流通加工过程的共性和个性)分类,从不同角度把握物流的发展趋势和分布特点。

(2) 功能设计与战略定位

根据城市或经济区域物流现状及未来发展趋势的预测分析结果,结合具体进入配送中心的企业及服务对象企业对物流服务的客观需求,设计配送中心的具体功能,划分配送中心内部不同功能分区;根据功能设计的内容和要求,研究配送中心发展的战略定位、业务经营定位,从而明确配送中心的经营模式、平台建设等。

(3) 规模初算

通过对配送中心未来发展预测中不同特性物流量分解,结合功能设计要求,根据有关国家和行业标准,采用定量法初步计算各主要功能区的使用面积和建筑面积。

(4) 方案设计

方案设计是配送中心规模确定中的重要步骤。在根据功能设计的基础上结合规模初算结果,为配送中心正常运转设计合理的内部工艺流程;然后在工艺流程的指导下合理布局各功能区域的基本位置、建筑工程方案及作业空间布置等。

(5) 规模确定

根据方案设计结果的反馈信息重新修正规模初算结果,进行方案设计的完善,对各功能区空间布局结构进行最后调整,并将各功能区的建筑面积转化为占地面积,从而得到配送中心的总规模。

四、配送中心的车辆调度 *

(一) 车辆调度问题的描述

配送车辆调度问题可以描述为:在一个存在供求关系的系统中,有若干辆车、若干个物流中心和客户,要求合理安排车辆的行车路线和出行时间,从而在给定的约束条件下,把客户需求的货物从物流中心送到客户,把客户供应的货物从客户取到物流中心,并使目标函数取得优化。

配送是物流系统中的一个重要环节,它是指按客户的订货要求,在配送中心进行分货、配货工作,并将配好的货物及时送交收货人的物流活动。在配送业务中,配送车辆调度问题的涉及面较广,需要考虑的因素较多,对配送企业提高服务质量、降低物流成本、增加经济效益的影响也较大。该问题包括集货线路优化、货物配装及送货线路优化等,是配送系统优化的关键。

对配送车辆调度问题,可以只选用一个目标函数,也可以选用多个目标函数。经常选用的目标函数主要有:

1. 配送总里程最短

配送里程与配送车辆的耗油量、磨损程度以及司机疲劳程度等直接相关,它直接决定运输的成本,对配送业务的经济效益有很大影响。由于配送里程计算简便,它是确定配送路线时用得最多的指标。

2. 配送车辆的吨位公里数最少

该目标将配送距离与车辆的载重量结合起来考虑,即以所有配送车辆的吨位数(最大载重吨)与其行驶距离乘积的总和最少为目标。

3. 综合费用最低

降低综合费用是实现配送业务经济效益的基本要求。在配送中,与取送货有关的费用包括:车辆维护和行驶费用、车队管理费用、货物装卸费用、有关人员工资费用等。

4. 准时性最高

由于客户对交货时间有较严格的要求,为提高配送服务质量,有时需要将准时性最高作为确定配送路线的目标。

5. 运力利用最合理

该目标要求使用较少的车辆完成配送任务,并使车辆的满载率最高,以充分利用车辆的装载能力。

6. 劳动消耗最低

即以司机人数最少、司机工作时间最短为目标。

（二）车辆调度问题在配送中的应用

1. 车辆调度问题的提出

车辆调度问题（Vehicle Routing and Scheduling Problem，简称 VRP）包括两部分内容，其一是车辆行车路线的安排，其二是出行时间表安排。一条车辆行驶路线就是一辆车对应一系列需求点，从一个资源点出发，有序地通过它们，最后再回到出发的资源点。一个车辆的时间表就是对应一系列需求点的到达和离开的时间表。车辆必须按规定的次序在规定的时间通过这些点。

如果到达节点的时间是事先规定的，则称该问题是带时间窗要求的运输调度问题；若到达和离开的时间没有规定，则称该问题是一个直接的路线安排的问题。

由于运输任务的性质和特点不同、道路条件及车辆类型不同，即使在相同收发货运点间完成同样任务时，所采用的行驶路线方案也可能不同。而车辆按不同运行路线完成同样的运输工作时，其利用效果是不一样的。因此，在满足货运任务要求的前提下，如何选择最经济的运行路线，是车辆路线安排的一项重要工作。所谓最经济的运行路线，就是在保证货物需求的前提下，运输时间和运输费用（通常为吨公里）最省的路线。

2. 车辆调度问题在配送中心的体现

考虑这样一类问题：假定有一配送中心需向几个客户运送货物，每个客户对货物有一定需求，运送货物的车辆在配送中心配装发车后，把货物送到各客户处，如何确定费用最小的车辆行驶路线？又如，零售商将若干生产商生产的产品运到其配送中心，车辆从配送中心出发，到各个厂家去装货，装满后运到配送中心，在满足厂家发货要求的情况下，按什么路线行驶可使总费用最小？这两个问题的实质是相同的。如果货物量大，车辆为完成任务需满载运行，则车辆按最短路行驶即可。若货物量较少，用一辆车完成任务时车辆不能满载，这样车辆的利用率较低，因此可考虑用一辆车完成多项任务。

所以，将各分散用户组织起来联合送货的方式就是配送运输的基本特点。

随着传统批发、交通运输、仓储业向现代物流转化,尤其是配送方式的采用,对运输成本和时间的有效控制日渐成为物流配送中车辆调度的一项重要指标。VRP一直以来都是车辆调度所重点研究的方向,而配送方式恰恰具备了VRP的一般特征和优化调度条件。

图4-9分别显示了传统运输方式和配送运输方式下车辆行驶路线的对比。可见,配送通过将多个用户联合在一条路线上,并为车辆选择优化的绕行次序,可以很好地实现降低成本、提高效率的要求。

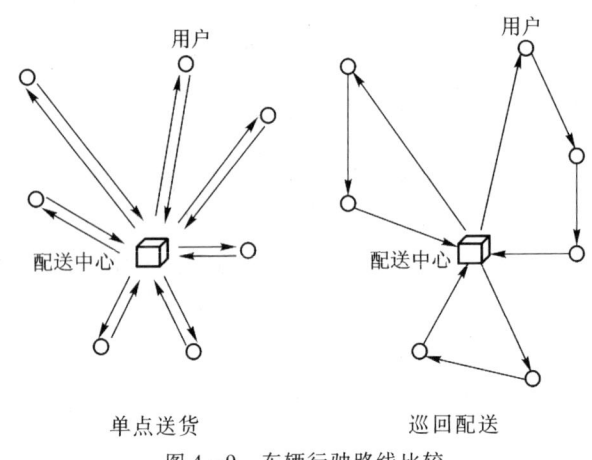

图4-9 车辆行驶路线比较

研究物流配送的车辆调度问题一般先作以下几点假设:
① 被配送的物品是可混装的物资;
② 各个用户的所在地和需求均已知;
③ 从配送中心到各个用户间的运输距离已知;
④ 配送中心有足够的资源以供配送,并且拥有足够的运输能力。

车辆配送调度的目标是使总的运输费用最小,一般情况下,是使总运输吨公里数最小。配送计划中的最优派车路线,必须符合下列基本约束条件:

① 满足所有用户的品种、数量需求;

② 对每一辆发送车辆的装载量有一定限制,不允许超载运行;
③ 对发送车辆每天的总运行时间、或总运行距离有预定的上限;
④ 满足用户提出的到货时间要求。

对某一具体问题,上述约束条件可能全部存在,也可能只存在一部分。

配送运输调度优化方案应明确地规定在符合上述约束条件的基础上应派出的车辆数、车型和各车辆的具体行车路线和抵达时间。实施这一运输方案,保证按时、按量完成当日的运输任务,又必须使总运输吨公里最小。

(三) 配送中心车辆调度问题的分级求解

由于配送运输业务类型的多样性和复杂程度不同,下面先对实际应用中的车辆调度问题按照复杂程度进行分级介绍。在每种情况下,一方面描绘出某些约束,然后把这些约束再加进先前讨论过的问题中,以使它更复杂和更现实,另一方面介绍它在实际中的比较成熟的求解方法。

为方便讨论,把某个地区内的工厂、配送中心、仓库等装货点称为资源点或发点,把不同的货物发送到该地区另外一些卸货点,称之为需求点或收点。

1. 简单的路线优化问题(A 级问题)

首先,对这样一个简单运输问题进行描述。

在一个资源点 P 上有一辆容量为 q 的货车,现有 m 个需求点的货运任务需要完成,已知需求点 i 的货运量为 $g_i(i=1,\cdots,m)$,且 $\sum g_i \leq q$,求在满足各收点需求的约束条件下,总发送距离最短的货车送货路线。事实上,这个问题可以归结为 $(m+1)$ 个点的旅行商问题(TSP)。它的解是,从 P 点出发,对所有的用户巡回一次再回到 P 点的距离最短的路线。所谓旅行商问题是,假定有一个推销员,要到 n 个城市巡游,当各个城市间的距离已知,并规定每个城市只访问一次,问按怎样的顺序巡游,其距离最短。

旅行商问题是一个 NP(Nondeterministic Polynomial)难题,目前求解这个问题的方法,除了用于精确求解的动态规划法、分枝定界法、整数规划法等方法以外,还有求近优解的各种启发式方法和模拟方法。应用遗传算法求解旅行商问题,在较快的收敛速度下得到了近优解。

2. 理想状态下的配送运输调度问题(B级问题)

对以上简单问题进行推广:资源点或发点的车辆不止一辆,而是一个车队 $Q_j(j=1,\cdots,n)$,理想状态下它是齐次的(每辆车的容量均为 q),且有足够的运力保证任务的完成,需求点 i 的货运量满足 $\sum g_i \leq q$,且 $nq \geq \sum g_i \geq q(i=1,\cdots,m)$。也就是说为了完成运输任务需派若干辆车,全部发送路线为几条大的路线组成,每一辆发送车从配送中心出发后,沿一条覆盖若干用户的大路线送货,然后返回配送中心。此时,车辆调度应包括两个相关的环节:一是哪些用户要被分配到一条路线上(也即一辆车上);二是每条路线上用户的绕行次序。根据这两个环节,可以将理想条件下的配送运输调度问题看成是由一个广义分配问题和一个旅行商问题(路线安排)组成。这两类问题都已被人们广泛地研究过,且提出求解这两类问题的规范的数学规划方法。但如果将这两个 NP 难题结合起来,则成为一个典型的组合优化问题。实际应用中,人们倾向于使用计算速度快、所需内存少、初值要求不严格的启发式方法求解,如节约法。

3. 考虑实际约束(主要指时间窗约束)的配送运输调度问题(C级问题)

配送的一个重要特点在于用户往往会指定发送或交货的时间限制要求。假设一组有 n 个需求点要求送货,并表示为 $1,\cdots,i,\cdots,n$,需求点 i 有一个固定的完成时间 T_i、一个服务时间 S_i(如卸货时间)。例如,假设 T_i 为 12:30,$S_i = 1$ 小时,那么货车必须安排在 11:30 到达需求点 i。在任何两个需求点 i、j 之间的运输时间用 $DH(i,j)$ 表示,距离用 d_{ij} 表示。如果 $T_j - S_j > T_i + DH(i,j)$,那么弧 (i,j) 就存在。对弧 (i,j) 指定费用 $C_{ij} = DH(i,j)$(或 d_{ij}),于是,该问题就转化为用给定数目的从起点 i 到终点 j 的路径(这些路径规定了一种先后次序)经过所有节点,以使在所有车辆的时间表安排中的总运输时间(或总运输距离)最小。求解该问题一般采用两步算法。首先在无圈有向网络中寻找从 i 到 j,并经过所有节点的路径的最小条数(这被称为 Dilworth 分解问题,可用最大流或最小费用流算法来求解),它的解为完成所有需求点运输任务所必需的最小车辆数;然后固定车辆数或求解有关的最小费用流问题。这个解在保证最小车队规模的同时,使路线运行费用最小。

以上时间表的安排只是假定每个需求点的开始或结束时间是固定的。然而,有的用户还规定有完整时间窗,要求配送到货必须在窗内完成,例如,任务需在11:30到12:30之间完成,那么问题就是一个路线和时间表安排的混合问题。该问题必须在满足用户时间窗要求下,安排路线以使总的运费达到最小。

时间窗约束下的配送运输在实际中是存在的,如某些特定用户在断货时提出的紧急配送到货的时间要求、为JIT生产线送货、为有固定时刻表的火车、飞机等转运点送货,以及超市配送用户要求送货不能比开门营业时间太早、比销售缺货时间太晚等。

实际应用中车辆的约束也需加以考虑。在前两类问题中,都假定一条路径(或车辆的时间表)的长度不受限制。然而,在许多实际问题中,由于车辆必须加油和其他(如故障)等原因,这条路径长度是有限制的,所以实际上长度是存在的。例如,一部车在需加油前,只能行驶那么多公里或那么多小时。这个路径长度约束问题是NP难题。但由于目前在我国许多道路上都设有加油站,这一问题一般可以不予考虑。

出于有时间、车辆等实际条件的约束,试图通过求得整数线形规划的严格解来解决实际配送模式下的行车路线组织等问题是很困难的,甚至可能是徒劳的。相反,利用启发式算法则方便得多,一般也能得到较优的解(当然,利用启发式算法一般不能获得整个问题的最优解)。

4. 多发车点的配送问题(D级问题)

上面所讨论问题的一个直接推广就是允许车辆从一个以上的地点发出,这些地点可以是多个配送中心或多个车场,因而配送问题就成为有几个封闭循环线路的巡回销售员问题。毫无疑问这是一个组合优化问题。车辆调度的目标是以最少的车辆通过最经济的线路完成所有的运输任务。

对此问题有两类很明显的求解方法,它们都只能求得一定满意度的近优解。第一种方法(先分组后安排路线时间表方法),把客户按一定调度规划分成为一些子集,每个子集对应一个车库。然后,对每个车库求解一个 B 级问题。如果任何车库的极小或极大容量限制(根据车辆数)被破坏,就修正客户的初始分块,且必须求解新的 B 级问题。这一过程按这种方式一直运行到得到满意的解答为止。用于划分客户集的规则可以是"就地就近发送"等实际经验调度规则(目前基本上采用这种方法),也可以是一些对全局优化有贡献的启发式规则,如"用户近连,同中心选大(节约量),不同中心选小(节约量)的搜索规则",后一类规则的方法在理论解的获得上效果比前者好一些。第二种方法(先安排路线时间表后分组的方法),对整个网络求解 B 级问题,而不管用来存放每部车辆的车库如何。这样,就构造了一条大的路线或回路(通常不可行),它包括了所有需求对象(即节点或弧)。其次,对每部车辆的路线表指定一个车库,其目的是极小化总的运输距离并限制车库存放车辆的最多、最少数目。后一问题可看作一个简单的运输问题。当车辆进出车库的距离比起消耗在其路线表上的运输距离微不足道时,这种方法就非常合理。此方法曾被 Bodin 等人用来估计大规模运输系统的费用。求解多车库车辆时间表安排的方法和和上面描述的求解多车库的路线表安排方法在算法原理上具有相似性。

物流配送问题数学模型详见"运输组织管理"一章。

五、配送中心的选址 *

(一) 概述

配送中心是以组织配送性销售或供应,执行实物配送为主要职能的流通性物流节点,它是物流中心的一种主要形式,是基于物流合理化和拓展市场两个需要而逐步发展起来的,是物流领域中社会分工、专业分工进一步细化的结果。

配送中心设立的主要目的在于增快货物流通速度并避免不必要的配送成本,以满足客户的需要,为企业赢得市场。因此,对于配送中心的选址问题,就是如何降低物流的成本。即设立几个规模多大的配送中心? 这些配送中心应选在哪里才能使物流系统最合理、经济效益最好? 也就是说,配送中心的选址问题属于最小成本问题,即求解运输成本、运营成本等之和为最小的最小化问题。

配送中心的建设通常是企业的行为,站在企业的立场,经济效益往往是第一位的。因此本部分介绍的配送中心选址模型,主要考虑以下影响因素:

1. 运输成本

包括供应地到配送中心的运输成本和配送中心到需求点的运输成本。运输成本是配送中心的主要成本之一。而建立配送中心合理化的基本经济原则是集运,通过集运促使批量运输,从而收到规模效益。因为单位运输费率通常随着运输量的增大而降低,而一个企业在广泛的地理区域市场中出卖产品,单个客户的订货量往往是少量的,因此通过在合适的位置建设一个配送中心,集零为整形成规模集运,使单位运输费率降低,将获得直接的经济效益。

2. 运营成本

配送中心的运营成本可以分为固定成本和可变成本。固定成本主要包括配送中心的建设投资、设备购置和管理费(水、电、人员等费用)等等;可变成本主要是指货物的库存成本和加工成本。

3. 配送中心数目

配送中心建设和选址的主要目标是使物流系统的总成本最小,即运输成本和运营成本的总和最小。根据有关研究,配送中心的数目是影响总成本的一个主要因素,它与运输成本和运营成本的关系可用图4-10表示。

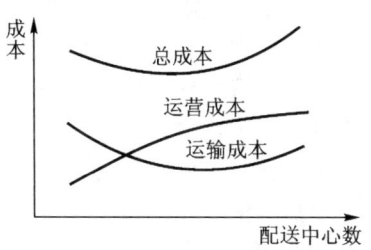

图4-10 配送中心数-成本关系

从图中可以看出：运输成本是一条下凹曲线，在最大集运点之前，运输成本随配送中心数目的增加而降低，当超过最大集运点时，运输成本将开始增加；运营成本则随着配送中心数目的增加，以递减的速率增加。因此，总成本将随着配送中心数目的增加先降低后增高。

4. 货物种类

在实际中，配送中心处理的货物将是多种多样，而不同类型货物的处理成本往往是不一样的，例如需要冷藏的鲜品的运输成本和库存成本比普通的货物要高出许多。因此，在配送中心选址时，不同类型的货物应分别考虑。

5. 备选地址

配送中心在布局时，由于用地等方面的限制，不可能在广大范围内任意选择地址，而是在有限的几个备选地址中选择方案。但是，为了配送中心建成后更好地运营、有效地满足市场的需要，科学合理地选择备选地址就显得极为关键。

因此，在确定备选地址时，应该注意以下几点：

① 与城市规划相协调，满足城市用地结构；

② 与综合交通相衔接，靠近主要交通干线；

③ 与市场需求相一致，临近货源和需求地；

④ 与景观环境相适应，走可持续发展道路。

（二）配送中心选址模型

1. 问题的假设

这里所讲的配送中心选址模型，是建立在如下假设基础上的：

① 仅在一定的备选范围内考虑设置新的配送中心；

② 需求商的需求量按区域总计；

③ 配送中心的容量可以满足需求；

④ 运输费用为路程、运量的分段函数；

⑤ 各需求地的需求量一定且为已知；

⑥ 配送中心的固定费用为已知常数；

⑦ 可变费用因产品类型而异，各类产品的单位可变费用为已知。

2. 模型参数

为后续建模需要,先定义如下参数:

M——配送中心备选地的个数;

K——供应地的个数;

N——需求地的个数;

P——可选中的配送中心的最大个数;

L——产品种类;

A_{lk}——供应地 l 产品的供应能力;

D_{lj}——需求地 l 产品的需求量;

M_i——配送中心备选地的建设容量;

F_i——备选配送中心 i 的固定费用;

E_{li}——备选配送中心 i 对 l 产品的单位可变费用;

$B_{lki}(*)$——l 产品从供应地 k 到配送中心 i 的运输单价;

$C_{lij}(*)$——l 产品从配送中心 i 到需求地 j 的运输单价。

其中 $B_{lki}(*)$、$C_{lij}(*)$ 表示运输单价为路程、运量的分段函数,具体函数形式应由专家系统来定义。

3. 模型变量

在本模型中,有三个变量:

X_{lki}——l 产品从供应地 k 到配送中心 i 的运输量;

Y_{lij}——l 产品从配送中心 i 到需求地 j 的运输量;

Z_i——整数变量,当 $Z_i=1$ 时,表示 i 备选地被选中,当 $Z_i=0$ 时,表示 i 备选地未被选中。

4. 模型构造

(1) 目标函数

在配送中心选址时,期望的是使物流费用最小,以达到最佳的经济效益。本模型主要考虑以下三种费用:

① 集货费用

该费用与供货量 X_{lki} 和供货运输单价 $B_{lki}(*)$ 有关,可表示为:

$$\sum_{l=1}^{L}\sum_{k=1}^{K}\sum_{i=1}^{M}X_{lki}B_{lki}(*)$$

② 配送费用

该费用与配送量 Y_{lij} 和配送运输单价 $C_{lij}(*)$ 有关,可表示为:

$$\sum_{l=1}^{L}\sum_{i=1}^{M}\sum_{j=1}^{N}Y_{lij}C_{lij}(*)$$

③ 配送中心运营费用

该费用包括配送中心固定费用和可变费用,可表示为:

$$\sum_{i=1}^{M}F_iZ_i + \sum_{l=1}^{L}\sum_{i=1}^{M}\sum_{k=1}^{K}E_{li}X_{lki}$$

由前面对问题的说明可知,模型的目标函数是使配送中心的集货费用、配送费用和配送中心运营费用之和最小,即以上三项费用之和最小。可用公式表示如下:

$$\text{Minimize} \sum_{l=1}^{L}\sum_{k=1}^{K}\sum_{i=1}^{M}X_{lki}B_{lki}(*) + \sum_{l=1}^{L}\sum_{i=1}^{M}\sum_{j=1}^{N}Y_{lij}C_{lij}(*) + \sum_{i=1}^{M}F_iZ_i + \sum_{l=1}^{L}\sum_{i=1}^{M}\sum_{k=1}^{K}E_{li}X_{lki}$$

(2) 约束条件

① 供应约束

任意一种产品从供应地发运到各配送中心的货物总量不能超过它的供货能力,即:

$$\sum_{i=1}^{M}X_{lki} \leq A_{lk}, l=1,2,\cdots,L; k=1,2,\cdots,K$$

② 需求约束

各配送中心向某需求地配送的任一产品的货物总量应满足该需求点的需求量,即:

$$\sum_{i=1}^{M}Y_{lij} \geq D_{lj}, l=1,2,\cdots,L; j=1,2,\cdots,N$$

③ 容量约束

各供应地供应给任一配送中心的货物总和不能超过该配送中心的建设容量,即:

$$\sum_{l=1}^{L}\sum_{k=1}^{K}X_{lki} \leq M_iZ_i, i=1,2,\cdots,M$$

④ 平衡约束

通过各配送中心的货物进出量要相等,即:

$$\sum_{k=1}^{K} X_{lki} = \sum_{j=1}^{N} Y_{lij}, l = 1, 2, \cdots, L, i = 1, 2, \cdots, M$$

⑤ 规模约束

被选中的配送中心备选地的个数不能超过原定的最大限度,即:

$$\sum_{i=1}^{M} Z_i \leq P$$

⑥ 整数约束

$Z_i = 0$ 或 1,当 $Z_i = 0$ 时,表示未被选中,当 $Z_i = 1$ 时,表示被选中。即:

$$Z_i = 0 \& 1, i = 1, 2, \cdots, M$$

⑦ 非负约束

所有变量必须大于或等于零。即:

$$X_{lki}, Y_{lij} \geq 0, l = 1, 2, \cdots, L; i = 1, 2, \cdots, M; j = 1, 2, \cdots, N, k = 1, 2, \cdots, K$$

(3) 模型形式

综合上述分析,建立配送中心的选址数学模型为:

$$\text{Minimize} \sum_{l=1}^{L} \sum_{k=1}^{K} \sum_{i=1}^{M} X_{lki} B_{lki}(*) + \sum_{l=1}^{L} \sum_{i=1}^{M} \sum_{j=1}^{N} Y_{lij} C_{lij}(*)$$
$$+ \sum_{i=1}^{M} F_i Z_i + \sum_{l=1}^{L} \sum_{i=1}^{M} \sum_{k=1}^{K} E_{li} X_{lki}$$

约束条件

$$\sum_{i=1}^{M} X_{lki} \leq A_{lk}, l = 1, 2, \cdots, L; k = 1, 2, \cdots, K$$

$$\sum_{i=1}^{M} Y_{lij} \geq D_{lj}, l = 1, 2, \cdots, L; j = 1, 2, \cdots, N$$

$$\sum_{l=1}^{L} \sum_{k=1}^{K} X_{lki} \leq M_i Z_i, i = 1, 2, \cdots, M$$

$$\sum_{k=1}^{K} X_{lki} = \sum_{j=1}^{N} Y_{lij}, l = 1, 2, \cdots, L, i = 1, 2, \cdots, M$$

$$\sum_{i=1}^{M} Z_i \leq P$$

$$Z_i = 0 \& 1, i = 1, 2, \cdots, M$$

$$X_{lki}, Y_{lij} \geq 0, l = 1, 2, \cdots, L; i = 1, 2, \cdots, M; j = 1, 2, \cdots, N; k = 1, 2, \cdots, K$$

5. 模型讨论

（1）目标函数的规模

目标函数的规模主要由变量数体现，按照前面有关分析可知，变量 X_{lki} 的总数是 $L \times K \times M$，也就是要做 $L \times K \times M$ 次 X_{lki} 与 $B_{lki}(*) + E_{li}$ 的乘积，变量 Y_{lij} 的总数是 $L \times M \times N$，即需要做 $L \times M \times N$ 次 Y_{lij} 与 $C_{lij}(*)$ 的乘法。变量 Z_i 的总数是 M，同理需要做 M 次 Z_i 与 F_i 的乘积。

（2）约束条件的规模

同样用前面的定义，该模型有 $L \times K$ 个供应约束，$L \times N$ 个需求约束，M 个容量约束，$L \times M$ 个平衡约束，M 个整数约束，$L \times K \times M + L \times M \times N$ 个非负约束和 1 个规模约束。

（3）模型多用性讨论

该模型在构造时考虑的因素较全面，在实际应用时可以稍改变目标函数和约束条件而灵活用于其他问题。如：

① 在有的配送中心选址时，可以不考虑集货费用（如为大型连锁超市提供商品配送的配送中心），则可将目标函数改为：

$$\text{Minimize} \sum_{l=1}^{L} \sum_{i=1}^{M} \sum_{j=1}^{N} Y_{lij} C_{lij}(*) + \sum_{i=1}^{M} F_i Z_i + \sum_{l=1}^{L} \sum_{i=1}^{M} \sum_{k=1}^{K} E_{li} X_{lki}$$

② 在一些制造商建设的自用型配送中心选址时，一般只考虑原材料市场的位置，而不考虑配送费用，因此可以将目标函数改为如下使用：

$$\text{Minimize} \sum_{l=1}^{L} \sum_{k=1}^{K} \sum_{i=1}^{M} X_{lki} B_{lki}(*) + \sum_{i=1}^{M} F_i Z_i + \sum_{l=1}^{L} \sum_{i=1}^{M} \sum_{k=1}^{K} E_{li} X_{lki}$$

③ 另外，当配送中心只处理一种产品时，或当配送中心选址不考虑配送中心的可变费用时，或只建设一个配送中心时等，都是本问题的特例，因此只要稍变化模型形式就能建立相应的选址模型，在此不再讨论。

（三）模型求解算法

显而易见，上述配送中心选址模型属于非线性0—1规划问题。由于 0—1 变量跨接了数值分析与逻辑分析两个领域,非线性 0—1 规划问题常属于 NP 难题,用常规的方法求解比较困难,因此本文试借助遗传算法来构造优化解的求解方法。

1．遗传算法

（1）遗传算法简介

遗传算法是 20 世纪 60 年代由美国密执安大学的霍兰德教授（J. Holland）提出的,它是以自然选择和遗传学原理为基础,将自然界生物进化过程适者生存的自然规律和随机计算相结合而形成的一种新兴的自适应随机搜索方法,它对优化对象既不要求连续,也不要求可微,并具有极强的鲁棒性和内在的并行计算机制,特别适合于复杂的多极值优化和组合优化问题。它在搜索之前先将变量按某种形式进行编码（编码后的变量称为染色体）,不同的染色体构成一群体,每个染色体则成为群体中的一个个体,对每个个体,将按某种方式评估出其适应性值,然后根据适应性值进行遗传操作,产生新一代群体。新一代群体的产生是按下面两个步骤完成的:首先,根据个体的适应性值选择被保留的个体以及相应的复制次数;然后对被选择的个体进行重组、变异,产生新的个体。下图为遗传算法的运算过程示意图。

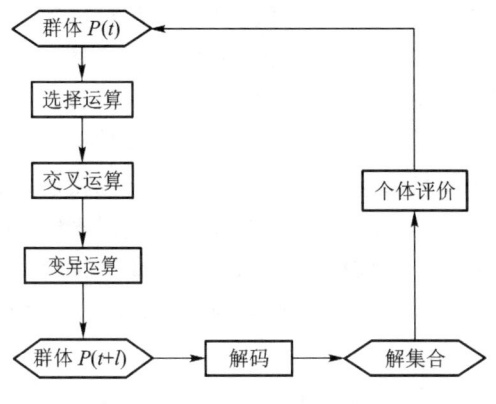

图 4－11　遗传算法的运算过程示意图

由图可以看出,遗传算法的基本执行过程为:

① 初始化。设置进化代数计数器 $t \leqslant 0$;设置最大进化代数 T;随机生成 N 个个体 $X_0^1, \cdots, X_0^N$ 作为初始群体 $P(0)$,并将这 N 个点进行编码;

② 个体评价。计算群体中各个体的适应值 $f(X_t^1), \cdots, f(X_T^N)$。

③ 选择运算。将选择算子作用于群体 $P(t)$。从 $X_t^1, \cdots, X_t^N$ 中选择 $X_t^{1'}, \cdots, X_t^{N'}$,且每个 X_t^l 被选中的概率为:

$$f(X_t^l) \Big/ \sum_{l=1}^{N} f(X_t^l)$$

④ 交叉运算。将交叉算子作用于群体 $P(t)$。从 $X_t^{1'}, \cdots, X_t^{N'}$ 中以相同概率 P_c 随机选择两个个体,这两个个体以事先给定的概率值执行交叉运算,产生两个新个体,重复这一过程,直至形成新群体 $X_t^{1''}, \cdots, X_t^{N''}$;

⑤ 变异运算。将变异算子作用于群体 $P(t)$。根据一定的概率 P_m 随机地对每个个体改变其编码值,形成新一代群体 $X_{t+1}^1, \cdots, X_{t+1}^N$。

⑥ 终止条件判断。判断终止条件满足否,如果满足,停止运算;否则令 $t+1=t$,转到②。

(2) 遗传算法的特点

遗传算法是一类可用于复杂系统优化计算的鲁棒搜索算法,与其他一些优化算法相比,它主要有下述几个特点:

① 遗传算法以决策变量的编码作为运算对象。传统的优化算法往往直接利用决策变量的实际值本身来进行优化计算,但遗传算法不是直接以决策变量的值,而是以决策变量的某种形式的编码为运算对象。这种对决策变量的编码处理方式,使得在优化计算过程中可以借鉴生物学中染色体和基因等概念,可以模仿自然界中生物的遗传和进化等机理,从而可以方便地应用遗传操作算子。特别是对一些无数值概念或很难有数值概念,而只有代码概念的优化问题,编码处理更显示了其独特的优越性。

② 遗传算法直接以目标函数作为搜索信息。传统的优化算法不仅需要利用目标函数,而且往往还需要目标函数的导数值等其他一些辅助信息才能确定搜索方向。而遗传算法仅使用由目标函数值变换来

的适应函数值,就可确定进一步的搜索方向和搜索范围,无需目标函数的导数值等其他一些辅助信息。这个特点对很多目标函数是无法或很难求导数的函数,或导数不存在的函数的优化问题,以及组合优化问题等,应用遗传算法时就显得比较方便,因为它避开了函数求导这个障碍。再者,直接利用目标函数值或个体适应值,也可以把搜索范围集中到适应度高的部分搜索空间中,从而提高了搜索效率。

③ 遗传算法同时使用多个搜索点的搜索信息。传统的优化算法往往是从解空间中的一个初始点开始最优解的迭代搜索过程。单个搜索点所提供的搜索信息毕竟不多,所以搜索效率不高,有时甚至使搜索过程陷于局部最优解而停滞不前。遗传算法从由多个个体所组成的一个初始群体开始最优解的搜索过程,而不是从一个单一的个体开始搜索。对这个群体所进行的选择、交叉、变异等运算,产生的乃是新一代的群体,在这之中包括了很多群体信息。这些信息可以避免搜索一些不必要搜索的点,所以实际上相当于搜索更多的点,这是遗传算法所特有的一种隐含并行性特征。

④ 遗传算法使用概率搜索技术。很多传统的优化算法往往使用的是确定性的搜索方法,一个搜索点到另一个搜索点的转移有确定的转移方法和转移关系,这种确定往往也有可能使得搜索永远达不到最优点,因而也限制了算法的应用范围。而遗传算法属于一种自适应搜索技术,其选择、交叉、变异等运算都是以一定概率的方式来进行的,从而增加了其搜索过程的灵活性。虽然这种概率特性也会使群体产生一些适应度不高的个体,但随着进化过程的进行,新的群体中会更多地产生出许多优良的个体,实践和理论都已证明了在一定条件下遗传算法总是以概率1收敛于问题的最优解。

鉴于以上特点,遗传算法自其提出开始就受到了学术界的青睐,随着遗传算法理论的不断完善,已被广泛地应用于很多学科领域,如函数优化、组合优化、自动控制、机器学习和人工生命等。因此本节试运用这种全局搜索优化算法来求解上节建立的配送中心选址模型,通过适当的遗传操作和反复迭代,最后得到模型的满意解(最优解或近似最优解),即得到配送中心的合理位置或最佳位置。

2. 配送中心选址模型的求解算法

(1) 算法过程

运用遗传算法求解配送中心选址模型,具体算法过程如下:

① 编码方案。对于此模型,既可以采用二进制编码,也可以采用顺序表达法,相比而言,二进制编码比较简单,因此本文采用二进制编码。字符串的长度为备选地址的个数,即第 i 位表示第 i 个备选地址,构造如下二进制串:

$$Z: z_1 z_2 \cdots z_i \cdots z_M$$

M 为备选地址的个数,z_i 为"0"时表示备选地址 i 未被选中,z_i 为"1"时表示地址 i 被选中。

② 初始化。随机产生一组(N 个)长度为 M 的二进制串,每个二进制串的每一位随机的取"0"或"1",构成初始群体 $P(0) = [Z_0^1, Z_0^2, \cdots, Z_0^N]$,设置最大运行代数 T,此时代数 $t = 0$。

③ 性能评价。即计算群体 $P(t)$ 中每个个体的适应性值。按下述步骤可得:

a. 对个体编码串进行解码处理,得到个体的表现型;

b. 由个体的表现型计算出对应个体的目标函数值 $f(i)$;

c. 将目标函数值按下式转换为个体的适应性值。

$$F(i) = \frac{1}{f(i)}$$

④ 选择操作。采用轮盘式选择。即:首先按下式计算个体 i 被选中的概率:

$$p(i) = \frac{F(i)}{\sum_{i=1}^{N} F(i)}$$

然后根据选择概率的大小将一个圆盘分为 N 个扇形,每个扇形的中心角的大小为 $2\pi p_i$ 如图 4-12 所示。

每次进行选择时,就在圆盘上随机地转动某个参考点 r,如 r 停留在扇形 i 内,则选择个体 i。

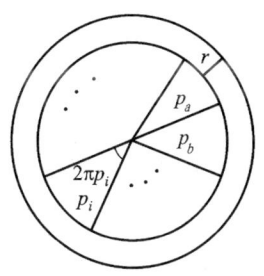

图 4-12 轮盘式选择示意图

⑤ 交叉操作。采用传统的单点交叉。首先对群体中的个体进行两两随机配对,形成 $\left[\dfrac{N}{2}\right]$ 对相互配对的个体组。然后对每对个体组 z_1、z_2,在 $\{1,2,\cdots,M\}$ 内随机地选择一个数 C,C 代表交叉发生点,最后以概率 p_c 将两个个体在交叉点的值进行交换,得到两个新的个体 z'_1、z'_2。整个过程如图 4-13 所示。

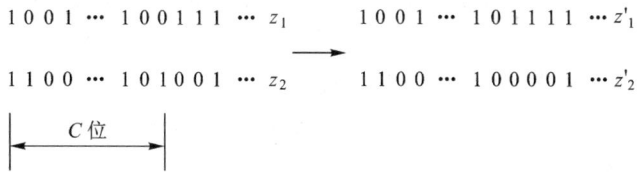

图 4-13 单点交叉示意图

⑥ 变异操作。采用传统的基本位变异。对个体的每一位(基因座),以变异概率 p_m 指定为变异点;对每一个指定的变异点,将其基因值作取反运算,从而产生出一个新的个体。基本位变异运算的示意图如图 4-14 所示。

⑦ 终止条件判断。判断终止条件之一满足否,如果满足,停止运算,否则令 $t+1 \geqslant t$,转到③。本算法的终止条件为以下两种:

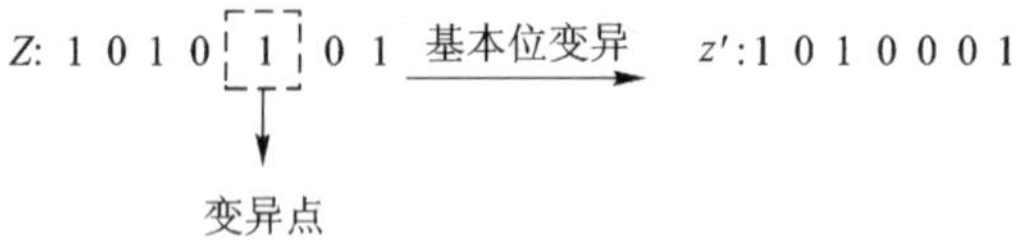

Z: 1 0 1 0 [1] 0 1 —基本位变异→ z': 1 0 1 0 0 0 1

↑
变异点

图 4-14 基本位变异示意图

a. 满足下式：

$$\left| \frac{F^*(t) - F^*(t-1)}{F^*(t-1)} \right| \leq \varepsilon$$

式中 $F^*(t)$ 为第 t 代最佳个体的适应性值，ε 为足够小的正实数。

b. 达到预先给定的最大运行代数，即：$t = T$。

（2）参数确定

遗传算法需要确定的运行参数主要有个体编码串长度 M、群体大小 N、交叉概率 p_c、变异概率 p_m、终止代数 T 等。这些参数对遗传算法的运行性能影响较大，需认真选取。参数的选取可参考以下数值：

① 编码串长度 M 等于备选配送中心地址的个数；

② 群体大小 N 根据问题的复杂程度，即备选配送中心地址的多少确定，备选地址越多，群体大小 N 越大，反之越小，通常在 20~100 范围内取值；

③ 交叉概率 p_c 取 0.7~0.8 之间；

④ 变异概率 p_m 取 0.01~0.03 之间；

⑤ 最大运行代数取 100200 之间。

（3）解除约束

用遗传算法解决非线性规划的核心问题是如何满足约束的问题。一般可采用的方法有：惩罚函数法、解码器法、修补法、算子修正法和可行解搜索法。针对本章的配送中心选址问题，本书试采用惩罚函数法来处理约束。

惩罚函数法是处理约束条件最常用的手段，其基本思想是：对在解空间中无对应可行解的个体计算其适应性值时，处以一个惩罚函数，从而降低该个体的适应性值，使该个体被遗传到下一代群体中的机会减少。即用下式来对个体的适应性值进行调整：

$$F'(i) = \begin{cases} F(i) & \text{个体 } i \text{ 满足约束} \\ F(i) + P(i) & \text{个体 } i \text{ 不满足约束} \end{cases}$$

式中 $F'(i)$ 为考虑了惩罚函数后的新适应性值,$F(i)$ 为原适应性值,$P(i)$ 为惩罚函数。为简便运算,提高算法的运行效率,本书采用惩罚函数法的一种极端处理情况,当某个体不满足约束条件时,设定其适应性值 $F(i)=0$,即 $P(i)=-F(i)$。

(4) 算法流程图

综合上述分析,可用如下流程图(见图 4-15)的形式来描述配送中心选址模型的求解算法:

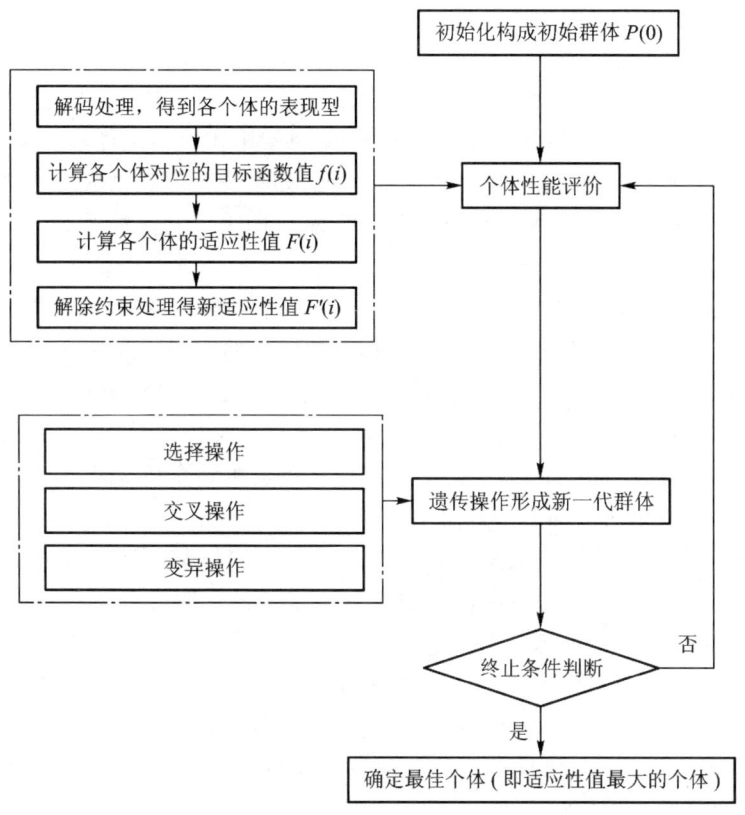

图 4-15 配送中心选址模型遗传算法流程图

第4节 国内外先进配送系统模式案例

一、戴尔成功诀窍——高效的物流配送

在不到20年的时间内，戴尔计算机公司的创始人迈克尔·戴尔，白手起家把公司发展到250亿美元的规模。即使面对美国经济目前的低迷，在惠普等超大型竞争对手纷纷裁员减产的情况下，戴尔仍以两位数的发展速度飞快前进。根据美国一家权威机构的统计，戴尔2001年一季度的个人电脑销售额占全球总量的13.1%，仍居世界第一。

戴尔的副总裁亨特在分析戴尔成功的诀窍时说："我们只保存可供5天生产的存货，而我们的竞争对手则保存30天、45天、甚至90天的存货。这就是区别。""戴尔总支出的74%用在材料配件购买方面，2000年这方面的总开支高达210亿美元，如果我们能在物流配送方面降低0.1%，就等于我们的生产效率提高了10%。"物流配送对企业的影响之大由此可见一斑。

信息时代，特别是在高科技领域，材料成本随着日趋激烈的竞争而迅速下降。以计算机工业为例，材料配件成本的下降速度为每周1%。从戴尔公司的经验来看，其材料库存量只有5天，当其竞争对手维持4周的库存时，就等于戴尔的材料配件开支与对手相比保持着3%的优势。当产品最终投放市场时，物流配送优势就可转变成2%~3%的产品优势，竞争力的强弱不言而喻。

在提高物流配送效率方面，戴尔和50家材料配件供应商保持着密切、忠实的联系，庞大的跨国集团戴尔所需材料配件的95%都由这50家供应商提供。戴尔与这些供应商每天都要通过网络进行协调沟通：戴尔监控每个零部件的发展情况，并把自己新的要求随时发布在网络上，供所有的供应商参考，提高透明度和信息流通效率，并刺激供应商之间的相互竞争；供应商则随时向戴尔通报自己的产品发展、价格变化、存量等方面信息。

几乎所有工厂都会出现过期、过剩的零部件。而高效率的物流配

送使戴尔的过期零部件比例保持在材料开支总额的0.05%~0.1%之间,2000年戴尔全年在这方面的损失为2100万美金。而这一比例在戴尔的对手企业都高达2%~3%,在其他工业部门更是高达4%~5%。

即使是面对如此高效的物流配送,亨特副总裁仍不满意:"有人问5天的库存量是否为戴尔的最佳物流配送极限,我的回答:当然不是,我们能把它缩短到2天。"

二、沃尔玛的物流配送

从国际经验看,商品流通对生产的指导和促进作用越来越大。不论是何种经济和社会制度的国家,没有现代化的大流通,就不可能有现代化的大生产。我国建立市场经济过程中,应该把商品流通摆在更加重要的位置上,加快我国现代商业的发展。

美国沃尔玛公司是世界上最大的商业零售企业,1999年全球销售总额达到1 650亿美元,在世界500强中排名第二,仅次于美国通用汽车公司。2000年,沃尔玛公司销售总额达到1 913亿美元,超过了通用汽车公司。

一家属于传统产业的零售企业,能够在销售收入上超过"制造业之王"的汽车工业,超过一些大银行、保险公司等金融机构,超过引领"新经济"的信息企业,其中的经验值得认真研究。

(一)发展连锁经营,用新的经营组织形式改造传统商业

20世纪中期以后,现代连锁经营在发达国家取得普遍成功,连锁经营和超级市场,被称为是"现代流通革命"的两大标志。

沃尔玛公司的创始人山姆·沃顿,1950年在美国阿肯色州班顿威尔镇,开办了店名"5~10美分"的廉价商店,只是当地一家名不见经传的小企业。1962年,沃尔玛公司开办了第一家连锁商店,1970年建立起第一家配送中心,走上了快速发展之路。截至2001年4月15日,该公司在国内外共有4 249家连锁店,分为折扣商店、购物广场、山姆会员店、家居商店四种形式,全部由该公司控股,实行直营连锁。

公司总部实行扁平结构的管理体制,下设四个事业部,分别管理着购物广场(含折扣店)、山姆会员店、国际业务和物流业务。两个商店管理事业部,通过事业部总裁、区域总裁、区域经理、店铺经理四个层次,直接对店铺的选址、开办、进货、库存、销售、财务、促销、培训、广告、公关等各项事务进行管理。店铺销售的所有商品,除了部分生鲜食品考虑到保鲜的要求,由店铺在附近自行采购外,全部要由事业部的采购部门统一采购,物流部门统一配送。这种连锁经营的模式,使得沃尔玛公司具有强大的市场竞争能力。

第一,沃尔玛公司与生产企业直接挂钩,大量集中采购、配送,既减少了中间环节,又降低了进货成本,因此沃尔玛购物广场销售的商品,比其他商店的同类商品一般要便宜10%左右。

第二,供应商把商品送到配送中心后,公司的检验部门运用多种技术手段,对商品质量进行严格检验,防止假冒伪劣商品进入商店,影响整个公司声誉。

第三,沃尔玛公司的商店管理部门通过对市场形势进行不间断的分析研究,及时提出经营模式和销售策略,从而使得整个公司的经营管理始终保持较高水平,在竞争中处于有利地位。

第四,沃尔玛公司除了通过订货的方式向生产企业反馈市场和消费信息以外,还不断开发公司自有品牌。这种做法不仅直接指导生产者调整产品结构,改进产品质量,而且由于自有品牌的市场独占性,也使得沃尔玛公司获得了较其他商品更高的利润。

(二)推进现代物流配送,用高新技术改造传统商业

物流配送是实行连锁经营不可缺少的重要组成部分。不发展物流配送,就谈不上真正的连锁经营。物流配送的水平,在一定程度上体现和决定着整个连锁企业的经营水平。

1970年,沃尔玛公司在其总部所在地建立了第一个配送中心,目前,该公司已建立了62个配送中心,为全球4 000多个店铺提供配送服务。

沃尔玛公司共有六种形式的配送中心:一是上述的配送中心,也称作"干货"配送中心。二是食品配送中心,包括不易变质的饮料等食品以及易变质的生鲜食品等,需要有专门的冷藏仓储和运输设施,直接送货到店。三是山姆会员店配送中心,它批零结合,有三分之一的会员是小零售商。四是服装配送中心,不直接送货到店,而是分送到其他配送中心。五是进口商店配送中心,为整个公司服务,主要作用是大量进口以降低进价,再根据要货情况送往其他配送中心。六是退货配送中心,接收店铺因各种原因退回的商品,其中一部分退给供应商,一部分送往折扣商店,一部分就地处理,其收益主要来自出售包装箱的收入和供应商支付的手续费。

为了满足美国国内3 000多个连锁店的配送需要,沃尔玛公司每年的运输总量达到77.5亿箱,总行程6.5亿公里。合理调度如此规模的商品采购、库存、物流和销售管理,离不开高科技的手段,沃尔玛公司为此专门建立了世界第一流的电脑管理系统、卫星定位系统和电视调度系统。公司总部的计算机控制中心是一座外貌似体育馆的庞然大物,全球4 000多个店铺的销售、订货、库存情况,可以随时调出查阅。公司同休斯公司合作,发射了专用卫星,用于全球店铺的信息传送与运输车辆的定位及联络。公司的5 500辆运输卡车,全部装备了卫星定位系统,每辆车在什么位置、装载什么货物、目的地是什么地方,总部一目了然,可以合理安排运量和路程,最大限度地发挥运输潜力,避免浪费,降低成本,提高效率。

(三)重视企业文化,用良好的企业机制改造传统商业

沃尔玛公司一直非常重视企业文化的作用,充分发挥企业文化对形成企业良好机制的促进和保障作用,增强企业的凝聚力和战斗力。

沃尔玛公司创始人山姆·沃顿,为公司制定了三条座右铭:"顾客是上帝"、"尊重每一个员工"、"每天追求卓越",这也可以说是沃尔玛企业文化的精华。

为了给消费者提供物美价廉的商品,沃尔玛公司不仅通过连锁经营的组织形式、高新技术的管理手段,努力降低经营费用,让利于消费者,而且从各个方面千方百计节约开支。

沃尔玛公司重视对员工的精神鼓励,总部和各个商店的橱窗中,都悬挂着先进员工的照片。公司还对特别优秀的管理人员,授予"山姆·沃顿企业家"的称号。沃尔玛公司商店经理年薪5万美元左右,

收入同该店的销售业绩直接挂钩,业绩好的可以超过区域经理的收入。区域经理以上的管理人员,年薪 9 万美元左右,同整个公司的业绩挂钩,工作特别出色的还有奖金和股权奖励。这种收入分配机制,即使得业绩好的店铺经理收入可以超过高层管理人员,又保证了高层管理人员在总体上收入高于基层管理者,有利于调动各个层次员工的积极性。

自学指导

学习重点
本章学习重点:配送的相关概念;配送作业流程;配送方案设计。
1. 配送的相关概念
（1）物流配送的概念
（2）配送在物流中的作用
（3）共同配送的概念
（4）物流配送的基本模式
（5）应时配送的概念
（6）配送中心的概念
2. 配送作业流程
（1）物流配送的一般流程
（2）物流配送的种类
（3）配送系统的运行条件
（4）物流配送系统的构成
（5）物流配送系统设计的基本原则
（6）共同配送的几种方式
（7）配送中心的类型
（8）配送中心的作业程序

学习难点
本章学习难点:配送效率的分析;配送方案设计;配送中心选址。
1. 配送效率的分析
2. 配送方案设计

(1) 配送方案设计应考虑的因素

(2) 配送方案设计模型的应用

3. 配送中心选址

复习题

一、多项选择题(在备选答案中有 2~5 个是正确的,将其全部选出并将他们的标号写在题后的括号内,错选或漏选均不给分)

1. 以下哪几部分属于配送的基本功能要素( )。

A. 备货　　B. 运输　　C. 储存　　D. 制单　　E. 分拣

2. 以下哪几部分是物流配送系统的构成要素( )。

A. 配送基础设施　　B. 配送线路　　C. 配送方案

D. 配送信息　　　　E. 单证

3. 我国物流配送模式主要有( )。

A. 自营配送模式　　B. 协同配送模式　　C. 物流中心模式

D. 综合配送模式　　E. 应时配送模式

二、名词解释

1. 配送;2. 共同配送;3. 应时配送;4. 配送中心;5. 协同配送;6. 自营配送;7. 市场配送;8. 综合配送

三、简答题

1. 画图说明配送的一般业务流程。

2. 共同配送有何优势?

3. 配送中心有哪些类型?

4. 简述配送在物流系统中的作用。

5. 简述运输与配送的基本关系。

6. 试述物流配送的几种基本模式及选择方法。

7. 举例说明物流配送的几个基本模式。

8. 如何进行配送中心规模的确定?

9. 简述配送中心选址因考虑的因素。

四、计算题

1. 某车一天的货运任务见下图,其中:$L_{K,1} = 12$ km,$L_{k,2} = 16$ km,$L_{k,3} = 11$ km,$L_{1,2} = 6$ km,$L_{1,3} = 8$ km,$L_{2,3} = 7$ km。试选择最好的行车路线。

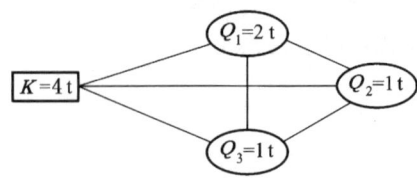

2. 假设有 m 个点,各点间互有货物交流,已知从 i 点补充到 j 点的车吨数为 X_{ij},i 点剩余车吨数 A_i,j 点需要车吨数 B_j,某车从 i 点发车至 j 点的每车吨公里营运费用为 C_{ij},里程为 L_{ij},问如何补充车吨数为最佳?

3. 某副食品配载中心通过货源调查,有一批同品种副食品需调运,见下表,货物起讫点布局如图所示。求其最佳的调运方案。

发货点		收货点	
仓库	数量(件)	连锁店	数量(件)
A_1	90	B_1	20
A_2	70	B_2	60
A_3	10	B_3	40
A_4	30	B_4	50
		B_5	30
合　　计	200	合　　计	200

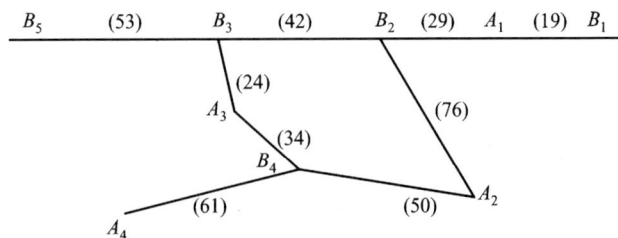

五、论述题
试述配送方案设计的基本程序及应考虑的因素。
六、案例分析题
请分析"沃尔玛"的物流配送流程与特点。

第5章 运输成本、绩效和价格管理

学习目标

1. 应了解、知道的内容
- 成本的概念
- 运输成本的概念
- 直接成本的概念
- 间接成本的概念
- 变动成本的概念
- 固定成本的概念
- 运输服务的含义
- 不定期船非即期市场运价特征
- 不定期船即期市场运价特征
- 货物运价的概念
- 运输服务运输企业绩效评价体系
- 对货主价值重视程度的评价指标

2. 应理解、清楚的内容
- 运输成本的分类
- 运输价格的职能
- 国际贸易价格条件
- 价格管理的方法和手段
- 运输服务的绩效评价
- 运输绩效评价的标准

- 运输活动绩效评价量化指标
3. 应掌握、会用的内容
- 铁路、道路、班轮、不定期船、航空运费的计算
- 集装箱运费计算
- 多式联运费用计算
- 成本加成定价方法
- 需求导向定价法 *
- 运输绩效评价的一般指标
4. 应熟练掌握的内容
- 影响成本的因素
- 降低运输成本的途径
- 盈亏平衡定价方法
- 运输绩效分析

自学时数

12 学时。

老师导学

成本是企业经营管理者非常重视的经济指标,它直接反映企业经营的效益,也是评价运输组织工作好坏的重要指标。运输费用与定价有较大的关联度,也是货主十分关注的,采用合理的定价方法是关系运输企业竞争能力的重要因素。绩效评价是从总体上评价运输企业经营业绩的好坏,因此,本章是全书的重点之一。

在本章学习中,重点是应充分理解运输成本的内容、有效的定价方法和评价方法;难点是定价方法的选用和如何正确合理地评价企业经营绩效。

第 1 节　运输成本及控制

成本是企业经营管理者非常重视的经济指标。一方面,它可以从某种程度上反映企业在一定时期的经营管理水平;另一方面,成本的高低对企业的盈亏和竞争力有直接的影响。

一、运输成本的含义

(一) 成本

成本俗称"本钱",是指企业为进行某种生产经营活动(如生产产品、供应劳务等)所发生的各项耗费支出的货币表现,即能以货币计量的各种耗费的总计。具体包括三部分:一是物化劳动耗费,是指生产经营过程中消耗的物质资料的价值;二是活劳动耗费,是指支付给劳动者的工资;三是生产过程中发生的各项损失费用。

(二) 运输成本

运输成本是运输企业进行运输生产活动所发生的各项耗费的货币表现。它包括运输费和企业管理费两大部分。运输费是运输工具从事运输工作所发生的费用,包括工资、燃油或电力费、物料费、折旧、修理基金提成、港站费用、事故损失和其他费用。企业管理费是运输企业为管理和组织运输生产所发生的各项管理和业务费用。

(三) 运输成本计算期

成本计算期是指成本计算的时间范围。企业将一定时期内所发生的各项耗费,按一定对象进行归集,就会得到该时期某项业务的成本。

(四) 运输成本的计算单位

运输成本的计算单位规定为运输量和运输周转量。货运为计费吨或计费吨公里;客运为人或人公里;集装箱为标准箱或标准箱公里。

(五) 运输成本的意义

成本是构成企业经济效益的重要方面,越来越受到企业经营者的重视。从微观角度看,在社会主义市场经济条件下,作为一个独立的商品生产者和经营者,要实行独立核算,自负盈亏。企业需要根据生产经营过程中各项耗费的实际情况,计算出企业成本,将成本作为一个补偿的尺度,衡量企业的盈亏,并据此对企业的生产经营作出决策。只有在成本能被补偿且获得适当利润的情况下,企业才能进行再生产,否则,企业将会亏损甚至破产。因此,企业在生产过程中消耗的各种资源能否得到补偿,补偿多少,对企业而言是至关重要的问题,需要企业通过计算其成本来提供此方面的信息。从宏观角度看,企业提供的成本信息可以成为宏观经济分析、制定合理的经济政策、调整经济结构、进行合理的分配和再分配的依据。

运输成本的意义可以概括为以下几点:

① 运输成本是运输企业计算盈亏的基础;
② 运输成本为运输企业制定合理的运价提供依据;
③ 运输成本是考核运输企业经济效益的重要指标;
④ 运输成本是反映运输企业生产经营管理水平高低的经济指标。

二、运输成本的分类

(一)变动成本和固定成本

1. 变动成本

变动成本是指运输工具在运行过程中所发生的费用,且此类费用随运距长短、停留的港站数及停留时间、货物种类及运送数量、劳动工资、维修保养费用、燃料电力消耗而异。因此,变动成本只有在运输工具未投入营运时才有可能避免。在一般情况下,运输费率至少必须弥补变动成本。

2. 固定成本

固定成本是指为维持运输工具的营运状态所支付的费用,该费用不因运行和停留时间的长短而异,且此类固定成本不受装运量大小的直接影响。对于运输公司来说,固定成本构成中包括端点站、通道、工资、信息系统和运输工具等项费用。

(二)直接成本和间接成本

1. 直接成本

直接成本是指可以直接计入运输工具的费用,它包括除企业管理费及事故损失费以外的所有费用。事故损失费本应属直接费,但某运输工具发生的事故损失费直接由某运输工具自己负担时,因负担太重,致使成本上升过大,因此,均在企业内各运输工具中分摊,即使没有发生事故的运输工具也要分摊此项费用。

2. 间接成本

间接成本是指企业管理费及事故损失费。此两项费用均按一定的分摊方法,摊入到每一运输工具的总成本中。企业管理费又可细分为行政管理费和一般管理费。企业管理费的分摊方法有多种,常见的有五种:一是按运输收入的比例分摊;二是按营运吨天的比例分摊;三是按直接费用的比例分摊;四是按完成的周转量的比例分摊;五是按各运输工具的操作人员的比例分摊。比较合理的是按营运吨天的比例分摊,其他分摊方法对技术完善、生产效率高、运输收入多的船舶不利,因而不够合理。

三、影响运输成本的因素

运输成本通常受运送距离、载货量、货物的积载因数、装载能力、装卸搬运、事故损失以及运输供需的不平衡性等因素的影响。承运人在制定运输费率时,都必须对每一个因素加以考虑。

(一)货物运送距离

运送距离是影响运输成本的主要因素,因为它直接对劳动、燃料和维修保养等变动成本发生作用。距离和成本的关系为:当运输工具没运货时,即运距为零时,总成本基本为固定成本。随着运距的增加,运输总成本随之增加,单位运输成本随之减少。这种特征被称为递远递减原则,即输送距离越长,单位运输成本越低,其主要原因是固定成本和包括装卸等费用在内的场站费用的分摊额随着运距的增加而减少。

(二)载货量

载货量之所以会影响运输成本,是因为与其他许多物流活动一样,运输活动中存在着规模经济,每单位载重量的运输成本随载货量的增加而减少。之所以会产生这种现象,主要是因为每载重量所分摊的固定费用和包括装卸等费用在内的场站费用随着载货量的增加而递减。

但是,这种关系受到运输工具(如卡车)的载重量或载货容积的限制。这种关系对管理部门产生的启示是:小批量货物应尽量整合成大批量,以期实现规模经济。

(三)货物的积载因数

货物的积载因数,即每立方米货物所占的体积。它与运输工具的载重量和载货容积有很大的关系。货物的积载因数之所以重要,是因为运输成本通常表示为每单位载重量所需花费的费用。在重量和空间方面,运输工具更多受到的是容积限制,而不是重量限制。例如某产品单位体积的重量很轻,虽然运输工具已装满,但其重量极其有限。而运输工具实际消耗的劳动成本和燃料成本基本与载重量关系不大,因此,货物的积载因数越高,运输工具所能装载的货物重量就越小,每吨货所分摊的固定成本就越低,运输成本就越高。

在一般情况下,积载因数大的货物,即轻泡货运输成本高,但其运价也高。运输管理人员应尽量设法使运输工具能做到满载满仓,以便既能充分地利用运输工具的容积,又能使运输工具装载更多数量的货物,以利于降低单位运输成本。

(四)运输工具的装载能力

运输工具的装载能力是指根据运输工具的载重量、装货容积等装载性能,确定某一运输任务所能承运货物的品种和数量。一些货物由于形状怪异以及超重或超长等特征无法进行合理的装载,并因此浪费运输工具的容积和载重量。一般来说标准矩形要比形状怪异的货物更容易装载。

装载能力还受到装运规模的影响:大批量的货物能够相互嵌套、便于装载;而小批量的货物则有可能浪费装载能力。

与货运量和货物的积载因数一样,运输工具的装载能力能否被充分利用,会影响运输成本的高低。

(五)装卸搬运的效率

装卸搬运的效率会直接影响运输工具的停时,停时越长,运输工具的周转率就越低,一定时间内所完成的货运量就少。所以,使用的装卸设备的种类及其专业化程度等均会影响运输成本。此外,货物在运输和储存时采用成组方式,如用带子捆扎成组、装箱、装集装袋或装在托盘上成组等,也会影响运输成本。

(六)运输事故损失

运输途中,有可能发生货物丢失、货物变质、甚至发生事故,这些均会产生事故损失费,造成运输成本不必要的增加。

运输事故发生的风险是客观存在的,购买保险是风险转移的最佳选择。承运人可以通过向保险公司投保来预防可能发生的索赔,否则有可能要承担任何可能损坏的赔偿责任。

(七)运输需求的不平衡性

运输需求的不平衡性主要表现为运输时间的不平衡性和运输方向的不平衡性,这将影响运输企业运力的配备和运输的经济性。尤其是运输方向的不平衡性会造成运输工具反向空驶,运输成本变化不大,而完成的货运量最多只能达到50%。

四、降低运输成本的途径

降低运输成本的着眼点在于设计规划运输系统时必须使运输成本最低,主要途径包括运输车辆选择、仓库布局及运输服务制度设定等。

(一)选择合理的运输工具

对于不同货物的形状、价格、运输批量、交货日期、到达地点等货物特性,都有与之相对应的适当的运输工具。然而,正如速度快的交通工具运输成本高,运输工具的经济性和迅速性、安全性、便利性之间也会相互制约,所以,在控制运输成本时,必须对运输工具所具有的特性进行综合评价,以便作出合理选择运输工具的策略。

运输工具的评价尺度有以下四项:

1. 经济性

运输工具的经济性是由运费、包装费、保险金等有关费用合计表示的。费用越高,运输工具的经济性就越差。

2. 快速性

运输工具的快速性用从发货地到收货地所需时间表示,这不仅与运输工具本身的技术速度有关,也与运输组织管理工作有较大的关系。

3. 安全性

运输工具的安全性一般用货损率、货差率、赔偿金额比例、事故等级等表示,它直接影响运输成本的高低。

4. 便利性

便利性主要表现为:① 运输的经常性,即不受气象条件影响;② 运输的灵活性,即可按货主要求,直接将货物送至目的地;③ 运输的方便性,即提供的服务质量高,使货主感到方便、满意。

(二)降低装卸搬运成本

降低装卸搬运成本的主要途径有:

1. 尽量减少装卸搬运次数

减少装卸搬运次数,不仅可以降低装卸搬运成本,而且可以加快物流速度,减少场地的占用和装卸搬运事故的发生。

2. 缩短运输距离

缩短运输距离可以节省劳动消耗,缩短搬运时间,减少作业损耗。

3. 选择恰当的作业机械和作业方式

一般根据物流速度、劳动强度、经济合理性选择相应的机械;根据货物种类、性质、形状等确定散件、成组或集装箱等作业方式。

4. 加强安全生产管理

装卸搬运是比较容易发生货损和事故的环节。加强装卸搬运作业的安全管理,既可防止和消除货物损坏、人员伤亡事故,又可减少装卸搬运事故损失成本。

(三)拥有适当的运输工具

一般要根据发货量的多少安排运输工具。如果拥有运输工具数量过少,发货量多时,难免出现运输工具不足的现象;反之,如果拥有运输工具过多,发货数量少时,会出现运输工具闲置现象,造成浪费。所以,对运输企业而言,拥有适当数量的运输工具是非常重要的。

(四)优化运输路线

不合理运输造成运力的浪费,增加不必要的运输成本,而优化运输路线可减少不合理运输,降低运输成本。优化运输路线的方法主要有线性规划法、表上作业法、图表分析作业法、节约里程法。

（五）优化运输方式

优化运输方式可大幅降低运输成本，主要采取以下措施：

1. 分区产销合理运输

分区产销合理运输是指在组织运输时，对某种货物，使其一定的生产区固定于一定的消费区。根据产销情况和交通运输条件，按接近产销的原则组织货物的运输，使货物走最少的路程。该种方法适合于品种单一、规格简单、生产集中而消费分散或生产分散而消费集中、调运量大的货物。

2. 直达运输

在组织货物运输时，越过批发商等中间环节，将货物从产地或起运地直接运到目的地，以减少中间等作业环节，降低运输成本。

3. 直拨运输

商业和物资批发企业在组织货物调运时，对当地生产或由外地调运的货物，不运到批发仓库，而将货物直接分拨给市区基层批发店、零售店或用户。

4. 计划安排运输

对运输时间和运输线路等事先作出计划安排，在运输时，选择最佳运输路线和最佳运输时间，避开交通高峰期及交通拥挤地段，可降低运输成本。

（六）优化仓库布局

建立仓库合理化的基本经济原则是集运。一个制造商通常在广泛的地理市场区域中出卖产品，如果货主的每次订货是少量的，那么集运可以实现建立仓库在经济上是合理的目的。通过优化仓库布局即优化仓库网络可达到运输成本最小化。

（七）开展集运方式

开展集运方式主要与规模经济有关。运输工具装运量越大，每吨公里的费率就越低。

从运作的角度看，有三种货物集运的方式：自发集运、计划运送和共同运送。在每日运作中，能够实现集运方式的程度对于控制运输成本是至关重要的。

1. 自发集运

集运最基本的形式是将一个市场区域中到达不同货主的小批量运输结合起来,即自发集运。

发展集运的难点是每日要有足够的货物运送数量,为了弥补数量的不足,通常采用三种集运安排:第一,集运的货物可以被送到一个中间集散点以节约运输费用,但这需增加装卸费用;第二,公司可在某几个特定日期选择货物的集运,按计划将货物分别送至目的市场;第三,公司可利用第三方物流公司服务来取得小规模运量的集聚而达到共同运送的目的。

2. 计划预定运送

计划预定运送是在每周所选择的日子里将有限的货物运送到特定市场。

预定运送也许会同货主的特定运送的约定相矛盾,特定运送时间意味着一张订单要在一个短暂的时期内被发送。

3. 共同运送

共同运送是指将过去按不同货主、不同商品分别进行的运送,改为不区分货主和商品集中运货的"货物及配送的集约化",即将货物均装入在同一条路线运行的车上,用同一辆车为更多的顾客服务。

参加共同运送计划通常意味着一个货运代理、公共仓储或运输公司为在相同市场中的多个货主安排集运。提供共同运送的公司通常与货主具有大批量送货的长期送货约定,集运公司通常为满足货主的需要而完成价值附加的服务,诸如分类、排序、进口货物的单据处理等。

(八) 推行直运战略

任何一个物流系统都必须考虑服务水平与成本这两项重要因素。直接运送战略似乎在服务及成本上都处于不利地位。因为直接运送比由当地的仓库送货至货主要慢;再者,由于通常货主的订购量都很小,因此运送成本也较高。但是,在某些情况下,直接运送会比当地配送更有效率或效益更好。譬如,美国堪萨斯市有一家生产冰淇淋的工厂,得知从堪萨斯市直接空运到东部各地会比从纽约市直接用卡车装运更为迅速。而且,直接运送成本虽高,但不一定多于当地需要存货的费用。

因此,企业在决定是否采取"直接运送"战略时,必须考虑下述因素:①该产品的特性,如单价、易腐性和季节性;②所需运送的路程与成本;③货主订货多少与重量;④地理位置与方向。

毫无疑问,直接运送的成本将随着运送方式,如水路、铁路、公路、空运或上述各种方式的组合的不同而不同。如果货主所订货物的重量平均少于10公斤,则用空运可以降低运输成本;如果平均重量在10~35公斤之间,则用卡车运送较为有利;当超过35公斤时,由铁路运送将会降低运费。当然,这种分析方法也不很全面,因为各种运送方式所需要的运送时间是不同的。运送时间越长,导致销售损失的机会成本越高。

第2节 运输费用计算

运输费用直接涉及到运输的经济性。掌握运输费用的计算方法,是降低物流成本、选择运输方式、进行物流费用核算和物流绩效分析的基本依据。

一、铁路运费

(一) 货物运输费用的计算程序

货物运输费用的计算程序如下:

(1) 根据货物运单上填写的发站和到站,按《货物运价里程表》算出发站至到站的运价里程。

(2) 根据货物运单上填写的货物名称查找《铁路货物运输品名分类与代码表》(以下简称《分类表》)和《铁路货物运输品名检查表》(以下简称《检查表》),确定出适用的运价号。

(3) 根据《货物运价率表》查出适用的发到基价和运行基价。

(4) 货物适用的发到基价,加上运行基价与货物的运价里程相乘之后,再与按本规则确定的计费重量(集装箱为箱数)相乘,计算运费。

(5) 计算其他费用。

(二) 货物运输费用计算

1. 整车货物运费计算

按重量计费：　　　整车货物运费 = 每吨运价 × 计费重量
按轴数计费：　　　整车货物运费 = 每轴运价 × 轴数

式中：每吨运价 = 发到基价 + 运行基价 × 运价里程

每轴运价 = 运行基价 × 运价里程

计费重量——以吨为单位，不足 1 吨时四舍五入。经铁路局批准使用矿石车、平车、砂石车装运《分类表》中"01"、"0310"、"04"、"06"、"081"和"14"类货物按 40 吨计费，超过时按货物实际重量四舍五入计费；使用标准低于 50 吨的自备罐车装运货物时，按 50 吨计费；使用自备保温车装运货物时，按 60 吨计费；标重不足 30 吨的家畜车，计费重量按 30 吨计费；铁路配发计费重量高的货车代替托运人要求计费重量低的货车时，如托运人无货加装，按托运人原要求车的计费重量计费。

例如：托运人在某站托运化工机械设备一套，货物重量 15.7 吨，托运人要求用 40 吨敞车装运，经调度命令确认以一辆 50 吨敞车代用，托运人如无货加装，则其计费重量按 40 吨计算；如有货物加装，如加装 5 吨，则加装后按 50 吨标重计费。

例 5-1　兰州西站发银川站一台设备，重 24 吨，用 50 吨货车装运，试计算其运费。

解　(1) 查《货物运价里程表》：从兰州西站至银川站运价里程为 479 千米；

(2) 查《检查表》：设备的运价号为 8 号；

(3) 查《货物运价率表》：运价号为 8 号，发到基价为 10.7 元/吨，运行基价为 0.0490 元/吨公里。

(4) 计算运费：运费 = (10.7 + 0.0490 × 479) × 50 = 1708.60 (元)

2. 零担货物运费计算

零担货物运费 = 10 公斤运价 × 计费重量/10

式中：10 公斤运价 = 发到基价 + 运价基价 × 运价里程

(1) 计费重量

零担货物的计费重量以 10 公斤为单位，不足 10 公斤的按 10 公斤

计。具体分三种情况计算重量:

① 按规定计费重量计费:有规定计费重量的零担货物,按规定计费重量计费;

② 按货物实际重量计费;

③ 按货物重量和折合重量择大计费:为保持零担货物运价与整车货物运价之间合理的比价关系,避免货物运输中发生运费倒挂、化整为零的现象,除前述两项特殊规定外,凡不足 300 公斤/米³ 的轻泡零担货物均按其体积折合为重量,并与货物重量选择大者确定其计费重量。

$$折合重量 = 300 \times 体积（公斤）$$

货物长、宽、高的计算单位为米,小数点后取两位小数。体积的计算单位为立方米,保留两位小数,第三位小数四舍五入。

例如,某站发送一批零担货物,重 22.5 公斤,体积为 0.82 立方米,在确定计费重量时,其折合重量为 $300 \times 0.82 = 246$(公斤),因此,其计费重量应为 250 公斤。

(2) 运输费计算

零担货物每批的起码运费:发到运费为 1.60 元,运行运费为 0.40 元。

例 5-2 某托运人从包头站发石家庄南站双轮及三轮摩托车各二辆,每辆车重分别为 116 公斤和 166 公斤,按一批托运,分项填记重量,试计算其运费。

解 (1) 计算货物的计费重量:按一批托运,分项填记重量,应分项计算,但该批货物中两种货物的运价率相同,可以先合并重量。摩托车为按规定计费重量计费的货物,双轮车计费重量为 750 公斤,三轮车为 1 500 公斤。则该货物的计费重量为:

$$2 \times (750 + 1\ 500) = 4\ 500(公斤)$$

(2) 查运价里程:包头站-石家庄南站为 1 091 千米;发到基价为 0.146 元/吨,运价基价为 0.000 605 元/吨·公里。

(3) 计算运费:

$$(0.146 + 0.000\ 605 \times 1\ 091) \times 4\ 500/10 = 362.7(元)$$

运价率不同的零担货物在一个包装内或按总重量托运时,按该批或该项货物中运价率高的计费。

3. 集装箱运费

$$集装箱运费 = 每箱运价 \times 箱数$$

式中：每箱运价 = 发到基价 + 运行基价 × 运价里程

4. 加价程运费计算

例如京九线黄村至龙川、津霸线、横麻线需加收运费，因此运费由两部分组成：

① 按《铁路货物运价规则》规定的运价率核收的运费；

② 加收运费。加收运费有运价率。

计算时，先将这两部分的运价率相加以后，再乘以货物的计费重量，即：

发到运费 = 发到基价 × 计费重量（或箱数）

运行运费 =（运价基价 + 加收运价率）× 运价里程 × 计费重量

(三) 铁路货运杂费

1. 杂费的种类

① 使用冷藏车运输货物的杂费；

② 使用铁路专用货车运输货物，除核收运费外，还应该核收专用货车使用费；

③ 使用长、大货物车（D型车）运输货物的杂费；

④ 国际上不同轨距的整车货物直通运输的换装费；

⑤ 运输里程在 250 公里以上的货物，核收货车中转作业费；

⑥ 派有押运人押运的货物，核收押运人乘车费；

⑦ 承运后发现托运人匿报、错报货物品名填写运单，致使货物运价减收或危险货物匿报、错报货物品名按普通货物运输时，按此核收全程正常运费二倍的违约金，不另收运费差额。

2. 其他费用

① 铁路建设基金；

② 铁路电气化附加费；

③ 新路新价均摊运费；

④ 加价运费，印花税。

二、道路运费

(一) 道路计价依据

汽车货物运输价格按不同的运输条件分别计价,其计算按照《汽车运价规则》办理。

(二) 道路货物运输计费重量单位及其计算办法

① 整批货物运输以吨为单位,尾数不足 100 公斤时,四舍五入;

② 零担货物运输以公斤为单位,起码计费重量为 1 公斤,尾数不足 1 公斤时,四舍五入;

③ 轻泡货物每立方米折算重量为 333 公斤。

(三) 托运货物重量计算

① 按重量托运的货物一律按实际重量(含货物包装、衬垫及运输需要的附属物品)计算,以过磅为准;

② 由托运人自理装车的,应尽量装足车辆额定吨位;未装足的,按车辆额定吨位收费;

③ 统一规格的成包成件的货物,以一标准件重量计算全部货物重量;

④ 散装货物无过磅条件的,按体积和各省、自治区、直辖市统一规定重量折算标准计算;

⑤ 接运其他运输方式的货物,无过磅条件的,按前程运输方式运单上记载的重量计算。拼装分卸的货物按照最重装载量计算。

(四) 道路货物运输计费里程

道路货物运输计费里程按下列规定确定:

① 货物运输计费里程以公里为单位,尾数不足 1 公里的,进为 1 公里;

② 计费里程以省、自治区、直辖市交通行政主管部门核定的营运里程为准,未经核定的里程,由承托双方商定;

③ 同一运输区间有两条或两条以上营运路线可供行驶时,应按最短的路线计算计费里程,或按承托双方商定的路线计算计费里程。拼装分卸从第一装货地点起至最后一个卸货地点止的载重里程计算计费

里程。

（五）道路货物运输的其他费用

道路货物运输的其他费用,按以下规定确定:

① 调车费:应托运人要求,车辆调出所在地而产生的车辆往返空驶,计收调车费;

② 延滞费:车辆按约定时间到达约定的装货或卸货地点,因托运人或收货人责任造成车辆和装卸延滞,计收延滞费;

③ 装货落空损失费:因托运人要求,车辆行至约定地点而装货落空造成的车辆往返空驶,计收装货落空损失费;

④ 排障费:运输大型特型笨重物件时,需对运输路线的桥涵、道路及其他设施进行必要的加固或改造所发生的费用,由托运人负担;

⑤ 车辆处置费:因托运人的特殊要求,对车辆改装、拆卸、还原、清洗时,计收车辆处置费;

⑥ 在运输过程中,国家有关检疫部门对车辆的检验费以及因检验造成的车辆停运损失,由托运人负担;

⑦ 装卸费:货物装卸费由托运人负担;

⑧ 通行费:货物运输需支付的过渡、过路、过桥、过隧道等通行费由托运人负担,承运人代收代付;

⑨ 保管费:货物运达后,明确由收货人自取的,从承运人向收货人发出提货通知书的次日(以邮戳或电话记录为准)起计,第四日开始核收货物保管费;应托运人的要求或托运人的责任造成的需要保管的货物,计收货物保管费,该费用由托运人负担。

（六）道路货物运输的运杂费结算

道路货物运输的运杂费按下列规定结算:

① 货物运杂费在货物托运、起运时一次结清,也可按合同采用预付费用的方式,随运随结或运后结清;

② 托运人或者收货人不支付运费、保管费以及其他运输费用的,承运人对相应的运输货物享有留置权,但当事人另有约定的除外。

③ 运费尾数以元为单位,不足 1 元时四舍五入;

④ 货物在运输过程中因不可抗力灭失,未收取运费的,承运人不

得要求托运人支付运费;已收取运费的,托运人可以要求返还。

三、海运运费

运费的计算与贸易商有着十分重要的关系,例如,一笔交易按照 CIF 或 C&F 价格成交究竟运费是多少,在价格构成中占多大比重等因素,对于出口方的成本核算关系非常重大。即使采用 FOB 价格成交时,掌握海运运费的资料,对于计算各种价格条款之间的差额,做好比价工作也是十分重要的。

(一)班轮运费计算

1. 班轮运费构成

班轮运费是由基本运费和附加费两部分构成的。计算公式如下:

$$班轮运费 = 基本运费 + 附加费$$
$$= 基本运价 \times 计费吨 + 附加费$$

(1)基本运费

基本运费是指每一计费单位普通货物在正常运输条件下,从某基本港运至某基本港,船方按规定收取的货物运费。基本运价是运价表中对货物规定的、必须收取的基本运费单价,是其他一些百分比收取附加费的计算基础。

(2)附加费

基本运费是构成班轮运输应收运费的主要部分,但由于基本运费是根据某一水平制定的,且相对保持稳定,而实际上在运输中由于船舶、货物、港口及其他种种原因,会使承运人在运输中增加一定的营运支出或损失,因此,为了补偿这部分损失,只能采取另外收取追加费用的方法来弥补,这部分不同类型的费用就是附加费。

为了保持在一定时期内基本费率的稳定,又能正确反映出各港口的各种货物的航运成本,班轮公司在基本费率之外,又规定了各种费用。主要有:

(1)燃油附加费

在燃油价格突然上涨,使船方的燃油费用增加而使船舶运输成本增高时,船方为补偿因燃油价格上涨而征收的附加费。

(2)货币贬值附加费

在货币贬值时,船方为弥补贬值后的损失而征收的附加费。货币贬值附加费一般用百分比表示,基本运费和附加费均要加收。

(3)转船附加费

凡因运往非基本港的、需转船运往目的港的货物,船方所收取的附加费,其中包括转船费和二程运费。

(4)直航附加费

托运人要求承运人将一批货物不经过转船而直接从装货港运抵航线上某一非基本港时,船公司为此而征收的附加费。

(5)超重附加费、超长附加费和超大附加费

当一件货物的毛重或长度或体积,一旦达到或超过运价本规定的数值时所加收的附加费。

(6)港口附加费

有些港口由于设备条件差或装卸效率低以及其他原因而向货方收取的附加费。

(7)港口拥挤附加费

有些港口由于拥挤,船方因船舶停泊时间增加而向货方征收的附加费。港口拥挤附加费一般按基本运价的百分比征收,也有的按运费吨的一定金额征收,它是一种临时性附加费,变动性较大,有时有些港口拥挤附加费可高达300%。

(8)选港附加费

货方托运时尚不能确定具体卸货港,要求在预先提出的两个或两个以上港口中选择一港卸货,船方加收的附加费。

(9)变更卸货港附加费

货方要求改变原来规定的卸货港口,在有关当局(如海关)准许、船方又同意的情况下所加收的附加费。

(10)绕航附加费

由于正常航道受阻不能通行,船舶必须绕道才能将货物运至目的港时,船方所加收的附加费。

2. 班轮运费计算

(1) 运费计算标准

通常运费计收方式有:按货物重量、按货物尺码或体积、按货物重量或尺码计收,选择其中收取运费较高者计算;按货物 FOB 价收取一定百分比作为费用,称为从价运费;按每件为一单位计收;由船货双方临时议定价格收取运费,称为议价。

(2) 班轮运价表

虽然各船公司的运价表形式由于航线数量及其他特殊情况而不尽相同,但内容上大同小异,一般由以下三部分构成:

① 说明和有关规定

在这一部分通常由说明与规则(分别规定杂货与集装箱运输)及港口规定组成。

"说明与规则"规定了运价表的适用范围、运费计算办法与支付方法,计价币值及单位,船货双方的责任、权利和义务,各种货物运输的特殊规定和各种运输形式,如直航、转船、选择或变更卸货港口等办法和规则。

船公司在综合运价表中会特别规定杂货、托盘、集装箱运输承运条款和有关基本运费和附加费的计算办法。

"港口规定"引述了国外有关港口的规定和习惯做法。这些港口的规定和习惯做法并不是船公司规定的,而是由有关港口当局或政府规定的,船舶不论行驶到哪个港口装卸货物,船货双方都必须遵守当地港口的规定和习惯做法。为避免争议和引起麻烦,船公司将这些常去港口的有关规定和习惯做法印在运价表内用来约束有关当事人。

"说明和有关规定"是提单条款的组成部分,也是船货双方共同遵守的规则。对运价及运输过程中发生的异议、分歧和纠纷时,"说明和有关规定"同样被视为处理问题的依据。

② 商品分级表及附录

商品分级表部分标列了各种货物的名称及其运费计算等级和计费标准,每一商品的名称是按英文字母的顺序排列的。商品运价表中无此项分级表,商品运价表在各种货物列名后直接标示其计费标准和费率,等级运价表则在此部分先对成千上万种商品进行归类分级。

由于商品种类繁多,加之新产品的不断出现,任何一个运价表均不可能将所有商品开列无遗,为此运价表内都有一项"未列名货物"。一般"未列名货物"的运价偏高,至少接近于平均运价水平。大多数船公司在总共20个等级中只定12级左右。"未列名货物"有一个总称,另外对某大类货物往往也有一个未列名货物品种,如"未列名粮谷"等。

③ 航线费率表

航线费率表规定各航线的基本运价及各类附加费,如果是综合运价本则一般分为杂货与集装箱运输两大部分。

（3）运费计算步骤

① 选择相关的运价表;

② 根据货物名称,在商品分级表中查到运费计算标准和等级;

③ 在等级费率表的基本费率部分,找到相应的航线、启运港、目的港,按等级查到基本运价;

④ 从附加费部分查出所有应收(付)的附加费项目和数额(或百分比)及货币种类;

⑤ 根据基本运价和附加费算出实际运价;

⑥ 计算运费:运费 = 实际运价 × 运费吨。

3. 计算公式

班轮运输费用的计算公式为:

班轮运输费用 = 基本运费 + ∑附加费 = 基本费率 × 货运量 + ∑附加费

例 5 - 3 一批由天津出口运往智利的衬衣共100立方米,经香港转船运往其目的港智利,计算其全部运费。

解 （1）查运价表:该货物运价等级为10级,计费标准 M;

（2）根据运价表,天津运往香港一程运费为25.0美元/立方米,香港中转费为9.6美元/立方米,香港运往智利二程运费为140.0美元/立方米;

（3）根据运价表香港至智利二程燃油附加费为10%;

（4）计算运费

$$运费 = 25.0 \times 100 + 9.6 \times 100 + 140.0 \times 100 + 140.0 \times 100 \times 10\%$$
$$= 19\ 110(美元)$$

（二）不定期船运价

1. 不定期船即期市场运价

（1）不定期船即期市场运价特征

不定期船即期市场指包含航次租船中的绝大多数经营方式，如单航次租船（程租）、航次期租、来回程租船等，是完全以运输为目的的运输合同。此类市场运价的波动很大，基本属于完全自由竞争的市场，运输的供需变化对其影响极大。

一般情况下，随即期市场运价的提高，不定期船即期市场的经营者（船东或二船东）都会涌入不定期船即期市场，增加供给，反之则减少供给。不定期船即期市场运价的波动对即期市场及非即期市场供需都会产生影响，反之即期与非即期市场供需变化也对不定期船即期市场运价产生影响。即期市场运价变化对即期市场供需产生的影响是直接的，而对非即期市场供需的影响却是间接的，因为在即期市场运价涨跌时，即期市场中属于要在非即期市场租船来从事即期运输的经营者会决定是否要大量租用或减退租非即期市场的船舶，因此对非即期市场供需及租金水平产生较大的间接影响。反之，即期市场供需直接影响非即期市场的运价，而非即期市场供需发生变化后，由于其中相当大的一部分船流入即期市场，故对即期市场供需产生一定影响进而间接影响其运价。从此意义上讲，即期市场与非即期市场的租金、运价及供需变化具有一定的相关性。

（2）不定期船即期市场运价影响因素

不定期船即期市场是一个自由竞争的市场，其运价随供求关系变化，波动性很大，除供求影响之外，针对单个运输合同，尚需考虑影响运价的几个关键因素：

① 合同航线

合同航线是指本航次中所确定的装/卸港口、航线距离。航线所处航区的不同直接影响其运价水平。另外，本合同中与上一个航次及下一个航次装卸港口的衔接与否决定其运价的高低。衔接不理想，运价则势必会高于市场水平。

② 合同货物

合同中货物的种类、包装形态及数量是影响不定期船即期市场运价水平的重要因素。货物的种类及包装形态决定了船舶舱容的利用程度,因货物具有不同的积载因素,货物积载因素不同,舱容利用率、装卸货物及操作难度均不同,而货物数量的多少直接决定所配的船舶运力的节约或浪费,因此,货物种类、包装形态及数量均影响到船舶舱容的利用及运力的匹配,以及装卸作业的难易,因而直接影响运价水平的高低。

③ 受载期与解约日

受载期是指船舶到达装货港接受货载的最早装货日期与按合同规定的租方可以接受的船舶最迟装货日期之间的一段时间。在解约日(通常为最迟装货日)船舶尚未到装货港接受货载,则租方有解除租船合同的选择权。因为对租方而言,受载期关系到贸易合同的履行,在不定期船即期市场中,租方只有通过在合同中约定的受载期和解约日来保证货物在贸易合同中规定的装运期运出。因此受载期与解约日规定中影响到运价水平的有两个因素:一是租约中所定的受载期与签约日期的间隔。若间隔时间较长,即货物需装运的日期相对较为宽松,则可以选择的余地较大,相对运价水平较低;若间隔时间很短,货物需装运日期紧迫难寻合适的船舶,则相对运价水平偏高。二是受载期间隔长短。根据国际航运惯例,通常租约中受载期订为15天左右,若订约日与受载日时间间隔长,如远期船,则受载期可适当长一些,在接近受载日时再缩短受载期;而即期船订约日与受载日间隔较短,则受载期相对较短。如受载期间隔长,船东因出于对市场行情波动影响的担心,往往要求较高的运价,因此受载期间隔的长短对运价水平会产生影响。

④ 船舶

租船合同中使用的船舶对其运价水平的影响表现在船舶对合同货物的适载性、船舶的建造年份与吨位大小及其他技术规范。船舶状况较好的可获得较其他同类型但状况较差的船舶更高的运价。

⑤ 订约日期及市场状况

不定期船即期市场的运价水平随市场供求关系的变化波动极大,作为一个自由竞争的市场,运价水平的确定决定于供求关系。船方及租方在洽租过程中双方力量的对比决定了运价水平,通常船方在确定运价时,在充分考虑自身利益的基础上必须兼顾租方的利益。同时订约时间与运价水平有很大关系,如在景气市场中,船方可待价而沽,运价水平通常较以往在同一航线、同一货种、同一船舶时的要高,而在不景气市场中,由于船方急于租出船舶,通常与景气状况时相比,同航线、同货种的船舶运价水平较低,因此订约日期及当时的市场供求状况决定了运价水平的高低。

⑥ 其他条款条件

其他条款包括装卸时间的计算方法、滞期费率(或速遣费率)的高低、装卸费的分担、运费支付时间及方式,这些条款均影响运价水平的高低。如装卸费分担条款,若在租船合同中选择"no"条款,则运价中不包括装卸费用,相对运价水平较低,若包括装卸费用,运价水平则自然升高。由于国际货物运输距离长,使大批量货物运输受到了限制。国际物流流通距离往往超出了汽车等运输工具的经济里程。大批量货物也不可能选择航空运输,因为航空运输不具备那样大的运输能力,而且大批量货物也不可能承担那么高的运输价格。

2. 不定期船非即期市场运价特征

不定期船非即期市场指的是定期租船、光船租船等时间较长、多数以船舶为合同标的物的不定期船市场。不定期船非即期市场除受一般市场供需变动影响外,主要是以下几个因素对其产生较大影响:

(1) 船舶供给状况

不定期船非即期市场中的经营者之间就船舶投放市场展开或明或暗的竞争,直接导致不定期船非即期市场运价的波动,特别是不定期船非即期市场成交的合同大多可以通过转租的方式再行出租,一定程度上造成了不定期船非即期市场船舶供给的虚假现象。

(2) 合同期长短

不定期船非即期市场一般合同期较长,合同期长意味着船舶供给者及租船人均能在一定程度上减少风险,船东可在较长时间内保持船舶营运状态,减少反复洽租的次数,使船舶处于较稳定的状态。为减少运价上涨及运力难寻的风险,长期合同对具有常年稳定货源的租船人不失为较好的选择。但由于不定期船平均运价波动较大,通常长期合同总的运价水平相对短期合同较低。

（3）船舶需求状况

不定期船非即期市场船舶的需求状况也是决定其运价水平的主要因素,与供给状况相类似,除部分需求方直接从事货运业务外,相当一部分需求方是以补充运力或再行出租的方式从事此项业务,相关的需求状况波动较大,在一定程度上需求方力量相对较大,租金水平更多地由需求方所决定。

（4）风险意识

船舶供应方和需求方采用此类租船方式的本意是减少市场风险,特别是在市场不确定因素较多的情况下,船货双方进入此类市场可以规避市场风险,因此,不定期船非即期市场的运价特征体现在市场变化上。

3. 租船费用的计算

程租合同中有的规定运费率,按货物每单位重量或体积若干金额计算;有的规定整船包价。费率的高低主要决定于租船市场的供求关系,但也与运输距离、货物种类、装卸效率、装卸费用划分和佣金高低有关。合同中对运费是按装船重量或是卸船重量计算。运费是预付或是到付均须写明,特别要注意的是应付运费时间是指船东收到的日期。而不是租船人付出的日期。

装卸费用的划分方法:

① 船方负担装卸费,又称"班轮条件";

② 船方不负担装卸费,采用这一条件时,还要明确理舱费和平舱费由谁负担,一般都规定由租船人负担,即船方不负担装卸、理舱和平舱费;

③ 船方管装不管卸;

④ 船方管卸不管装。

（三）集装箱海运运费及多式联运费用

1. 集装箱运费计算

目前,集装箱货物海上运价体系比内陆运价成熟,基本上分为两个大类,一类是沿用件杂货运费计算方法,即以每运费吨为计算单位(俗称散货价),另一类是以每个集装箱为计费单位(俗称包箱价)。

(1) 件杂货基本费率加附加费

基本费率:参照传统件杂货运价,以运费吨为计算单位,多数航线上采用等级费率。

附加费:除传统杂货所收的常规附加费外,还要加收一些与集装箱货物运输有关的附加费。

(2) 包箱费率

这种费率以每个集装箱为计费单位,常用于集装箱交货的情况,即货运站—货运站或堆场—堆场条款。

常见的包箱费率有以下三种表现形式:

① FAK 包箱费率(Freight for allkinds)——不计货量(在重要限额之内)统一收取的运价,即对每一集装箱不细分箱内货物的种类。

② FCS 包箱费率(Freight for class)——按不同货物等级制定的包箱费率,集装箱普通货物的等级划分与杂货运输划分方法一样,仍是1~20级,但是集装箱货物的费率级差大大小于杂货费率级差,一般低价货的集装箱收费高于传统运输,高价货的集装箱收费低于传统运输;同一等级的货物,重货集装箱运价高于体积货运价。可见,航运公司鼓励人们将高价货和轻泡货装箱运输。在这种费率下,拼箱货运费计算与传统运输一样,根据货物名称查得等级和计算标准,然后去套相应的费率,乘以运费吨,即得运费。

③ FCB 包箱费率(Freight for class/basis)——按不同货物等级或货类以及计算标准制定的费率。

2. 多式联运费用计算

多式联运费用包括运费、货损货差费、中转费和业务代办费等。多式联运全程运费是由多式联运经营人向货主一次计收。

多式联运费用核收的内容有:核收费用项目、费用核收的方式和费用的计费办法。

(1) 多式联运费用项目

多式联运费用主要包括:运费、杂费、中转费和服务费。

① 运费

多式联运运费包括铁路运费、水路运费、公路运费、航空运费、管道运费等五个类别。货物在联运过程中,通过哪种运输工具运输,即按照该种运输方式的运价计算运费。多式联运经营人向货主核收的运输费用包括:

a. 发运地区内的短途运输运费(发送费);

b. 由发运地区至到达地区之间的全程运费;

c. 到达地区内的短途运输运费(送达费)。

② 杂费

a. 多式联运杂费的种类

装卸费:分为铁路装卸费、水路装卸费、公路装卸费,各种运输工具有不同的费率规定。

换装包干费:是多式联运货物在港、站发生的运杂费用,换装包干费按不同货物及不同港、站,分为一次性计费和分段计费;

货物港务费:按进口和出口分别征收。

货物保管费:分为港口、道路、铁路车站以及中转货物在中转库场等货物保管费,各种货物保管费的计费规定各不相同。

b. 多式联运杂费的计算方法

铁路(水路)装卸费 = 货物重量 × 适用的装卸费率
换装包干费 = 货物重量 × 适用的换装包干费率
港务费 = 货物重量 × 港务费率
货物保管费 = 货物重量 × 天数 × 适用的保管费率
公路装卸费 = 货物重量 × 适用的装卸费率

③ 中转费

a. 中转费的构成:主要包括装卸费、仓储费、接驳费(或市内汽车短途转运费)、包装整理费等。

b. 计算方式:分实付实收和定额包干两种方式。

实付实收方式是对货物在中转过程中发生的各项运杂费用采用实报实销的办法。除了收取固定的中转服务费外,其他费用均属代收代付性质。

定额包干方式是对货物在中转过程中发生的各项运杂费采用包干的办法。除按一种费率包干外,还有按运输方式包干、按费用项目包干、按地区范围包干之分。

④ 服务费

服务费是指联运企业在申请办理运输业务时支付的劳务费用。一般情况下,服务费的组成包括业务费和管理费。业务费是指用于铁路、水路、公路等各个流转环节所发生的劳务费用。管理费是指从事联运业务的人员工资、固定资产折旧和行政管理费等方面的支出。服务费一般采取定额包干的形式,按不同运输方式、不同的取送货方式所规定的费率收取。

(2) 多式联运费用核收方式

多式联运费用核收常采用以下三种方式:

① 到付:即由收货人在收货地向到达多式联运经营人支付一切运输费用;

② 发付:即由发货人在发货地向多式联运经营人支付一切运输费用;

③ 分付:即由发货人在发货地向多式联运经营人支付发货地发生的杂费和运费;由收货人在收货地向到达多式联运经营人支付到达地发生的费用。

(3) 多式联运费用的计算方法

由发运地至到达地之间的全程运费是多式联运货物运输费用的主要组成部分,多式联运经营人向货主核收这部分运费的计费方法主要有两种:

① 按运输合同规定的运输线路及有关运输工具的运费标准,分别计算单项运输阶段,运输全程运费等于各单项运费之和。

② 按多式联运经营人自行规定的运费标准计算全程运费。

采用第一种方法计算运费时,多式联运经营人是以货主运输代理人的身份,为货主代办联运货物的全程运输;而采用第二种方法计算运费时,多式联运经营人是以货物联运经营人的身份向货主承包联运货物的全程运输。多式联运经营人根据具体情况分别采用不同的运费计算方法。

四、航空运费

（一）计费重量

在实际计算航空货物运输费用时，要考虑货物的计费重量、有关的运价和费用以及货物的声明价值。其中，计费重量是按实际重量和体积重量两者之中较高者计算。也就是说，在货物体积小、重量大时，以实际重量作为计费重量；在货物体积大、重量轻时，以货物的体积重量作为计费重量。

1. 实际重量

实际重量是指一批货物包括包装在内的实际总重量。凡重量大而体积相对小的货物用实际重量作为计费重量。具体计算时，重量不足半公斤的按半公斤计；半公斤以上不足1公斤的按1公斤计；不足1磅的按1磅计。

2. 体积重量

轻泡货物一般按体积重量计算。体积重量的具体计算方法是：分别量出货物的最长、最宽和最高的部分，三者相乘算出体积，尾数四舍五入。将体积折算为重量（公斤）予以计算。

国际航空货物运输组织规定在计算体积重量时，以7 000立方厘米折合为1公斤。

我国民航则规定以6 000立方厘米折合为1公斤为计算标准。例如：一批货物体积为21 000立方厘米，实际重量为2公斤，则其体积重量为21 000÷7 000＝3（公斤）。计费重量是按货物的实际毛重和体积重量两者中较高的一个计算，如上例中以3公斤计费。当由几件不同货物一起集中托运，其中有重货也有轻泡货时，其计费重量采用整批货物的总毛重或总的体积重量两者之中较高的一个计算。例如：一批货物的总毛重为500公斤，总体积为3 817 800立方厘米，航空公司便要按636.5公斤计收运费。尾数不足0.5公斤的按0.5公斤计，超过0.5公斤的按1公斤计。

（二）普通货物运价

普通货物运价,又称一般货物运价,仅适用于计收一般普通货物的运价。

一般普通货物运价,以 45 公斤作为重量划分点,分为 45 公斤（或 100 磅）以下的普通货物运价,运价类别代号为 N;45 公斤（或 100 磅）及 45 公斤（或 100 磅）以上的普通货物运价,运价类别代号为 Q。45 公斤以上的普通货物运价低于 45 公斤以下的普通货物运价。

例如:以北京—伦敦为例,普通货物运价的每公斤运费分别是:

45 公斤以下：　　37.25 元/公斤
45 公斤以上：　　26.66 元/公斤
300 公斤以上：　　24.30 元/公斤
500 公斤以上：　　19.71 元/公斤
1 000 公斤以上：　　18.10 元/公斤

当一个较高的起码重量能提供较低运费时,则可使用较高的起码重量作为计费重量。这个原则也适用于那些以一般货物运价增加或减少一个百分比的等级运价。

例如:一件普通货物重 285 公斤,从北京运至伦敦,可有两种计算运费方法供选择:

① 用 45 公斤以上运价计:26.66 × 285 = 7 598.1(元)

② 用 300 公斤以上运价计:24.30 × 300 = 7 290(元)

通过计算结果比较可知,按较高的起码重量和较低运费计,虽然计费重量多出 15 公斤,但可获得较低的总运费。

（三）等级货物运价

1. 含义

等级货物运价是指适用于规定地区或地区间指定等级的货物所适用的运价。等级货物运价是在普通货物运价的基础上增加或减少一定百分比而构成的。

2. 种类

（1）等级用品加价

等级运价加价,用"S"表示。适用商品包括:活动物、贵重物品、尸体等。

上述物品的运价是按 45 公斤以下的普通货物的运价的 200% 计收。

（2）等级用品减价

等级运价减价,用"R"表示。适用商品包括:报纸、杂志、书籍及出版物,作为货物托运的行李。

上述物品的运价是按 45 公斤以下的普通货物运价的 50% 计收。

（四）特种货物运价

特种货物运价是指自指定的始发地至指定的目的地而公布的适用于特定商品、低于普通货物运价的某些指定商品的运价。

特种货物运价是由参加国际航空协会的航空公司,根据在一定航线上有经常性特种商品运输的发货人的要求,或者为促进某地区的某种货物的运输,向国际航空协会提出申请,经同意后制定的。

（五）择优使用航空运价

首先使用特种货物运价,然后是等级运价,最后是普通货物运价。

当使用等级运价或普通货物运价计算出的运费低于按特种货物运价计算出的运费时,则可使用等级运价或普通货物运价,但下列情况除外:

① 如果在同一起码重量下特种货物运价高于等级运价或普通货物运价,就应使用该特种货物运价;

② 如果等级运价高于普通货物运价,就应使用该等级运价。

（六）有关运价的其他规定

1. 运价的使用及特点

① 除起码运费外,公布的运价都以公斤或磅为单位。

② 公布的运价是一个机场到另一个机场的运价,而且只适用于单一的方向;公布的运价仅指基本运费,不包含附加费。

③ 运价的货币单位一般以当地货币单位为准。

④ 航空运单中的运价是按出具运单之日所适用的运价。

2. 起码运费

起码运费是航空公司承运一批货物所能接受的最低运费,即不论货物的重量或体积大小,在两点之间运输一批货物应收的最低金额。起码运费的类别代号为 M,它是航空公司在考虑办理一批货物,即使是一笔很小的货物,所必须产生的固定费用而制定的,当货物运价少于起码运费时,就要收起码运费。

不同的国家和地区有不同的起码运费。我国的航空运价的起码运费是按货物从始发港到目的港之间的普通货物运价 5 公斤运费为基础,或根据民航和其他国家航空公司洽谈同意的起码运费率征收的。

3. 声明价值费

按华沙公约规定,对由于承运人的失职而造成的货物损坏、丢失或错误等所承担的责任,其赔偿的金额为每公斤 20 美元或 7.675 英镑或相等的当地货币。若要求按货物的价值赔偿,则需由托运人在付运费的同时,向承运人另外支付一笔声明价值费,或是向有关保险公司投保。

4. 货到付款劳务费

货到付款是由承运人接受发货人的委托,在货物到达目的地交给收货人的同时,代为收回运单上规定的金额,承运人则按货到付款金额收取规定的劳务费用。

第 3 节　货物运输价格及管理

一、货物运价概述

(一) 货物运价的概念

价格是随着商品交换、商品生产的发展和货币的出现而产生的,它是价值形式发展的必然结果。无论是商品还是劳务,其价值都不能自己表现自己。商品价值只有在商品交换过程中得到实现,即一切商品先与货币交换,用货币表现其价值。这种以货币表现商品价值的形式,在经济学上称为商品的价格。

运输价格即运输产品的价格是运输产品价值的货币表现,与其他商品价格一样,它是以生产运输产品所耗费的社会必要劳动为基础,同时也要受到运输市场供求等其他因素的影响。

（二）运输价格的职能

1. 表价职能

运输价格的表价职能是指价格实现货币的价值尺度的职能,反映了价格必须通过货币来表现和度量运输价值量大小的功能。运输价格的首要职能就是以货币表现的运输产品的价值。运输产品有了价格也就表现出了它具有的价值的大小,也正是有了价格的这一职能,货币才成为交换的媒介。

2. 调节职能

调节职能是指运输价格在运输经济活动中自动调节的职能。运输价格的调节职能主要通过生产、流通、消费等方面表现出来。

（1）运输生产活动的调节

价格调节着运输设备的利用程度和劳动力作用的发挥程度。在价格相对有利的企业,扩大再生产是有利的,因此运输企业的积极性就高,就会在运输生产中提高劳动效率或投入更多的劳动力,并努力使现有的运输设备生产能力充分发挥出来。

（2）运输服务质量的调节

"按质论价"是价值规律的客观要求,在社会主义市场经济条件下,运输服务则是通过政府定价或政府指导价时贯彻"按质论价"的原则和运输市场价格波动配合来实现。运输的优质、高效服务的价格高于劣质、低效的服务价格,就可以给运输企业带来更多的利润,获得更高的效益,运输企业也会千方百计拓展服务空间,提高运输服务水平。

（3）分配与消费的调节与指导

运输价格对国民收入再分配具有调节作用。通过对运输生产过程中的各环节规定不同的费率和调整货物运价,可以调节社会再生产过程中经济单位和个人收入分配。在收入不变的条件下,各种消费品的比价关系影响着人们对不同消费品的需求量和消费比例,进而影响消费结构,调节需求的满足状况。

3. 核算职能

运输价格的核算职能是指价格被用来作为计量和核算经济效益的

功能。运输生产活动不但要耗费物化劳动,也要耗费活劳动,因而要考核其投入与产出的关系,即进行经济核算。经济核算通常用实物指标和价值指标来进行。实物指标反映的是各种实物的使用价值指标,因计量单位不统一而无法进行汇总和比较,这就需要借助价值指标,一切价值指标的核算都离不开价格,因此价格成为核算各种价值指标的工具和手段。

4. 信息职能

运输价格的信息职能是指运输价格的升降变动以及所表现出来的价格水平,并为运输生产经营者与消费者传递各种经济信息的职能。价格的信息职能通常是通过价格信号表现出来的,价格信号是运输市场行情变动的晴雨表,是运输企业组织生产经营活动的航标。价格的信息职能主要表现在以下三个方面:

(1)向运输企业传递信息

运输企业根据价格信号判断市场行情的变化,预测、分析运输市场的需求,可为运输企业经营决策提供参考。

(2)向政府交通主管部门传递信息

政府交通主管部门根据运输市场上的价格信息,有效地对价格管理进行宏观调控,促进运输资源的合理配置。

(3)向运输市场的消费者传递信息

运输市场的消费者根据价格信息进行有目的的需求选择,满足自己对运输的需求。

价格从不同的领域提供和传递信息,运输企业、政府和运输需求方通过价格传递的各种信息作为自己决策的重要依据。价格信号的准确与否取决于运输市场的发育、垄断、有序状况,取决于竞争、供求和价格等市场要素之间的有机联动状况。因此价格的信息职能要正常有效发挥作用,关键在于价格能否准确、灵敏地反映运输产品价值和运输市场供求关系的变化。如果价格不合理,价格扭曲,传递出来的信息也是扭曲和失真的。

运输价格的四种职能是相互联系、相互依存的,但并不是并列的关系。表价职能是从价格的本质中产生出来的职能,是最基本的职能,它是调节职能、核算职能和信息职能的基础。而调节职能、核算职能和信息职能则是在表价职能的基础上派生出来的,是表价职能的外延。在运输价格的统一体中,四种职能相辅相成,既有其各自独立的质的规定性,又是密切联系的,在运用价格职能时,必须统筹兼顾,全面考虑。

(三)国际贸易价格条件

在国际贸易中,买卖双方一般都相距遥远,其所交易的商品通常需要经过长途运输。在商品的运输、装卸、仓储、转运及交接过程中,需要办理进出口清关手续,安排运输与保险,支付各项税捐和运杂费用;此外,货物在装运过程中,还可能遭遇到自然灾害、意外事故及其他各种外来风险。有关上述责任应由谁承担,手续由谁办理,费用由谁支付,风险如何划分等,就成为买卖双方在磋商交易、签订合同时,必须明确解决的问题。为此,在国际贸易长期的实践中,逐渐形成了适应各种需要的贸易价格术语或称价格条件。不同的价格条件,表示了买卖双方在责任、费用和风险上所承担的权利和义务的区别。

目前,常用的价格条件主要有三种,即离岸价格(FOB)、运费到岸价格(C&F)及运费和保险费到岸价格(CIF)。这三种常用的价格条件是建立在"港到港"交接的基础上的,主要适用于传统的散件货物海上和内河运输。

1. 离岸价格(FOB)

离岸价格是指货价内不包括运费,由买方派船到装货港装运货物。

2. 运费到岸价格(C&F)

运费到岸价格是指货价内包括运费,由卖方派船到装货港装运货物。

3. 运费和保险费到岸价格(CIF)

运费和保险费到岸价格是指货价内包括运费和保险费,由卖方派船到装货港装运货物。

在对外贸易中,从维护本国权益出发,一般对出口货物争取以 CIF 价格成交,由我国船公司派船承运,可取得运费收入;而对进口货物则争取以 FOB 价格成交,由我方派船前往发货港装运货物,则可节省外汇支出。

(四) 货运定价基础

1. 运价的计算单位

货物重量:吨;

货物体积:立方米;

集装箱:标准箱(TEU);

里程:公里,海上为海里,1 海里 = 1.852 公里;

运费:人民币(元)。

2. 定价需考虑的因素

货物运输价格的确定主要考虑以下因素:

① 成本;

② 货物批量;

③ 货物对流的平衡性;

④ 运输市场运价行情变化;

⑤ 市场竞争;

⑥ 承运货物的供需变化;

⑦ 现行政策。

二、运输企业定价方法

运输企业定价应在定价理论的指导下,在不同市场结构中,根据不同的定价目标及定价手段,选择合适的定价方法。定价方法应根据水运企业内外环境的变化及在不同航线、不同营销策略中综合地采用。一般而言,运输企业的定价方法大致可概括为三大类,即成本导向定价法、需求导向定价法和竞争导向定价法。成本导向定价法是水运企业最为流行的定价方法,它是依据成本定价的原理进行定价。需求导向定价法是根据运输价值及货物的负担能力进行定价,除了成本之外,该方法重点针对市场需求状况,可根据市场需求弹性来调整运价。竞争导向定价法是在充分考虑自身竞争能力的基础上以对付竞争、确保市场占有率、渗入市场而制定的以竞争为主要目的的运价方法。

(一) 盈亏平衡法

盈亏平衡法是将运输企业的某航次的盈亏分界点作为定价的基

准,结合货运量来确定某运输任务的盈亏,以盈亏与否作为运价的制定策略的一种方法。盈亏平衡法的原则是运输企业某运输任务的运输总成本与其运输总收入相等时确定出的货物运价率,此时的运价率为保本运价率。

盈亏平衡法公式推导如下:

运输总成本 = 总固定成本 + 每货运吨变动成本 × 货运量

运输总收入 = 每吨货物运价 × 货运量

运输总收入 = 总成本

由此可得:

每吨货物运价 × 货运量 = 总固定成本 + 每货运吨变动成本 × 货运量

则在某货载一定的情况下,其运价为:

$$货物运价率 = \frac{固定成本 + 每货运吨变动成本 × 货运量}{货运量}$$

在令收入等于成本的条件下,确定保本运价率,实际运价率大于此保本运价率的为盈利,反之为亏本。

$$保本运价 = \frac{固定成本 + 每货运吨变动成本 × 保本货运量}{保本货运量}$$

$$= \frac{固定成本}{保本货运量} + 每货运吨变动成本$$

(二)成本加成定价方法 *

成本加成定价方法是成本导向定价方法的核心,这种方法亦称为比例法,即在单位成本的基础上加上一定百分比作为利润,所计算出的价格作为运输价格(运输单位成本加上一定的加成额)。其计算公式如下:

$$单位运输价格 = \frac{总成本 × (1 + 利润率)}{货运量}$$

成本加成定价方法关键取决于利润率的确定,利润率的确定应视运输企业所处环境及所定的目标而定。这种定价方法为一般运输企业所广泛使用,其优缺点如下:

1. 优点

（1）计算简单，误差较小。成本最为真实地反映航运企业的经营活动的支出，以此来确定运价，受市场及其他方面的影响较小，也能保证水运企业不亏本。由于便于确定，计算简单，也不容易产生误差。

（2）符合运价理论及公平原则。运价制定应以成本为下限，以成本加一定合理的利润为运价，这一运价理论较易为货方所接受，对承运方也较公平合理。如果各运输企业均采用成本加成定价方法会减少相互之间竞争的可能性，同时比较可能实现最大利润。

2. 缺点

（1）忽视需求因素、不完全符合市场实际情况。由于各企业均以此方法定价，故仅考虑的是供给因素，而忽视了需求因素，因此不能完全符合市场状况。

（2）不能适当的反映竞争状况。

（3）成本使用的数据不能反映未来运价使用时的成本状况；利润率以人为因素确定，不客观。

（三）需求导向定价法 *

需求导向定价法是以货物的负担能力及运输价值来进行定价的一种方法，根据市场需求程度的大小来调整运价。一般来说需求导向定价有几种基本模式：

1. 负担能力需求定价法

$$运价 = 货物价值 \times 货物负担能力系数$$

以货物价值为基础、以价值高低来确定其负担能力进而确定运价。货物价值指的是单位货物的市场价格，货物负担能力以货物价值高低、市场调查及经验统计确定。通常高价值的贵重货物其运价负担能力较强，反之，大宗低廉的货物其运价负担能力较弱，其运价不宜定得过高。根据联合国贸易发展会议（UNCTAD）的资料统计，通常班轮运价占其商品价格的比率为 1.1% ~ 28.4%，大宗低值货物运价占商品价格的比率为 30% ~ 50%，根据这个基本标准来大致确定货物的负担能力。一般而言，成本加成定价法中的利润率也是在综合了货物的负担能力的基础上确定的，因此可以说它也是成本加成定价方法的一种补充。

2. 差别定价法

差别定价法也称区分需求定价法,顾名思义指的是区分不同的货主及不同时间地点来确定运输价格的方法。通常分为如下几种形式:

(1) 货主差别运价

通常分大小货主,对常年有大批量货物运输的大货主采取优惠运价,而对零星小货主采取较高的运价。

(2) 区域差别运价

由于同一劳务在不同地区需求强度的不同,因此应采取不同区域(或线路)运价不同的方法。

(3) 时间差别运价

针对季节性的货物采用旺季及淡季不同运价的方法。此种方法也称为尖峰定价法。

3. 需求弹性法

需求弹性法是根据市场供需状态采取的定价方法。所谓运价对需求的弹性,是指货物运输需求对货物运价变化反应的灵敏程度。按照敏感性的标准,需求可分为弹性需求与非弹性需求。所谓弹性需求是指货运价格稍有变动,运输需求量立即发生增减,伸缩性较大。所谓非弹性需求是指货运价格即使有较大变动,运输需求也变化不大。

另一种需求弹性法是指运输需求量变化与货物运价变化的比值,用公式表示:

$$需求的价格弹性系数 = \frac{\frac{需求的增减量}{原需求量}}{\frac{价格的增减量}{原价格}}$$

一般而言,需求弹性计算结果大于 1 者,为弹性需求,反之为非弹性需求。在弹性需求下,当货源不充足时应相应采取降价措施;非弹性需求下,当货源充沛时可适当提高运价,此时应以货物负担能力为限来确定运价提高的幅度。

需求导向定价法在充分考虑了成本这个基本因素后,在不同程度上考虑到运输市场状况、货物负担能力及运输需求状况来确定运价,比成本导向定价的事后确定法更为主动,不失为一种较成本导向定价法更科学的定价法。

（四）竞争导向定价法

竞争导向定价法是以应付竞争,确保市场占有率,渗入市场为主要目的的定价方法。按照此种方法定价主要采用不同的定价来达到其目的。竞争导向定价法是以竞争对手的运价为基本运价,根据自身的需求决定是高于其运价水平、低于其运价水平还是与其基本运价保持同步。这种定价方法较易引起价格战,在竞争激烈的运输市场中,运输企业往往根据企业的内外部条件及环境,企业的短期目标、中长期目标及所处的不同市场结构来确定不同的价格策略。例如在国际集装箱班轮运输市场上,航运公司为达到迅速占领新辟航线市场往往在新航线开辟之初采取低价的倾销策略,此时采取比照竞争对手的运价降低一定的幅度来确定其市场份额领先的地位,这种策略又可称为低价策略或渗透策略。在扩大市场占有率,巩固货源,达到垄断之后,又采取高价策略,这时应以运输质量领先为定价目标,采用比照竞争对手的运价提高一定幅度来确定其市场运价,通过其他服务质量的绝对优势来领先市场价格。但在处于完全竞争的市场状态下,应以市场运价作为导向来确定其运价水平是基本的方法。需要说明的是,在寡头垄断的市场结构中,处于被支配地位的运输企业以参照价格领袖的运价为基础做一个较小幅度范围的调整即可。

三、运输价格管理的方法和手段

当前,我国正在建立社会主义市场经济,进行价格改革必须坚持以市场为取向,对价格进行管理需要采取一定的管理方法和管理手段。管理价格的方法有直接管理和间接管理,管理价格的手段主要包括经济手段、法律手段和行政手段。

（一）运输价格管理的方法

国家管理国民经济的方法可以分为直接管理和间接管理两类,运输价格管理作为交通运输管理的重要方面,其管理方法也有直接管理和间接管理之分。

国家对运输价格的直接管理是指国家直接制定、调整和管理运输价格的一种行政管理方法。它主要依靠行政机构、借助行政权力下达行政命令,具有行政约束力。其主要特点是运输价格由中央政府、国家物价部门或交通主管部门直接制定与调整,并依靠各级政府的行政力量强制运输企业执行,运输企业基本上没有价格的制定与调整权,价格一经下达或一经确定,具有相对稳定性。这种方法是我国计划管理体制时期管理价格使用的一种主要方法。

国家对运输价格的间接管理是指国家各级行政部门一般不直接制定运输价格,而是通过经济政策的制定与实施,运用经济手段来影响运输企业的定价环境,诱导其定价行为的一种价格控制方法。其主要特点是国家通过经济杠杆、经济参数的运用去影响价格形成的相关条件,从而间接地影响运输产品的价格水平和运输企业的价格行为,使之按照国家的价格目标的要求变动。国家采用经济政策和经济手段的目的在于改变运输企业的定价环境,并不直接干预运输企业的定价权本身。这种方法是我国新型价格控制体系所采用的一种主要方法。

直接管理和间接管理作为运输价格管理的两种基本方式可以结合使用。从我国运输价格管理的实践和发展来看,应该是实行直接管理与间接管理相结合并以间接管理为主的价格管理方法。间接管理为主则是国家根据客观经济规律的要求,对少数关系到国计民生的重点物资的运价进行直接制定与管理,而其他大多数运输价格由运输企业自主决定,国家主要通过经济政策和经济手段进行间接控制。

(二)运输价格管理的手段

1. 经济手段

运输价格管理的经济手段是指国家决策部门为影响运输价格的形成和运动,通过控制与价格决策系统有关的其他经济系统的活动来改善运输价格系统环境而进行的价格控制。这种价格管理手段的调控主体是国家,调节对象是运输企业,其实质在于以经济利益为动力,通过改变运输企业经济条件,从经济利益上给予运输企业以改变经营行为和价格决策的动力,使之与国家宏观经济目标相一致。

用经济手段管理运输价格要采取一系列经济政策和措施,如信贷、利率、税收、财政、工资等,用经济杠杆来调节运输市场供求,以达到影

响和控制运输价格的目的。作为国家管理国民经济的经济手段在运输价格管理中的具体运用,主要具有以下几个特点:

(1) 间接性

运输价格管理中经济手段的运用目的在于使微观的运输价格运动符合宏观价格管理的目标要求,从而达到预期控制的目的。但是这些经济手段产生的政策效应是不直接作用于运输价格的,而是通过改变影响运输价格形成和运动的诸多因素,使各种因素按照有利于运输价格合理形成的方向发展变化,以促进运输价格合理运动,来达到间接影响和有效控制价格的目的。具体运作过程为:国家决策部门操作经济杠杆和经济变量即经济手段,经济手段改变运输市场供求关系,供求关系的变化影响价格的形成和运动。因此运输价格管理经济手段的间接性主要体现为通过调节运输供求来间接管理运输价格。

由于经济手段需要借助于运输市场供求这个媒体间接地影响运输价格,因此,经济手段管理运输价格的效果会取决于经济手段对运输市场供求的作用效果。一般而言,只有当经济手段促使运输市场供求按照国家的预期方向和幅度变化时,才能实现对运输价格的有效管理。

(2) 利益诱导性

运输价格管理的经济手段不是通过强制性的直接控制方式,而是通过对被调节者即运输企业进行利益的诱导来控制和管理其价格行为。利益诱导性与价值规律作用基础相一致,它承认运输企业的经济利益,通过调节经济利益关系来调动企业的积极性。在社会主义市场经济条件下,运输企业作为自主经营、自负盈亏、自我约束、自我发展的法人实体,有其自身独立的经济利益,追求利润最大化,获得最佳经济效益是运输企业生产经营活动的基本目标,这就使利益诱导对运输企业具有很大的影响。采用经济手段进行运输价格管理,运输企业为了自身的利益考虑,会更加注重运输资源的使用效率,促使运输企业的价格行为符合宏观价格目标的需要。

(3) 滞后性

经济手段管理运输价格的滞后性特点主要是从经济政策的实施效应具有时滞性而言的。从实施这些政策措施到产生政策效果往往需要一段时间,即实施一定的经济手段后,运输价格作出反应要滞后一段时间。这种现象是由经济手段管理运输价格的间接性决定的。采用经济手段是一种间接调控价格的方式,经济手段需要借助于运输市场供求的中介作用间接影响运输产品的价格。因此实施一定的经济手段后,最先作出反应的是运输市场供求关系,然后运输生产经营者会根据运输市场行情的变化作出决策,这样从经济手段的实施到运输价格作出反应就会有一个滞后期。各种经济手段的性质不同,其时滞也不相同,同一经济手段在不同的经济环境下其时滞也是不相同的。因此可以针对环境的变化,选择不同的经济手段。

(4) 组合性

经济手段管理运输价格的组合性特点是指不仅采取某一种经济手段,而需要同时采用几种经济手段,使之相互配合,从而达到调控价格的目的。经济手段是通过影响其他经济变量而间接作用于运输价格的,由于社会经济的整体性,采用经济手段进行管理的影响是多方面的,若要想达到某一目的而不希望产生其他影响,往往需要几种经济手段同时使用,相互配合。同时,经济手段的使用也较复杂,不同的经济手段其性质和运用条件不同,并且同一种经济手段的使用也有松紧之分,产生的政策效果也有整体与局部之分,因而需要相互配合。

2. 法律手段

运输价格管理的法律手段指的是国家通过颁布价格法规、价格条例及管理办法等法律规范来规范价格行为和调整价格关系的一种管理方式。用法律手段管理运输价格,就是指国家通过法律的形式来规范运输价格决策主体的权利与义务,规范价格制定与调整的程序、价格管理的形式与方法、价格的监督与检查、违法行为的处理与制裁,通过一系列的规范管理,使运输价格决策主体的行为具有法律的规范性和稳定性。法律手段不同于其他手段,其主要特征是:

(1) 规范性

价格法规是调整社会生活中各种价格关系的规范。用法律手段管理价格是以法律条文的形式将价格决策主体的行为明确规定下来,并给价格决策主体制定一个可以遵照执行的行为准则,使之有规可循、有法可依。从实现目的角度看,制定、实施价格法规的主要目的在于调整价格关系,规范价格行为,使社会各种价格活动规范、有序。

（2）稳定性

价格法规把各种价格关系中受到社会肯定、应用广泛、较固定的内容以法律的形式确定下来,各种长期的价格政策及管理价格行之有效的行政措施和方法也可以通过严格的立法程序用价格法律的形式确定下来。价格法律和法规一经确定就具有相对稳定性。当然价格法规的稳定性并不是说价格法规的内容绝对不可以变更,若客观情况发生变化,它也要随着社会经济发展及社会生活中价格关系的调整不断修订和改善,但必须以严格的立法程序进行。

（3）权威性

价格法规由国家立法机关或被授权的制定机关制定产生,凭借国家权力实行,具有很高的权威性。

（4）强制性

价格法规是国家和人民意志的体现,对社会具有普遍的约束力,人人都必须遵照执行。它主要利用强制性来要求各种价格行为主体遵守规范,行为主体只能按照价格法规的要求去进行各种价格活动,不得从事价格法规所禁止的活动。一切违反价格法规的行为都将受到国家法律的制裁。

3. 行政手段

运输价格管理的行政手段指的是国家决策部门凭借国家政权力量,通过行政办法对运输价格系统发布指令性价格计划、价格政策等,直接干预和管理运输价格形成和运动的一种管理方式。

在社会主义市场经济条件下,经济手段是管理运输价格的主要手段,但一定的行政手段仍然不可缺少。特别是交通运输业作为国民经济的基础产业,具有很强的社会公益性,对关系到国计民生的重点物资运输价格进行必要的、直接的行政干预,更具有特殊的意义。行政手段管理运输价格具有以下特点：

（1）直接性

采用行政手段管理价格不需要借助其他媒介,通常由有关行政管理机构直接定价,或是规定上下浮动的幅度,以限制价格行为。这种直接作用于管理对象的特征决定行政手段的政策效应不存在时间滞后现象,具有简捷高效的特点。

(2)强制性

行政手段的强制性是国家权力性的集中体现,主要表现为行政手段的约束力和执行力。行政手段的约束力是指行政法规、行政措施所具有的当事人只能遵守、不能违反的效力。行政手段的执行力是指行政法规、行政措施和行政处罚所包含的必须执行、不能抗拒的效力。也就是说行政管理机关以行政法规或行政命令的形式明确规定当事人的行为准则,只要一经下达,当事人必须遵照执行,若当事人不履行义务,就会受到相应的处罚。

(3)局部性

行政手段是直接针对某种具体的经济行为或具体的经济变量的,其政策效应往往带有一种局限性,不会对整个社会经济产生较大的影响,所以用行政手段管理运输价格的作用力有一定的局部性。行政手段一般适用于局部范围内的价格管理,若过多地使用,难以调动管理对象的积极性和主动性。

行政手段具有的上述特征,使其在社会主义市场经济活动中具有经济手段和法律手段不可取代的地位。行政管理手段能在短期内收到政策效果,能够调节经济手段难以有效管理的那些经济利益微薄的行为。应该说经济手段、法律手段、行政手段管理运输价格各有发挥作用的优劣,各有特点和范围,可以统筹安排配合使用,充分发挥每一种手段管理运输价格的积极作用,更好地对运输价格实施全面有效的管理和调控。

第4节 运输服务的绩效评价与分析

任何运输活动都需要经过评价,才能了解其营运的优劣。能否提供良好的运输服务是运输企业十分关注的,但"什么是运输服务?""良好的运输服务如何体现?"确实很难准确地解释清楚。有人认为运输服务是一种管理活动,说明对运输服务要有控制能力;有人将运输服务视为绩效水平,表明运输服务可以精确衡量;有人将运输服务作为管理理念,则强化市场以货主为核心的重要性。这些均从不同角度反映了对运输服务的不同看法,强调了运输服务的重要性。

从物流的角度分析,运输服务是所有物流活动或供应链过程的产物,运输服务水平是衡量物流系统为货主创造时间和空间效应能力的尺度。运输服务水平决定了企业能否留住现有货主及吸引新货主的能力,运输服务水平直接影响企业所占市场份额和物流总成本,并最终影响其赢利能力。

一、运输服务的含义

人们经常将运输服务与货主满意相混淆,其实货主满意是指货主对运输产品及服务可感知的效果,它是对运输产品和服务全方位的评价,运输服务的质量直接影响着货主的满意程度。研究表明,如果有一个货主对你的运输产品和服务发生抱怨,就会失去19个潜在货主。如果对货主的抱怨处理得当,可以提高货主的忠诚度。对于运输企业来说,运输服务是从接受托运开始到将货物送到货主手中为止。因此,运输服务可以定义为:发生在买方、卖方及第三方之间的一个过程,这个过程使交易中的产品或服务实现增值。这种增值意味着双方都得到价值的增加。从过程管理的观点上,运输服务是通过节省成本费用为供应链提供重要的附加价值的过程。另外物流通过运输服务不仅仅注重赢得新货主,留住老货主也至关重要。

二、运输服务的绩效评价指标

运输服务的绩效评价指标包括价格、质量、作用、形象、名誉和服务,作为运输企业的战略由它所选择的市场部分或货主群体来界定。绩效评价体系应确定每个选定的市场部分中的货主目标。当然,战略的精髓在于选择做什么和不做什么。根据运输企业的战略选择,运输服务绩效评价指标应与此相适应。

(一) 运输服务的一般评价指标

这是一组常用的评价指标,由下列五项指标组成:

1. 市场份额

在确定货主群体或市场领域之后,就可以直接评价市场占有率。当然,一些企业团体、协会、政府部门等也对市场份额进行总体规模的估计。

2. 货主的忠诚度

留住客户这是所有企业共同的希望。在运输服务绩效评价中,可通过评价与现有货主进行的交易量来评价货主的忠诚度。

3. 货主的满意程度

企业对于货主满意程度无论多么重视都不过分。只有在货主购买产品或享受服务时完全满意或极为满意的情况下,企业才可能与他们建立长期的合作关系。

4. 货主群

运输公司若想扩大自己的市场份额,就应争取更多的货主。其绩效是通过新增货主的数量或新增货主的采购总额来评价。

5. 从货主处获取利润

运输公司不仅评价同货主的交易量,还要评价这种交易是否有利可图。应当注意,有些货主尽管无利可图,但是它有很大的增长潜力,也不容忽视。

(二) 对货主价值重视程度的评价指标

上述评价同传统的财务评价有着同样的弊端,即职员并不能及时知道自己的服务能否让货主满意以及能否留住货主。下面三个指标的评价,可以使运输公司在货主选择服务对象时提供高质量的服务,与货主建立良好关系,树立公司的良好形象和声誉。

1. 运输产品和服务特征

运输服务的价格及质量是运输服务的主要特征。有两种类型的货主,一类货主希望价格低的承运人,另一类货主则希望提供特殊的运输服务。前一类货主不会在运输服务档次方面提出特别的要求,他们希望得到的是基本服务、尽可能低的价格、保质保量按时交货。而后一类货主有时为了实现自己的竞争战略,宁可为特殊的运输服务支付额外的价格。

2. 货主关系

对货主的要求应尽快作出反应。保持同货主的关系还包括向货主做出长期的承诺,以建立范围更广泛的关系。

3. 形象和声誉

形象和声誉是吸引货主的两个抽象因素。一些公司通过提高运输服务的质量来树立其形象和声誉,并保持货主对公司的忠诚。形象和声誉宣传可使公司在货主面前积极地展示自己的长处。

(三) 满足货主需求的评价指标

1. 时间

尽可能在最短的时间内满足货主的要求是极为重要的。对货主的要求做出迅速而可靠的反应通常是争取和留住货主的关键。一些货主不仅要求运输企业在最短的时间内做出反应,而且更关心这些反应的可靠性。对货主来说,按时提供新运输服务是实现货主满意的一个重要因素。货主得到这些新运输服务的时间,作为绩效评价指标,是一种以时间占领市场的手段。

2. 质量

在21世纪的经济发达国家,质量已不再是必要的战略性竞争优势,而已成为硬指标。

运输服务质量往往和时间概念联系在一起,例如能否按时送达货物就是评价服务质量的一个指标。

3. 运输价格

货主总是关心运输服务的价格,价格在某种程度上是影响交易的主要因素,企业往往根据竞争对手的价格确定自己的折扣或优惠价,以有竞争力的价格提供运输服务并赢得更多的货主。较低的运价可使货主具有较大的价格竞争优势。

(四) 运输服务绩效评价的指标设计 *

1. 确定关键的货主满意指标

货主满意指标的核心是确定运输服务在多大程度上满足货主的欲

望和需求。货主因需求而产生期望和要求,期望和要求可以归纳为一系列绩效指标,这些指标可以判断一个企业的可信赖程度。指标的确定因企业和行业不同有所不同,我国运输企业确定货主满意度的指标可以依据下列两条原则:

(1)绩效指标对货主而言必须是重要的。最关键的绩效指标确定的唯一途径是听取货主的意见。

(2)绩效指标必须能够控制。关键的绩效指标可以通过定量和定性研究的方法结合起来确定,这些方法包括深入访谈、电话访问、邮寄调查表等,然后采取层次分析法等方法将定性部分量化。

2. 常用的货主满意指标

货主满意指标主要表现在以下方面:

质量方面:功能性、可靠性、安全性、经济性;

数量方面:满足批量运输需求;

时间方面:准时性、随时性;

价格方面:最低价位、心理价格;

服务方面:全面性、快速反应、全过程服务、态度和礼貌、手续简单方便。

三、运输绩效评价与分析

开展运输绩效评价能够正确判断运输企业的实际经营水平,提高经营能力,改善运输企业管理,从而增加运输企业的整体效益。这是我国市场经济管理工作的迫切要求,它既能促进我国构建适应市场竞争的新机制,也能促进运输企业进行重大改革。

(一)运输企业绩效评价的体系及内容

1. 何谓运输企业绩效评价

运输企业绩效评价是运用数量统计和运筹学方法,采用特定的指标体系,对照统一的评价标准,按照一定的程序,通过定量、定性分析,对运输企业在一定的经营期间内的经营效益和经营者的业绩,做出客观、公正和准确的综合评判。运输企业绩效评价是在会计和财务管理的基础上,运用计量经济学原理和现代化分析技术建立起来的剖析经营过程、真实反映企业现状、预测未来发展前景的一门科学。

运输企业绩效是指在一定的经营期间内运输企业的经营效益和经营者的业绩。运输企业的经营效益主要表现在赢利能力、资产运营水平、偿还债务能力和后续发展能力等方面。经营者的业绩主要通过经营者在经营管理企业的过程中对企业的经营、发展所取得的成果和所做出的贡献来评价,评价内容重点在赢利能力、资产运营水平、偿还债务能力和后续发展能力等方面。准确反映上述内容的各项定量及定性指标作为评价的主要依据,将这些指标同全国甚至世界同行业、同规模企业的平均水平比较,得到一个公正、客观的评价结论。

2. 绩效评价对运输企业经营的影响

(1)绩效评价是市场经济条件下,政府间接管理企业的有效方法。政府主要履行宏观调控职能,不干预企业的具体经营活动,彻底改变层层上报、逐级审批、该管的没管住、该放的抓住不放的管理方式。政府通过对企业实施绩效评价,建立起新型的政企关系,及时发现企业财务和资产管理中的薄弱环节,促进企业尽快实现经营管理现代化。

(2)通过对企业获利能力、基础管理、资本运营、债务状况、经营风险、长期发展能力等方面的评价分析,可以较系统地剖析企业经营发展中的问题,全面分析判断企业的经营状况,促使企业克服短期行为,将近期利益与营运发展结合起来。

(3)随着市场经济的逐步完善,企业在市场竞争中求生存、求发展,企业形象就显得越来越重要,企业实施绩效评价促使企业注重改善自己的形象,提高竞争实力。

(4)绩效评价促进运输企业向优秀企业学习,通过横向比较,使运输企业不仅看到自身的实际水平及在同行业中的位置,并引导运输企业按照市场需求预测、确定自己的发展战略。

(5)绩效评价把国有运输企业财务状况综合分析、国有资本金价值、增值状况和企业经营业绩融为一体,有利于各政府部门协调、配合及衔接,共同做好运输企业的监管工作。

3. 运输活动应具有的基本特性

（1）及时

尽量缩短货物待运和在途时间,加速货物流通、确保商品的市场供给,尽量做到"门到门"服务。

（2）准确

在运输过程中做到无错、不乱、手续交接清楚,责任明确,准确无误地完成货物运输。

（3）安全

货物在运输过程中,不发生霉烂、残损、丢失、污染、渗漏、爆炸、燃烧等事故,保证人身、货物、设备安全。

（4）经济

以物流系统或供应链的总成本最低、综合效益最好作为原则来选择运输方式、运输路线及运输工具,节约人力、物力、财力,降低物流费用,提高总体效益。

（二）运输绩效评价标准的选择 *

具体进行运输绩效评价与分析时,运输活动绩效评价标准可选择以下内容:

（1）运输、取货、送货服务质量良好,即准确、安全、迅速、可靠;

（2）能够实现"门到门"服务而且费用合理;

（3）能够及时提供有关运输状况、运输的信息及其信息服务;

（4）货物丢失或损坏,能够及时处理有关索赔事项;

（5）正确填制提货单、票据等运输凭证;

（6）与顾客长期保持真诚的合作伙伴关系。

上述六项标准可以归结为运输成本、中转时间、可靠性、运输能力、可达性和安全性。在对运输活动进行绩效评价时,并非完全按上述六项标准选择,可结合承运人及货主的实际情况,确定评价标准。

显然,运输成本是首先考虑的评价标准,但是运费并不是唯一的成本构成,整个物流系统的成本还必须考虑设备条件、索赔责任及装载情况等相关因素。

中转时间直接影响库存水平,所以也是一条重要的标准。可以想象,如果承运人提供的运输服务不稳定,就必须有较多的库存。同样道理,如果承运人不能将货物及时送达,就可能会失去市场。

可靠性的评估通常是以订货交付的完成为基础。一旦一票订货已经完成并装运交付,仓库就会记录抵达时间与日期,并传输到采购部门。经过计算机处理后,将承运人的绩效记录及时提交给采购部门及运输部门,很容易分析判断承运人的可靠程度。

运输能力包括运输和服务两个方面的能力。运输能力主要指提供专用车船的能力及卸车(船)的能力。服务能力主要是 EDI 的利用、在线跟踪、储存和"门到门"等服务。

可达性是一个重要的评价标准。多式联运提供了范围更加广泛的服务,通过签订"直达运输"和"多式联运"的协议,使承运人承运货物的可达性得到充分保证。

安全运输能力也是必不可少的评价标准。对安全性的评价主要从预防能力和理赔能力两个方面进行衡量。

(三) 运输活动绩效评价量化指标

1. 货物运输量

(1) 以实物件数作为计量单位

$$货物运输量 = 货物件数 \times 每件货物毛重(公斤)$$

(2) 以金额作为计量单位

$$货物运输量 = \frac{运输货物总金额}{该类货物每吨的平均金额}$$

2. 运输损失

(1) 按运输收入计算

$$损失率 = \frac{经济损失之和}{运输业务收入}$$

(2) 货物价值计算

$$损失率 = \frac{经济损失之和}{发运抵达货物总价值}$$

(3) 运输费用水平

$$运输费用水平 = \frac{运输费用总额}{货物纯销售总额}$$

(4) 运输费用效益

$$运输费用效益 = \frac{经营赢利额}{运输费用支出额}$$

(5) 合理运输评价指标

① 货物待运期

$$货物待运期 = \frac{计算期逐日累计待运货物吨数}{计算期逐日累计货物发运吨数}$$

② 货损货差率

$$货损货差率 = \frac{货损货差票数}{办理货物发运抵达总票数}$$

(6) 消耗评价指标

① 实际油耗

$$实际油耗(升/百吨 \cdot 公里) = \frac{报告期实际油耗}{报告期实际吨 \cdot 公里/100}$$

② 修保费

$$修保费(元/千公里) = \frac{车船保养及小修费用}{行驶里程/100}$$

(7) 安全评价指标

① 事故频率

$$事故频率(次/万公里) = \frac{报告期内事故次数}{报告期内总行驶里程/10\,000}$$

② 安全间隔里程

$$安全间隔里程(万公里/次) = \frac{报告期总行驶里程}{10\,000/报告期内事故次数}$$

(8) 运输效率与效益评价指标

① 车船完好率

$$车船完好率 = \frac{报告期内运营车船完好总天数}{报告期内车船总天数}$$

② 车船利用率

$$车船利用率 = \frac{报告期内运营车船使用总天数}{报告期内车船总天数}$$

③ 车船实载率

$$车船实载率 = \frac{报告期内运营车船重驶总里程}{报告期内车船总驶里程}$$

④ 吨位产量

$$吨位产量(吨 \cdot 公里/吨位) = \frac{报告期内完成的周转量}{报告期内平均总运力}$$

⑤ 吨公里成本

$$吨公里成本(元/吨 \cdot 公里) = \frac{报告期内运输总成本}{报告期内完成货物周转量}$$

⑥ 单车船经济效益

$$单车船经济效益 = 单车船营运总收入 - 单车船总成本$$

(9) 运输质量评价指标

① 准时运输率

$$准时运输率 = \frac{准时运送次数}{运输总次数}$$

② 车船满载率

$$车船满载率 = \frac{车船实际装载量}{车船装载能力}$$

自学指导

学习重点

本章学习重点:应充分理解运输成本、运输服务的内容,掌握影响运输成本的因素和降低运输成本的途径,掌握运输费用的计算方法以及货物运输价格及其管理方法,掌握运输服务的绩效评价与分析方法。

学习难点

本章学习难点:正确掌握降低运输成本的途径;根据市场供求情况,选用适合运输企业的定价方法;如何正确合理地选用评价指标对运输绩效进行有效地评价。

复习题

一、单项选择题(在备选答案中选择 1 个最佳答案,并把它的标号写在题后的括号内)

1. 降低装卸搬运成本的主要途径有多种,下列哪一项不一定有效?(　　)
   A. 尽量减少装卸搬运次数　　　　B. 加强安全管理
   C. 减少装卸机械的使用台数　　　D. 缩短运距

2. 开展集送方式主要与规模经济有关。运输工具装运量越大,每吨公里的(　　)就越低。
   A. 运费费率　　　B. 管理费　　　C. 车站费　　　D. 燃料费

3. 运输需求的不平衡性主要表现为运输时间的不平衡性和运输(　　)的不平衡性。
   A. 方向　　　B. 费用　　　C. 天数　　　D. 运输工具

4. 在一般情况下,积载因素大的货物即轻泡货运输成本高,而且其运价也(　　)。
   A. 低　　　B. 不变　　　C. 不可确定　　　D. 高

5. 道路货物运输计费重量单位:整批货物运输以吨为单位,尾数不足 100 公斤时(　　)。
   A. 进位　　　B. 四舍五入　　　C. 不计　　　D. 可计可不计

二、多项选择题(在备选答案中有 2~5 个是正确的,将其全部选出并将它们的标号写在题后的括号内,错选或漏选均不给分)

1. 运输价格管理的方法有(　　)。
   A. 行政管理　　B. 直接管理　　C. 经济管理　　D. 间接管理
   E. 法律管理

2. 下列哪几种属运输价格的管理手段?(　　)
   A. 经济手段　　B. 间接手段　　C. 行政手段　　D. 直接手段
   E. 法律手段

3. 运输工具的评价尺度有以下哪几项?(　　)
   A. 积极性　　B. 经济性　　C. 安全性　　D. 快速性
   E. 便利性

4. 需求导向定价法有(　　)。

A. 负担能力需求定价法　　　B. 差别定价法　　　C. 需求弹性法

D. 竞争导向定价法　　　　　E. 成本加成定价法

5. 汽车货物运输的其他费用有（　　）。

A. 调车费　　B. 管理费　　C. 车站费　　D. 延滞费　　E. 车辆处置费

三、名词解释

1. 需求弹性定价法
2. 运费和保险费到岸价格
3. 离岸价格（FOB）
4. 运输成本
5. 直接成本

四、简答题

1. 研究运输成本的意义是什么？
2. 运输成本的分类方法有哪些？
3. 简述盈亏平衡分析定价方法？
4. 简述运价的管理方法和手段。
5. 运输绩效评价标准是什么？

五、论述题

1. 不定期船即期市场运价影响因素。
2. 绩效评价对运输企业的经营有何影响？
3. 对运输满意度评价方法的探讨。*

第6章 运输商务管理

学习目标

1. 应了解、知道的内容
   - 各种运输单证及其内容
   - 集装箱和多式联运单据
   - 运输合同及其分类
   - 运输合同订立的原则、程序与合同履行的方法
   - 变更、解除合同的条件
   - 运输合同管理的概念
   - 保险的概念
   - 契约承运人的概念
   - 货运代理的概念
   - 租船代理的概念
   - 船务代理的概念
   - 国际货运代理的概念
2. 应理解、清楚的内容
   - 理解托运人、承运人的权利、义务和责任
   - 运输合同的订立程序和履行
   - 货运事故处理具体规定
   - 运输合同的变更和解除
   - 与运输相关的保险内容
   - 我国海运货物保险的险别与保险条款

- 陆上运输货物保险条款
- 航空运输货物保险条款
- 运输代理人的分类
- 国际货运代理的责任和权利

3. 应掌握、会用的内容
- 各种运输单证的使用
- 运输合同的内容、类型和特征
- 运输纠纷的类型
- 纠纷解决的方法
- 索赔时效和诉讼时效
- 国际货运代理的服务对象
- 货运代理的业务范围

4. 应熟练掌握的内容
- 运输责任的划分
- 运输纠纷的处理

自学时数

10 学时。

老师导学

本章主要介绍开展运输经营活动所需的各种商务知识,是保障运输企业的权利、责任、义务以及运输生产经营顺利进行所必要的业务和技能。重点是各种运输单证的使用,运输合同的内容、类型和特征,运输纠纷的类型及其解决方法,索赔时效和诉讼时效,国际货运代理的服务对象及货运代理的业务范围。

本章内容理论性不强,但业务性强。对没有涉及运输业务的学习者而言,难点是较难记忆,因此,最好的学习方法是理论联系实际,多争取实践机会。

第1节　主要运输单证

运输单据的种类很多,包括铁路运单、海运提单、海运运单、航空运单、货物承运收据和多式联运单据等。

一、铁路运输单证

(一)铁路运单

铁路运单是铁路承运人收到货物后所签发的铁路运输单据,是铁路与发货人之间的具有运输契约性质的一种运输单据,它明确规定了在货物运输过程中双方的权利、义务和责任。发货人应如实填写运单中规定由发货人填写的有关内容。以货主或货运代理人为代表的发货人托运货物时,应向铁路车站按批提出货物运单。

车站接到发货人提出的货物运单后,应予认真审查,对整车货物应有批准的运输计划,如确认可以承运,车站应在运单上签证货物搬入日期或装车日期即为受理。对零担货物应按承运制度签证货物搬入日期。

车站核对运单内容无误并接收货物后,应开始负保管和运送的责任。

对整车货物,在装车后车站货运员应在运单上填记车种车号,货物实际装车件数、重量和其他应填记的内容,签字后送交货运室,作为核算运费和填制货票的原始依据;发货人则应向车站货运室办理交付运杂费、换取领货凭证及承运凭证(即货票丙联)。

(二)货票

货票是一种具有财务性质的货运票据。

车站货运室根据装车后送来的货物运单,经核算运费后填制货票。货票共有四联:甲联留作发站存查,乙联由发站寄往发局,作为确定货运收入、统计完成货运量、计算运营指标和进行内部财务清算的依据,丙联作为收据交给发货人,丁联作为运输凭证,连同运单由发站随车送至到站,由到站留作存查。

目前，铁路车站已普遍应用计算机进行货运的计费和制票工作。

（三）国际铁路货物联运单

国际铁路联运应使用国际铁路货物联运单。该运单为发送国铁路和发货人之间缔结的运输合同，运单签发即表示承运人已收到货物并受理托运，装车后加盖承运日戳即为承运。运单正本随同货物送至终点站交收货人，是铁路同收货人交接货物、核收运杂费用的依据。运单副本加盖日戳后是发货人办理银行结算的凭证之一。

（四）承运货物收据

通往港澳地区的铁路运输使用承运货物收据。内地通过国内铁路运往港澳地区的出口货物，一般都委托外贸运输公司承办。货物装车发运后，由外贸运输公司签发一份承运货物收据给托运人，托运人以此作为结汇凭证。承运货物收据既是承运人出具的货物收据，也是承运人与托运人签署的运输契约。

二、道路运输单证

1. 货物托运单

货物托运单是发货人托运货物的原始凭证，也是港站承运货物的原始证明，它明确规定了承托双方在货物运输过程中的权利、义务和责任。货物托运单载明了托运货物的名称、规格、件数、包装、质量、体积，货物保险价和保价价，发收货人姓名和地址，货物装卸地点，以及承托双方有关货运事项。港站接到发货人提出的货物托运单并进行认真审查，确认无误后办理受理登记。

2. 货票

货票是一种财务性质的票据，是根据货物托运单填记的。发货人办理货物托运时，应按规定向车站交纳运杂费，并领取承运凭证，即货票。

公路货物运输货票上明确了货物的装卸地点，发收货人姓名和地址，货物名称、包装、件数和质量，计费里程与计费质量，运费与杂费等。在发站，它是向发货人核收运费的依据；在到站，它是与收货人办理货物交付的凭证之一。此外，货票也是企业统计完成货运量，核算营运收入及计算有关货运工作指标的原始凭证。

3. 行车路单

行车路单是整车货物运输条件下营运车辆据以从事运输生产的凭证,是整车货物运输生产中一项最重要的原始记录。它是企业调度机构代表企业签发给汽车驾驶员进行生产的指令。当前不少省、区所使用的行车路单是在省、区内各专业公路货物运输企业加注燃料、进行修理或紧急救援、供应食宿的依据。因此,行车路单除具有工作指令、原始记录的作用之外,还在各专业公路货物运输企业之间结算有关费用、免费服务等方面起着"有价证券"的作用。

计划统计部门负责行车路单的印制、发放,对行车路单所包含的内容进行设计和规定填写要求;将印制好的行车路单(固定车号使用的或不固定车号使用的)发给各车队统计员,由车队统计员负责保管。如果是使用固定车号行车路单,则由车队统计员按车号定量分发给同号单车。行车路单由车队调度员签发,车辆完成任务回队后交车队调度员审核,经审核无误的行车路单,才能交车队统计员复核、统计,记入统计台账,计算运输工作量及运行消耗和各项经济技术指标。

三、水路运输单证

在水路运输中,班轮运输单证较多。从办理货物托运手续开始,到货物装船、卸货、直至货物交付的整个过程,都需要编制各种单证。这些单证在货方(包括托运人和收货人)与船方之间起着办理货物交接的证明作用,也是货方、港方、船方等有关单位之间从事业务工作的凭证,更是划分货方、港方、船方各自责任的必要依据。

在水路运输单证中,有的是受国际公约和各国法规的约束,有的则是按照港口当局的规定和航运习惯而编制使用的。尽管这些单证种类繁多,而且因各国港口的规定会有所不同,但主要单证是基本一致的,并能在国际航运中通用。现将国际上通用的及我国航行于国际航线船舶所使用的主要单证分述如下:

(一)在装货港编制使用的单证

1. 托运单

托运单(国内有时用"委托申请书"代替)是指由托运人根据买卖合同和信用证的有关内容向承运人或其代理人办理货物运输的书面凭证。经承运人或其代理人对该单的签认,即表示已接受这一托运,承运人与托运人之间对货物运输的相互关系即告建立。

在班轮运输的情况下,托运人只要口头或订舱函电向船公司或其代理人预订舱位,船公司对这种预约表示承诺,运输关系即告建立,并不需要任何特定的形式。但是,国际航运界的习惯做法是托运人或其代理人与船公司或其代理人约定所需的舱位后,再以书面的形式向船公司或其代理人提交详细记载有关货物情况及对运输要求等内容的托运单。船公司或其代理人接受承运后,便在托运单上编号并指定装运的船名,将托运单留下,副本退还托运人备查。

托运单的主要内容包括:托运人名称,收货人名称,货物的名称、重量、尺码、件数、包装式样、标志及号码,目的港,装船期限,信用证有效期,能否分批装运,对运输的要求及对签发提单的要求等。

2. 装货单

装货单(又称下货纸)是由托运人按照托运单的内容填制,交船公司或其代理人审核并签章后,据以要求船长将货物装船承运的凭证。

但是,托运人凭船公司或其代理人签章后的装货单要求船长将货物装船之前,还必须先到海关办理货物装船出口的报关手续,经海关查检后,在装货单上加盖海关放行图章,表示该票货物已允许装船出口,才能要求船长将货物装船。故此时的装货单习惯上又称为"关单",船长或大副亦只能依据"关单"接受货物装船承运。

经船公司或其代理人和海关签章后的装货单,既是托运人办妥货物托运和出口手续的证明,又是船公司下达给船长接受货物装船承运的命令。货物装船时,托运人(或货运代理人)必须向船长或大副提交此单证。同时船方还要详细核对实际装船货物的情况是否与装货单上记载的内容相一致。

对于价值较高的货物或其他特种货物,也常以不同颜色(比如红色)的装货单来与一般的装货单相区别,以期在装船时能给予特别的注意。

装货单是国际航运中通用的单证,多数是由三联组成,称为"装货联单"。第一联是留底单,用于缮制其他货运单证;第二联是装货单,作用如上所述;第三联是收货单,是船方接受货物装船后由大副签发给托运人的收据。除此三联外,根据业务的需要,还可增加若干份副本,如我国就增加两联副本供计算运费和向付费人收取运费的通知之用。

装货单上除应记载托运人名称、编号、船名、目的港及货物的详细情况(应与托运单相同)等内容外,还有货物在装船后由理货人员填写的货物装船日期、装舱位置,实装货物数量以及理货人员的签名等项内容。

装货单的流转程序是:船公司或其代理人接受货物托运后,将确定的载运船舶的船名及编号填入托运单,然后将装货联单发给托运人填写,填妥后交回船公司的代理人,经代理人审核无误后签章留下留底联,将装货单和收货单(第二、第三联)交给托运人前往海关办理出口货物报关手续,经海关审核准予出口,在装货单上加盖海关放行图章便可持以要求船长将货物装船承运。

装货单一经承运人签章后,船、货双方都应受其约束,如果发生货物退关造成损失时,应由责任方承担责任。如果需要修改装货单上所记载的内容,应及时编制更正单分送有关单位作相应的更正:如果整票货物退关,除发更正单外,还要收回原装货单注销。

承运人签发装货单后,船、货、港各方均需要有一定的时间用来编制装货清单、积载计划,办理货物报关、查验放行,货物集中等装船的准备工作。因此,对某一具体船舶来说,在装货开始之前的一定时间内应截止为该船本航次签发装货单,具体的截止时间,视各港具体情况而定。若在截止签发装货单日之后,再为该船本航次签发装货单,则称为"加载"。"加载"通常是为了满足紧急任务、特殊情况或信用证到期等原因的需要。一般只要还没有最后编妥积载计划,或积载计划虽已编妥,但船舶的舱位尚有剩余,并且不影响原积载计划的执行时,应设法安排这种"加载"。

当货物全部装上船后,现场理货人员即核对理货计数单的数字,在装货单上签注实装数量、装舱位置、装船日期并签名,再由理货长审查和签名,证明该票货物如数装船无误,然后连同收货单一起送交船上大副,大副审核属实后在收货单上签字,留下装货单,将收货单退给理货长转交给托运人或货运代理人。

3. 收货单

收货单是指某票货物装上船舶后,由船上大副签署给托运人的、作为证明船方已收到该票货物并已装上船舶的凭证。所以,收货单又称为"大副收据"。

收货单是前述装货联单的第三联,它除了增加大副签署一栏外,其所记载的内容和格式与装货单完全一样。为了便于与装货单相识别,常用淡红色或淡蓝色并在左侧纵向增加一较宽的线条。

4. 提单

提单是船公司或其代理人签发给托运人,证明货物已装上船舶并保证在目的港交付货物的单据,是可以转让的证券。

托运人凭大副签字确认货物已经装上船舶的收货单,到船公司或其代理人处付清运费,(预付运费)换取经船公司或其代理人签字的一份或数份正本已装船提单。托运人取得正本已装船提单后,即可持提单及其他有关单证到银行办理结汇,取得货款。如果收货单上附有关于货物状况的大副批注时,船公司或其代理人需将大副批注如实地转批于提单上。

提单在班轮运输中是一份非常重要的单证。它既具有规定船公司作为承运人的权利、义务、责任和免责的运输合同的作用,又是表明承运人收到货物的货物收据,也是提单持有人转让货物所有权或据以提取货物的物权凭证。

5. 装货清单

装货清单是船公司或其代理人根据装货单留底联,将全船待装货物按卸货港和货物的性质归类,依航次靠港顺序排列编制装货单的汇总单。

装货清单是船舶大副编制船舶积载图的主要依据。此单证内容是否正确,对积载的正确、合理具有十分重要的影响,因此,大副应对此单证给予足够的重视。同时,装货清单又是供现场理货人员进行理货、港方安排驳运、进出库场以及掌握托运人备货及货物集中情况等的业务单据。如有增加或取消货载的情况发生,则船公司或其代理人应及时填制"加载清单"或"取消货载清单"并及时分送船舶及有关单位。

装货单的内容包括装货单号码、货名、件数及包装、毛重、估计立方米及特种货物对运输的要求或注意事项的说明等。

6. 载货清单

载货清单是一份按卸货港顺序逐票列明全船实际载运货物的明细表。它是在货物装船完毕后,由船公司的代理人根据大副收据或提单编制的,编妥后再送交船长签认。

载货清单又称"舱单"。其内容除应逐票列明货物的详细情况(包括提单号、标志和号数、货名、件数及包装、重量、尺码)外,还应记明货物的装货港和卸货港。在该单的上方还记有装运船舶的船名及船长名、开航日期等项内容。

载货清单是国际上通用的一份十分重要的单证。船舶办理出口(进口)报关手续时,必须递交一份经船长签字确认的载货清单。它是海关对出口(进口)船舶所载货物出(进)国境实施监督管理的单证。如果船舶货舱内所载运货物没有在载货清单上列明,海关可按走私论处,有权依据海关法进行处理。

根据船舶办理出口(进口)报关手续的不同,向海关递交的载货清单可分为在装货港装货出口时使用的"出口载货清单";在卸货港进口卸货时使用的"进口载货清单"和"过境货物载货清单"。如果船舶在港口没有装货出口,在办理出口报关手续时,船舶也要向海关递交一份经船长签名并注明"无货出口"字样的载货清单。反之,船舶没有载货进口,则向海关递交一份由船长签名并注明"无货进口"字样的载货清单。

载货清单也可作为船舶载运所列货物的证明,是随船单证之一。因此,船舶装货完毕离港前,船长应主动向船公司的代理人索取若干份,以备中途挂靠港口或到达卸货港时办理进口报关手续时使用。若船舶到达卸货港时,卸货港的船舶代理人尚未接到装货港船舶代理人寄送的有关货运资料时,还可将随船所带的载货清单或复制件分送港口有关部门作为安排卸货应急之用。

7. 载货运费清单

载货运费清单简称运费清单或运费舱单。它是由船公司在装货港的代理人按卸货港及提单顺号逐票列明的所载货物应收运费的明细表。它是船舶代理人向船公司结算代收运费明细情况的单证,是船公司营运业务的主要资料之一。该单也可直接寄往卸货港船公司的代理人处供作收取到付运费或处理有关业务之用。

载货运费清单的内容除包括载货清单上记载的内容外,增加了计费吨、运费率、预付或到付的运费额等项内容。由于载货运费清单上包括了载货清单上应记载的内容,故也可以代替载货清单作为船舶出口、进口报关及在卸货港安排卸货应急之用,还可作为查对全船有关航次装载货物情况之用。因此,当前不少国家的港口,为了简化制单工作,常将"载货清单"和"载货运费清单"两单合并使用。作为载货清单使用时,则不把该单上有关运费计收的栏目填上;而作为运费清单使用时,再将有关运费计收的栏目填入具体内容。

8. 危险货物清单

危险货物清单是专门列出船舶所载运全部危险货物的明细表。为了确保船舶、货物、港口及装卸、运输的安全,包括我国港口在内的国际上很多国家的港口都专门作出规定,凡船舶载运危险货物都必须另外再单独编制危险货物清单。该单常用红色并附加特别标志制成,以便于识别,也是为了引起有关部门及人员在装卸作业和运输保管中予以特别注意,以确保安全。

危险货物清单记载的内容除装货清单、载货清单所应记载的内容外,特别增加了危险货物的性能和装船位置两项。按照一般港口的规定,凡船舶装运危险货物时,船方应向有关部门申请派员监督装卸。在装货港装船完毕后由监装部门签发给船方一份"危险货物安全装载证书",这也是船舶载运危险货物时必备的单证之一。

此外,有些港口对装、卸危险货物的地点、泊位,甚至每一航次载运的数量,以及对危险货物的包装、标志等都有明确规定。

9. 货物积载图

货物积载图是以图示的形式来表示货物在船舱内的装载情况,使每一票货物都能形象具体地显示其在船舱内的位置。货物积载图可分为计划积载图和实际积载图。

在货物装船前,大副根据船公司或其代理人送来的装货清单上记载的货物资料制成的积载图,实质上是计划的积载图,或称货物积载计划,即用图示形式表明拟装货物的计划装舱位置。港口和装卸公司、理货人员等有关方按照此计划的要求安排装船作业。

在实际装船过程中,往往会因各种客观原因无法完全依照计划装载。常见的原因有:货物的实际尺码与原先提供的资料不一致,以致不得不改变原来计划积载的舱位;某些货物未能按时集中,为使装船作业不中断和影响船期,必须临时改变部分原定计划安排的积载顺序;原来的计划货载有所变动;临时增加新的货载等等。这些都会导致货物实际在舱内的积载位置与原定的计划不一致,因此,当每一票货物装船后,理货长都应重新标出货物在舱内的实际装载位置,并注明卸货港名、装货单(提单)号、货名及数量,最后再重新绘制一份货物在舱内的实际积载图。实际积载图不仅是船方运送、保管货物的必备资料,也是卸货港安排卸货作业和现场理货的重要依据。

当然,在装船过程中对原来计划的某一些改变,原则上都应征得船长或大副的同意方可实施,理货长及其他人员无权随意更改原定的积载计划。

10. 剩余舱位报告

为了使船舶舱位得到充分利用,在各挂靠港口装船完毕后,船上看舱人员应实地测量舱位的利用情况及剩余情况。之后,船长应将计算出各货舱的剩余舱位电告下一挂靠港口和船公司在各挂靠港口设置的分支机构或揽货机构,或船公司的代理人,使之能够作好补充货载的揽货及装船准备。为了对这种通知的确认,通常使用一定格式的报告纸,这就是剩余舱位报告。

(二)在卸货港编制使用的单证

在卸货港,船公司的代理人除根据装货港船公司的代理人寄来的或由船舶带来(在航线较短的情况下)的一些装船单证,预先安排船舶进口报关、卸货、理货作业准备外,与货物装船时由大副签发收货单作为船方收到货物的凭证一样,在卸货时,船方、装卸公司或收货人之间也需要相互签认一种可以作为证明船方与装卸公司或收货人交接货物实际情况的单证。

在不同的国家和港口,用以证明卸货时所交接货物实际情况的单证名称可能有所不同,但它们所包括的内容和所起的作用基本是相同的,其差异不大。

1. 过驳清单和卸货报告

过驳清单是卸货港采用驳船作业时使用的,作为证明货物交接和表明所交货物实际情况,借以划分责任的单证。

过驳清单是根据卸货时的理货单证编制的,其内容包括:驳船名、货物标志、号码、件数及包装、货名、舱口号、卸货港、卸货日、过驳清单编号等。此外,还要记载所卸货物的残损情况和程度,这些记载称为过驳清单批注。过驳清单按卸货实际情况编制后,由装卸公司、收货人等接收货物的一方和作为船方责任者的大副共同签字确认。

对于那些不是采用驳船作业的港口,通常使用称为"卸货报告"作为卸货证明的单据。有些国家则称为"货物确卸报告"或"卸货记录",其作用都是相似的。

卸货报告实际上是一份更详细的进口载货清单,它是根据船舶进口卸货提供的进口载货清单和在卸货港卸下全部货物的情况重新按票汇总而编制的。它较进口载货清单增加了卸货方式、实交数量、溢卸数量、残损数量和备注栏等项目。对货物的外表状况、内容、残损、溢短等情况,均可在卸货报告的备注栏内批注,并经装卸公司和船上大副共同签认,但也有个别港口只由装卸公司单方签字送交船方。

2. 货物残损单和货物溢短单

货物残损单和货物溢短单是我国港口在卸货时使用的,作为卸货交接证明的单证。

货物残损单是在卸货完毕后,由理货长根据现场理货人员在卸货过程中发现货物的各种残损情况,包括货物的破损、水湿、水渍、汗湿、油渍、污染等情况的记录汇总编制成的,是表明货物残损情况的证明。

货物溢短单是在卸货时,对每票货物所卸下的数量与载货清单上所记载的数量不相符情况,待船舶卸货完毕、理清数字后,由理货长汇总编制成的,表明货物溢出或短缺情况的证明。

货物残损单和货物溢短单都是日后收货人向船公司提出损害赔偿要求的证明材料之一,也是船公司处理收货人索赔要求的原始资料和依据之一,但必须经船方(船长或大副)的签认才有效。所以船方在签字时应认真核对,情况属实才给予签认。若对残损或溢短情况持有不同意见时,最好能当时根据现场情况与装卸、理货人员协商,尽可能取得一致意见。经协商不能取得一致意见时,也可在单证上作出适当的保留批注。

3. 提货单

提货单是收货人或其代理人据以在现场(码头仓库或船边)提取货物的凭证。

虽然收货人或其代理人提取货物是以正本提单为交换条件,但在实际业务中采用的办法则是由收货人或其代理人先向船公司在卸货港的代理人交出正本提单,再由船公司的代理人签发一份提货单给收货人或其代理人,然后再持提货单前往码头仓库(仓库交货)或船边(船边交货)提取货物。

船公司的代理人在签发提货单时,首先要认真核对提单和其他装船单证的内容是否相符,然后再详细地将船名、货物名称、件数、重量、包装标志、提单号、收货人名称等填入提货单上,并由船公司的代理人签字交给收货人到现场提货。若同意收货人在船边提货亦应在提货单上注明。

提货单的性质与提单完全不同,它只不过是船公司或其代理人指令码头仓库或装卸公司向收货人交付货物的凭证而已,不具备流通及其他作用。为了慎重,一般都在提货单上记有"禁止流通"字样。

(三)船舶在港装、卸货物时常用的理货单证

船舶在港装货或卸货作业,都要委请当地的理货人站在船方的立场上,代表船方清点装/卸货物的数量,核对货物的标志,检查货物的残损情况,指导和监督货物的装/卸作业,并代表船方与货方或港方办理货物交接的手续。

船舶要委请理货人代表船方理货,首先要向当地的理货机构提出书面的"理货申请书",具体的申请工作由船公司在港口的代理人办理。

理货申请书的内容比较简单,为便于委托方办理委托手续,在各港口的理货机构都印有一定格式的理货申请书,但其内容都基本相同。

当理货机构接受委托并派出理货人员到现场具体从事理货作业时,也需要使用具有一定格式的单证,有些单证还需送交船长或大副签字确认。常见的几种理货单证有:

1. 理货计数单

理货计数单是现场理货中计算装/卸货物数量最基本的一种单证,是舱口理货员登记每关(每吊)货物实际数字的原始记录。

在装货时,理货计数单是填写装货单和收货单上实装件数的依据;在卸货时,理货计数单是核对提单及载货清单数字的唯一原始依据,同时又是编制货物溢短单的依据。

此外,理货计数单也是理货长编制理货日报单、理货证明书及其他理货单证的依据,而且是日后收货人提出溢短索赔和船公司处理赔偿案件时最原始的证明单据。

2. 日报单

日报单是理货长每日根据各舱口的理货计数单编制的船舶每日装/卸作业进度小结的报表。日报单内记载了船舶各舱口及全船当天装/卸货物的数量(件数、吨数),以及包括当天在内已经完成的装/卸数量,理货长每天编妥后,均送交船方一份。因此,日报单能使船方、港方及代理方都能准确了解船舶装/卸货物的进度,有利于各方及时安排好各项作业。

3. 现场记录

现场记录是记载进出口货物原残、混装及货物在装卸作业过程中出现的各种现场情况的原始记录。特别是进口卸货时,在打开舱口后发现货物装舱混乱、隔票不清或发现有残损等情况,理货长随即通知船方验看并作出记录,经船方签认后才开始卸货。此后,在卸货过程中又发现新的情况时,亦立即通知船方会同验看再作出记录和签认。现场记录是理货长在卸货结束后编制货物残损单的依据。其特点是随时发现情况,随时记录,随时签认,即时解决对货损情况认识的分歧,避免待卸货完毕最后一起签认时发生争执。

4. 待时记录

待时记录是记载由于船方原因所造成的理货人员停工待时的证明。属于船方原因造成的理货人员停工待时包括:非工人责任造成的船舶吊机故障,舱内打冷气,开、关舱,铺垫舱板,隔票,拆卸加固物等。

待时记录由理货长编妥后应送船方签认,以便向船方收取理货人员待时费。

5. 理货证明书

理货证明书是在理货作业完毕后,由理货长根据理货作业情况编制后送船方签认,作为计收理货费用的凭证。

四、航空运输单证

航空运单是运输合同,是由承运人或其代理人签发的重要货物单据。航空运单与铁路运单一样,有别于海运提单,不是代表货物所有权的物权凭证,不能凭以提取货物,必须做成记名抬头,同时不能背书转让。

(一) 航空运单的作用

航空运单有如下作用:

① 是承运合同。航空运单是发货人与承运人之间的运输合同,一旦签发,便成为签署承运合同的书面证据。该合同必须由发货人或其代理人与承运人或其代理人签署后才能生效。

② 是货物收据。发货人发运货物后,承运人或其代理将一份航空运单正本交给发货人,作为以接受其货物的证明,也是货物收据。

③ 是运费账单。航空运单上分别记载属于收货人应负担的费用和属于代理的费用,因此可作为运费账单和发票,承运人可将一份运单正本作为记账凭证。

④ 是报关单据。当货物到达目的地后,应向当地海关报关。在报

关所需各种单证中,航空运单常常是海关放行查验时的基本单据。

⑤ 是保险证书。如果承运人承办保险或发货人要求承运人代办保险,则航空运单即可作为保险证书。记载有保险条款的航空运单又称为红色运单。

⑥ 是承运人内部业务开展的依据。航空运单是承运人办理该运单所属业务的依据,承运人根据运单上所记载的相关内容办理有关事项,如货物的接收、转运、交付等工作。

通常,航空运单共有12联,其中正本3联,副本9联。每联上均注明该联的用途。

第一联:在货物托运后,由承运人或空运货代将该联交托运人作为接收货物的证明。

第二联:记载有发货人、收货人应负担的费用和代理的费用,由承运人留存作为运费账单或记账凭证。

第三联:随货到目的地后,将此联交收货人作为核收货物的依据。

航空运单是在发货人或其代理人和承运人或其代理人履行签署手续并注明日期后开始生效。只要运单上没有注明日期和签字盖章,承运人就可不承担对货物的任何责任,货物也不受任何合同的约束。当货物一旦交给运单上所记载的收货人后,运单作为承运合同即刻终止,亦即承运人完成了货物的全部运输责任。

(二) 航空运单的种类

航空运单的种类大致有以下两种:

1. 航空主运单

凡由航空公司签发的航空运单称为主运单。

每一批由航空运输公司发运的货物均具有主运单,它是承运人办理该运单货物的发运和交付的依据,是承运人与托运人之间订立的运输契约。航空主运单的运输合同的当事人的双方,一方是作为实际承运人的航空公司,而另一方是作为托运人的航空货运代理公司。

2. 航空分运单

航空分运单是航空货运代理人在办理集中托运业务时签发给各发货人的运单。航空分运单的运输合同的当事人的双方,一方是航空货运代理公司,另一方是发货人。货物到达目的站后,由航空货运代理公司在该地的分公司或其代理凭主运单向当地航空公司提取货物,然后按分运单分别交各收货人。

五、集装箱运输单证

(一)集装箱联运提单

与普通海运提单一样,集装箱联运提单的主要功能是承运人或其代理人签发的货物运输收据,是货物的物权凭证,即货物所有权的支配文件,是承运人与托运人之间运输契约成立的证明。所不同的是,集装箱联运提单是一张收货待运提单,所以,在大多数情况下,承运人根据发货人的要求,在提单上填注具体的装船日期和船名后,该收货待运提单也便具有了与装船提单同样的性质。为此,现行的集装箱联运提单在其正面都有表面条款,该条款由"确认条款"、"承诺条款"、"签署条款"组成,以说明货物在使用集装箱运输情况下所签发的提单的性质和作用。

确认条款:该条款表明负责集装箱运输的人是在集装箱货物"外表状况良好,封志完整"下接受货物的,并以同样状况交货,并说明签发给货物托运人的提单系收货待运提单。

承诺条款:该条款表示货物托运人同意并接受提单中的所有条件,并受其约束。当然,这并不是集装箱联运提单中特有的条款,普通海运提单也有类似规定。

签署条款:该条款表明由谁签发提单,以及正本提单签发的份数。普通海运提单都列有船长签署的规定,尽管实际上提单可能并非由船长签发。现行的集装箱联运提单一般都列入船公司的名称,而且不管由谁签发提单,都仅是"代表承运人"签字,或者"仅以代理人身份"签字。

(二)集装箱装箱单

集装箱装箱单是详细记载一个集装箱内所装货物的名称、数量及箱内货物积载情况的单证。每个载货集装箱都要制作装箱单,它是根据已装进箱内的货物情况制作的,是集装箱运输的辅助货物舱单。由于集装箱装箱单是详细记载箱内所载货物情况的唯一单证,因此在国际集装箱运输中,集装箱装箱单是一张极为重要的单证。其功能主要体现在以下几个方面:

① 在装货地点,用于向海关申报货物出口的代用单证;

② 用于发货人、集装箱货运站与集装箱码头堆场之间货物的交接单;

③ 用于通知承运人集装箱内所装货物的明细清单;

④ 在进口国及途经国用于办理保税运输手续的单证之一;

⑤ 单证上所记载的货物和集装箱的重量是计算船舶吃水差和稳性的基本数据;

⑥ 当发生货损时,作为处理事故索赔的原始依据之一。

由此可见,装箱单记载内容准确与否,对保证集装箱货物运输安全有着非常重要的意义。

(三) 设备交接单

设备交接单是集装箱进出港区、场站时,用箱人、运箱人与管箱人或其代理人之间交接集装箱及其他设备的凭证,并兼有管箱人发放集装箱的凭证功能。当集装箱在集装箱码头堆场或货运站借出或回收时,由码头堆场或货运站制作设备交接单,经双方签字后,作为两者之间设备交接的凭证。其背面条款主要包括以下内容:

1. 出租人(集装箱所有人)的义务

集装箱或机械设备的所有人应提供完好的,并具有合格、有效证书的设备和集装箱。当交接集装箱、机械设备时,用箱人、运箱人如无异议,则表示该集装箱或设备处于良好状态。

2. 用箱人的责任与义务

用箱人在接收集装箱或机械设备后,在其使用期间应保持集装箱、机械设备的状态良好,并应负责对该集装箱和机械设备进行必要的维修保养。在用箱期间,不论是何种原因引起的有关集装箱或机械设备的丢失、损坏,都由用箱人负责赔偿,但自然磨损除外。此外,对于在用箱期间,因使用集装箱或机械设备不当所引起的对第三者的损害责任,由用箱人负责赔偿。

用箱人应在规定的时间、地点,将集装箱或机械设备按租赁时的状况交还给出租人,无论是何种原因引起的延期交还,用箱人应支付附加费用。此外,用箱人在事先得到出租人允许的情况下,可以将集装箱或机械设备转租给第三方,但原出租人与用箱人之间的责任、义务等各项规定并无任何改变。

集装箱设备交接单分进场和出场两种,交接手续均在码头大门办理。离开码头堆场时,码头堆场工作人员与用箱人、运箱人就设备交接单上的以下主要内容共同进行审核:用箱人名称和地址,出堆场的时间与目的,集装箱箱号、规格、封志号以及标明空箱或重箱,注明有关机械设备属正常或异常等。

进入码头堆场时,码头堆场的工作人员与用箱人、运箱人主要就设备交接单上的下列内容共同进行审核:集装箱、机械设备归还的日期、具体时间及归还时的外表状况,集装箱、机械设备归还人的名称与地址,进堆场的目的,整箱货交箱货主的名称和地址,拟装船的船名、航次、航线、卸箱港等。

（四）场站收据

场站收据一般均由发货人或其代理人根据船公司已制定的格式进行填制,并跟随货物一起至集装箱码头堆场,由承运人或其代理人在收据上签字后交还给发货人,表明托运的货物已经收到。发货人据此向承运人或其代理人换取待装提单或已装船提单,并根据买卖双方在信用证中的规定可向银行结汇。

承运人或其代理人(如场站业务员)在签署场站收据时,应仔细审核收据上所记载的内容与运到的货物实际情况是否一致,如货物的实际情况与收据记载的内容不相同,则需要修改。如发现货物或集装箱有损伤情况,则要在收据的备注栏内加批注,说明货物或集装箱的实际情况。

（五）提货单

提货单是收货人凭正本提单向承运人或其代理人换取的可向港区、场站提取集装箱或货物的凭证,也是承运人或其代理人对港区、场站放箱交货的通知。提货单仅仅是作为交货的凭证,并不具有提单那样的流通性。

在签发提货单时,首先要核对正本提单签发人的签署、签发提单的日期、提单背书的连贯性,判定提单持有人是否正当,然后再签发提货单。提货单应具有提单所记载的内容,如船名、交货地点、集装箱号、封志号、货物名称及收货人等交货所必须具备的项目。在到付运费和其他有关费用未付清的情况下,则应收讫后再签发提货单。

在正本提单尚未到达而收货人要求提货时,可采用与有关银行共同向船公司出具担保书的形式。该担保书通常应保证:

① 正本提单一到,收货人应即交船公司或其代理人;

② 在无正本提单情况下发生提货而使船公司遭受的任何损失,收货人应负一切责任。

此外,如收货人要求更改提单上原指定的交货地点时,船公司或其代理人应收回全部的正本提单后,才能签发提货单。

(六)交货记录

交货记录是承运人把箱货交付收货人时,双方共同签署的证明货物已经交付、承运人对货物责任已告终止的单证。交货记录通常在船舶抵港前由船舶代理依据舱单、提单副本等卸船资料预先制作。交货记录中货物的具体出库情况,由场站、港区的发货员填制,并由发货人、提货人签字。

六、多式联运单证

(一)多式联运单据与联运提单的异同

多式联运单据是指多式联运经营人在收到货物后签发给托运人的单据。按照国际商会《联合运输单证统一规则》的规定,多式联运经营人负责货物的全程运输。多式联运单据与联运提单在形式上有相同之处,但在性质上不同。

1. 提单的签发人不同

多式联运单据由多式联运经营人签发,而且可以是完全不掌握运输工具的"无船承运人",全程运输均安排各分承运人负责。联运提单由承运人或其代理人签发。

2. 签发人的责任不同

多式联运单据的签发人对全程运输负责。而联运提单的签发人仅对第一程运输负责。

3. 运输方式不同

多式联运提单的运输既可用于海运与其他方式的联运,也可用于不包括海运的其他运输方式的联运。联运提单的运输限于海运与其他运输方式的联合运输。

4. 已装船证明不同

多式联运提单可以不表明货物已装船,也无须载明具体的运输工具,联运提单必须是已装船提单。

集装箱多式联运经营人在接收集装箱货物时,应由本人或其授权的人签发集装箱多式联运单据。多式联运单据并不是多式联运合同,而只是多式联运合同的证明,同时是多式联运经营人收到货物的收据和凭其交货的凭证。根据我国于1997年10月1日施行的《国际集装箱多式联运管理规则》,多式联运单据是指证明多式联运合同以及多式联运经营人接管集装箱货物并负责按合同条款交付货物的单据。该单据包括双方确认的取代纸张单据的电子数据交换信息。

(二) 多式联运单据的内容

对于国际集装箱多式联运单据的记载内容,《联合国国际货物多式联运公约》以及我国的《国际集装箱多式联运管理规则》都作了具体规定。根据我国的《国际集装箱多式联运管理规则》,多式联运单据应当载明下列事项:

① 货物名称、种类、件数、重量、尺寸、外表状况、包装形式;

② 集装箱箱号、箱型、数量、封志号;

③ 危险货物、冷冻货物等特种货物应载明其特性、注意事项;

④ 多式联运经营人名称和主营业所;

⑤ 托运人名称;

⑥ 多式联运单据表明的收货人;

⑦ 接受货物的日期、地点;

⑧ 交付货物的地点和约定的日期;

⑨ 多式联运经营人或其授权人的签字及单据的签发日期、地点；

⑩ 交接方式，运费的支付，约定的运达期限，货物中转地点；

⑪ 在不违背我国有关法律、法规的前提下，双方同意列入的其他事项。

当然，缺少上述事项中的一项或数项，并不影响该单据作为多式联运单据的法律效力。

《联合国国际货物多式联运公约》对多式联运单据所规定的内容与上述规则基本相同，该公约中还规定多式联运单据应包括下列内容：

① 表示该多式联运单据为可转让或不可转让的声明；

② 如：在签发多式联运单据时已经确知预期经过的路线、运输方式和转运地点等。

（三）多式联运单据的转让

多式联运单据分为可转让的和不可转让的。根据《联合国国际货物多式联运公约》的要求，多式联运单据的转让性在其记载事项中应有规定。

作为可转让的多式联运单据，具有流通性，可以像提单那样在国际货物买卖中扮演重要角色。多式联运公约规定，多式联运单据以可转让方式签发时，应列明按指示或向持票人交付：如列明按指示交付，须经背书后转让；如列明向持票人交付，无须背书即可转让。此外，如签发一套一份以上的正本，应注明正本份数；如签发任何副本，每份副本均应注明"不可转让副本"字样。对于签发一套一份以上的可转让多式联运单据正本的情况，如多式联运经营人或其代表已正当按照其中一份正本交货，该多式联运经营人便已履行其交货责任。

作为不可转让的多式联运单据，则没有流通性。多式联运经营人凭单据上记载的收货人而向其交货。按照多式联运公约的规定，多式联运单据以不可转让的方式签发时，应指明记名的收货人。同时规定，多式联运经营人将货物交给此种不可转让的多式联运单据所指明的记名收货人，或经收货人通常以书面正式指定的其他人后，该多式联运经营人即已履行其交货责任。

对于多式联运单据的可转让性，我国的《国际集装箱多式联运管

理规则》也有规定。根据该规则,多式联运单据的转让依照下列规定执行;

① 记名单据:不得转让;

② 指示单据:经过记名背书或者空白背书转让;

③ 不记名单据:无需背书,即可转让。

第2节 运输合同及管理

随着行业法规的不断完善,运输市场日趋规范。以往,许多货主与运输企业建立了承托关系,但是并没有纳入合同运输范畴,引出了许多经济纠纷,影响到整个运输业的形象和货运市场的秩序。因此应重视运输合同的管理,使运输业务迈向法制化、正规化。

一、运输合同的含义及特征

(一) 运输合同的含义

《中华人民共和国合同法》(以下简称《合同法》)中所称合同是指平等主体的自然人、法人、其他组织之间设立、变更、终止民事权利义务关系的协议。货物运输合同是指承托双方签订的,明确双方权利义务关系、确保货物有效位移的,具有法律约束力的合同文件。它明确了:

1. 合同当事人主体双方

一方为承运人,另一方为托运人。双方一经订立合同,合同主体法律地位即成立生效。承运人、托运人均享有规定和合同约定赋予的权利,并履行其责任义务。

2. 合同双方对等关系

承运人负责为托运人提供运输服务行为,而托运人应向承运人支付运费。

3. 承运人收取运输费用

运输费用不仅仅指承运人为提供货物运输所发生的费用,在实际运输过程中,有时还包括加固绑扎费以及必要的中途垫款费。"运输费用"不包括规费,这两者是不同性质的费用,前者为经营性收费,后者为行政性收费。

4. 承运人提供运输服务

承运人负责完成货物的位移,将货物从一地运至另一地。

(二) 运输合同的特征

货物运输合同除具有合同普遍的法律特征外,还具有自身特征:

1. 运输合同的标的是运输服务行为

这种标的不同于其他类别的经济合同,它是当事人双方权利、责任、义务共同指向的对象。从表面上看是围绕货物,而实际上是围绕运送行为实现货物的位移。

2. 运输合同是双方有偿合同

货物运输合同的双方当事人负有义务,承运人将货物从一地运送到另一地,托运人或收货人须向承运人支付运输费用,双方的义务具有对等性,因此,运输合同为双方合同;承运人为托运人提供运输服务,而托运人向承运人支付运输费用,所以运输合同为有偿合同。

3. 运输合同是诺成合同

根据《合同法》的规定,合同成立一般经过要约与承诺两个阶段,承诺生效时合同成立。运输合同为诺成合同,即双方意思表示一致时合同成立,不以是否交付货物为判断合同成立的条件。

4. 运输合同是涉及第三者利益的合同

运输合同订立双方为承运人和托运人,《合同法》和《国内水路货物运输规则》明确规定了收货人的权利和义务,即运输合同涉及第三方收货人的利益。收货人享有提货的权利,同时还应履行其相关的义务,例如,不能拒绝提货和延迟提货等。

(三) 运输合同的分类

运输合同有多种分类方法。

按承运方式的不同,可分为道路运输合同、铁路运输合同、水路运输合同、航空运输合同、管道运输合同及多式联运合同。

按合同期限划分,可分为长期合同和短期合同。长期合同是指合同期限在一年以上的合同;短期合同是指合同期限在一年以下的合同,如年度、季度、月度合同。

按货物数量划分,可分为批量合同和运次合同。批量合同是指一次托运货物数量较多的大宗货物的运输合同;运次合同是指托运货物较少,一个运次即可完成的运输合同。运次是指完成一个包括一个准备、装载、运输、卸载四个主要工作环节在内的一次运输过程。

按合同形式划分,可分为书面合同和契约合同。书面合同是指签订正式书面协议书形式的合同;契约合同是指托运人按规定填写货物运输托运单或货单;这些单证具有契约性质,承运人要按托运单或货单的要求承担义务,履行责任。

(四)运输合同的主要内容

签订运输合同必须按照有关规定,写明以下内容:

① 货物的名称、性质、体积、数量及包装标准;
② 货物起运和到达地点、运距、收发货人名称及详细地址;
③ 运输质量及安全要求;
④ 货物装卸责任和方法;
⑤ 货物的交接手续;
⑥ 批量货物运输的起止时间;
⑦ 年、季、月度合同的运输计划;
⑧ 运杂费计算标准和结算方式;
⑨ 变更、解除合同的期限;
⑩ 违约责任;
⑪ 双方商定的其他条款。

二、运输合同的订立和履行

(一)运输合同订立的原则

运输合同的签订是指承托双方经过协商后用书面形式签订的有效合同。其签订的基本原则是:

1. 合法规范的原则

合法规范是指签订运输合同的内容和程序必须符合法律的要求。只有合法规范才能得到国家的承认,具有法律效力,当事人的权益才能得到保护,从而达到签订运输合同的目的。

2. 平等互利的原则

在签订运输合同中,承托双方当事人的法律地位一律平等;在合同内容上,双方的权利和义务必须对等。

3. 协商一致的原则

合同是双方的法律行为,双方意愿经过协商达到一致,彼此均不得把自己的意志强加于对方,任何其他单位和个人不得非法干预。

4. 等价有偿原则

合同当事人都享有同等的权利和义务,每一方从对方得到利益时,都要付给多方相应的代价,不能只享受权利而不承担义务。

(二)运输合同订立的程序

《合同法》第13条规定:"当事人订立合同,采取要约、承诺方式"。依照这一规定,当事人订立合同要经过要约和承诺这一过程。

1. 要约

要约是希望和他人订立合同的意思表示。即合同当事人的一方提出签订合同的提议,提议的内容包括订立合同愿望、合同的内容和主要条款。一般由托运人提出。

2. 承诺

承诺是指受要约人同意要约的意思表示。即承运人接受或受理托运人的提议,对托运人提出的全部内容和条款表示同意。受理的过程包括双方协商一致的过程。承诺一旦生效,合同即成立。

(三)运输合同的履行

货运合同签订之后,即具有法律的约束力,合同当事人必须按照合同规定的条款认真履行各自的义务:

① 托运人应按合同规定的时间准备好货物,及时发货、收货;装卸地点和货场应具备正常通车条件;按规定做好货物包装和储运标志。

② 承运人应按合同规定的运输期限、货物数量和起止地点,组织运输,保质保量完成运输任务。在货物装卸和运输过程中,承托双方应办理货物交接手续,做到责任分明,并分别在发货单和运费结算凭证上签字。

三、运输合同的变更和解除

(一) 运输合同变更和解除的含义

运输合同变更和解除是指在合同尚未履行或者没有完全履行的情况下,遇到特殊情况而使合同无法履行,或者需要变更时,经双方协商同意,并在合同规定的变更、解除期限办理变更或解除。任何一方不得单方擅自变更、解除双方签订的运输合同。变更合同是指合同部分内容和条款的修改补充;解除合同是指解除由合同规定双方的法律关系,提前终止合同的履行。

(二) 运输合同变更和解除的条件

凡发生下列情况之一者,允许变更和解除运输合同:

① 由于不可抗力使运输合同无法履行;

② 由于合同当事人一方的原因,在合同约定的期限内确实无法履行运输合同;

③ 合同当事人违约,使合同的履行成为不可能或不必要;

④ 经合同当事人双方协商同意解除或变更,如承运人提出解除运输合同的,应退还已收的运费。

货物运输过程中,因不可抗力造成交通阻塞导致阻滞,承运人应及时与托运人联系,协商处理。如发生货物装卸、接运和保管费用,则按以下规定处理:

① 接运时,货物装卸、接运费用由托运人负担,承运人收取已完成运输里程的运费,退回未完成运输里程的运费;

② 回运时,收取已完成运输里程的运费,回程运费免收;

③ 托运人要求绕道行驶或改变到达地点时,收取实际运输里程的运费;

④ 货物在受阻处存放,保管费用须由托运人负担。

四、运输纠纷及其处理

托运人把货物交给承运人后,承运人会根据双方订立的合同和行业的惯例履行运输的义务,把货物安全、及时地送交收货人。无论是海运、公路运输、铁路运输还是航空运输,承运人都应认识到货运质量对企业发展的重要性。虽然加强货运质量管理在某种程度上可以防止运输纠纷的发生,但由于运输途中存在的各种情况千变万化,货运事故、运输纠纷的发生难以完全避免。

(一)运输纠纷的类型

运输纠纷既可能由承运人因货损等各种原因造成货方的损失所引起,也可能因货方的原因造成对承运人的损害所引起,可归纳为以下几种情况:

1. 货物灭失纠纷

造成货物灭失的原因很多,例如:因承运人的运输工具如船舶沉没、触礁、飞机失事,车辆发生交通事故、火灾等;因政府法令禁运和没收、战争行为、盗窃等;因承运人的过失,如绑扎不牢导致货物落海等;当然也不排除承运人的故意,如恶意毁坏运输工具以骗取保险,或明知运输工具的安全性能不符合要求仍继续行驶而导致货物灭失等。

2. 货损、货差纠纷

货损包括货物破损、水湿、汗湿、污染、锈蚀、腐烂变质、混票和虫蛀鼠咬等,货差即货物数量的短缺。货损、货差可能是由于托运方自身的过失造成,如货物本身标志不清、包装不良,货物自身的性质和货物在交付承运人之前的质量、数量与运输凭证不符;也可能是由于承运人的过失造成,如装载不当,装卸操作不当,未按要求控制货物运输过程中的温度,载货舱室不符合载货要求,混票等。

3. 货物延迟交付纠纷

因承运货物的交通工具发生事故,或因承运人在接受托运时未考虑到本班次的载货能力而必须延误到下一班期才能发运,或在货物中转时因承运人的过失使货物在中转地滞留,或因承运人为自身的利益绕航而导致货物晚到卸货地。

4. 单证纠纷

承运人应托运人的要求倒签、预借提单,从而影响到收货人的利益,收货人在得知后向承运人提出索赔,继而承运人又与托运人之间发生纠纷;或因承运人(或其代理人)在单证签发时的失误引起承托双方的纠纷;此外,也有因货物托运过程中的某一方伪造单证引起的单证纠纷。

5. 运费、租金等纠纷

因承租人或货方的过失或故意,未能及时或全额交付运费或租金;因双方在履行合同过程中对其他费用如滞期费、装卸费等发生纠纷等。

6. 船舶、集装箱、汽车、火车及航空器等损害纠纷

因托运人的过失,造成对承运人的运输工具损害的纠纷。

(二)运输责任的划分

要使运输纠纷得到合理的解决,首先必须弄清托运人、承运人以及收货人各自的权利、义务和责任。

1. 托运人的权利、义务和责任

(1)托运人的权利

指要求承运人按照合同规定的时间把货物运送到目的地。货物托运后,托运人需要变更到货地点或收货人,或者取消托运时,有权向承运人提出变更合同的内容或解除合同的要求,但必须在货物未运到目的地之前通知承运人,并按有关规定付给承运人所需费用。

(2)托运人的义务

按约定向承运人交付运杂费。否则,承运人有权停止运输,并要求支付违约金。托运人对托运的货物,应按照规定的标准进行包装,遵守有关危险品运输的规定,按照合同中规定的时间和数量交付托运货物。

(3)托运人的责任

托运人未按合同规定的时间和要求提供托运的货物或应由托运人负责装卸的货物,超过合同规定装卸时间所造成的损失,或货物运抵到达地无人收货或收货人拒绝收货,造成承运人车辆放空、延滞及其他损失,托运人应负赔偿的责任。

由于托运人发生下列过错造成事故,致使承运人的车(船)及装卸机具和设备损坏、腐蚀或人身伤亡,以及涉及到第三者物质的损失,应由托运人负赔偿责任。

① 在普通货物中夹带、匿报危险品或其他违反危险品运输规定的行为;

② 错报笨重货物重量、规格、性质等导致吊具断裂,货物摔损,吊机倾翻、爆炸、腐蚀等事故;

③ 因货物包装缺陷产生破损,致使其他货物或运输工具、机械设备被污染腐蚀、损坏,造成人身伤亡,或货物包装不良,而从外部无法发现的货物损坏;

④ 未按规定制作图示、标志而造成货物或运输工具的损坏;

⑤ 在托运人专用线或在港、站公用线、专用线自装的货物,在到站卸货时,车辆铅封完好或无异状的情况下发现的货损、货差;

⑥ 不如实填写运单,错报、误填货物名称或装卸地点,造成承运人错送、装货落空以及由此引起的损失;或因未随车附带规格质量证明或化验报告,造成收货人无法卸货引起的损失。

2. 承运人的权利、义务和责任

（1）承运人的权利

承运人有权向托运人、收货人收取运杂费用。如果收货人不交或不按时交纳规定的各种运杂费用,承运人对其货物有扣压权;查不到收货人或收货人拒绝提取货物,承运人应及时与托运人联系,在规定期限内负责保管并有权收取保管费用;对于超过规定期限仍无法交付的货物,承运人有权按有关规定予以处理。

（2）承运人的义务

在合同规定的期限内,将货物运到指定地点,按时向收货人发出货物到达的通知。对托运的货物负责安全,保证货物无短缺、无损坏、无人为的变质,如有上述问题,应承担赔偿义务。在货物到达以后,在规定的期限内负责保管。

（3）承运人的责任

承运人未按合同规定的要求和运输期限将货物运送到目的地,应负违约责任。由于承运人发生下列过错,致使托运人或收货人的货物损失,应由承运人负赔偿责任。

① 不按合同规定的时间和要求配车(船)、发运,造成货物逾期送达;

② 将货物错运到货地点或接货人,造成货物延误送达;

③ 运输过程中货物灭失、短少、变质、污染、损坏；

④ 经核实确属故意行为造成的事故。

但是，在符合法律和合同规定条件下的运输，由于下列原因造成的货物灭失、短少、变质、污染、损坏的，承运人不承担违约责任：

① 不可抗力；

② 货物本身的自然属性；

③ 货物的合理损耗；

④ 托运人或收货人本身的过错。

3. 收货人的权利、义务和责任

（1）收货人的权利

在货物运到指定地点后有以凭证领取货物的权利。必要时，收货人有权向到站或中途货物所在站提出变更到站或变更收货人的要求，以及签订变更协议的要求。

（2）收货人的义务

在接到提货通知后，按时提取货物，缴清应付费用；超过规定提货时，应向承运人交付保管费。

（3）收货人的责任

① 若合同中规定收货人组织卸车(船)，由于收货人的责任卸车(船)迟延，线路被占用影响承运人按时送达计划，或承运前取消运输，或临时计划外运输致使承运人违约造成其他运输合同不能落实，收货人应承担赔偿责任；

② 由于收货人原因导致运输工具、设备或第三者的货物损坏，由收货人按实际损失赔偿。

（三）货运事故和违约处理

货运事故是指货物运输过程中发生的货物毁损或灭失。货运事故和违约行为发生后，承托双方及有关方应编制货运事故记录。货物运输途中，发生交通肇事造成货物损坏或灭失，承运人应先行向托运人赔偿，再由其向肇事的责任方追偿。

1. 货运事故处理具体规定

货运事故处理过程中，收货人不得扣留车辆，承运人不得扣留货

物。由于扣留车、货而造成的损失,由扣留方负责赔偿。货运事故赔偿数额按以下规定办理:

① 货运事故赔偿分限额赔偿和实际损失赔偿两种。法律、行政法规对赔偿责任限额有规定的,依照其规定执行;尚未规定赔偿责任限额的,按货物的实际损失赔偿。

② 在保价运输中,货物全部灭失,按货物保价声明价格赔偿;货物部分毁损或灭失,按实际损失赔偿;货物实际损失高于声明价格的,按声明价格赔偿;货物能修复的,按修理费加维修取送费赔偿。保险运输按投保人与保险公司商定的协议办理。

③ 未办理保价或保险运输的,且在货物运输合同中未约定赔偿责任的,按货物的实际损失赔偿。

④ 货物损失赔偿费包括货物价格、运费和其他杂费。货物价格中未包括运杂费、包装费以及已付的税费时,应按承运货物的全部或短少部分的比例加算各项费用。

⑤ 货物毁损或灭失的赔偿额,当事人有约定的,按照其约定;没有约定或约定不明确的,可以补充协议;不能达成补充协议的,按照交付或应当交付时货物到达地的市场价格计算。

⑥ 由于承运人责任造成货物灭失或损失,以实物赔偿的,运费和杂费照收;按价赔偿的,退还已收的运费和杂费;被损货物尚能使用的,运费照收。

⑦ 丢失货物赔偿后又被查回的,应送还原主,收回赔偿金或实物;原主不愿接受失物或无法找到原主的,由承运人自行处理。

⑧ 承托双方对货物逾期到达、车辆延滞、装货落空都负有责任时,按各自责任所造成的损失相互赔偿。

2. 货运事故处理程序

① 货运事故发生后,承运人应及时通知收货人或托运人。收货人、托运人知道发生货运事故后,应在约定的时间内,与承运人签注货运事故记录。收货人、托运人在约定的时间内不与承运人签注货运事故记录的,或者无法找到收货人、托运人的,承运人可邀请2名以上无利害关系的人签注货运事故记录。

货物赔偿时效从收货人、托运人得知货运事故信息或签注货运事故记录的次日起计算。

在约定运达时间的 30 日后未收到货物,视为灭失,自 31 日起计算货物赔偿时效。

未按约定的或规定的运输期限内送达交付的货物,为迟延交付。

② 当事人要求另一方当事人赔偿时,须提出赔偿要求书,并附运单、货运事故记录和货物价格证明等文件。要求退还运费的,还应附运杂费收据。另一方当事人应在收到赔偿要求书的次日起,60 日内做出答复。

③ 承运人或托运人发生违约行为,应向对方支付违约金,违约金的数额由承托双方约定。

④ 对承运人非故意行为造成货物迟延交付的赔偿金额,不得超过所迟延交付的货物全程运费数额。

(四) 纠纷与索赔的解决

承运人和托运人或收货人三方在履行货物运输合同中发生纠纷时,应及时协商解决。协商不一致时,任何一方均可向合同管理机关申请调解或仲裁,也可以直接向人民法院起诉。

1. 纠纷解决的方法

货物运输中产生纠纷以致引起诉讼的事常有发生,如前所述,一方面,货主可能会因为货物在运输途中发生的各种损失向承运人索赔;另一方面,承运人也可能会因为未支付的运费或其他应付款项而向货主索赔。正确解决纠纷除应找到真正的过失方,还要清楚承运人、托运人和收货人究竟谁应对过失负责。这是一个复杂的任务,其中不仅牵扯到货物运输法,还往往会涉及代理法、合同法等其他法律规范。

目前,我国解决运输纠纷一般有四种途径:当事人自行协商解决、调解、仲裁和诉讼。其中诉讼和仲裁是司法或准司法解决。运输纠纷出现后,多数情况下,纠纷双方会考虑到多年或良好的合作关系和商业因素,互相退让,争取友好协商解决,同时为以后的合作打下基础。但也有的纠纷因双方之间产生的分歧较大,无法友好协商解决,双方可以寻求信赖的行业协会或组织进行调解,在此基础上达成和解协议,解决纠纷。但还会有一部分纠纷经过双方较长时间的协商,甚至在行业协会或其他组织介入调解仍然无法解决的,双方只能寻求司法或准司法途径解决。

(1) 仲裁

仲裁是指纠纷双方在纠纷发生前或纠纷发生后达成协议,自愿将纠纷提交第三者做出裁决的一种解决纠纷的方法。

仲裁是解决纠纷的一种重要方式,具有当事人自愿、程序简便、迅速等特点。仲裁主要分为两种:机构仲裁和临时仲裁。如果纠纷双方在纠纷发生后一致同意就该纠纷寻求仲裁,或在双方订立运输合同时已选择仲裁作为纠纷解决机构时,可以就该纠纷申请仲裁。仲裁申请人向约定的仲裁机构提出仲裁申请,并按仲裁规则指定1名或多名仲裁员,仲裁员通常是与该行业有关的商业人士或专业人士。

仲裁员根据仲裁规则对该纠纷做出的裁决对双方都具有约束力,而且只要是仲裁过程符合仲裁规则,则该裁决是终局的。用仲裁解决纠纷,由于仲裁员具有该行业的专业知识、经验和相应的法律知识,因此所做出的裁决通常符合商业精神,而且仲裁速度较快,费用也较法院诉讼节约。

仲裁的主要问题包括仲裁协议的有效性、仲裁程序的合法性、仲裁的司法监督等。目前,我国调整仲裁的法律主要有1994年颁布的《中华人民共和国仲裁法》。

由于仲裁的裁决是终局的,因此根据仲裁裁决执行是解决纠纷的最后一步。在我国仲裁裁决相对容易得到执行,而我国仲裁裁决在国外执行和外国仲裁裁决在我国执行则相对复杂。目前关于仲裁裁决在国外执行的公约是《承认与执行外国仲裁裁决的公约》(《纽约公约》),我国于1986年12月2日加入了该公约。我国与加入该公约的其他国家之间仲裁裁决的执行,应依据公约的规定进行;我国与没有加入该公约国家之间仲裁裁决的执行是按对等原则进行的。

(2) 诉讼

诉讼是指法院在双方当事人和其他诉讼参与人参加下,审理和解决纠纷(案件)的活动,以及由这些活动中所产生的诉讼法律关系的总和。

如果承、运双方未对纠纷的解决方法进行约定,或事后无法达成一致的解决方法,则通过法院进行诉讼是解决纠纷最终的途径。各种运输纠纷可以按照我国的诉讼程序,由一方或双方向有管辖权的法院起诉,然后由法院根据适用法律和事实进行审理,最后做出判决。如果某一方乃至双方对一审判决不服,可以根据诉讼法进行上诉、申诉。通常由法院诉讼解决纠纷,既耗时又费钱。

2. 索赔时效和诉讼时效

如果各种纠纷必须诉之于司法或准司法机构,则索赔时效和诉讼时效是一重要概念。

索赔时效指合同双方彼此之间依据法律规定要求赔偿损失的时间范围;而诉讼时效则指合同双方权利人行使权力、维护自身被损害利益的法定提起诉讼时间范围。在此期限内,权利人如不行使其权利,就会丧失请求法院依诉讼程序强制义务人履行义务的权利。

诉讼时效是指权利人持续行使民事权利而于期间届满时丧失请求法院保护其民事权利的法律制度。

规定时效是为了促进当事人及时行使自己的权利,早日消除不确定的法律关系,而由法律规定的一段特定的时间。如果一方当事人超过时效才行使自己的诉讼请求和索赔要求,则通常会丧失胜诉权。

(1) 公路运输的索赔时效

公路运输纠纷中,承、托双方彼此之间要求赔偿的时效,从货物运抵到达地点的次日起算,不超过180日。赔偿要求应以书面形式提出,对方应在收到书面赔偿要求的次日起60日内处理。

违约金、赔偿金应在明确责任后10日内偿付,否则按逾期付款处理;任何一方不得自行用扣发货物或扣付运费来充抵。

(2) 铁路运输的索赔时效

铁路运输纠纷中,承运人同托运人或收货人相互间要求赔偿或退补费用的时效期限为180日(要求铁路支付运到期限违约金为60日)。托运人或收货人向承运人要求赔偿或退还运输费用的时效期限,由下列日期起算:

① 货物灭失、短少、变质、污染、损坏,为车站交给货运记录的次日。

② 货物全部灭失未编有货运记录的,为运到期限满期的第 16 日,但鲜活货物为运到期限满期的次日。

③ 要求支付货物运到期限违约金,为交付货物的次日。

④ 多收运输费用,为核收该项费用的次日。

⑤ 承运人向托运人或收货人要求赔偿或补收运输费用的时效期限,由发生该项损失或少收运输费用的次日起算。

⑥ 承运人与托运人或收货人相互提出的赔偿要求,应自收到书面赔偿要求的次日起 30 日内(跨及两个铁路局以上运输的货物为 60 日内)进行处理,答复赔偿要求人。索赔的一方收到对方的答复后,如有不同意见,应在接到答复的次日起 60 日内提出。

(3) 水路运输的索赔时效

水路运输纠纷中,承运人与托运人或收货人彼此之间要求赔偿的时效,从货运记录交给托运人或收货人的次日起算不超过 180 日。赔偿要求应以书面形式提出,对方应在收到书面赔偿要求的次日起 60 日内处理。但在海上运输纠纷中,我国海商法规定,就海上货物运输向承运人要求赔偿的请求权,时效期间为 1 年,自承运人交付或者应当交付货物之日起计算;在时效期间内或者时效期间届满后,被认为负有责任的人向第三人提起追偿请求的,时效期间为 90 日,自追偿请求人解决原赔偿请求之日起计算。有关航次租船合同的请求权,时效期间为 2 年,自知道或者应当知道权利被侵害之日起计算。

承、托运双方相互索取各项违约金、滞纳金、速遣奖金或滞期费的索赔时效,按有关具体规定办理。

(4) 航空运输的索赔时效

航空运输纠纷中,托运人或收货人要求赔偿时,应在填写货运事故记录的次日起 180 日内,以书面形式向承运人提出,并随附有关证明文件。承运人对托运人或收货人提出的赔偿要求,应在收到书面赔偿要求的次日起 60 日内处理。

对于航空运输的索赔时效,《华沙公约》分成货物损害和货物延迟的情况区别对待。前者索赔时效是 7 天,后者的索赔时效是 14 天。但《海牙议定书》对此作了全面的修改,将货物损害索赔时效延长至 14 天,将货物延迟的索赔时效延长至 21 天。

五、运输合同管理

在运输组织中推行合同运输,要抓好以下几方面工作:

① 建立健全货运合同管理制度,实现货运合同管理制度化。有关合同管理制度的内容主要包括:合同审核制度、归档保管制度、履行检查制度、总结报告制度等。

② 加强合同运输的推广工作。对于适宜签订合同进行运输的货物,原则上均应采用合同运输。运输市场放开后,许多货源单位与运输单位之间建立了承托关系,但是,往往只是口头协议,没有纳入合同运输范畴,由此而引出的经济纠纷也很多,影响整个货运业的形象和货运市场的秩序。管理部门应加强合同运输实施工作,把货运行为引向法制的轨道。

③ 运政管理部门需依据国家有关经济法规,对合同运输进行监督检查,防止假运输合同等现象以及各类危害社会经济运行的违法行为的发生。

④ 运政管理部门应将合同履行情况的检查作为建立和完善运输市场机制的重要工作来抓,形成定期检查货运合同的工作体系,针对有关问题,及时做好协调工作,使货运业管理逐步走向法制化轨道。

第 3 节 货物运输保险

保险是为了避免个人因意外损失带来的风险。在货物运输的过程中,因自然灾害、人为因素、战争等种种原因,发生货损货差在所难免。货物运输保险则可以帮助当事人将损失降到最小,所以,作为物流中的重要环节,货物运输更是离不开保险。

一、保险的意义和作用

(一) 保险的意义

1. 从社会观点分析

保险是一种经济补偿制度,它按约定的合同计收保险费,集中多数单位和个人的保险金建立保险基金,利用"分散危险,分摊损失"的办法,对参加保险的少数被保险人由于特定灾害事故所造成的损害给予经济补偿,或对人身伤亡给付保险金。

2. 从法律观点分析

从法律角度分析,保险是一种补偿性的契约关系。一方面被保险人必须向保险人提供一定的代价,即按合同的规定交纳保险费;另一方面保险人应对被保险人将来可能遭受的某些损失依合同规定承担经济赔偿责任。在保险合同履行的各个环节中,保险合同双方始终受到合同的约束。

补偿灾害的方式有两种:一种是物质形态上的补偿,即通过建立物资后备对损失进行补偿;另一种是价值形态上的补偿,即建立资金后备对损失进行补偿。保险补偿损失是价值形态补偿的一种方式。

(二) 运输保险的作用

运输保险的作用是保障企业经营的正常进行,企业可以把保险费支出列入成本。如果货物在运输途中遭受损失,企业可以获得保险公司的经济补偿,减少灾害的损失,有利于企业经营活动正常进行。

二、与运输相关的保险

(一) 海上保险

海上保险是以海上财产,如船舶、货物,以及与之有关的利益,如租金、运费,和与之有关的责任,如保赔责任等作为保险标的的保险。具体有海洋船舶保险、海洋货物运输保险、海上石油开发保险、保障和赔偿保险等。

(二) 货物运输保险

货物运输保险是以运输途中的货物作为保险标的的保险。保险人对运输途中的各种保险货物因保单承保风险造成的损失负赔偿责任。分为海洋货物运输保险、陆上货物运输保险、航空货物运输保险、邮包运输保险等。

(三) 火灾保险

火灾保险是以各种处于固定地点,或存放于固定地点处于静止状态的物质财产以及有关的利益作为保险标的,以保险标的发生火灾损失作为保险事故的保险。

(四) 运输工具保险

运输工具保险是以各类运输工具作为保险标的的保险。保险人对各种运输工具因保单中规定的承保风险造成的损失负赔偿责任。该类保险险种繁多,如汽车保险是以汽车、驾驶员和乘客及第三者责任为保险对象的保险,具体可分为:车辆损失险、第三者责任险、盗抢险、车上责任险、玻璃破碎险、自然损失险等。飞机保险是以飞机、机上乘客及第三者责任为保险对象的保险,通常分为机身险、乘客意外伤害险、第三者责任险等。船舶保险可分为国内船舶保险和海上船舶保险等。国内船舶保险是以各种非远洋航行的船舶,指内河、湖泊及近海的各种船舶为保险对象的保险。船舶保险分为船舶损失险、乘客意外伤害险等。铁路车辆保险是以在铁路上运行的机车及车辆作为保险标的的保险。

三、海运货物保险保障的范围

在各种运输方式中,海运货物风险较大,故在此给予重点介绍。

海运货物保险保障的范围包括海上风险、海上损失与费用以及外来原因所引起的风险损失。国际保险市场对上述各种风险与损失都有特定的解释。

(一) 风险

海运保险是各类保险中发展最早的一种,这是由于商船在海洋航行中风险大,海运事故频繁所致。海上运输货物的风险主要分海上风险和外来风险。

1. 海上风险

海上风险又称为海难,一般是指船舶或货物在海上运输过程中发生的或随附海上运输所发生的风险,包括自然灾害和意外事故两种。在保险业务中,海上风险有特定内容。

① 自然灾害是指不以人的意志为转移的自然界力量所引起的灾害,如雷电、洪水、流冰、地震、火山爆发、海啸、浪击落海以及其他人力不可抗拒的自然灾害。这些灾害在保险业务中都要有特定的含义,如在我国现行的海运货物保险条款的基本险条款中,不包含浪击落海这项风险。

② 意外事故是指由于偶然的、难以预料的原因造成的事故,如船舶搁浅、触礁、碰撞、爆炸、火灾、沉没、失踪或其他类似事故。

需要指出的是,按照国际保险市场的一般解释,海上风险并非局限于海上发生的灾害和事故,那些与海上航行有关的发生在陆上或海陆、海河或与驳船相连接之处的灾害和事故,例如地震、洪水、水灾、爆炸等海险,与驳船或码头碰撞,也属于海上风险。

2. 外来风险

外来风险是指除海上风险以外的由于其他外来原因引起的风险。外来风险又可分为一般外来风险和特殊外来风险两种。如淡水雨淋、短量、偷窃、污损、渗漏、破碎、受潮、受热、串味、锈损和钩损等为一般外来风险;战争、罢工和交货不到、拒收等则为特殊外来风险。

(二) 损失和费用

海上损失简称海损,是指被保险货物在海运过程中,由于海上风险所造成的损坏或灭失。通常表现为两种形式:一种是货物本身遭到损失或灭失;另一种是为营救货物而支出的费用。按各国保险业的习惯,海上损失和费用也包括与海运相连接的陆上或内河运输中所发生的损失和费用。一般按其损失的程度可分为全部损失或部分损失。

1. 全部损失

全部损失简称全损,系指整批或不可分割的一批被保险货物在运输途中全部遭受损失。全部损失又分为实际全损和推定全损。

实际全损是指货物全部灭失,或完全变质,或不可能归还给被保险人。如载货船舶失踪,经过一定时间(例如2个月)后仍没有获知其消息,视为实际全损。被保险货物在遭受到实际全损时,被保险人可按其投保金额获得保险公司的全部损失赔偿。

推定全损是指被保险货物在运输途中受损后,实际全损已经不可避免,或者为避免发生实际全损所需支付的费用与继续将货物运抵目的地的费用之和超过保险价值,也就是恢复、修复受损货物,并将其运送到原定目的地的费用,将超过该目的地的货物价值。

2. 部分损失

部分损失是指不属于实际全损和推定全损的损失,即没有达到全部损失的程度。

(三) 外来风险的损失

外来风险的损失是指除海上风险以外由于其他各种外来风险所造成的损失,外来风险的损失包括下列两种类型:

一般外来风险所造成的损失。这类风险损失通常是指偷窃、短量、破碎、雨淋、受潮、受热、发霉、串味、污损、渗漏、钩损和锈损。

特殊外来风险所造成的损失。主要是指由于军事、政治、国家政策法令和行政措施等原因所致的风险损失,如战争、罢工、交货不到等特殊的外来风险造成的损失。

四、我国海运货物保险的险别与保险条款

保险险别是指保险人对风险和损失的承保责任范围。在保险业务中,各种险别的承保责任是通过各种不同的保险条款所规定的。

我国货物运输保险险别,按照能否单独投保,可分为基本险和附加险两类。基本险可以单独投保,而附加险不能单独投保,只有在投保基本险的基础上才能加保附加险。

(一) 基本险

我国的保险公司所规定的基本险别包括平安险、水渍险和一切险。

1. 责任范围

(1) 平安险

该保险负责赔偿:

① 货物在运输途中由于恶劣气候、雷电、海啸、地震、洪水自然灾害造成整批货物的全部损失或推定全损。当被保险人要求赔付推定全

损时,须将受损货物及其权利委付给保险公司。被保险货物用驳船运往或运离海轮的,每一驳船所装的货物可视作一个整批。

② 由于运输工具遭受搁浅、触礁、沉没、互撞、与流冰或其他物体碰撞以及失火、爆炸意外事故造成货物的全部或部分损失。

③ 在运输工具已经发生搁浅、触礁、沉没、焚毁意外事故的情况下,货物在此前后又在海上遭受恶劣气候、雷电、海啸等自然灾害所造成的部分损失。

④ 在装卸或转运时由于一件或数件整件货物落海造成的全部或部分损失。

⑤ 被保险人对遭受承保责任内危险的货物采取抢救、防止或减少货损的措施而支付的合理费用,但以不超过该批被救货物的保险金额为限。

⑥ 运输工具遭遇海难后,在避难港由于卸货所引起的损失以及在中途港、避难港由于卸货、存仓以及运送货物所产生的特别费用。

⑦ 共同海损的牺牲、分摊和救助费用。

⑧ 运输契约订有"船舶互撞责任"条款,根据该条款规定应由货方偿还船方的损失。

(2) 水渍险

除包括上列平安险的各项责任外,该保险还负责被保险货物由于恶劣气候、雷电、海啸、地震、洪水等自然灾害所造成的部分损失。

(3) 一切险

除包括上列平安险的各项责任外,该保险还负责被保险货物在运输途中由于外来原因所致的全部或部分损失。

2. 除外责任

该保险对下列损失不负赔偿责任:

① 被保险人的故意行为或过失所造成的损失。

② 属于发货人责任所引起的损失。

③ 在保险责任开始前,被保险货物已存在的品质不良或数量短差所造成的损失。

④ 被保险货物的自然损耗、本质缺陷、特性以及市价跌落、运输延

迟所引起的损失或费用。

⑤ 海洋运输货物战争险条款和货物运输罢工险条款规定的责任范围和除外责任。

3. 责任起讫

（1）该保险负"仓至仓"责任，自被保险货物运离保险单所载明的起运地仓库或储存处所开始运输时生效，包括正常运输过程中的海上、陆上、内河和驳船运输在内，直至该项货物到达保险单所载明目的地收货人的最后仓库或储存处所或被保险人用作分配、分派或非正常运输的其他储存处所为止。如未抵达上述仓库或储存处所，则以被保险货物在最后卸载港全部卸离海轮后满60天为止。如在上述60天内被保险货物需转运到非保险单所载明的目的地时，则以该项货物开始转运时终止。

（2）由于被保险人无法控制的运输延迟、绕道、被迫卸货、重行装载、转载或承运人运用运输契约赋予的权限所作的任何航海上的变更或终止运输契约，致使被保险货物运到非保险单所载明目的地时，在被保险人及时将获知的情况通知保险人，并在必要时加缴保险费的情况下，该保险仍继续有效，保险责任按下列规定终止：

① 被保险货物如在非保险单所载明的目的地出售，保险责任至交货时为止，但不论任何情况，均以被保险货物在卸载港全部卸离海轮后满60天为止。

② 被保险货物如在上述60天期限内继续运往保险单所载原目的地或其他目的地时，保险责任仍按上述第（1）款的规定终止。

4. 被保险人的义务

被保险人应按照以下规定的应尽义务办理有关事项，如因未履行规定的义务而影响保险人利益时，保险公司对有关损失有权拒绝赔偿。

① 当被保险货物运抵保险单所载明的目的港（地）以后，被保险人应及时提货，当发现被保险货物遭受任何损失时，应立即向保险单上所载明的检验、理赔代理人申请检验，如发现被保险货物整件短少或有明显残损痕迹应立即向承运人、受托人或有关当局（海关、港务当局等）索取货损货差证明。如果货损货差是由于承运人、受托人或其他有关

方面的责任所造成,并应以书面方式向他们提出索赔,必要时还须取得延长时效的认证。

② 对遭受承保责任内危险的货物,被保险人和保险公司都可迅速采取合理的抢救措施,防止或减少货物的损失。被保险人采取此项措施,不应视为放弃委付的表示;保险公司采取此项措施,也不得视为接受委付的表示。

③ 如遇航程变更或发现保险单所载明的货物、船名或航程有遗漏或错误时,被保险人应在获悉后立即通知保险人并在必要时加缴保险费,该保险才继续有效。

④ 在向保险人索赔时,必须提供下列单证:保险单正本、提单、发票、装箱单、磅码单、货损货差证明、检验报告及索赔清单。如涉及第三者责任,还须提供向责任方追偿的有关函电及其他必要单证或文件。

⑤ 在获悉有关运输契约中"船舶互撞责任"条款的实际责任后,应及时通知保险人。

5. 索赔期限

保险索赔时效,从被保险货物在最后卸载港全部卸离海轮后起算,最多不超过 2 年。

(二) 附加险

附加险是对基本险的补充和扩大。在海运保险业中,投保人除了投保货物的上述基本险别外,还可根据货物的特点和实际需要,酌情再选择若干附加险别。目前,我国各商业保险公司《海洋运输货物保险条款》中的附加险有一般附加险和特殊附加险。

1. 一般附加险

一般附加险所承保的是由于一般外来风险所造成的全部或部分损失。一般附加险不能作为一个单独的项目投保,而只能在投保平安险或水渍险的基础上,根据货物的特性和需要加保一种或若干种一般附加险。

一般附加险的种类主要包括:

(1) 偷窃提货不着险

在保险有效期内,保险货物被偷走或窃走,以及货物运抵目的地以后,整件未交的损失,由保险公司负责赔偿。

(2) 淡水雨淋险

货物在运输中,由于淡水(包括船上淡水舱和水管里的水以及汗水等)、雨水、雪溶所造成的损失,保险公司都应负责赔偿。

(3) 短量险

负责保险货物数量短少和重量损失所出的险损,主要包括货物的短少,保险公司必须要查清外包装是否发现异常现象,如破口、破袋、开缝等。对散装货物,往往将装船和卸船重量之间的差额作为计算短量的依据。

(4) 混杂、玷污险

保险货物在运输过程中混进了杂质所造成的损失以及保险货物因为和其他物质接触而被玷污所造成的损失。

(5) 渗漏险

流质、半流质的液体物质和油类物质,在运输过程中因为容器损坏而引起的渗漏损失。

(6) 碰损、破碎险

碰损主要是对金属、木质等货物而言,破碎则主要是对易碎性物质而言。

(7) 串味险

易感染异味的货物与散发气味的货物堆放在一起,使其串味而遭受的损失。

(8) 受热、受潮险

受热易变质的货物堆放在热源附近或受潮易变质的货物堆放在甲板等易受潮的舱位而造成的损失。

(9) 钩损险

保险货物在装卸过程中因为使用手钩、吊钩等工具所造成的损失。

(10) 包装破裂险

在装卸搬运或运输过程中,造成货物包装破损的损失。

(11) 锈损险

保险公司负责保险货物在运输过程中因为生锈而造成的损失。

2. 特殊附加险

特殊附加险属于附加险类,但不属于一切险的范围之内。

(1) 战争险

战争险负责赔偿那些直接由于战争、类似战争行为和敌对行为、武装行为或海盗行为所致的损失,以及由此所引起的捕获拘留、扣留、禁止、扣押所造成的损失;各种常规武器(包括水雷、鱼雷、炸弹)所致的损失,以及由上述责任范围而引起的共同海损的牺牲、分摊和救助费用,但不负责赔偿使用原子或热核武器造成的损失。

战争险的保险责任起讫是以水上危险为限,即自货物在起运港装上海轮或驳船时开始,直到目的港卸离海轮或驳船为止。如果不卸离海轮或驳船,则从海轮到达目的港的当日午夜起算满 15 天后,保险责任自行终止。如在中途港转船,不论货物是否在当地卸货,保险责任以海轮到达该港或卸货地点的当日午夜起算满 15 天为止,再装上续运海轮时恢复有效。

(2) 罢工险

罢工险赔偿的范围通常指被保险货物由于罢工工人被迫停工或参加工潮暴动等,因人员的行动或任何人的恶意行为所造成的直接损失和上述行动或行为所引起的共同海损的牺牲、分摊和救助费用。不赔偿的范围包括罢工期间由于劳动力短缺或不能使用劳动力所造成的被保险货物的损失;因罢工引起的动力或燃料缺乏使冷藏机停止工作所致的冷藏货物的损失;无劳动力搬运货物,使货物堆积在码头淋湿受损。

罢工险对保险责任起讫的规定与其他海运货物保险险别一样采取"仓至仓"条款。按国际保险业惯例,已投保战争险后另加保罢工险,不另增收保险费,如仅要求加保罢工险,则按战争险费率收费。

(3) 黄曲霉素险

对被保险货物因运输过程中保管不当致使标的物所含黄曲霉素超过进口国的限制标准被拒绝进口,遭致没收或强制改变用途而遭受的损失负责赔偿。

(4) 货物不到险

对不论由于何种原因,从被保险货物装上船舶时开始,不能在预定时间抵达目的地的日期起 6 个月内交货的,负责按全损赔偿。

(5) 舱面险

对被保险货物存放舱面时,除按保险单所载条款外,还包括被抛弃或被风浪冲击落水在内的损失。

(6) 进口关税险

当被保险货物遭受保险责任范围以内的损失,而被保险人仍须按完好货物的价值运完全程时,保险公司对损失部分货物的进口关税负责赔偿。

(7) 拒收险

对被保险货物在进口港被进口国的政府或有关当局拒绝进口或没收,按货物的保险价值负责赔偿。

(8) 货物运抵到香港或澳门存仓火险责任扩展条款

被保险货物运抵目的地香港或澳门卸离运输工具后,如直接存放于保单载明的过户银行所指定的仓库,本保险对存仓火险的责任至银行收回押款解除货物的权益为止,或运输险责任终止时起满 30 天为止。

五、陆上运输货物保险条款

(一) 两个基本险别

1. 陆运险

对被保货物在运输途中遭受暴风、雷电、地震、洪水等自然灾害,或由于陆上运输工具遭受碰撞倾覆或出轨,如有驳运过程则包括驳运工具搁浅、触礁、沉没;或由于遭受隧道坍塌、崖崩或火灾、爆炸等意外事故所造成的全部或部分损失,负责赔偿。

2. 陆运一切险

除包括上述陆运险的责任外,对在运输中由于外来原因造成的短少、短量、偷窃、渗漏、碰损、破碎、钩损、生锈、受潮、受热、发霉、串味、污损等全部或部分损失负赔偿责任。

在投保上述任何一种基本险别时,经过协商还可加保附加险。

(二)除外责任

与海洋运输货物保险条款中的规定相同。

(三)保险责任的起讫

保险责任的起讫也是"仓至仓"。如未进仓,以被保货物到达最后卸载车站满 60 天为止。如加保了战争险,其责任起讫自货物装上火车时开始,至目的地卸离火车时为止;如货物不卸离火车,以火车到达目的地的当日午夜起满 48 小时为止;如在中途转车,不论货物在当地卸载与否,以火车到达中途站的当日午夜起满 10 天为止;如货物在 10 天内重新装车续运,保险责任继续有效。

六、航空运输货物保险条款

(一)两个基本险别

1. 航空运输险

对被保货物在运输途中遭受雷击、火灾、爆炸,或由于飞机遭受恶劣气候或其他危难事故而被抛弃,或由于飞机遭受碰撞、倾覆、坠落或失踪等意外事故所造成的全部或部分损失,负责赔偿。

2. 航空运输一切险

除包括上述航空运输险的责任外,还对由于外来的原因所造成的全部或部分损失负责赔偿。

在投保上述任何一种基本险别时,经过协商还可以加保附加险。

(二)除外责任

与海洋运输货物保险条款中的规定相同。

(三)保险责任的起讫

保险责任的起讫也是"仓至仓"。如未进仓,以被保货物在最后卸载地卸离飞机后满 30 天为止。如加保了战争险,其责任起讫自被保货物装上飞机时开始,至目的地卸离飞机为止;如不卸离飞机,以飞机到达目的地的当日午夜满 15 天为止;如在中途港转运,以飞机到达转运地的当日午夜起满 15 天为止;装上续运的飞机时保险责任继续有效。

第4节 货物运输代理

一、运输代理制

运输代理制是指在运输经营过程中(包括单一方式的分段运输和联运),作为货物拥有者的实际发货人同拥有各种运输工具的实际承运人之间不直接见面,而以各种不同的形式分别通过其代理人进行各种业务活动的经营方式。

随着社会化生产的发展和社会专业化分工的要求,国内外贸易有了很大的发展,其涉及的地域范围及商品的种类、性质等都在不断扩大和变化。运输是贸易的继续,随着国际国内贸易的这种变化,贸易的商品运输距离不断加大,运输所涉及的知识和技术越趋复杂。出于缺乏运输专业知识和经验或设立分支机构在经济上不合理等原因,许多货主不愿意亲自办理货物运输的有关业务、手续和其他服务事宜,而委托其他人办理。在这种情况下,一些人利用自己在运输及相关专业技术、知识经验和地理区位等方面的优势,开办了专门接受委托,代办货物运输的各种业务、手续和相关服务,并收取一定报酬的机构,这种机构一般称为运输代理人。运输代理制是随着运输代理人及其业务的发展而逐渐发展、完善的。

(一)运输代理人及其业务的发展

根据业务内容及所处的法律地位的变化,运输代理人的发展一般可分为两个阶段,即以被代理人的名义从事业务活动的阶段和以本人名义独立从事运输经营业务的阶段。

1. 以被代理人名义从事业务活动阶段

在该阶段,运输代理人业务活动的主要特征是接受委托人的委托,在委托人授权的范围和时间内,以委托人的名义代办因贸易运输而产生的各种服务业务,并收取佣金。代理人与委托人之间的代理关系,是通过书面合同(委托合同或代理合同)确认。其业务主要包括代表承运人办理揽货托运手续,接受货物,签发运输单据,办理装、卸车(船)

及所需要的各种手续,办理货物交付等业务;或代表发货人办理洽定各类运输工具,办理托运手续和运输合同,办理所需要的各种财务和海关等手续,办理运输保险,办理货物暂存及包装、简单加工等业务;或代表收货人办理提货、货物到收货人工厂或仓库的运输及所需要的各种财务和行政手续等业务。必要时还可以向各类委托人提供与货物运输有关的各类信息咨询服务。在上述各种业务活动中,由于代理人是作为委托人的代表,以被代理人的名义工作,因此,在委托人授权的时间和范围内或按委托人指示进行的代理人的一切行为与不行为的法律后果由被代理人承担。运输代理人只对自己没有执行合同及执行合同过程中失职造成的损失负责。处在这一发展阶段的运输代理人的主要收入是委托人支付的佣金。

2. 以本人名义独立从事运输经营业务阶段

通过长期的工作,一些成功的运输代理人以其优质的服务逐渐得到各种委托人的信任,与这些委托人建立起稳定的委托—代理关系。如有的货主通过长期协议的方式把自己全部运输业务都交给某一代理人,使运输代理人掌握了较大数量的货物,托运时,代理人对承运人就有了一定的选择权。而承运人为了获得这些货物的运输合同,也会通过各种方式与这些运输代理人建立长期、稳定的合作关系。例如通过长期合作协议,即运输代理人保证对承运人的每一航(车)班或每单位时间(年或月)提供一定数量的货物,而承运人保证给予定舱优先权和优惠的运价,一般视数量多寡和稳定程度给予不同程度的优惠。

这种状况给运输代理人业务范围的扩展提供了机遇,一些成功的、较有实力的运输代理人相继扩大了自己的业务。他们采取的方式是:不仅就提供货物运输的服务事宜与货方达成协议,而且以本人名义与货方订立货物运输合同、签发运输单据,然后再以本人名义与各种方式的实际承运人订立货物运输合同来完成货物的位移。货物运抵目的地后,运输代理人从实际承运人手中接受货物,再向收货人交付货物,从而履行与货方订立的运输合同规定的运输责任。在这种情况下,相对货主来说,运输代理人已不再仅仅是以货方名义工作的代理人,而且也是以本人名义与之订立运输合同的承运人,即契约承运人。而对于实际承运人来说,运输代理人也不再是以货方的身份办理托运的代理人,而是货物的发货人和收货人。这种变化标志着运输代理人业务已进入运输经营领域,对发展到这一阶段的运输代理人,一般称为独立从事运输经营业务的运输代理人或无船公共承运人。

(二)运输代理人的种类

按代理业务的性质和范围的不同,运输代理人可分为租船代理、船务代理、货运代理和咨询代理四类。

1. 租船代理

租船代理又称租船经纪人,是以船舶为商业活动对象而进行船舶租赁业务的人。其主要业务活动是在市场上为租船人寻找合适运输船舶或为船东寻找货运对象,以中间人身份使双方达成租赁交易,从中赚取佣金。因此,根据所代表的委托人身份的不同又可细分为船东代理人和租船者代理人。有些租船代理人还兼办船舶买卖、船舶代理业务。

租船代理人的主要业务为:

① 按照委托人(船东或租船人)的要求,为委托人提供最合适的对象和最有利的条件并促成双方交易的成交;

② 根据双方洽谈确认的条件制成租船合同并按委托方的授权代签合同;

③ 向委托人提供航运市场行情,国际航运动态以及有关资料等信息;

④ 为当事人双方斡旋调解纠纷,取得公平合理的解决。

租船代理佣金按照惯例是由船东支付,代理佣金一般按租金1% ~ 2.5%的比例在租船租约中加以规定。

2. 船务代理

船务代理是指接受承运人的委托,代办与船舶有关的一切业务的人。船务代理业务范围很广,主要包括船舶进出港、货运、船舶供应方面以及其他服务性等业务。

船务代理关系根据委托方式的不同,一般分为航次代理和长期代理两种。前者指委托人和代理人的接受均以一个航次为限,即逐船、逐航次办理委托手续;后者则是指在船方和代理人之间签有长期(1~5

年或更长时间)代理协议的船务代理。

3. 货运代理

货运代理是指接受货主的委托,代表货主办理有关货物报关、交接、仓储、调拨、检验、转运、订舱等业务的人。货运代理与货主的关系是委托和被委托关系。在办理代理业务中,以货主的代理人身份对货主负责,并按代理业务项目和提货的劳务向货主收取代理费。

货运代理人的业务范围可大可小,大至兼办多项业务,如办理海陆空货运代理业务;小至专办一项或两项业务,如空运货运代理、陆运货运代理、海运货运代理。较常见的货运代理主要有以下几类:

① 订舱揽货代理。这类代理与国内外货方和海陆空运输公司有广泛的联系,有的代表货主向承运人办理订舱,有的则代表承运人向货主揽货。他们是承运人和托运人之间构成承托关系的媒介。

② 货物装卸代理。

③ 货物报关代理。有些国家对这种代理的要求条件规定很严,如我国规定必须向有关部门申请登记,报关员必须经过考试合格,取得资质,才能进行营业。

④ 转运代理。

⑤ 理货代理。

⑥ 储存代理。包括货物保管、整理以及保险等业务。

⑦ 集装箱代理。开展包括装箱、拆箱、分拨、转运以及集装箱租赁、维修等项业务。

4. 咨询代理

咨询代理是指专门从事咨询工作,按委托人的需要,以提供有关咨询情报、情况、资料数据和信息服务而收取一定报酬的人。这类代理人不仅拥有研究人员和机构,而且与世界各贸易运输研究中心有广泛的联系,消息十分灵通,诸如设计经营方案、选择合理经济运输方式和路线、核算运输成本、研究解释规章法律以及调查有关企业财政信誉等等,均可根据委托,提供专题报告和资料情报。

以上所列代理人类别,仅仅是从他们各自业务的侧重面加以区别。实际上,他们之间的业务范围并没有划分得很清楚,往往互有交错。

二、国际货运代理

（一）国际货运代理的概念

《中华人民共和国国际货物运输代理业管理规定》对国际货运代理业的定义是：接受进出口货物收货人、发货人的委托，以委托人的名义或者以自己的名义，为委托人办理国际货物运输及相关业务并收取服务报酬的行业。

（二）国际货运代理的业务范围

我国货运代理的业务范围包括：

① 揽货、订舱（含租船、包机、包舱）、托运、仓储、包装；

② 货物的监装、监卸、集装箱的拆箱、分拨、中转及相关的短途运输服务；

③ 报关、报检、报验、保险；

④ 编制签发有关单证、交付运费、结算及交付杂费；

⑤ 国际展品、私人物品及过境货物运输代理；

⑥ 国际多式联运、集装箱运输（含集装箱拼箱）；

⑦ 国际快递（不含私人信件）；

⑧ 咨询及其他国际货运代理业务。

国际货运代理企业作为代理人，在接受委托办理上述业务时，应当与进出口收货人、发货人签订书面委托协议。在双方发生业务纠纷时，应当以所签书面协议作为解决争议的依据。

（三）国际货运代理的性质

随着国际贸易、运输方式的发展，国际货运代理已渗透到国际贸易的每一领域，为国际贸易中不可缺少的重要组成部分。市场经济的迅速发展，使社会分工越加趋于明确，单一的贸易经营者或者单一的运输经营者都没有足够的力量亲自经营、处理每项具体业务，他们需要委托代理人为其办理一系列商务手续，从而实现各自的目的。国际货运代理的基本特点是受委托人委托或授权代办各种国际贸易、运输所需要服务的业务，并收取一定报酬，或作为独立的经营人完成并组织货物运输、保管等业务，因而被认为是国际运输的组织者，也被誉为国际贸易的桥梁和国际货物运输的设计师。

(四) 国际货运代理的权利

国际货运代理接受客户支付的因货物的运送、保管、投保、报关、签证、办理汇票的承兑和其他服务所发生的一切费用,同时还接受客户支付的因国际货运代理不能控制的原因致使合同无法履行而产生的其他费用。如果客户拒付,国际货运代理人对货物享有留置权,有权以某种适当的方式将货物出售,以此来补偿所应收取的费用。国际货运代理人接受承运人支付的订舱佣金。

(五) 国际货运代理的服务对象

从国际货运代理人的基本性质看,货运代理主要是接受委托方的委托,就货物运输、转运、仓储、装卸等事宜,一方面与货物托运人订立运输合同,同时又与运输部门签订合同。对货物托运人来说,货运代理又是货物的承运人。目前,相当部分的货运代理人掌握各种运输工具和储存货物的库场,在经营其业务时办理包括海陆空在内的货物运输。国际货运代理所从事业务的服务对象主要有:

1. 为发货人服务

货运代理代替发货人承担在不同货物运输中的任何一项手续:

① 以最快最省的运输方式,安排合适的货物包装,选择货物的运输路线;

② 向客户建议仓储与分拨;

③ 选择可靠、效率高的承运人并负责缔结运输合同;

④ 安排货物的计重和计量;

⑤ 办理货物保险;

⑥ 货物的拼装;

⑦ 装运前或在目的地分拨货物之前把货物存仓;

⑧ 安排货物到港口的运输,办理海关和有关单证的手续并把货物交给承运人;

⑨ 代表托运人(进口商)承付运费、关税;

⑩ 办理有关货物运输的任何外汇交易;

⑪ 从承运人那里取得各种签署的提单,并交给发货人;

⑫ 通过承运人与货运代理在国外的代理联系,监督货物运输进程,并使托运人知道货物去向。

2. 为海关服务

当货运代理作为海关代理办理有关进出口商品的海关手续时,不仅代表其客户,而且代表海关当局。事实上,在许多国家,货运代理得到了海关当局的许可,就可以直接办理海关手续,并对海关负责。

3. 为承运人服务

货运代理向承运人及时定舱,议定对发货人、承运人都公平合理的费用,安排适当时间交货,以及以发货人的名义解决和承运人的运费账目等问题。

4. 为航空公司服务

货运代理在空运业上充当航空公司的代理。在国际航空运输协会以空运货物为目的而制定的规则上,货运代理被指定为国际航空协会的代理。在这种关系上,货运代理利用航空公司的货运手段为货主服务,并由航空公司付给佣金。同时,作为一个货运代理,往往通过提供适于空运程度的服务方式,继续为发货人或收货人服务。

5. 为班轮公司服务

货运代理与班轮公司的关系,随业务的不同而不同,近几年来由货运代理提供的拼箱服务,即拼箱货的集运服务已建立了货运代理与班轮公司及其他承运人(铁路)之间的较为密切的联系。

6. 提供拼箱服务

随着国际贸易中集装箱运输的增长,引进了集运和拼箱服务,在提供这种服务中,货运代理担负起委托人的作用。

7. 提供多式联运服务

集装箱化的发展使货运代理介入了多式联运,这使货运代理充当了主要承运人,通过多式联运方式提供"门到门"的货物运输服务。货运代理可以以当事人的身份,与其他承运人或其他服务提供者分别谈判并签约,而这些分拨合同不会影响多式联运合同的执行。

(六)国际货运代理的责任和权利

1. 国际货运代理的责任

（1）基本责任

① 作为承运人完成货物运输并承担责任,即由其签发货运单据,用自己掌握的运输工具或委托他人完成货物运输,并收取运费。

② 作为承运人完成货物运输不直接承担责任(由他人签发货运单据,使用掌握运输工具,或租用他人的运输工具,或委托他人完成货物运输,并不直接承担责任)。

③ 根据与委托方订立的协议或合同规定,或根据委托方的指示进行业务活动时,货运代理有责任完成此项委托,尤其是在授权范围之内。

④ 如实汇报一切重要事项。在委托办理业务中,向委托方提供的情况、资料必须真实,如有任何隐瞒或提供的资料不实而造成损失,委托方有权向货运代理人追索并撤销代理合同或协议。

⑤ 负有保密义务。货运代理过程中所得到的资料不得向第三者泄漏,同时,也不得将代理权转让给他人。

（2）责任期限

从接收货物时开始至目的地将货物交给收货人为止,或根据指示将货物置于收货人指示的地点,并已履行合同中规定的交货义务。

（3）对合同的责任

国际货运代理应对自己因没有执行合同所造成的货物损失担负赔偿责任。

（4）对仓储的责任

货运代理在接受货物准备仓储时,应在收到货后给委托方收据或仓库证明,并在货物仓储期间尽其职责,根据货物的特性和包装,选择不同的储存方式。

（5）赔偿责任

货运代理的赔偿原则有两个方面:一是赔偿责任原则,二是赔偿责任限制。

① 赔偿责任原则。收货人在收到货物时发现货物灭失或损害,并能证明该灭失或损害是由货运代理的过失造成的,即可向货运代理提出索赔。一般情况下,索赔通知的提出不得超过货到后15天,否则,就

作为货运代理已完成交货义务。

货运代理基本赔偿原则为：

a. 如果货物交接地点的市价或时价与发票金额有差别，但又无法确定其差额，则按发票金额赔偿。

b. 对古玩、无实际价值、无其他特殊价值的货物，不予赔偿（除非作特殊声明并支付了相应费用）。

c. 对已发生灭失或损害的货物运费、海关税收，以及其他费用负责赔偿，但不赔偿进一步的损失。

d. 对货物的部分灭失或损害按比例赔偿。

e. 如货物在应交付日内仍未交付，则构成延误交货，货运代理应赔偿因延误而可能引起的直接后果和合理费用。

② 赔偿责任限制。从现有的国际公约看，有的采用单一标准的赔偿方法，有的采用双重标准的赔偿方法。对国际货运代理的赔偿方法也应同样如此，但实际做法不一，差异较大。

（6）除外责任

① 由于委托方的疏忽或过失；

② 由于委托方或其他代理人在装卸、仓储或其他作业过程中的过失；

③ 由于货物的自然特性或潜在缺陷；

④ 由于货物的包装不牢固、标志不清；

⑤ 由于货物送达地点不清、不完整、不准确；

⑥ 由于对货物内容申述不清楚、不完整；

⑦ 由于不可抗力、自然灾害、意外原因。

但如能证明货物的灭失或损害是由货运代理人过失或疏忽所致，货运代理人对该货物的灭失、损害应付赔偿责任。

2. 国际货运代理的权利

委托人应支付给货运代理人因货物的运输、保管、投保、报关、签证、办理单据等以及为其提供的其他服务而产生的费用，同时还应支付由于货运代理人不能控制的原因致使合同无法履行而产生的其他费用。如货物灭失或损坏属于保险人承保范围之内，货运代理人赔偿后，从货物所有人那里取得代为求偿权,从其他责任人那里得到补偿或偿还。当货运代理人对货物全部赔偿后,有关货物的所有权便转为货运代理人所有。

自学指导

学习重点

本章学习重点:各种运输单证的使用,运输合同的内容、类型和特征,运输纠纷的类型及其解决的方法,索赔时效和诉讼时效,货物运输保险,国际货运代理的服务对象及货运代理的业务范围。

学习难点

本章的特点是业务性强,内容繁杂,对没有涉及运输业务的学习者而言,难点是较难记忆,应尽可能地增加实践机会。

复习题

一、单项选择题(在备选答案中选择1个最佳答案,并把它的标号写在题后的括号内)

1. 我国解决运输纠纷一般有四种途径,下列哪一项不是属于该四种途径之一?( )
  A. 当事人自行协商解决 B. 调解 C. 退让 D. 仲裁
2. 下列哪一项不属于运输服务绩效评价指标?( )
  A. 货主的满意程度 B. 货主群
  C. 货主的忠诚度 D. 货主所获利润
3. 下列哪一种保险是与运输无关的保险?( )
  A. 货物运输 B. 工程 C. 海上 D. 财产
4. 运输代理制中的运输代理人( )以本人名义与各种运输方式的实际承运人订立货物运输合同来完成货物的位移。
  A. 可以 B. 不可以 C. 一定要 D. 一定不要
5. 保险是一种经济补偿制度,它按( )计收保险费。
  A. 运输合同 B. 货运合同 C. 约定的合同 D. 运次合同

二、**多项选择题**(在备选答案中有 2~5 个是正确的,将其全部选出并将它们的标号写在题后的括号内,错选或漏选均不给分)

1. 下列哪些是属于运输代理人?(　　)
   A. 租船代理　　B. 货运代理　　C. 信息代理
   D. 咨询代理　　E. 船务代理

2. 下列哪些是属于运输活动的基本特性?(　　)
   A. 经济　　　　B. 及时　　　　C. 准确
   D. 便利　　　　E. 安全

3. 国际货运代理的服务对象有(　　)。
   A. 发货人　　　B. 海关　　　　C. 承运人
   D. 班轮公司　　E. 航空公司

4. 下列哪些是属于满足货主需求的评价指标?(　　)
   A. 运价　　　　B. 及时　　　　C. 时间
   D. 质量　　　　E. 安全

5. 海运货物保险保障的范围,包括以下哪几方面?(　　)
   A. 外来原因所引起的风险损失　　B. 车辆行驶风险
   C. 海上损失与费用　　　　　　　D. 航空灾害风险
   E. 海上风险

三、**名词解释**

1. 运输合同　2. 铁路运单　3. 运输服务　4. 契约承运人　5. 国际货运代理　6. 租船代理　7. 船务代理

四、**简答题**

1. 道路运输中行车路单起何作用?
2. 货物运输合同的订立必须遵循哪几项基本原则?
3. 简述运输合同变更和结束合同的条件。
4. 国际货运代理的服务对象有哪些?
5. 简述国际货运代理的权利。

五、**论述题**

1. 运输纠纷有哪几种类型?我国目前解决运输纠纷的途径有哪些?
2. 结合实际,探讨货运事故处理时必须注意的问题。

第7章 运输政策与法规

学习目标

1. 应了解、知道的内容
- 政策的概念
- 运输规制的概念
2. 应理解、清楚的内容
- 运输政策的作用
- 交通运输政策的表现形式
- 现行运输政策的主要内容
- 我国的交通运输法规的种类与名称
- 外贸运输法规的名称及主要内容
3. 应掌握、会用的内容
- 对现有运输政策有一个全面认识
- 应用各类运输规制指导物流运输工作
4. 应熟练掌握的内容
- 能运用宏观运输政策分析物流运输管理状况
- 会对现行运输规制展开分析和评价

自学时数

8学时。

老师导学

交通政策与法规在国民经济领域中所起的作用难以估量,或促进、或阻碍,在交通运输行业中扮演着左右行业发展走向的角色。本章在分析交通运输政策的地位与作用的基础上,介绍了交通运输政策与法规的表现形式与种类。本章的重点在于系统地了解与掌握交通运输法规与政策的种类及大致的内容。

第1节 运 输 政 策

运输法规的制定要以运输政策为依据,运输政策是运输部门营运的最高指导原则。因此,要探讨国家的运输法规,必须先了解国家的运输政策。政府依据运输政策来制定运输法规,再凭借运输管制法规的执行来实现其运输政策,所以运输管制法规是运输政策的一个环节,它是针对特定运输业制定的特定措施,其主要内容包括运输费率、路线、进入、退出、运输安全及社会保障等管制措施。

由于我国的铁路、公路、民航、水路和管道运输不归属于同一个政府部门管理,因此并未在同一部法律中规范。各种运输方式均有专门的政策法规,例如《铁路法》针对铁路,而《航空法》则针对民用航空。至于总体技术发展政策方面,1985年《中国技术政策》以国家科委蓝皮书和白皮书的形式公开发表,并经国务院批准在全国实行,其中包括了能源、交通等13个重要领域。在有关交通运输的政策条款中,首先确定了调整运输结构、发展全国综合交通运输网和各种运输方式的联合运输,以提高全国综合运输能力的基本政策,并分别对发展铁路、公路、水运、航空和管道运输的重点、条件和它们之间的综合发展与协作问题做了规定。

一、制定运输政策的必要性

运输政策所要调整的重要关系之一是资源的有效配置。首先对运输业应占用的总的社会经济资源给予合理分配,其次还应使这些资源在不同运输方式之间进行合理分配,以达到最有效地利用社会资源的目的。

现代运输网一旦形成,社会经济中流通和位移的成本就会明显下降,因此需要通过运输网的建设与完善,减少运输短缺对经济带来的不利影响,降低大规模人与货物位移所引起的社会运输成本,促进社会经济资源的合理配置。然而运输进步也要付出相当代价。现代运输网的建设是一项长期的巨大任务,在很多国家这项工作耗用了一百年甚至更长的时间,运输网的建设与改造耗资巨大,维持其运转所需的物资人力消耗也极其惊人。当年西方国家和后来的新兴发展中国家在进入经济高速发展之前,运输投资在总投资中的比例多数都在20%～30%左右,有些甚至更高;在经济起飞阶段,各国基础结构方面的投资一般都占到GDP的10%,运输业投资目前仍占发达国家GDP的2%左右。发达国家每年支出的客货运费总额一般要超过他们国民生产总值的20%,而实物产品的成本中至少有30%发生在包括运输的物流领域,更有一些经济学家说美国三分之一的国家财富是用在运输上的。可以说,实际上人类是在用资源换位移。显然,一个国家运输业的正常发展有赖于在总的运输资源配置上有正确和能一贯坚持的政策。

长期以来在国际运输经济学界主要有以下一些支持政府对运输业进行干预的理论:

1. 市场本身并不能做到使运输供给达到最优状态。传统经济学认为,只要市场中存在垄断,那么价格恰好等于边际成本的完全竞争的帕累托最优状态就不能实现,因为垄断势力为获取超额利润会抬高价格并限制供给。寡头控制和其他非完全竞争的情况也都不能满足帕累托最优准则,不能使供应者在最低的成本水平上生产。而一定的政府干预包括运价管制可以迫使处于非完全竞争的运输供应者接受近似完全竞争的运价水平,并调整自己的供给行为。

2. 由于一般不包括交通拥挤、事故、噪声及空气污染等方面的外部成本,因此对运输供应者和使用者行为产生直接影响的运输成本实际上并不完整,一部分人引起的外部成本要由其他人共同负担,造成权利和义务的不平等,由此决定的运输规模和运输方式的选择显然也不可能做到社会最优。政府通过一定的强制征税有助于纠正成本方面的不合理。

3. 市场只有在可以得到充分信息交流的前提下,才会在"看不见的手"的调节下实现最高效率。但由于运输市场的特殊性,更缺乏现成的公开信息渠道,因此市场的自发调节作用较难充分发挥。所以要求权威机构规定所有的公共运输业者必须把运输线路、班次、时刻、运价等方面的重要信息都以法定形式予以公布,从而保证运输市场上信息渠道的畅通。

4. 在自由化的市场上,大多数运输设施的公共特性会使它们无法拒绝过多的使用者,因而造成其陷于非最优的超负荷状态,而这又意味着设施投资和使用成本不能得到有效补偿,继而影响私人资金在这方面的投入。为满足进一步的运输需求,比较可行的办法是政府通过一般税收提供必要的财政支持。由于运输设施的投资回收期很长,因此私人资本更情愿在其他领域较快地取得回报,而政府有权掌管全局,对总体的经济发展负有责任,也有能力把投资风险分散到更宽的投资领域。

5. 政府制定运输政策的目标往往并不仅仅是单纯的经济效率,特别是把交通运输作为整个社会发展的一种手段的国家,运输设施的建设和运营受政治统一、资源和地区开发、国防、社会福利等许多方面的影响。此外,利用运输可以去修正市场经济中其他方面的扭曲现象,例如土地和其他资源使用中的低效率可以通过运输设施的建设加以改善。运输在这里可以作为其他经济政策的工具。

美国是世界上运输业最发达的国家,而运输业能在长时期内高速度发展,与该国政府的鼓励和促进政策是分不开的,运输市场的完善在很大程度上也得益于政府在各个时期所实行的运输政策。美国政府运输政策的制定和实施中有这样几方面值得我们参考:

其一,一直把运输的充足性视作国家运输政策的主要目标。由于认识到一个发达的运输系统对于国家经济、政治和社会发展的重要性,美国政府从一开始就把向社会提供足够的运输服务作为制定政策的主要目标。即使在目前运输网十分发达的情况下,为避免过度竞争会危及运输企业的正常财务,以致影响运输充足性目标的实现,仍旧把保持运输企业财务健全作为辅助运输充足性的目标,以便使运输业能够持续在数量和质量上为社会提供充足的运输服务。各种运输政策、法律和资助计划的制定都围绕着保证充分性这一主要目标。

其二,坚持把市场作为社会运输资源配置的主要手段。即使在运输业这一政府有很多理由进行干预的领域,美国也特别重视市场的作用,倾向于主要依靠市场调节。在主要西方国家中美国是唯一长期避免运输业公有化的国家,其他国家长期或至少在相当时期内一直实行铁路、民航和市内公共汽车等运输企业的国有化,而美国始终倾向于把运输也保留在私人企业经营和市场调节的范围内,其他运输工具也是在使用公路、水道等公共设施的条件下进行市场竞争。

其三,坚持运输业的公共投资和鼓励政策。虽然美国执意推行运输企业的私有制,但还是认识到国家有责任在运输方面建立一个有利于经济发展的环境,并没有拒绝进行公共投资。例如政府当年赠送大片土地用于铁路开发,政府为铁路贷款担保;从1921年以来,联邦、州和地方政府用于公路建设的直接投资已达数千亿美元;联邦政府用于航空线设立和运营的资金也有上千亿美元。美国的运输政策始终与巨额公共投资联系在一起。在实行公共投资和鼓励政策方面,美国政府还奉行了使用者负担和公共投资相结合的办法,这在很大程度上保证了公共投资的来源。

其四,最高当局给以充分重视。运输业的发展和管理一直是总统和国会关注的重要问题之一,这使得重大运输问题的解决可以迅速摆上国家的重要议事日程。历任美国总统向国会提交的国情咨文中,大多包括运输方面的政策建议,从20世纪90年代开始,又进一步发展成历届总统专门提交特别运输咨文,可见对交通运输问题的重视程度。国会则经常就有关运输问题专门举行听证会和辩论,并在此基础上通过重要的运输法律,国会内还设立了有关运输的常设委员会。

其五,将运输问题的解决纳入法制轨道。针对不同时期运输市场上的变化,用法律规定经济管制的主要对象和措施,以保证国家对运输业的有效管理。特别是在对运输业的鼓励和促进方面,对哪种运输方式提供多少资金、资金来源和具体资助办法,都采用正式的立法途径予以规定。从美国运输政策的历史看,法制所起的作用越来越大。有法可依、依法办事,是美国运输业发展的可靠保证。

其六,有比较健全的运输管理体制。国会、法院、总统、联邦运输部、商务委员会等管制机构、各州和地方的运输规划和管理机构、各种运输者协会和运输使用者协会等,组成了庞大的运输管理体系。这些机构在制定和执行政策、法律、法规、资助计划和行业管理等方面各司其职,在联邦、州和地方各层次上也有明确分工,同时又能够有效地进行互相监督和制约。特别是联邦机构的合理设置,对保证国家运输政策的有效性关系很大。

我国的运输政策主要是通过有关决议、政府工作报告、指示、通知等文件加以体现的,正式行文明确阐述运输政策的目标、制定背景、实现政策目标的手段、实行范围和负责机构的不多,政策制定程序上通过立法机构以正式立法形式颁布的更少,相应的法规体系也不健全,因而造成运输政策目标多变,政策的权威性也受到一定影响。我国目前正在实行从传统计划经济体制向市场经济体制的重大转变。在改变过去国家管得过多、统得过死的状况,充分发挥市场在运输资源配置方面作用的同时,政府显然还必须对交通运输这一重要的社会经济活动和运输市场进行一定程度的干预和政策导向。根据建立社会主义市场经济体制的要求,今后政府职能应主要体现在加强宏观调控、政策引导、规划、协调、服务、监督等方面,关键是要制定一系列正确、稳定并有权威的运输政策和一套完整的运输法规。经济资源的配置要以市场机制为主导,但国家的政策和指导性计划也仍然是资源配置的重要方式,政府对运输活动的宏观政策指导是现代市场经济体制的有机组成部分,当然运输政策的制定应该通过一定的社会协商途径,而且应该代表社会发展的真正要求。

二、运输政策的表现形式

交通政策的制定与完善会涉及众多复杂的因素:国家或地区的经

济发展水平不同,所处的地理位置、地形环境不同、能源的获取方式不同以及各种交通方式的投融资方式不同等,都会对一个国家或地区交通方式的组成结构、交通运输市场的运作以及各交通方式的互动等产生重要的影响。

交通政策总体上属于上层建筑,它直接或间接地表达对当前或未来交通的某种意图,可以用很多种表现形式出现。它可以是国家集团(联盟)的决议,是国家和省市的法律、法令、法规等,是政府交通部门单独发布的或与其他相关部门联合发布的法案、条例、白皮书、方针、标准、纲要等。

交通政策的表现形式有多种,现举例如下:

1. 国家集团文件(国家集团(或联盟)的议定书、户部协议、备忘录等形式)

【议定书】 1997年日本京都会议制定京都议定书,规定发达国家2008—2012年把温室效应、废气排放量减少到低于1990年排放量的5%以下。

【协议】 欧洲联盟执行委员会未来代表欧盟会员国处理与第三国间有关航空运输的事务,于2004年5月1日起执行。建立一套法律架构,使欧盟执委会有权处理欧盟与所有非欧盟国家间的双边航空运输协议。政府逐步放松对运价的管制。允许航空公司因特殊情况,在政府规定的幅度内自主决定执行带有限制条件的、比公布票价优惠的折扣票价。

【备忘录】 东南亚国家联盟(东盟)能源部长在印度尼西亚巴厘岛举行的会议上签署了一份谅解备忘录,同意投资70亿美元,铺设一条跨地区的天然气输送管道。这条输气管道将穿越十余个国家。

2. 国际会议文件(国际有关会议文件对交通政策做出的规定)

【国际会议决议】 1986年10月,加拿大温哥华第三次国际重载运输会议一致决定重载货物列车重量至少应达到5000吨。

3. 国家文件(国家的法律、法案、法规、国家综合开发计划等形式)

【国会法律】 1970年,原联邦德国国会通过了"商用海运法",要求联邦政府资助在10年内建造300艘先进的商船,并制定了数十亿美元的政府担保贷款和抵押债券计划。1978年,国会第一次批准对主要内河航道征收燃料税,让使用者负担改进河道的部分开支。

【建设法】 1972年,日本政府颁布了"关于城市轨道铁路建设法",该法规是要求从1974年起公路部门在修建与铁路有关公路时,将铁路的支柱、走行横梁工程作为公路修建工程的一部分一同完成,无偿提供给交通部门使用;规定铁路基础设施建设费由公路建设特别基金补贴。1977年规定临港地区铁路和新交通系统基础设施作为临港交通设施来修建,其费用由临港建设特别基金给予补足。

【改革管理法】 美国国会先后于1976和1980年颁布了"铁路复兴和改革管理法"(Railroad Revitalization and Regulatory Reform Act,简称"4R法")和"斯塔格斯法"(Staggers Rail Act)。其目的是调整交通政策,从法律上放宽政府对铁路运价和业务管理的控制,促使铁路摆脱萧条,走向复苏。

【五年计划】 1980年,保加利亚政府以第八个五年(1981—1985年)计划的形式决定限制公路运输量增长,规定铁路承担更多运量。

【政府法案】 1985年,意大利政府法案规定意大利运输部不再管理铁路,新成立意大利经营铁路公司,拥有自己资产、决策、财务权。1946—1949年,日本政府明文规定:把运输业、钢铁、煤炭并列为重点扶植部门,尤其是铁路占公共事业投资总额比重最高时达77%,最低时也占45%。

【法律】 1987年,日本政府颁布国铁私有化改革政策,同时公布实施的有"日本国有铁道改革法"等8个法律文件。

【综合开发法】 1987年日本在第九次全国综合开发计划中,决定实行修建以新干线为主体的高速铁路、高速公路、航空等高速交通结构。

【效率法】 1991年,美国国会制定"地面运输多式联运效率法"。

【议程】 1994年,中国政府通过"中国21世纪议程"。

【民航法】 目前,日本政府主要依据其国内"民航法"的规定,对运价实施监管。以前,日本国内航空运价实行政府定价,2000年,日本政府取消了对国内航空运价的幅度限制。

【联邦规划】 俄罗斯于2001年确定了2015年前民用航空发展联邦规划。

【联邦法律、市法律】 德国船舶的引航是实行国家立法、政府监督、由行业协会进行管理的模式。德国的船舶引航以法律和直辖市法律为依据,议会和直辖市议会制定和修改关于海港引航法律。

【国务院令】 2001年8月15日,中国当时的国务院总理朱镕基签署第313号国务院令,颁布了《石油天然气管道保护条例》,条例自颁布之日起施行。

2002年6月28日,当时的国务院总理朱镕基签署第355号国务院令,颁布了《中华人民共和国内河交通安全管理条例》,自2002年8月1日起施行。

4. 地方政府文件(地方政府的文件形式)

【文件】 前苏联白俄罗斯共和国文件规定:家禽、肉类、牛奶及其制品、罐装液化气体及运距不足100公里的货物必须由公路运输。

5. 交通部文件(政府交通部门的法令、法案或白皮书的形式)

【法令】 原联邦德国铁路由于水路与公路的竞争,于1961年提出了铁路具有公共性和企业性,而以企业为主的经营原则。为鼓励自由竞争和维持各种交通方式之间的合理竞争,1966年制定了限制公路运输的法令,为长途公路货运发放许可证,规定货运量限额、限制公路运输笨重货物、征收长途卡车运输税收等保护铁路的政策。

【政策】 原联邦德国在20世纪80年代明确提出"扶植铁路、限制公路、维持水路、发展国际民航"的交通政策。

【白皮书】 日本交通部每年以交通白皮书形式表明交通运输相关政策的立场和观点,日本交通运输政策要点归纳起来有:

① 调整运输结构,发挥各种交通方式优势;

② 加强能源运输建设;

③ 提高客运能力;

④ 加速牵引动力改革;

⑤ 发挥海运优势,提高港口能力;

⑥ 重视城市交通的发展;

⑦ 加速铁路技术改造,提高综合运输能力。

【运输法案】 英国政府1968年以铁路运输法案方式,把铁路的欠费一笔勾销,并以此确定了今后对铁路客运的财政补贴。

【管理法案】 前苏联交通部1988年1月1日起实行新的铁路运输总体管理法案。

【董事会决定】 1982年,比利时铁路客运运价规定对一等车、二等车分别不同对象规定有20%、25%、35%、50%、75%的减价优待,减价优待对象有老军人、俘虏、预备役军官、盲人、低收入工人、失业人员等;1987年新规定又增加了旅行陪伴者减价、团体票减价办法。

6. 相关部委共同制定的文件(由政府各相关部门共同制定的,以文件、方针、标准、措施、纲要、建议等形式出现)

【方针】【标准】【措施】【纲要】 日本政府1967年、1968年先后制定了公害对策基本法、噪声规划法后,环境厅与运输部门共同制定了"关于新干线铁道噪声法制的方针"、"新干线铁道噪声的环境标准"、"新干线铁道环境保护的紧急措施"等,同时由政府出面制定了"铁道法制噪声纲要"。

【建议】 1958年,印度国家燃料委员会从节能角度对交通工具的能源利用,向运输部提出了建议,如规定到1975年印度政府铁路电力牵引比重不低于50%。

7. 专家级文件(政府决策部门委托的专家组的报告形式)

【报告书】 为解决大城市人口集中、小汽车普及、交通阻塞、事故增加及环境恶化等问题,原联邦德国议会委托的专家组于1968年8月24日提交的报告书提出:

① 城市交通问题由国家、省政府和城市共同协商解决。

② 优先建设城市有轨交通,其措施有:以征收燃油税作为解决城市交通的财源;建立大城市公共交通联营机构,实行通用车票、统一运价,汉堡、慕尼黑、法兰克福、斯图加特、莱茵—鲁尔等相继成立了运输联营公司,实现了城市一体化运输。

第2节 运 输 规 制

市场经济也是法制经济,一切社会经济关系都应该靠法律来调整,运输业务也不例外。企业从事运输业务或选择承运人购买运输业务,都必须了解运输的法律和规章,才能保证运输业务高效、安全、可靠地进行,可以说运输法规是运输部门营运的指导原则。

一、交通运输法规的基本概念

所谓交通运输法规,是指国家立法机关为了加强交通运输管理而颁布的法律以及国家行政机关依照宪法和法律的有关规定制定和发布的行政法规、规章,是集行政法、民法和经济法为一体的调整交通运输关系的法律规范的总称。

交通运输法规是调整交通运输行政权力的创设、行使以及监督过程中发生的各种社会关系的法律规范。制定交通运输法规的目的是为了维护国家利益,规范交通运输秩序,保护公民、法人和其他组织的合法权益。

(一) 交通运输法规的性质

交通运输法规在法学分类上归属于行政法的范畴,包括一系列交通运输经营、管理方面的法律、行政法规、部门规章、地方性法规和地方性规章等法律规范,以及大量的技术性规范。

所谓法律规范,是指由国家确定并认可,体现统治阶级的意志,并以国家强制力保证实施的行为准则。

所谓技术性规范,是指人们合理利用自然、生产工具、交通工具和劳动对象的行为准则,只调整人与自然之间的关系,并不具有阶级性。违反了这些行为准则,会造成生命、财产的巨大损失和严重危害,因而被直接规定在有关法律文件中,使之成为具有法律规范性质的技术文件。

一些没有规定在法律文件中的技术规范(如操作规程、技术规程等)文件,一般也被确定为有关人员必须履行的法定义务。

交通运输法规,是为了适应交通运输发展产生的,而且随着交通运输的发展而发生相应的改变。适应交通运输市场要求的法规就能够促进交通运输的发展,反之,就会阻碍交通运输的发展。就本质而言,交通运输法规与其他法规一样,是统治阶级意志在法律方面的表现,具有明显的阶级性。可以认为,交通运输法规反映了统治阶级干预交通运输领域的强烈愿望,是统治阶级在交通运输领域中行使权力的一个重要手段;同样也是交通运输行政管理机关运用法律手段管理交通运输,取缔违反交通运输秩序的行为,维护交通运输秩序的重要途径。

（二）交通运输法规的特征

1. 管理性

交通运输法规的主要功能是对交通运输相关的公共事务进行管理,即对交通运输工具以及与交通运输相关的公民、法人和其他组织进行管理,对违反交通运输法律规范的公民、法人和其他组织进行行政处罚。

2. 强制性

交通运输法规是国家意志的体现,由国家强制力保证实施。如果不能有效地实施交通运输法规,交通运输法规就得不到贯彻执行;如果不对违反交通运输法规的人加以处罚,交通运输法规就形同虚设,没有任何约束力。因此,必须通过国家强制力保证交通运输法规的贯彻实施。

3. 普遍性

交通运输法规是由国家意志单方面规定了管理相对人的权利和义务,任何管理相对人都必须严格履行义务,且不得以任何借口违反。也就是说,交通运输法规具有普遍约束力,违反交通运输法规要受到制裁和处罚。

4. 分散性

交通运输法规是一个总的名称,它分散在各个有关交通运输的法律规范之中,并由法律、行政法规、部门规章、地方法规和地方政府规章组成。

5. 交织性

交通运输法规是集实体与程序于一体的部门性行政法律规范。在一个法律规范文件中,既规定了交通运输管理权力的取得、行使以及对当事人产生的后果等内容,又同时规定了行使行政权力的程序,以及违法行使行政权力的监督和处理的内容。这不仅是科学效率的要求,而且也是交通运输行政管理活动本身的特点决定的。

6. 变动性

由于社会关系、经济关系经常处于变动之中,交通运输管理权力以及因交通运输管理权力形成的交通运输行政管理关系,也必须随之变动。因此,作为交通运输的法律规范具有较强的变动性,需要适时地废、改、立。

二、交通运输法规体系的构成

交通运输法规属于行政法的范畴。所谓交通运输法规的法律渊源,是指交通运输法规的外部表现形式和根本来源。只有了解掌握交通运输法规的法律渊源,才能正确理解交通运输法规的本质属性和适用范围。我国交通运输法规的法律渊源有以下几种形式:

(一) 宪法

宪法是国家的根本大法,具有最高法律效力,是国家其他一切法律立法的依据。

宪法规定了包括交通运输管理在内的行政权力的来源和行使权力的基本形式,行政组织的权限,公民权利与行政权力的关系以及处理原则。

(二) 法律

法律是指全国人民代表大会及其常委会制定的基本法律和法规。法律中涉及行政权力的取得、行使以及对其加以监督和进行补救的规范,均为与交通运输管理相关的法律规范。例如《公路法》、《行政处罚法》、《行政诉讼法》、《行政许可法》等,不仅规定了包括交通运输管理在内的行政权力的范围、行使界限、程序,而且规定了对行政权力的监督、对受害人的补救等内容。这些都是交通运输法规最重要的法律渊源。法律作为交通运输法规的渊源,具有较高的等级,是其他渊源的依据。行政法规、规章等规范一般都具有执行性和从属性,是法律的具体化,且不得与法律相抵触。

（三）行政法规

行政法规是指国务院根据宪法和法律,按照规定的程序制定的各类规范性文件的总称。由于法律对包括交通运输管理在内的有关行政权力规定得比较原则、抽象,不具有很强的操作性,还需要由行政机关进一步具体化。行政法规就是法律具体化的一种形式,行政法规的效力仅次于法律,高于地方性法规和规章。行政法规作为法律渊源,必须具备以下两个条件：

① 行政法规从属于宪法和法律,不得与宪法和法律相抵触；

② 行政法规必须是按照法定程序和方式制定和发布的。

（四）地方性法规

地方性法规是指省、自治区、直辖市以及省会市、自治区首府及国务院批准的较大城市的地方人民代表大会及其常委会根据本地需要,在不与宪法、法律和行政法规相抵触的前提下制定颁布的规范性文件。

（五）民族自治条例和单行条例

民族自治条例和单行条例是民族自治地方的人民代表大会依照宪法、民族区域自治法和其他法律规定的权限结合当地的特点制定的规范性文件。

（六）规章

规章分为部门规章和地方规章。部门规章是指国务院部委根据法律和国务院的行政法规、决定、命令,在本部门权限内,按照规定程序制定的规定、办法、实施细则等规范性文件的总称。地方规章是指省、自治区、直辖市以及省会市、自治区首府及国务院批准的较大城市人民政府根据法律和行政法规、地方性法规所制定的适用于本行政区域的规定、办法、实施细则、规则等规范性文件的总称。规章是交通运输管理活动的重要依据,其数量之多、适用范围之广、使用频率之高是其他形式的法律渊源无法相比的。

（七）国际条约

我国参加和批准的国际条约,如果内容涉及交通运输行政权力的行使和公民、法人的权力义务,这些条约同样是交通运输管理法规的法律渊源。例如,根据2000年8月25《全国人民代表大会常务委员会关于我国加入世界贸易组织的决定》和2001年11月1日中华人民共和国主席的批准书,《中华人民共和国加入决定书》中有关交通运输方面的协议与其他法律规范一样,对交通运输管理机关以及公民、法人或其他组织同样具有法律效力。

(八) 法律解释

有权对法律、法规、规章作出解释的机关所作的解释,如涉及交通运输行政管理的权力以及公民、法人和其他组织权利义务,也是交通运输法规的渊源。

三、交通运输法规的类型

运输法规可分为两大类,一类是经济法规,另一类是社会法规。

(一) 经济法规

为了提供可靠的运输服务和促进经济发展,政府积极利用经济法规保护运输承运人,保证运输服务的可得性和稳定性。所谓可得性,即指承运人所提供的适当服务对于任何需要服务的企业都能很容易获得,而稳定性则意味着承运人的利润将会得到充分保障以利其长期经营下去。经济法规的内容通常包括市场加入和退出规章、费率规章、服务水平规范和补贴等。

1. 加入和退出规章

加入和退出规章的内容涵盖了运输企业从设立到退出行业的全过程。在美国,为了确保运输服务的稳定性,市场加入规章通常规定市场加入承运人的数目,每个承运人所能服务的地区,其中包括运输服务的起始地和目的地。这种限制的目的是为了控制大市场的竞争性质,同时确保小市场可获得的服务水准。与加入规章相对应的是退出限制,即为了确保适当的服务水准,经济法规规定,如果承运人离开市场会导致服务水准大幅度下降,则限制其离开市场。

我国对各种运输行业的加入通常采用许可证制度。对公路运输企业,《中华人民共和国公路运输管理暂行条例》第七条规定:"交通主管部门根据需要和其生产能力、经营范围、技术和经营条件情况,在30天内提出审核意见,符合条件的发给经营许可证明。"从事营运性公路运输的单位和个人如果停业,应在办理停业手续后,方可公告停业。

凡从事营业性的水路运输,必须由交通主管部门审查批准,领取"水路运输许可证"和"船舶营业运输证"。中华人民共和国沿海、江河、湖泊以及其他通航水域的旅客、货物运输,必须由中国企业、单位或个人使用悬挂中华人民共和国国旗的船舶经营。未经中华人民共和国交通部批准,外资企业、中外合资企业、中外合作经营企业不得经营中华人民共和国沿海、江河、湖泊以及其他通航水域的旅客货物运输。

航空运输企业的设立、变更和终止以及企业内部和外部的关系,必须符合《中华人民共和国航空法》规定的条件,并由国家有关法律调整。按照审批权限和审批程序的规定,凡经批准开办的航空运输企业,由中国民用航空局颁发经营许可证。《中华人民共和国民用航空法》第九十二条规定:"设立公共航空运输企业,应当向国务院民用航空主管部门申请领取经营许可证,并依法办理工商登记,未取得经营许可证的,工商行政管理部门不得办理工商登记。"第九十三条规定:"设立公共航空运输企业,应当具备下列条件:① 有符合国家规定的适应保证飞行安全要求的民用航空器;② 有必需的依法取得执照的航空人员;③ 有不少于国务院规定的最低限额的注册资本;④ 法律、行政法规规定的其他条件。"第九十六条规定:"公共航空运输企业申请经营定期航班运输的航线,暂停、终止经营航线,应当报经国务院民用航空主管部门批准。"

2. 费率管制

我国对运输业的费率实行严格管制,各种运输方式的费率均有明确的运价表予以规定,要求运输企业严格按照运价表收取运输费,并由铁道部、交通部、民航局等行政部门及其下属机构负责监督执行。除非特别批准,运输企业不得变更运价。例如,《中华人民共和国铁路法》第二十五条规定:"国家铁路的旅客票价率和货物、包裹行李的运价率由国务院铁路主管部门拟定,报国务院批准。国家铁路的旅客、货物运输杂费的收费项目和收费标准由国务院铁路主管部门规定。国家铁路的特定运营线的运价率,由国务院铁路主管部门取得国务院物价主管部门同意后规定。地方铁路的旅客票价率、货物运价率和旅客、货物运输杂费的收费项目和收费标准,由省、自治区、直辖市人民政府物价主管部门会同国务院铁路主管部门授权的机构规定。兼办公共旅客、货物运输营业的专用铁路旅客票价率、货物运价率和旅客、货物运输杂费的收费项目和收费标准,以及铁路专用线共用的收费标准,由省、自治区、直辖市人民政府物价主管部门规定。"第二十六条规定:"铁路的旅客票价,货物、包裹、行李的运价,旅客和货物运输杂费的收费项目和收费标准,必须公告;未公告的不得实施。"

《中华人民共和国民用航空法》第九十七条规定:"公共航空运输企业的营业收费项目,由国务院民用航空主管部门确定。国内航空运输的运价管理办法,由国务院民用航空主管部门会同国务院物价主管部门制定,报国务院批准后执行。国际航空运输运价的制定,按照中华人民共和国政府与外国政府签订的协定、协议的规定执行;没有协定、协议的,参照国际航空运输市场价格制定运价,报国务院民用航空主管部门批准后执行。"

3. 服务水准的规范

服务水准规范的内容涵盖运输业经营的技术和服务标准。《中华人民共和国铁路法》、《铁路货物运输规程》、《铁路旅客运输规程》、《中华人民共和国公路管理条例》、《汽车旅客运输规则》、《汽车货物运输规则》、《中华人民共和国水路运输管理条例》、《水路旅客运输规则》、《国内水路货物运输规则》、《中华人民共和国民用航空法》、《中国民用航空旅客、行李国内运输规则》、《中国民用航空总局国内货物运输规则》等法规对运输设备的提供、班次、时刻表、票据、运营线路等都有比较明确的规定。例如在《中华人民共和国铁路法》第十三条中对铁路服务水平做出了规定,在《中华人民共和国民用航空法》第九十五条中对航空服务水平做出了规定。对交通安全则有诸多交通安全规则加以规范。在我国目前的服务水准管制的规定中,有关安全、运输工具、运输业从业技术人员的考核以及运输合同条款方面的规定较多也较为详细,而对于服务的水平、次数等规定比较笼统。

4. 运输补贴

我国运输补贴分为中央财政补贴和地方财政补贴两级。中央财政补贴主要用于铁路和管道运输,补贴方式主要是差额式补贴,即由中央财政拨款弥补运输企业运营亏损。地方财政补贴主要用于补贴城市公共交通,对城市公共交通运输企业包括地铁、公共汽车等进行补贴,补贴方式主要是差额式补贴。现在对运输业的一些特殊经济管制放宽了,但仍有许多经济管制措施保留下来或改变了形式,以保证运输市场的正常秩序。如价格管制放松了,但仍保留了政府的部分控制权;如把政府严格控制的固定运价制度改为规定一定的浮动上下限,允许运输业者根据市场供求的具体情况做出反应。

(二)社会法规

社会法规既涉及运输当事的双方,又涉及运输会影响到的所有其他人,包括安全管制、环境保护等。在社会法规方面各国政府的干预程度可以说一直在增加。例如,《中华人民共和国铁路法》对铁路运输企业在运输营运过程中对社会应该承担的环境保护义务做出了具体规定:即铁路运输企业应当采取措施,防止对铁路沿线环境的污染,主要包括防治大气污染、防治噪声污染、防止固体废弃物污染等。防止对铁路沿线环境的污染,既是法律赋予铁路运输企业的义务,也是实现社会可持续发展的客观要求,必须引起高度重视。

四、我国的交通运输法规

我国的交通法分为法律、法规、规章三个层次,包括国务院已发布的有关的行政法规和各交通主管机关制定的行政规章。在交通运输立法方面,我国已颁布了《中华人民共和国海上交通安全法》(1983年)、《中华人民共和国铁路法》(1990年)、《中华人民共和国海商法》(1992年)、《中华人民共和国民用航空法》(1996年)。在交通法规方面有《中华人民共和国公路管理条例》、《汽车旅客运输规则》、《汽车货物运输规则》、《中华人民共和国航道管理条例》、《中华人民共和国水路运输管理条例》、《水路货物运输合同实施细则》、《国内水路货物运输规则》、《水路旅客运输规则》、《水路危险货物运输规则》、《石油、天然气管道保护条例》等。

五、外贸运输法规

国际经济领域中,在运输法律国际统一方面做得比较成功。传统的国际货物运输方式主要是海洋运输、铁路运输和航空运输。但随着集装箱运输方式的兴起,国际多式联运也发展起来。本节将介绍国际海洋货物运输的有关法律规定,此外,对国际铁路货物运输、国际航空货物运输以及国际多式联运的有关法律问题也将分别予以介绍。

(一) 海洋货物运输国际法

1. 国际货物运输的概念和特点

国际贸易离不开国际货物运输,国际货物运输作为国际货物贸易过程的一个重要的环节,在国际贸易中占有十分重要的地位,并有着自己独立于国际货物买卖关系的国际货物运输关系。

所谓的国际货物运输,就是使用一种或多种运输工具,把货物从一个国家的某一地点运到另一个国家的某一地点的运输。国际货物运输的方式很多,有海洋运输、航空运输、铁路运输、公路运输、江河运输、管道运输等。在科技发达的今天,多式联运为买卖双方提供了更多的便利,加速了国际贸易的发展。与其他种类的国际货物运输方式相比,海洋货物运输具有运量大、运费低、不受道路和轨道的限制、可以通达各沿海国家和地区口岸的优点,所以,它是国际贸易中最主要的运输方式。在国际贸易总量中约有三分之二的货物通过海洋运输。我国进出口货运量中,通过海洋运输的占80%以上。由于航海贸易历史悠久,已经形成了国际性很强的比较统一的海洋运输的法律和惯例,各国有关海洋运输的法律也较接近。

每种运输方式都具有其自身的特点,但作为国际货物运输,所有的运输方式又都具有以下共同的特点:

① 各种国际货物运输方式都是通过双方当事人签订和履行国际货物运输合同来设立和实现运输关系的。所谓国际货物运输合同是托运人和承运人订立的,由承运人将货物从出口方的装运地运到进口方的卸货地,而由托运人或收货人支付运费的合同。这类合同大都是以

货运单据为表现形式。

② 规范和调整各种不同国际货物运输合同的主要法律形式,是国际公约、国际惯例和有关国家的国内法。目前,在国际范围内已形成许多统一实体法规范,这些实体法规范的内容对各国的国内有关立法起着重大的影响。如在国际海洋货物运输方面,现行《1924年海牙规则》中所确定的原则,就为许多国家海商立法所采用。

③ 国际货物运输风险大,所以,国际货物运输与保险业关系紧密。

2. 国内海运法规

(1)《中华人民共和国海商法》

①《海商法》的颁布及其调整对象

《海商法》是调整海上运输关系及船舶关系的特别民事法律。1992年11月7日由第七届全国人民代表大会常务委员会第二十八次会议通过,自1993年7月1日施行。

海上运输中发生的法律关系包括各种合同关系、侵权关系及因海上特殊风险导致的其他法律关系。主要是指承运人与托运人、收货人或者旅客之间,承托方与被拖方之间,保险人与被保险人之间的关系。使用船舶是各种海上活动最基本的特征,于是就产生了与船舶相关的法律关系,主要是船舶所有人、经营人、出租人、承运人之间,抵押权人与抵押人之间、救助人与被救助人之间的关系。

②《海商法》的主要内容

有关《海商法》的基本原则的规定;

有关海上客货运输的规定,包括海上货物运输合同、海上旅客运输合同;

有关船舶租用与海上拖航的规定,包括船舶租用合同、海上拖航合同;

有关船舶物权的规定,包括船舶所有权、船舶抵押权、船舶优先权;

有关船长、船员的规定;

有关海上侵权的规定,如船舶碰撞等;

有关分摊海上特殊风险的规定,包括海滩救助,共同海损、海事赔偿责任、海上保险合同等;

有关诉讼时效、准据法的规定,以及涉外关系的法律适用。

③《海商法》的特点

一是与国际规则接轨。《海商法》广泛吸纳了国际公约的合理规则。如第 2 章"船舶"中有关船舶抵押权和船舶优先权的规定,吸收了《1967 年统一船舶优先权和抵押权规定的国际公约》的内容;第 4 章"海上货物运输合同"以 1968 年《海牙—维斯比规则》为基础,吸收了 1978 年《汉堡规则》的部分内容;第 5 章"海上旅客运输合同"、第 8 章"船舶碰撞"、第 9 章"海难救助",均分别按照 1974 年《海上旅客及其行李运输雅典公约》、1910 年《船舶碰撞公约》、1989 年《国际海上救助公约》的实质性条款制定(中国是上述三个公约的缔约国);第 11 章"海事赔偿责任限制"参照了 1976 年《海事索赔责任限制公约》;第 6 章"船舶租用合同"、第 7 章"海上拖航合同"参照了国际上相应的标准合同;第 10 章"公同海损"参照了作为国际惯例在海运界得到广泛应用的 1974 年《约克·安特卫普规则》;第 12 章"海上保险合同"参考了为多数国家所借鉴的 1906 年《英国海上保险法》。国际公约、国际惯例及标准合同对《海商法》的具体内容产生了深刻而广泛的影响。

二是独具特色的海上运输风险分担制度。《海商法》中第 4 章"海上货物运输合同"涉及的国际公约有 3 个,即 1924 年《海牙规则》、1968 年《海牙—维斯比规则》和 1978 年《汉堡规则》。我国是一个发展中的海运大国,如何制定承运人的责任制度,关系到国家经济贸易和海运业的发展。依据"促进海上运输和经济贸易发展"的立法宗旨,研究了国际上承运人责任制度的现状及其发展趋势,并在此基础上实事求是地分析了我国海运业的综合竞争能力,最后形成的结论是:承运人的责任应以《海牙—维斯比规则》为基础,并适当吸收《汉堡规则》中可以实施的内容以增加承运人的责任,体现海上运输风险分担的原则。目前,这种承运人的混合责任制已成为国际海运法规的发展趋向。

三是条款强制性与任意性的统一。《海商法》的主要立法依据是国际公约、民间规则和标准合同。由国际公约移植到《海商法》的条款主要涉及承运人或责任人的责任和责任限制,只能是强制性的。国际公约的目的是统一各国的海商立法,其大部分的规定必然是强制性的。

源于民间规则的条款,如《海商法》第10章"公同海损",就不宜成为强制性的规范。为此《海商法》第203条规定:"共同海损理算,适用合同约定的理算规则,合同未约定的,适用本章的规定。"参考标准合同制定的条款更具有任意性,《海商法》第6章"船舶租用合同"就属于这类条款,《海商法》第152条规定:"本章有关出租人和承运人之间权利、义务的规定,仅在船舶租用合同没有或者没有不同约定时适用。"

(2)《中华人民共和国国际海运条例》及《中华人民共和国国际海运条例实施细则》

《中华人民共和国国际海运条例》已经2001年12月5日国务院第49次常务会议通过,自2002年1月1日起施行。本条例适用于进出中华人民共和国港口的国际海上运输经营活动以及与国际海上运输相关的辅助性经营活动。前款所称与国际海上运输相关的辅助性经营活动,包括本条例分别规定的国际船舶代理、国际船舶管理、国际海运货物装卸、国际海运货物仓储、国际海运集装箱站和堆场等业务。《条例》对国际海上运输及其辅助性业务的经营者做了明确规定,包括经营国际船舶业务应具备的条件及其申请手续,对经营无船承运业务应交纳保证金及其申请手续,对经营国际船舶代理业务和经营国际船舶管理业务应具备的条件及其申请手续。对国际船舶运输经营者、无船承运业务经营者、国际船舶代理经营者和国际船舶管理者不再具备本条例规定的条件时,国务院交通主管部门或者省、自治区、直辖市人民政府交通主管部门有权取消其经营资格。《条例》对国际海上运输及其辅助性业务经营活动也做了明确规定。国际班轮运输的经营者应取得其经营资格,经营国际班轮运输业务,应当向国务院交通主管部门提出申请,并附送资料。《条例》还规定了取得国际班轮运输经营资格的国际船舶运输经营者,应当自取得资格之日起180日内开航;因不可抗力并经国务院交通主管部门同意,可以延期90日。逾期未开航的,国际班轮运输经营资格自期满之日起丧失。《条例》规定了在何种情况下国际船舶运输者应向国务院交通主管部门备案。国际船舶运输经营者之间的兼并、收购,其兼并、收购协议应当报国务院交通部门审核同意。《条例》还规定了国际船舶代理经营者和国际船舶管理经营者接受船舶所有人或者船舶承租人、船舶经营人的委托,可以经营的业务范围。《条例》对外商投资经营国际海上运输及其辅助性业务做了特别规定,包括经营方式、经营范围以及企业中外商所占比例的限制。《条例》规定了国务院交通主管部门有权应利害部门的请求或者自行决定对有关涉及中国港口的经营国际班轮运输业务的国际船舶运输经营者之间的班轮工会协议、运营协议、运价协议,以及可能对公平竞争造成损害,或符合本条例第二十七条的行为之一进行调查和处理,并对调查和处理的实施做了规定。《条例》对各种违反本规定的国际船舶运输业务的行为的处罚做了明确的规定。

《中华人民共和国国际海运条例实施细则》自2003年3月1日起施行。《细则》对国际船舶运输业务、国际船舶运输经营者、国际班轮运输业务等的含义做了明确规定;对国际海上运输及其辅助性业务经营者其申请材料的内容也做了明确规定。《细则》对国际海上运输及其辅助性业务经营活动,包括新开或者停开,或者变更国际班轮运输船舶、班期,增加营运船舶数量,都要求营运者向交通部备案。任何单位和个人不得擅自使用国际班轮运输经营者和无船承运业务经营者已登记的提单。班轮工会协议,由班轮工会代表其所有经营进出口中国港口海上运输的成员备案。国际船舶运输经营者之间订立的运营协议、运价协议,由参加订立协议的国际船舶经营者备案。在中国境内收取运费、代为收取运费以及其他相关费用,应向付款人出具专用发票。《细则》规定国际船舶管理经营者应当根据合同的约定和国家有关规定履行有关船舶安全和防止污染的义务,并对国际船舶代理经营者、国际船舶管理经营者、国际海运货物仓储业务经营者以及国际集装箱与堆场业务经营者的行为做了规范,以及对外国国际船舶运输经营者和外国国际海运辅助企业的常驻代表机构不得从事的经营活动做了具体规定。《细则》规定,设立中外合资、合作经营企业经营国际船舶运输业务,应向企业所在地的省、自治区、直辖市人民政府交通主管部门提出申请和申请材料应包括的具体内容。对设立《中华人民共和国国际海运条例》第三十三条规定的外商投资企业,应当按照交通部和对外贸易经济合作有关规定办理。《细则》还对经营国际海运货物仓储业务和经营国际海运集装箱站及堆场业务应具备的条件做了明确要求。外国国际船舶运输经营者以及外国国际海运辅助企业在中国境内设立常驻代表机构,应当通过拟设立常驻代表机构所在地的省、自治区、直辖市人民政府交通主管部门向交通部提交材料,《细则》对申请材料的内容做了明确规定,并对调查和处理的程序和原则做了规定。《细则》还对各种违反规定的国际船舶运输业务的具体行为和处罚方式做了明确的规定。

3. 海运国际公约

目前,海运国际公约主要有:

(1)《海牙规则》

《海牙规则》(Hague Rules)是1924年在布鲁塞尔由欧美26个国家签订的,全名为《统一提单的若干法律规定的国际公约》,于1931年6月正式生效。目前,它已被世界大多数国家所接受,各海运公司也大都根据《海牙规则》来制定自己的提单条款。因此,《海牙规则》已成为调整海洋货物运输的重要而普遍的法律依据。

《海牙规则》共有16条,主要内容如下:

① 关于"货物"的范围,作了限制性的定义,规定为将"活动物"和"甲板物"除外。

② 关于船方的"责任期间",限定为"自货物装上船时起至卸下船时止的一段时间",即采用所谓"钩至钩"的原则。

③ 将船舶适航和照料货物方面通常应负的保证责任,仅规定为有义务"恪尽职责"和"应适当和谨慎地"装包、搬运、配载、运送、保管、照料和卸载所运的货物。

④ 承运人在17种原因下可以免除责任。

⑤ 承运人的赔偿责任限额为每件或每件计费单位100英镑。

⑥ 规定收货人最迟应在卸货港收到货物以前或当时将货物的灭失和损害的情况书面通知承运人,否则即推定承运人交付了提单列明的货物。如果灭失和损坏的情况不明显,收货人应在收到货物后3日内通知承运人。

这些规定,是承运人的最低责任和免责范围。承运人和托运人可以协商另订条款,但只能加重而不能减轻承运人的责任,承运人只可放弃部分或全部免责事项,而不得增加。

(2)《海牙—维斯比规则》

《海牙—维斯比规则》是对《海牙规则》的补充和修改。第二次世界大战以后,随着国际经济贸易和海运事业的发展,《海牙规则》的某些规定已不适应海洋运输的实际需要,第三世界国家要求改善货主方面利益的呼声日益高涨。在这种形势下,国际海事委员会于1963年对《海牙规则》提出了修改方案,1968年在布鲁塞尔召开了英、法、北欧等国家的外交会议,签订了《修改统一提单的若干法律规定的国际公约的议定书》,简称为《1968年布鲁塞尔议定书》(The 1968 Brussels Protocol),又称《维斯比规则》(Visby Rules)或《海牙—维斯比规则》(Hague - Visby Rule)(这是因为布鲁塞尔议定书是在维斯比准备和完成的)。《海牙—维斯比规则》于1977年6月23日生效,目前,已有16个国家参加。该规则在保留《海牙规则》的基本责任制度的基础上,做了重要的修改和补充:

① 扩大了规则的适用范围。《海牙规则》只适用于任何缔约国所签发的提单,《海牙—维斯比规则》既适用于上述提单,也适用于"从一个缔约国港口起运"的提单,即既适用于出口提单,也适用于进口提单,同时还适用于只要提单中规定受该规则的约束的任何提单。

② 提高了每件或每单位的赔偿责任的额度,增加了按照每公斤计算的赔偿额度。《海牙—维斯比规则》把《海牙规则》规定的承运人的赔偿责任限额由每件或每计费单位100英镑改为1万金法郎,并增加规定,也可按毛重每公斤30金法郎计算,以二者中金额较高者为准。一个金法郎是指一个含有纯度千分之九百的黄金65.5 mg的单位。但由于黄金官价不久即不存在,1979年12月又签订了一个特别议定书,将金法郎折合成特别提款权,每15个金法郎折合为1个特别提款权。

③ 增加了"集装箱准则"条款。为了适应集装箱和托盘运输的需要,《海牙—维斯比规则》规定,如果提单上载明装在集装箱和托盘中的件数或单位数,就以提单所载明的件数或单位数计算赔偿责任的限制数额。如果提单未载明具体数量,则把一个集装箱或一个托盘视作

一件或一个单位。

④ 增加了维护承运人的雇佣人员或代理人利益的内容。《海牙—维斯比规则》规定,承运人的雇佣人员或代理人在索赔诉讼中可以享有与承运人相同的抗辩事由和责任限制。

⑤ 明确了不得否认原则。为了保障善意的第三人的利益,《海牙—维斯比规则》规定,承运人不得对提单所作的说明提出反证,即当提单合法转让给第三人时,承运人不得提出与提单所载明事项相反的证据来否认提单所做的说明。

(3)《联合国1978年海上货物运输公约》(简称《汉堡规则》)

鉴于《海牙—维斯比规则》仅对《海牙规则》做了非本质的修改和补充,同时,也考虑到近年来世界运输技术的发展和集装箱运输在国际航运中所产生的深刻影响,为了适应国际贸易发展的需要以及第三世界国家所提出的关于改善货主利益的强烈要求,联合国国际贸易法委员会的航运立法工作组1972年开始草拟海上货物运输公约的准备工作,经过多次会议的讨论和修改,于1976年5月拟定了《海上货物运输公约草案》,并于1978年3月在汉堡召开的有71个国家参加的全权代表大会上获得通过,定名为《联合国1978年海上货物运输公约》(UN Convention on the Carriage of Goods by Sea, 1978),简称《汉堡规则》(Hanburg Rules)。这个公约在20个国家提交本国政府批准后一年生效。

《汉堡规则》共有34条,主要内容有:

① 将"活动物"和"甲板货"包括在"货物"的范围内,这就扩大了《海牙规则》关于"货物"的限制性定义,但对承运人运送"活动物"时,规定了较一般货物为宽的责任。

② 规定了承运人对货物的责任期间为包括货物在装货港、运输途中和卸货港由承运人掌管的全部期间。这就把《海牙规则》的"钩至钩"原则改为"港至港"原则。

③ 规定承运人的责任包括延迟交货在内。

④ 将签订运输合同的承运人和实际履行货物运输的承运人做了区分,规定为如果承运人和实际承运人都有责任,需连带负责。

⑤ 关于赔偿责任限额的规定,在《海牙—维斯比规则》双重责任限额的基础上,赔偿额度又做了增加,规定每件或每单位为 835 SDR 或相当于毛重每公斤 2.5SDR。

⑥ 当提单没有准确地表示出实际接管或装上船的货物的性质,而承运人如果确实知道此种情况,或有合理的根据对此存在着某种怀疑,规定承运人负有必须提出保留意见的责任。这实际上增加了承运人的责任,因为《海牙规则》并不要求承运人在上述情况下负有必须作出保留意见的责任。

⑦ 延长了收货人发出货物灭失和损坏通知的时间。规定为如果货物的灭失和损坏是明显的,收货人应不迟于货物移交给收货人之日后的下一个工作日发出通知。如果货物的灭失和损坏是不明显的,可延长到 15 天。收货人未按时发出通知并不丧失索赔的权利,但是要负举证的责任。如果在延迟交货的情况下,通知承运人关于货物的灭失和损失的时间在货物交给收货人之后超过 60 天,则丧失了索赔权。

⑧ 增加了关于管辖权和仲裁的规定,将诉讼时效规定为 2 年,这种规定既适用于收货人,也适用于发货人。《海牙规则》规定只给收货人以 1 年的诉讼时效。

(二) 铁路、航空货物运输国际法

1. 国际铁路货物运输概述及其公约

铁路运输在国际贸易货物运输中占有重要的地位。铁路运输的特点是:运行速度较快,载运量较大,受气候条件的影响较小,因而在运输途中可能遭遇的风险较小,连续性强,可以常年正常行车。在有陆地相连的国家之间,铁路运输在国际贸易货物运输中占有突出的地位。

我国幅员辽阔,目前,与我国有铁路相通的国家有俄罗斯、哈萨克斯坦、蒙古、朝鲜、越南等,具有利用铁路运输进出口货物的有利条件。特别是横贯我国大陆的第二条欧亚大陆桥,它东起我国江苏省的连云港,向西直达荷兰的鹿特丹港,全长 1 万余公里。通过大陆桥运输比海运可提前 1 个月到货,运费节省 20%～25%。所以,我国与俄罗斯、独联体中亚 5 国、欧洲大陆国家、朝鲜、越南的国际贸易货物,有相当一部分是通过铁路货物运输的方式进行的。国际铁路运输主要是通过联运方式进行,使用统一的国际联运单据,由铁路方面负责经过两国或两国以上的铁路,由一国铁路向另一国铁路移交货物,不需要发货人与收货人参加的一种运输方式。

欧亚国际铁路货物运输的国际公约主要有两个:《国际铁路货物运送公约》(又称《伯尔尼货运公约》,简称《国际货约》)和《国际铁路货物联运协定》(简称《国际货协》)。

《国际铁路货物运送公约》于1938年订立,它是在1890年欧洲各国于伯尔尼举行的各国铁路代表会议上制定的《国际铁路货物运送规则》的基础上修订而成。参加《国际货约》的国家有:德国、法国、英国、荷兰、比利时、卢森堡、丹麦、芬兰、挪威、瑞典、奥地利、瑞士、西班牙、葡萄牙、列支敦士登、意大利、希腊、土耳其、南斯拉夫、保加利亚、匈牙利、罗马尼亚、波兰和原捷克斯洛伐克。《国际铁路货物联运协定》最初由前苏联、波兰、原捷克斯洛伐克、罗马尼亚、匈牙利、保加利亚、原民主德国和阿尔巴尼亚于1951年11月签订,我国和蒙古、朝鲜于1953年参加该协定,1955年越南也加入了这个协定。在国际货协的成员国中,除前苏联以外的东欧国家,同时还参加了《国际货约》,这就为沟通国际间的铁路货物运输提供了更为有利的条件,使参加《国际货协》国家的进出口货物,可以通过铁路转运到《国际货约》的成员国。

我国是《国际货协》的成员国,与我国有铁路相连的国家均是《国际货协》的成员国,故《国际货协》是我国对外铁路货物运输的主要法律依据。《国际货协》规定了货物运输组织、运送条件、运送费用的计算和核收办法以及铁路部门与发货人、收货人之间的权利和义务等内容,它是参加国铁路部门和发货人、收货人办理货物联运必须遵守的基本文件。

《国际货协》适用的国际铁路货物联运的范围包括:

(1)在参加《国际货协》国家的铁路间进行货物运送

按照《国际货协》进行国际铁路货物联运,在相同轨距铁路的国境站,不必进行换装,可使用发送国铁路的车辆直接过轨;在不同轨距铁路的相邻国境站,进行换装或更换车轮对或使用变距轮对,然后继续运送;若在铁路不连接的《国际货协》参加国之间运送,则需要通过参加国铁路某一车站负责转运,由发货人或收货人委托代理人领取货物,用其他运输工具继续运送。

(2) 从参加《国际货协》国家铁路向未参加《国际货协》国家铁路的货物运送

在这种情况下,由参加《国际货协》国与非参加《国际货协》国相连的出口国境站站长,或收货人以及发货人委托的代理人,在该站办理转送至非参加国最终到站的转运手续。发货人在铁路运单"发货人声明"一栏内记载最终到达站的字样,以资识别。

(3) 通过海运港口的货物运送

通过《国际货协》参加国之间的铁路联运,由其中之一的国家港口向未参加《国际货协》国家铁路发送货物,发站和港口间货物运送可使用《国际货协》单据办理。由发货人或收货人委托在港口站的代理收转人继续办理转运手续。

2. 航空货物运输国际法

航空运输是现代国际货物运输的一种重要方式,它不受地面条件的限制,速度快,货运周期短,货物在运输途中损率小。正因为航空运输具有这些特点,所以近年来航空运输方式在国际贸易货物运输中得到了广泛的应用,货运量不断增大,特别是急需物资、鲜活商品、易损易震货物等,更为适宜。虽然航空运输的运费较海运和铁路运输的运费在一般条件下为高,但对部分商品来说,采用航空运输,可以减小包装费、装卸费、仓储费用等。随着对外贸易的扩大,我国对外贸易航空货运量也在增大。目前,我国各大城市基本上可以直接办理国际货物航空运输。

关于航空货物运输的国际法,主要是1929年10月12日在华沙签订的《统一国际航空运输某些规则的公约》,简称《华沙公约》,于1933年2月13日生效,后于1955年9月28日在海牙修订,称为《1955年海牙修正华沙公约》,简称《海牙议定书》,于1963年8月1日生效。之后,又于1961年9月18日在墨西哥的瓜达拉哈拉签订了《统一非缔约国承运人所办国际航空运输某些规则的公约》,简称《瓜达拉哈拉公约》,于1964年5月1日生效。《海牙议定书》和《瓜达拉哈拉公约》主要是为补充《华沙公约》而订立的。签订《瓜达拉哈拉公约》又是为了明确非缔结运输契约的承运人(实际承运人)根据缔约承运人的授权实际办理运输时的权利和义务。由于《华沙公约》和《海牙议定书》对此都未明确规定,《瓜达拉哈拉公约》规定,如果实际承运人办理的运输适用《华沙公约》的运输合同的全部或部分规定时,缔约承运人和实际承运人都应受《华沙公约》规则的约束,其中缔约承运人适用合同规定的全部,实际承运人只适用自己办理运输的有关部分。

这三个公约是各自独立的国际公约。我国于1958年7月15日加入了《华沙公约》,1975年8月20日加入了《海牙议定书》。在我国与《华沙公约》成员国之间的航空运输适用《华沙公约》,与《海牙议定书》成员国之间的航空运输则适用《海牙议定书》。此外,我国还与一些国家签订了双边航空协定。

3. 国际货物多式联运公约

(1) 国际货物多式联运及其所引起的法律问题

国际多式联运(international multi-model transport)是指按照多式联运合同,以两种及以上运输方式,由一名多式联运经营人将货物从一国境内接管货物地运至另一国境内指定地的跨国运输。它是随着集装箱货物成组运输的发展而发展起来的。

国际货物多式联运的发展,产生了一系列新的法律问题:

首先是法律适用问题。传统的国际货物运输方式划分为海、陆、空三种,货物运输采用不同的方式,适用不同的法律。也就是说,前述的关于国际货物运输的法律都是以不同的运输方式为基础而制定和适用的。但是,国际货物多式联运是把海、陆、空运输过程结合在一起,运输过程涉及两个及两个以上的主权国家,采用两种以上的传统运输方式,并且货物在整个运输过程中是密闭在集装箱内,所以,如果货物发生灭失或损坏,往往很难确定其发生在哪个运输阶段,因而也就难以确定应根据哪种运输方式的公约来确定承运人的责任。

其次是运输单据的性质。海运提单一般都是可转让的物权凭证,而铁路运单和航空运单都不具有可转让的物权凭证性质。在多式联运下的货运单据既包括海运,也包括陆运和空运,其法律性质应如何确定?

再次是货主与承运人的法律关系。在传统的各种运输方式中,货主与承运人之间的合同关系是明确的。但是,在多式联运中,承运方有联运经营人和实际承运人,若货物发生损失,托运人或收货人究竟应向联运经营人还是向实际承运人索赔或起诉?

为了解决多式联运带来的一系列的新的法律问题,国际组织和国际商业团体相应制定了有关的国际公约草案和规则。联合国国际多式联运公约会议第二次会议于1980年5月24日在日内瓦通过了《联合国国际货物多式联运公约》。该公约由总则、单据、联运人的赔偿责任、发货人的赔偿责任、索赔和诉讼、补充规定、海关事项、最后条款等8部分组成,明确了国际多式联运的概念,特别是确定了多式联运经营人的全程单一负责制。

(2)《联合国国际货物多式联运公约》对多式联运的若干法律规定

① 多式联运合同当事人的法律性质

多式联运合同的当事人,一方是发货人,另一方是联运经营人(简称联运人)。根据《公约》第1条、第2款的规定,联运人是以"本人"的身份同发货人订立合同的,即以"本人"的身份对运输全过程负责,承担履行整个联运合同的责任。此即联运人的"全程单一负责制"。联运人不得以已将全程的某一段运输委托给其他运输分包人为由,而对发生在该段的损失不负责任。

② 多式联运单据

根据《公约》的规定,多式联运单据是证明多式联运合同以及证明多式联运经营人已接管货物并负责按照合同条款交付货物的单据。所以,发货人应向联运人保证他所提供的货物品类、标志、件数、重量和数量以及危险货物的性质等资料的准确性,如果因这些资料不准确或不适当而使联运人遭受损失,发货人应负责予以赔偿,而不论发货人是否已将联运单据转让给他人。但联运人对发货人的这种索赔权,并不限制其按照多式联运合同对发货人以外的任何人应负的赔偿责任。

多式联运单据根据收货人栏内填写内容不同,可以分为可转让的单据和不可转让的单据两种。根据国际商会 UCP500 规定,除非信用证另有不同的规定,银行可以接受多式联运单据,出单日视同装船日。

（3）关于货物赔偿责任的原则及限额

在实行联运人"全程单一负责制"的情况下,《公约》采用推定过失原则作为货物赔偿责任的基础。《公约》规定联运人应对他的雇员、代理人和其他人的过失负责,即除非联运人能举证证明他和他的雇员或代理人为避免损失事故的发生及其后果已经采取了一切所能的合理措施,否则就视为联运人有疏忽或过失,联运人就应对在其责任期间内所发生的灭失、损坏或交货迟延负赔偿责任。

《公约》对货物赔偿限额做了统一的规定:包括海运时为货物每件 SDR920,或毛重每公斤 SDR2.75,以高者为准（比《汉堡规则》提高 10%）。考虑到空运、铁路、公路承运人对货物损失的赔偿责任应当高于海运承运人,所以,若根据运输合同,在多式联运中不包括海上或内河运输,则联运人对货物灭失或损坏的赔偿责任以毛重每公斤 SDR8.33 为限。

但《公约》又规定,如能确定货物损害发生的运输阶段,而该阶段所适用的国际公约或国内法又规定了较高的限额时,则应按照后者的有关规定办理。

（4）关于索赔与诉讼的规定

《公约》规定,在货物发生灭失或损坏时,收货人应不迟于联运人将货物交给他的次一工作日将灭失或损坏情况以书面通知递交联运人;若货物的损失不明显,则收货人可在交货后 6 天之内提出上述书面通知。对于延迟交货,收货人应于交货后 60 天内向联运人提出索赔的书面通知。

若由于发货人或其雇员或代理人的过失和疏忽给联运人造成了损失,联运人必须在不迟于发生这种损失后 50 天内,将损失情况以书面通知递交发货人。若联运人未向发货人递交书面通知,即成为联运人未受到这种损失的初步证据。

国际多式联运诉讼时效为 2 年,但如果在货物交付后 6 个月内没有提出书面索赔通知,即失去诉求权。如果法院按其所在国法律有管

辖权,而且下列地点之一位于其法院管辖范围内,则原告可以选择其中之一提起有关国际多式联运的诉讼:

① 被告主要营业所;

② 多式联运合同的缔结地;

③ 接受货物的地点或支付货物的地点;

④ 多式联运合同中所指定,并在多式联运单据中载明的其他地点。

《公约》规定,各方当事人可以用书面协议将根据《公约》所发生的有关国际多式联运的争议交付仲裁。当事人可以选择提请仲裁的地点,可供选择的地点与诉讼管辖所规定的地点基本相同。

自学指导

学习重点

本章学习重点:运输政策的相关概念;运输政策的表现形式;交通运输法规的构成。

1. 运输政策的相关概念

(1) 运输政策的概念

(2) 交通运输法规的性质

(3) 交通运输法规的概念

2. 运输政策的表现形式

(1) 以国家文件形式出现的运输政策的一般内容

(2) 以国家部委文件形式出现的运输政策的一般内容

3. 交通运输法规的构成

(1) 交通运输法规的类型

(2) 交通运输法规的层次

(3) 各项法规的大致内容

学习难点

本章学习难点:理解运输政策与法规的内容,并具体运用运输政策和法规指导实践工作。

复习题

一、简答题

1. 制定运输政策有何意义？
2. 运输政策有哪些表现形式？
3. 简述运输法规体系的构成。
4. 交通运输法规有何特点？
5. 简述交通运输法规的作用。
6. 外贸运输法规有哪些？简述各主要内容。

二、论述题

试述运输政策与法规对交通运输行业发展的作用。

参考文献

1. 李维斌,邵振一.公路运输组织学.北京:人民交通出版社,2001
2. 成耀荣.综合运输学.北京:人民交通出版社,2003
3. 邵振一,董千里.道路运输组织学.北京:人民交通出版社,2003
4. 湖南省汽车运输管理局.汽车运输企业经营管理.北京:人民交通出版社,1981
5. 真虹,顾家骏.集装箱运输学.大连:大连海事大学出版社,1999
6. 蒋正雄,刘鼎铭.集装箱运输学.北京:人民交通出版社,1997
7. 王愧林,刘明菲.物流管理学.武汉:武汉大学出版社,2002
8. 姜宏.物流运输技术与实务.北京:人民交通出版社,2001
9. 王学锋.国际物流运输.北京:化学工业出版社,2004
10. 沈文,云俊,邓爱民.物流与供应链管理.北京:人民交通出版社,2003
11. 高自友,孙会君.现代物流与交通运输系统.北京:人民交通出版社,2003
12. 缪六莹.物流运输管理实务.成都:四川人民出版社,2002
13. 张永杰,刘建勋,陈海泳,翁垒.交通运输法规.北京:人民交通出版社,2004
14. 张选昌.物流运输与配送管理.北京:中国经济出版社,2004
15. 朱隆亮,谭任绩.物流运输组织管理.北京:机械工业出版社,2003
16. 余群英.运输组织与管理.北京:机械工业出版社,2004
17. 王崇鲁.如何进行运输与配送管理.北京:北京大学出版社,2004
18. 傅桂林.物流成本管理.北京:中国物资出版社,2004
19. 连桂兰.如何进行物流成本管理.北京:北京大学出版社,2004
20. 周宗世.水运实用知识.武汉:湖北辞书出版社,2003

21. 陈唐民.汽车运输学.北京:人民交通出版社,2002
22. 吴永富.国际集装箱运输与多式联运.北京:人民交通出版社,1998
23. 张丽娟.水运价格理论与实践.北京:人民交通出版社,2003
24. 王义源.远洋运输业务(第三版).北京:人民交通出版社,2002
25. 郭耀煌,李军.车辆优化调度问题的研究现状评述.西南交通大学学报.1995.8
26. 马士华.供应链管理.北京:机械工业出版社,2001
27. 郝彩霞.第三方物流信息管理模型的研究.西安电子科技大学硕士学位论文,2001.1
28. 程赐胜,陈宝星,关仕罡.商品配送中车辆调度随机模型的建立及其求解.系统工程,2001.1
29. 霍红.配送中心选址问题的研究.物流管理,2003.2
30. 孟小平.物流配送及其运输调度优化研究.大连海事大学硕士学位论文,2001.3
31. 常发亮,刘长有.物资配送中心的物流调度与优化研究①.高技术通讯1997.12
32. 程世东,石建军,刘小明.中国配送车辆调度特点及其研究重点.交通运输系统工程与信息,2001.8
33. 李令.交通运输政策.北京:中国铁道出版社,2003
34. 赵淑芝.运输经济分析.北京:人民交通出版社,2003
35. 胡思继.交通运输学.北京:中国铁道出版社,2001
36. 俞招根,凌晓雯.现代国际贸易学.上海:同济大学出版社,2003

后 记

经全国高等教育自学考试指导委员会同意，由经济管理类专业委员会负责高等教育自学考试经济管理类专业教材的组编工作。

《运输管理》自学考试教材由方芳担任主编。参加本书编写的有：武汉理工大学交通学院方芳（编写第一、二、五、六章），武汉理工大学交通学院刘清（编写第三、四、七章），中海物流开发部经理向军（编写案例）。

武汉理工大学交通学院的杨家其教授和蒋惠圆教授、华中科技大学的张席洲副教授参加本教材审稿会并提出修改意见。全书由方芳、刘清修改定稿。在此一并表示感谢。

全国高等教育自学考试指导委员会
经济管理类专业委员会
2005 年 3 月

附录

中国物流职业经理资格证书考试
全国高等教育自学考试物流管理专业

运输管理（一）（二）考试大纲

全国高等教育自学考试指导委员会　制订

Ⅰ. 能力考核要求

"运输管理"是中国物流职业经理资格证书考试(中、初级)的选考课程之一,同时该课程也是高等教育自学考试物流管理专业(专科、独立本科段)的专业课。该课程主要介绍运输的功能与原理、运输在物流中的作用,运输发展的趋势;运输的基本方式、各种运输方式的技术经济特征、运输结点的类型和功能;运输作业管理;城际、市内运输组织;运输模式、运输工具和运输路线的选择;运输成本、绩效和运输价格管理;运输单证及管理、运输合同的签订、货物运输保险、货运理赔、货运代理;运输政策与法规等。

该课程的考核目的在于检查考生掌握本课程的基本知识情况和运用所学方法解决运输管理中实际问题的能力。

学习本课程应具备运输经济学、物流管理等基础知识。

本课程要求考核识记、领会、简单应用、综合应用等四种能力。四种能力层次解释为:

识记:要求考生知道本课程中的名词、概念、原理、知识的含义,并能正确认识或识别。

领会:要求在识记的基础上,能把握本课程中的基本概念、基本原理和基本方法,掌握有关概念、原理、方法的区别与联系。

简单应用:要求在领会的基础上,运用本课程中的基本概念、基本原理和基本方法中的少量知识点,分析和解决一般的理论问题或实际问题。

综合应用:要求考生在简单应用的基础上,运用所学过的本课程规定的多个知识,综合分析和解决较复杂的理论和实际问题。

Ⅱ. 考试形式和试卷结构

1. 本课程考试采用闭卷笔试的形式。考试时间为150分钟。试卷总分为100分,60分为及格。考生应试时可携带不具备存储功能的计算器辅助计算。

2. 考核范围为本大纲考试内容所规定的知识点及知识点下的知识细目。

3. 本课程在试卷中对不同能力层次要求的分数比例为:识记占20%,领会占30%,简单应用占30%,综合应用占20%。

4. 试卷中试题的难易程度分为:易、中和难三个等级。每份试卷中不同难度试题的分数比例一般为2:6:2。

5. 本课程考试试卷中题型一般包括:单项选择题、多项选择题、简答题、计算题、论述题、案例分析题。

Ⅲ. 考试内容和考核要求

第一部分 运输概论

一、考试内容

1. 运输概述

(1) 运输的功能与原理:运输的概念,运输与搬运、配送的区别,运输具有的两大功能。

(2) 运输的特点:运输具有生产的本质属性,运输自身的特点,现代运输手段四要素。

(3) 运输在物流中的作用。

(4) 研究运输的意义。*

2. 运输的发展趋势

(1) 运输的集约化。

(2) 运输的标准化。

(3) 运输的信息化。

(4) 运输的智能化。*

(5) 运输的绿色化。*

二、考核要求

1. 运输概述

识记:(1) 运输的概念;(2) 运输具有的两大功能;(3) 运输的特点。

领会:(1) 运输与搬运、配送的异同性;(2) 运输管理和营运的两条基本原理;(3)研究运输的意义*。

简单应用:明确运输业有别于其他行业的特点。

综合应用:理解运输在物流中的作用。

2. 运输的发展趋势

识记:(1)运输标准化的概念;(2)运输集约化的概念;(3)智能运输系统的概念*;(4)运输绿色化的概念*。

领会:(1)集约化与粗放型的区别;(2)运输集约化的具体表现;(3)运输标准化的意义;(4)运输智能化的作用*。

简单应用:充分认识运输的发展趋势。

综合应用:应用运输特点探讨运输的复杂性和发展趋势*。

第二部分 运输基础

一、考试内容

1. 运输的基本方式
(1) 铁路运输方式。
(2) 道路运输方式。
(3) 水路运输方式。
(4) 航空运输方式。
(5) 管道运输方式。*

2. 各种运输方式的技术经济特征
(1) 运输成本。
(2) 速度。
(3) 能耗。
(4) 便利性。
(5) 投资。
(6) 运输能力。
(7) 对环境的影响。

3. 集装箱运输与多式联运

（1）集装箱运输。

（2）多式联运。概述：联合运输与多式联运的概念、内容、基本特征、分类、优点。国内多式联运组织：组织方法、多式联运业务、费用核收。国际多式联运组织：国际多式联运的定义和特征、国际多式联运组织形式、责任划分。

4．运输结点的类型和功能

（1）铁路运输场站的类型与功能。

（2）道路运输场站的类型与功能。

（3）水路运输场站的类型与功能。

（4）航空运输场站的类型与功能。

5．运输的合理化＊

（1）运输合理化的概念、意义及影响因素。

（2）不合理运输的表现形式。

（3）组织合理运输的有效措施。

二、考核要求

1．运输的基本方式

识记：各种运输方式的含义。

领会：不同运输方式之间的差异。

简单应用：掌握不同运输方式所需条件。

综合应用：根据具体条件选用运输方式。

2．各种运输方式的技术经济特征

识记：各种运输方式的技术经济特征。

领会：各种运输方式的特点。

简单应用：系统认识各种运输方式的特征。

综合应用：根据各种运输方式的技术经济特征，掌握运输方式的选择方法。

3．集装箱运输与多式联运

识记：(1）集装箱运输；（2）多式联运的概念；（3）国内和国际多式联运的业务程序；（4）多式联运经营人。

领会:(1)多式联运的作用;(2)国内和国际多式联运组织方法;(3)国内和国际多式联运业务;(4)国内和国际多式联运费用核收;(5)国际多式联运经营人责任。

简单应用:采用多式联运的条件。

综合应用:组织国内和国际多式联运。

4．运输节点的类型和功能

识记:(1)运输场站的类型;(2)各类运输场站的特点。

领会:(1)各类运输场站的功能;(2)运输场站管理的主要内容。

简单应用:选择运输方式时,能考虑各类运输场站的特点。

综合应用:在物流策划中能充分利用各类场站的功能。

5．运输的合理化

识记:(1)运输合理化的概念;(2)影响运输合理化的因素;(3)组织运输合理化的措施。

领会:(1)运输不合理的类型;(2)研究运输合理化的意义。

简单应用:应用运输合理化概念分析现有的运输过程。

综合应用:系统分析所采用的运输组织是否合理。*

第三部分　运输作业管理

一、考试内容

1．运输的基本业务流程

(1)货运系统分析。

(2)货运生产过程及组织方式。

2．运输计划与调度

(1)运输计划概述。

(2)车辆运行调度。

(3)运输路径的优化。*

3．整车运输组织

(1)双班运输。

(2)拖挂(定挂)运输。
(3)甩挂运输。
(4)运输车辆的选择。

4．集装箱运输组织
(1)集装箱的定义。
(2)集装箱运输分类与特点。
(3)集装箱运输组织。

5．零担货物运输组织
(1)零担运输特点。
(2)零担运输组织。

6．长途货物运输组织
(1)长途汽车运输组织。
(2)长途运输决策问题之一:委托运输与自行运输。*
(3)长途运输决策问题之二:运输方式的选择。*
(4)长途运输决策的实例。*

7．特殊货物运输组织
(1)道路危险货物运输组织工作。
(2)道路超限货物运输组织工作。

二、考核要求

1．运输的基本业务流程
识记:(1)货物系统的概念;(2)货运生产过程的概念。
领会:(1)货运系统的构成;(2)货物流通模式;(3)货运的基本组织程序;(4)货运调度原则;(5)货运调度组织的构成及职责。
简单应用:能对货运过程进行简单分析。

2．运输计划与调度
识记:(1)计划的概念;(2)顺编法的概念;(3)逆编法的概念;(4)调度的概念。
领会:(1)运输计划的构成;(2)运输计划的编制方法;(3)货运企业调度机构的构成及主要职责。

简单应用:能编制运输计划。

综合应用:应用货物调运优化模型对货运计划进行调度和优化。

3. 整车运输组织

识记:(1)整车运输的概念;(2)双班运输的概念;(3)拖挂运输的概念;(4)甩挂运输的概念;(5)等值运距的概念。

领会:(1)货运组织形式的种类与组织过程;(2)运输工具的选择;(3)掌握整车调度的优化方法*;(4)运输工具的选择原则;(5)运输工具的选择模型与适用条件*。

简单应用:(1)能进行拖挂运输的组织;(2)熟悉双班运输、定点运输、定时运输的组织过程;(3)系统应用运输工具选择原则与模型进行运输方案设计*。

综合应用:应用组织优化原理对整车运输进行合理组织。

4. 集装箱运输组织

识记:(1)拼箱货的概念;(2)订舱的概念;(3)集装箱货运过程。

领会:(1)水路集装箱运输组织程序;(2)铁路集装箱运输组织程序;(3)公路集装箱运输组织程序。

简单应用:(1)熟悉集装箱运输组织过程;(2)了解集装箱运输的相关技术。

综合应用:应用组织优化原理对集装箱运输进行合理组织。

5. 零担货物运输组织

识记:(1)零担运输的概念;(2)中转的概念;(3)直达零担车的概念;(4)中转零担车的概念;(5)沿途零担车的概念;(6)最佳运输路线的概念。

领会:(1)零担货物的特点;(2)零担班车的组织形式;(3)零担货物的受理制度;(4)运输路线的选择原则。

简单应用:(1)能编制零担货运计划;(2)了解零担运输线路的选择方法;(3)应用运输路线的选择与决策模型对线路方案进行分析与优化*。

综合应用:应用组织优化原理对零担运输进行合理组织。

6. 长途货物运输组织

识记：(1)自运的概念；(2)委托运输的概念；(3)合作伙伴的概念。

领会：(1)长途货物运输的特点；(2)长途货物运输组织程序；(3)自运与委托运输选择时应考虑的因素＊；(4)运输方式的选择应考虑的因素＊；(5)运输网络设计原理与方法＊。

简单应用：(1)能进行城际运输的调度组织；(2)应用各种选择工具对运输方案的运输模式进行选择与决策＊；(3)应用运输路线的选择与决策原则与模型对货物运输方案进行分析与优化。

综合应用：应用组织优化原理对长途货物运输过程进行优化组织＊。

7. 特殊货物运输组织

识记：(1)危险货物的概念；(2)超限货物的概念。

领会：(1)危险货物的分类；(2)危险货物对运输工作的要求；(3)危险货物组织工作要点；(4)超限货物的类型；(5)超限货物的特殊性；(6)超限货物的组织工作要点。

简单应用：熟悉危险货物和超限货物的组织工作流程。

综合应用：能进行危险货物和超限货物组织工作。

第四部分　配送作业管理

一、考试内容

1. 物流配送概述

(1)物流的基础知识。

(2)配送系统的构成。

2. 配送业务管理

(1)配送的一般业务流程。

(2)配送系统规划。＊

(3)物流配送模式。

(4)应时配送。

(5)共同配送。

(6)配送方案的设计。

3．配送中心业务管理

(1)配送中心概述。

(2)配送中心的作业。

(3)配送中心规模的确定。*

(4)配送中心的车辆调度。*

(5)配送中心的选址。*

4．国内外先进配送系统模式案例。*

二、考核要求

1．物流配送系统及其构成

识记：(1)物流配送的概念；(2)配送在物流中的作用。

领会：(1)物流配送的功能要素；(2)运输与配送的关系；(3)配送系统的运行条件；(4)物流配送系统的构成。

简单应用：正确理解运输与配送的区别与联系。

2．配送业务管理

识记：(1)合作配送的概念；(2)市场配送的概念；(3)综合配送的概念；(4)应时配送的概念；(5)共同配送的概念。

领会：(1)配送的一般业务流程；(2)配送系统规划的基本原则；(3)配送系统的规划流程；(4)物流配送的几种模式；(5)配送模式选择的 SWOT 方法；(6)共同配送的特征；(7)共同配送的模式。

简单应用：配送业务流程设计。

综合应用：掌握配送方案设计的基本方法。*

3．配送中心业务管理

识记：配送中心的概念。

领会：(1)配送中心的特点；(2)配送中心应具备的条件；(3)配送中心的类型；(4)配送中心的基本作业流程；(5)确定配送中心最佳规模的原则与基本方法；(6)配送中心的车辆调度优化*；(7)配送中

心选址问题*。

简单应用:能对配送中心的作业方案进行初步设计。

综合应用:系统分析配送中心选址、作业对配送效率的影响。*

4. 国内外先进配送系统模式案例*

领会:(1)戴尔高效物流配送的经验;(2)"沃尔玛"物流配送的成功之处。

综合应用:能对国内外先进的配送系统进行分析。

第五部分 成本、绩效和价格管理

一、考试内容

1. 运输成本的构成
(1) 运输成本的构成和分类。
(2) 影响运输成本的因素。
(3) 降低运输成本的途径。

2. 运输费用的计算方法
(1) 铁路、道路、班轮、不定期船、航空运费的计算;
(2) 集装箱和多式联运运费的计算。

3. 运输价格管理
(1) 运输价格的构成。
(2) 影响运输价格的因素。
(3) 定价方法:成本加成定价方法、需求导向定价法。*

4. 运输绩效指标与分析
(1) 运输绩效评价的目的和方法。
(2) 运输绩效评价指标体系:内部绩效评价指标、外部绩效评价指标。
(3) 运输绩效评价标准的选择。*

二、考核要求

1. 运输成本

识记:运输成本的概念。

领会:(1)运输成本的意义;(2)运输成本的分类;(3)影响运输成本的主要因素;(4)降低运输成本的途径。

简单应用:熟悉不同运输方式的成本构成。

综合应用:掌握各类运输方式之间成本存在差异的原因。*

2. 运输费用计算方法

领会:运输费用计算的目的。

简单应用:各种运输方式的运输费用计算方法。

综合应用:运用运输费用计算比较各种运输方式在收费项目上的差异。

3. 运输价格管理

识记:(1)运输价格的概念和职能;(2)离岸价格和到岸价格的概念。

领会:(1)运输价格的基本定价方法;(2)定价需要考虑的因素。

简单应用:应用定价原理和方法进行运价分析。

综合应用:根据市场具体情况,制定相应运价战略。*

4. 运输绩效指标与分析

识记:运输绩效评价的概念、目的。

领会:(1)运输绩效评价的方法;(2)运输绩效的基本评价标准;(3)运输绩效评价指标体系的构成。

简单应用:应用运输绩效评价指标对运输进行分析。

综合应用:对运输绩效进行评价。*

第六部分 运输商务管理

一、考试内容

1. 运输单证及管理
(1) 各种运输方式的主要单证。
(2) 集装箱运输单证。
(3) 多式联运单证。
2. 运输合同的签订
(1) 运输合同的含义和特征。
(2) 货物运输合同的订立与履行。
(3) 运输合同的变更及解除。
(4) 运输纠纷及其处理。
3. 货物运输保险
(1) 货物运输保险的意义和作用。
(2) 与运输相关的保险。
(3) 海运货物保险保障的范围和海运货物保险的险别与保险条款。
(4) 陆上运输货物保险条款。
(5) 航空运输货物保险条款。
4. 货物运输代理
(1) 货物运输代理的概念。
(2) 货物运输代理的种类。
(3) 国际货运代理的责任和权利。
(4) 货运代理的业务范围。

二、考核要求

1. 运输单证及管理
识记:(1) 提单的概念和内容;(2) 货运票据的概念和作用;

(3)货物委托单的概念和作用;(4)行车路单的概念和作用;(5)铁路货物运单和货票的概念和作用。

领会:(1)提单的性质和作用;(2)多式联运单据的概念及内容;(3)货物托运、委托作业与承运、接受作业委托的过程;(4)货物的到达与交付过程。

简单应用:能填制各种运输单证。

综合应用:熟悉货运业务流程。*

2. 运输合同的签订

识记:(1)运输合同的概念;(2)运输合同的特征;(3)运输合同的内容。

领会:(1)运输合同的分类;(2)运输合同的变更或解除;(3)运输责任的划分;(4)货运事故与违约处理*。

简单应用:熟悉运输合同的签订过程。

综合应用:能独立完成货运合同的拟订。*

3. 货物运输保险

识记:(1)与货物运输相关的保险;(2)海运货运风险的种类及险别;(3)海运货物的基本险和附加险内容;(4)陆上货物运输保险条款的基本内容;(5)航空货物运输保险条款的基本内容。

领会:(1)运输保险的作用;(2)保险的基本原则;(3)保险索赔。

简单应用:能对货物运输保险进行分析与处理。

综合应用:分析运输过程中可能发生的损失,选择投保的种类。*

4. 货物运输代理

识记:(1)货运代理的概念;(2)货运代理的种类;(3)货运代理的作用。

领会:(1)代理行为的有效或无效;(2)代理关系的确立、变更和终止;(3)货运代理的业务范围。

简单应用:能从事简单的货运代理业务。

综合应用:熟悉货运代理业务。*

第七部分 运输政策与法规

一、考试内容

1. 运输政策
(1) 运输政策的作用。
(2) 现行运输政策概述。
2. 运输规制
(1) 我国的运输规制。
(2) 我国的交通运输法规。
(3) 外贸运输法规。

二、考核要求

1. 运输政策
识记:运输政策的含义。
领会:(1) 运输政策的作用;(2) 美国运输政策的特点;(3) 运输政策的表现形式。
简单应用:全面认识我国现有运输政策。
2. 运输规制
识记:(1) 交通运输法规的概念;(2) 我国主要交通运输法规的名称。
领会:(1) 交通运输法规的性质与特点;(2) 我国交通运输法规体系的基本构成;(3) 交通运输法规的种类与名称;(4) 外贸运输法规的名称及主要内容。
简单应用:应用各类运输规制指导运输工作。*

Ⅳ. 题 型 示 例

一、**单项选择题**:下列各题 A、B、C、D 四个选项中,有一个选项是正确的。请将正确选项的序号填写在括号内。

1. 车辆生产率与装卸工作停歇时间呈( )规律变化。
   A. 直线　　　　　　　　　　B. 等轴双曲线
   C. 正态分布曲线　　　　　　D. 二次曲线
   答案:B

2. 选择运输服务商方法有四种,除了服务质量比较法、运输价格比较法、综合因素法外,还有( )。
   A. 数量比较法　　　　　　　B. 市场信誉法
   C. 对比比较法　　　　　　　D. 层次分析法
   答案:D

二、**多项选择题**:下列各题 A、B、C、D、E 五个选项中,有 2~5 个选项是正确的。请将正确选项的序号填写在题后括号内,错选或漏选均不给分。

1. 采用定时运输的优点是( )。
   A. 计划性强　　B. 运输质量高　　C. 工作效率高
   D. 采用的运输工具最少　　　E. 管理简便
   答案:A、C

2. 下列哪些因素直接影响运输的合理性?( )
   A. 运输量　　　　　　　　　B. 运输距离
   C. 运输时间　　　　　　　　D. 运输费用
   E. 运输工具

答案:B、C、D、E

三、简答题

1. 何谓零担货物运输？零担货物的主要特点是什么？

答案:零担货物运输是指以定线定站式货运班车或客运班车捎带货物挂车的形式将沿线零担货物集中起来进行运输的货运形式。零担货物的主要特点是:托运量小、流向分散、批数较多、品类繁杂。

2. 请根据具体情况选用合适的运输方式组织运输。
（1）有 20 箱名贵手表要从北京运送到广州；
（2）海尔要将 1 万台冰箱从青岛运往欧洲；
（3）要从青岛运送一批活海鲜到郑州。

答案:(1)航空或铁路运输。分析:根据供货时间确定。如在旺季,客户急等要货,必须空运。其他情况可考虑采用铁路运输。

（2）海运。分析:只有海运。采用空运运价太高,且不好运。

（3）铁路或公路运输。分析:根据货运量的多少,铁路和公路运输时间决定。

四、计算题

1. 假设有 m 个点,各点间互有货物交流,已知从 i 点补充到 j 点的车吨数为 X_{ij},i 点剩余车吨数 A_i,j 点需要车吨数 B_j,某车 i 点发车至 j 点的每车吨公里营运费用为 C_{ij},里程为 L_{ij},问如何补充车吨数为最佳？

解：$\min Y = \sum \sum X_{ij} L_{ij} C_{ij} \quad i = 1, 2, \cdots, m ; \quad j = 1, 2, \cdots, n$

s.t. $\sum X_{ij} = A_i$

$\sum X_{ij} = B_j \quad X_{ij} \geq 0$

2. 有一条公路甲—丁,全长 400 公里,其中乙、丁为粮食供应点,分别供应粮食 500 吨和 3 000 吨;甲、丙为粮食销售点,分别需要粮食 3 000吨和 500 吨。运输距离甲—乙:100 公里;乙—丙:100 公里;丙—丁:200 公里。试问如何组织运输较为合理？

解：方案一：开辟两条运输线：
（1）丁—甲：运量 3 000 吨

(2) 乙—丙:运量 500 吨

完成周转量 = $3\,000 \times 400 + 500 \times 100 = 125 \times 10^4$(吨公里)

方案二:开辟三条运输线:

(1) 丁—甲:运量 2 500 吨

(2) 乙—甲:运量 500 吨

(3) 丁—丙:运量 500 吨

完成周转量 = $2\,500 \times 400 + 500 \times 100 + 500 \times 200$
$= 115 \times 10^4$(吨公里)

结论:因方案一发生了对流,较方案二多消耗运输周转量 10 万吨公里,因此方案二更为合理。

五、论述题

试述应如何进行货运车辆的优化选择?(请运用基本原理、基本知识来进行较详细的分析。)

答案:货运优化选择包括提高车辆时间利用和动力利用两个方面,具体包括:

① 采用先进的货运形式;

② 合理选择行驶路线;

③ 正确编制行车计划;

④ 合理进行车辆调度;

⑤ 组织好装卸工作;

⑥ 正确选择车辆。

六、案例分析题

请分析中国对外贸易运输(集团)总公司为摩托罗拉提供运输服务的流程与特点。